·深入学习实践科学发展观活动成果系列丛书·

深入学习实践科学发展观
推动新闻出版业大发展大繁荣

柳斌杰 主编

人民出版社

策划编辑:李春生　吴炤东

封面设计:肖　辉

图书在版编目(CIP)数据

深入学习实践科学发展观　推动新闻出版业大发展大繁荣/柳斌杰 主编.
-北京:人民出版社,2009.11
ISBN 978－7－01－008411－4

Ⅰ. 深…　Ⅱ. 柳…　Ⅲ.①新闻工作-发展-研究-中国 ②出版工作-发展
-研究-中国　Ⅳ. G219.2 G239.2

中国版本图书馆 CIP 数据核字(2009)第 197151 号

深入学习实践科学发展观
推动新闻出版业大发展大繁荣
SHENRU XUEXI SHIJIAN KEXUE FAZHANGUAN
TUIDONG XINWEN CHUBAN YE DA FAZHAN DA FANRONG

柳斌杰　主编

人民出版社 出版发行
(100706　北京朝阳门内大街 166 号)

涿州市星河印刷有限公司印刷　新华书店经销

2009 年 11 月第 1 版　2009 年 11 月北京第 1 次印刷
开本:710 毫米×1000 毫米 1/16　印张:38
字数:486 千字　印数:0,001－3,000 册

ISBN 978－7－01－008411－4　定价:68.00 元

邮购地址 100706　北京朝阳门内大街 166 号
人民东方图书销售中心　电话 (010)65250042　65289539

序 言

柳斌杰

　　根据党中央的统一部署，从 2008 年 10 月到 2009 年 2 月，新闻出版总署集中开展了深入学习实践科学发展观活动。总署署直系统62 个党支部、860 余名党员同志参加了学习调研、分析检查和整改落实三个阶段十一个环节的学习实践活动。通过学习实践活动，署直系统党员干部的思想观念有了新转变，工作作风有了新改进，执行能力有了新提高，体制机制创新有了新成果，实现了党员干部受教育、科学发展上水平、人民群众得实惠的目标。

　　在全党开展深入学习实践科学发展观活动，用中国特色社会主义理论体系武装全党，是贯彻落实党的十七大精神，在新的历史起点上发展中国特色社会主义的重大战略部署。学习实践活动开展过程中，总署党组坚决贯彻落实党中央的重要部署和各项要求，以高度的责任感和使命感投身于活动中，把学习实践活动摆上重要议事日程，高度重视、精心组织，加强领导、统筹协调，注意把党中央的部署和要求与新闻出版工作性质、署直系统工作特点以及各级党组织和党员干部的实际状况有机地结合起来，明确了贯穿"一条主线"、推进"三大转变"、以"五大工程"为支撑的学习实践载体，精心谋划和创造性地完成三个阶段十一个环节的各项工作任务，积极引导广大党员特别是党员领导干部进一步解放思想、实事求是，与时俱进，切实增强贯彻落实科学发展观的自觉性和坚定性，使学习实践活动取得了实实在在的成效。署直系统各级党员领导干部在活动中始终突出科学发展这个主题,充分发挥带头和表率作用,带头参加学习、带头解放思想、带头调查研究、带头查找问题、带头进行整改,形成了一级带一级、层层抓落实的良好局面。署直系统广大党员全身心投入,自觉以中央精神统一思想和行动,整体上扩大了活动的参与面和覆盖面,提高了学习实践活动的影响力。以傅克诚同志为组长的中央学习实践活动领导小组第十一指导检查组,在负责对总署学习实践活动进行检查指导的过程中,始终保持高度负责、一丝不苟的精神,要求明确、指导有力、检查到位,对总署的学习实践活动起了积极的推动作用。总署学习实践活动领导小组办公室安排计划,了解情况,加强督导,扩大宣传,狠抓落实,为学习实践活动取得圆满成功作出了积极贡献。总署党组和署直系统各级党组织坚持群众路线、充分发扬民主,尊重群众的首创精神,真正解决群众反映强烈的突出问题,努力创新面向基层、服务群众的体制机制,使学习实践活动成为群众满意工程。

总署的学习实践科学发展观活动,在中央学习实践活动领导小组的正确领导和中央第十一指导检查组的精心指导、热情帮助下,经过署直系统党员群众的共同努力,总署深入学习实践科学发展观活动进展顺利、扎实深入、成效显著,群众满意率达到100%。基本上达到了中央提出的转变思想观念、解决突出问题、创新体制机制、促进科学发展的要求。主要成果体现在六个方面:一是在解放思想中转变观念,牢固地确立了科学的新闻出版发展理念;二是把发展作为第一要务,进一步实施"五大发展战略",有力地推进新闻出版行业又好又快发展;三是坚持以人为本,大力实施"五大惠民工程",切实保障了人民群众的基本文化权益;四是加大力度,推进新闻出版体制改革,创新了新闻出版业科学发展的体制机制;五是落实科学管理的根本要求,转变职能,依法行政,不断地加强和改善了对全行业的服务和管理;六是以提高领导科学发展的能力为重点,领导班子和干部队伍建设取得新进展。在学习实践活动中,总署党组紧密联系行业实际,在广泛调研的基础上,对已经十分明确、群众反映强烈、看得准的突出问题,边学习、边调研、边整改,解决了一些群众反映强烈的突出问题,推动了产业发展,促进了科学管理,强化了有效服务,提升了保障新闻出版科学发展的能力水平。

集中开展的学习实践科学发展观活动虽然告一段落,但对广大党员干部和各级党组织来说,学习实践科学发展观是一项战略任务,具有长期性、根本性和持续性,不能一劳永逸,必须持之以恒、常抓不懈。要总结发扬学习实践活动过程中取得的有益经验,进一步巩固和深化学习实践活动成果,明确责任、加强督查,切实抓好整改方案的落实,确保学习实践活动整改方案落实到位。要切实加强制度建设,通过建立健全理论学习和机关建设等制度,以及推动新闻出版业科学发展的六大机制,进一步把科学发展观转化为推动科学发展的坚强意志、谋划科学发展的正确思路、领导科学发展的实际能力、促进科学发展的政策措施,努力推动新闻出版工作在解放思想上迈出新步伐,在坚持改革开放上实现新突破,在推动科学发展上取得新进展,在促进社会和谐上见到新成效。

为了总结新闻出版总署深入学习实践科学发展观活动的成功经验,保存和利用相关资料,总署开展深入学习实践科学发展观活动领导小组办公室组织力量将学习实践活动的有关资料汇编成册,颇有意义。谨此为序。

目　　录

第二部分　新闻出版总署深入学习实践
科学发展观活动的整体情况

第三部分 "十行百家"专题调查研究报告

第四部分 新闻出版总署机关各司（厅、局、办）和各直属单位深入学习实践科学发展观活动分析检查报告

第五部分　中央媒体对新闻出版总署
　　　　　深入学习实践科学发展观
　　　　　活动的部分报道

第一部分　新闻出版总署领导和中央深入学习实践科学发展观活动第十一指导检查组负责同志的重要讲话及文章

在新闻出版总署深入学习实践科学发展观活动动员大会上的讲话

柳斌杰

（2008 年 10 月 13 日）

在全党开展深入学习实践科学发展观活动,是当前一项十分重大的政治任务。我们今天召开的新闻出版总署深入学习实践科学发展观活动动员大会,就是落实党中央的统一部署和总署党组的决定,组织动员总署直属机关广大党员干部立即投身深入学习实践科学发展观活动的重要会议。会议的主要任务是:认真贯彻落实党的十七大精神和《中共中央关于在全党开展深入学习实践科学发展观活动的意见》,部署和安排新闻出版总署的学习实践活动。按照党中央的精神,近几个月以来,我们已经认真开展了学习实践活动的前期准备工作,进一步学习了科学发展观,分析了总署各级领导班子的建设情况,听取了基层党组织的意见,制定了学习实践活动的工作方案,成立了学习实践活动领导小组,总署机关各司局、署直各单位也相应地做了各项准备。今天的动员大会,标志着新闻出版总署深入学习实践科学发展观活动正式启动。中央指导检查组第十一组组长、江西省政协主席傅克诚同志等亲临大会指导,随后还要作重要讲话,我首先代表总署党组和全体党员干部对傅克诚等同志的到来表示热烈的欢迎和衷心的感谢!

在全党开展深入学习实践科学发展观活动,是党的十七大作出的一项重大战略决策。党中央对这次学习实践活动高度重视,党的十七大闭幕不久，胡锦涛同志就明确提出：在全党即将开展的深入学习实践科学发展观活动，2008 年上半年先行试点，奥运会后在全党推开。在今年年初召开的全国宣传思想工作会议、全国组织工作会议上，在 6 月 13 日召开的省区市和中央单位主要负责同志会议上，在 6 月 30 日召开的抗震救灾先进基层党组织和优秀共产党员代表座谈会上，胡锦涛同志又多次强调要深入贯彻落实科学发展观，扎实组织好、开展好学习实践活动。9 月 19 日，在全党深入学习实践科学发展观活动动员大会暨省部级主要领导干部专题研讨班上，胡锦涛总书记从党和国家发展战略全局的高度，科学地分析了世情、国情、党情的变化，总结了学习实践活动试点中反映出来的突出问题，深刻地阐明了开展学习实践活动的重大现实意义和紧迫性，提出了切实搞好深入学习实践科学发展观活动、把贯彻落实科学发展观提高到新水平的目标任务。胡锦涛同志的重要讲话立意高远、内涵丰富，思想性、针对性、指导性都很强，是我们开展深入学习实践活动的重要指导文件。在刚刚闭幕的党的十七届三中全会上，胡锦涛同志强调，要把纪念改革开放 30 周年作为新的起点，继续解放思想，坚持改革开放，推动科学发展，促进社会和谐。要把学习实践活动与推动贯彻落实党的十七大提出的重大理论观点、重大战略思想、重大工作部署结合起来，对党的十七大确定的创新举措要积极落实，指明的改革方向要勇于坚持，提出的工作部署要扎实推进，不断积累经验，开创各项工作的新局面。明确要求各级党委要按照党中央关于在全党开展深入学习实践科学发展观活动的安排，加强领导和组织工作，保证学习实践活动达到预期的目标，真正做到党员干部受教育、科学发展上水平、人民群众得实惠。新闻出版战线要认真学习、深刻领会、全面贯彻，扎扎实实地开展好深入学习实践科学发展观活动。

与此同时，今年 2 月至 8 月，中央在江苏、中组部等 23 个地区和单位开展了学习实践活动试点工作，取得了较好成果，试点单位为活动在全党的开展积累了宝贵经验。9 月 14 日，中央下发了《中共中央关于在全党开展深入学习实践科学发展观活动的意见》,决定从9月开始,用一年半左右时间,在全党分三批展开学习实践活动。

根据《中共中央关于第一批开展深入学习实践科学发展观活动的实施意见》和中央的安排,总署是第一批开展学习实践活动的单位。为深入理解好中央有关文件和胡锦涛同志重要讲话精神,扎实开展好总署的学习实践活动,落实好中央关于学习实践活动的要求,我就进一步提高思想认识、把握基本要求、联系行业实际、加强组织领导这四个问题讲一些意见。

一、提高思想认识

思想是行动的先导,认识是工作的基础。开展任何一项活动,如果认识不到位,不懂得它的重要意义,就谈不上尽心尽力把它搞好。所以,我们首先要明确认识,切实懂得开展深入学习实践科学发展观活动的意义。

(一)开展深入学习实践科学发展观活动,对于全面建设小康社会具有重大意义

改革开放30年来,我国经济社会发展取得了重大成就:综合国力不断增强,经济快速平稳发展、经济结构调整取得新进展,经济增长方式转变积极推进,建设资源节约型、环境友好型社会已经开始起步,人民生活水平显著提高,发展更趋全面协调。党的十七大在适应国际国内形势的新变化,顺应各族人民过上更好生活的新期待,把握我国经济社会发展趋势和规律的基础上,从政治、经济、文化、社会和党的建设等方面,提出了实现全面建设小康社会奋斗目标的新要求,标志着我国经济社会的发展进入到一个新的阶段。但同时我们也要清醒地看到,我国目前仍然处于并将长期处于社会主义初级阶段的

基本国情没有改变，人民日益增长的物质文化需要同落后的社会生产力之间的矛盾这一社会主要矛盾没有改变。全面建设小康社会任务艰巨，我国经济社会30年高速发展过程中积累的矛盾和问题也逐渐暴露出来。一是发展不平衡，区域之间、城乡之间发展不平衡；二是发展不全面，经济增长、社会发展、资源环境还不够均衡协调；三是发展水平低，自然资源、人力资源、环境资源消耗与产出比差距还很大；四是发展的社会效益不明显，人民的满意度和幸福感还有待提高。解决这些矛盾和问题，要求我们必须加快转变发展方式、调整经济结构、推进改革创新、重视节能环保、进一步关注民生。在全党深入开展学习实践活动，正是党中央站在时代的高起点上，根据我国改革发展处于关键阶段的实际，着眼于继续解放思想、坚持改革开放、推动科学发展、促进社会和谐，为夺取全面建设小康社会新胜利而作出的重大战略决策。

（二）开展深入学习实践科学发展观活动，对于用马克思主义中国化的最新理论成果武装头脑、领导发展具有重大意义

党的十六届三中全会强调全党要树立和贯彻科学发展观以来，党中央着眼于把握发展规律、丰富发展内涵、创新发展理念、转变发展方式、破解发展难题，系统完整地提出了科学发展观的科学理念。党的十七大科学地阐述了这一理论，进一步确立了科学发展观在党的指导思想中的重要地位。作为中国特色社会主义理论体系的重要组成部分，她以丰富的思想内涵构建了第一要义是发展，核心是以人为本，基本要求是全面协调可持续，根本方法是统筹兼顾的科学理论。科学发展观是对党的三代中央领导集体关于发展的重要思想的继承和发展，是马克思主义中国化的最新理论成果。科学发展观既是重大的理论问题，也是重大的实践问题，为实现我国社会主义现代化建设提供了重要的理论指导和实践指南。我们要更好地走科学发展的道路，首要的就是，必须用科学发展观武装头脑，在学习实践活

动中,真学、真懂、真信、真用,在改造客观世界的同时不断地改造主观世界,自觉地转变不适应不符合科学发展观的思想观念。同时,还要按照党的十七大对新世纪新阶段党领导经济社会发展提出的新要求,不断提高科学判断形势的能力、驾驭市场经济的能力、应对复杂局面的能力、依法执政的能力和总揽全局的能力,把提高党的执政能力、保持和发展党的先进性,体现到领导科学发展、促进社会和谐上来,使党的工作和党的建设更加符合科学发展观的要求。总之,就是要通过学习实践活动,用马克思主义中国化的最新理论成果武装头脑、指导实践、推进工作,使我们党始终走在时代前列,与时俱进地领导和推进中国社会的科学发展。

(三)开展深入学习实践科学发展观活动,对于推动新闻出版业实现科学发展具有重大意义

党的十六大以来,在党中央、国务院的正确领导下,我国新闻出版业在改革中健康发展,新闻出版工作在创新中稳步向前,以改革、发展、管理、服务为重点,各项工作整体推进,重大举措不断出台,重大活动亮点纷呈,新闻出版工作保持了积极向上、健康繁荣的生动局面。在充分认识新闻出版工作巨大成就的同时,也必须清醒地看到,我们的工作与党的十七大的要求相比,与人民对精神文化产品的热切愿望相对照,仍然存在着相当大的差距。从全行业发展水平和发展现状来看,新闻出版领域的体制改革远未达到要求,产业发展和行业管理还未完全从计划经济体制粗放型的发展模式与管理方式中转变过来,发展理念陈旧,发展方式单一,发展效益还不很明显。在思想观念、体制机制、管理模式、服务方式、行政能力、队伍素质这些方面都存在一些不适应科学发展要求的障碍和问题。党的十七大提出,要激发全民族文化创造活力,掀起社会主义文化建设新高潮,推动社会主义文化大发展大繁荣。要达到这个新的更高的要求,我们必须以科学发展观来指导和领导新闻出版业的改革发展,就是要根

据新的形势和科学发展的要求,站在时代的新起点上,解放思想、更新观念,与时俱进、改革创新,积极推进增长方式、体制机制、政府职能三大转变,实现新闻出版业的科学发展,开创中国特色社会主义新闻出版业发展道路。

党的十七届三中全会的重要内容之一,就是分析国际国内形势的发展变化。当前,全球遇到自1929年以来最大的经济危机。在这场经济危机中,尽管我国的经济与西方的资本主义经济在组织形式、运行模式等方面有差别,但是受到的影响也是相当大的。应对这场由次贷金融危机转变成为经济危机的全球风险,包括抗击年初的低温雨雪冰冻灾害、"5·12"四川汶川特大地震,成功举办北京奥运会,反击"3·14"藏独势力的破坏活动,就是因为有30年改革开放的成果,因为我们用科学发展观指导社会全面协调发展。在这一过程中,更加突出了科学发展观的马克思主义理论品格,更加显示了开展深入学习实践科学发展观活动的重要性。

二、把握基本要求

《中共中央关于在全党开展深入学习实践科学发展观活动的意见》和总署制定的学习实践活动实施方案,阐明了我们这次学习实践活动的指导思想、主要原则和目标任务等基本要求。在第一批深入学习实践科学发展观活动工作会议上,习近平同志代表党中央再一次强调了搞好学习实践活动的基本要求,贯彻这些重要文件和讲话精神,是搞好学习实践活动的重要保证,我们要全面正确把握好这些基本要求,并把这些要求认真贯彻到我们学习实践活动的始终。

(一)要准确把握学习实践活动的指导思想和目标要求

把握好、贯彻好这次学习实践活动的指导思想和目标要求,关键就是要高举一面旗帜、突出一个主题、围绕一个总要求、明确三个着力点。

高举一面旗帜，就是高举中国特色社会主义伟大旗帜。明确中国特色社会主义是我们的旗帜，意义重大而深远。党的十七大报告指出，中国特色社会主义，是当代中国发展进步的旗帜，是全党全国各族人民团结进步的旗帜。学习实践科学发展观活动，必须始终不渝地坚持以邓小平理论和"三个代表"重要思想为指导，引导广大党员、干部不断加深对中国特色社会主义旗帜的认识，毫不动摇地坚持和发展中国特色社会主义，为夺取全面建设小康社会新胜利、开创中国特色社会主义新局面多作贡献。

突出一个主题，就是科学发展。科学发展观深刻反映了我国经济社会发展进入关键时期的新要求，深刻反映了人民群众过上幸福美好生活的新期待，是全面建设小康社会的强大思想武器。整个活动必须紧扣科学发展这个时代主题，以解放思想、深化改革、推动新闻出版业繁荣健康发展为主线，以推动新闻出版业增长方式、体制机制、政府职能三大转变，构建符合科学发展观要求的新闻出版公共服务体系为实践载体，引导党员、干部深刻理解和全面把握科学发展观的科学内涵、精神实质和根本要求，充分认识科学发展观的重要地位，自始至终用科学发展观来指导学习实践活动的开展。

围绕一个总要求，就是党员干部受教育、科学发展上水平、人民群众得实惠。这是我们党近些年来开展集中学习教育活动的经验总结，是衡量学习实践活动成效的重要标志。要紧紧围绕这个总要求，抓好理论学习，突出实践特色，解决突出问题，创新体制机制，形成团结一致向前看、齐心协力推动科学发展的生动局面，把科学发展观贯彻落实到新闻出版各项工作中去。

明确三个着力点，就是要着力转变不适应不符合科学发展观要求的思想观念，着力解决影响和制约科学发展的突出问题以及党员干部党性党风党纪方面群众反映强烈的突出问题，着力创新有利于科学发展的体制机制,提高我们领导科学发展、促进社会和谐的能力。要紧紧围绕这三个着力点下功夫、求突破、见实效,使新闻出版改革、发展、管理、服务,党的建设和队伍建设等各项工作更加符合科学发展观的要求,推进新闻出版业又好又快发展。

总署这次学习实践活动,以司局级以上领导班子和处级以上党员领导干部为重点,全体党员干部参加,各单位同步,全程参与。根据党中央关于"提高思想认识、解决突出问题、创新体制机制、促进科学发展"的总体要求,总署学习实践活动具体要达到以下目标:

一是贯彻落实科学发展观的自觉性和坚定性不断增强。要通过学习实践活动,促使党员、干部特别是领导干部加深对科学发展观的理解,转变不适应、不符合科学发展观要求的思想观念,引导各级领导班子和党员干部在本单位(部门)要不要科学发展、能不能科学发展、怎么样科学发展这样一些问题上形成共识,在自觉服从服务于全党中心工作,围绕国家科学发展全局开展工作方面统一思想、提高认识,进一步转变思想观念、工作方式和工作作风,切实增强贯彻落实科学发展观的自觉性和坚定性。

二是贯彻落实科学发展观的能力和水平明显提高。要以发展为第一要务,提高谋划发展、依法行政、科学管理的能力;提高以人为本、构建新闻出版公共服务体系的能力;提高适应新形势新任务的要求,全面推进新闻出版改革、发展、管理、服务的能力,进一步提高贯彻落实科学发展观和党中央、国务院关于新闻出版工作重要指示精神的行政能力。

三是影响和制约新闻出版业科学发展和党的建设的突出问题初步解决。学习实践活动要突出实践特色,就要以解放思想、改革创新的精神,下决心解决影响和制约新闻出版业科学发展的突出问题;解决党员干部党性党风党纪方面群众反映强烈的问题;进一步明确本单位(部门)以改革为动力促进科学发展的工作思路;形成加强和改进各级领导班子思想政治建设的长效机制。

四是保障科学发展的新闻出版体制机制逐步完善。体制机制在很大程度上决定着新闻出版业的活力、实力、创造力和竞争力。体制机制,是最长远、最根本的制度保障。从学习实践活动一开始,各单位(部门)就要把建立健全新闻出版工作保障和促进科学发展的体制机制作为关键环节抓紧抓好。总署机关要围绕事业繁荣、产业发展的各环节、各工作领域,进一步完善推动新闻出版业又好又快发展的宏观政策和法规体系;署直各单位要进一步建立健全符合科学发展观要求,切合本单位实际的各项规章制度,为科学发展提供法律、制度保障。

五是推动新闻出版业科学发展有新的举措。通过学习实践活动,广大党员干部要把科学发展观的要求转化为推进科学发展的坚强意志、谋划科学发展的正确思路、领导科学发展的实际能力、促进科学发展的政策措施和增强党性修养、提高思想觉悟的自觉行动。要切实提出一些推动科学发展的新政策、新举措,尤其要注意能够打开新局面、对新闻出版科学发展产生长远影响的政策措施的出台,为实现新闻出版业繁荣发展打下坚实基础。

(二)要正确把握学习实践活动的主要原则

一是坚持解放思想。解放思想是党的思想路线的本质要求,是发展中国特色社会主义的一大法宝。学习实践活动中,发展观念的更新、发展思路的转变、发展难题的破解、发展模式的转型以及体制机制的完善,都离不开思想解放。要用科学发展观指导思想解放,以解放思想为先导,以改革创新为动力,使思想和行动更加符合实事求是的思想路线,更加符合新闻出版工作发展规律。

二是突出实践特色。这次学习实践活动的一个显著特点,就是突出了实践性要求。要紧扣实践深化学习,通过学习推动实践。要注重总结实践,通过深入调查研究,认真总结各单位(部门)在活动中的有效做法,深化对新闻出版发展规律的认识;要注重探索实践,通过创造性地设计活动载体,搭建活动平台,加深对贯彻落实科学发展观的具体认识,在探索实践中推进政策和体制机制创新;要注重推动实践,总结推广典型经验,及时转化为政策和措施,完善体制和机制,努力取得看得见、摸得着、有实效的活动成果。

三是贯彻群众路线。群众路线是党的根本工作路线。要紧紧依靠群众,充分相信群众,广泛发动群众。制定活动目标、确定活动方案等要征求群众意见,尊重群众的参与权;活动开展要请群众进行评议,接受群众的监督;活动成效如何要由群众评判,把群众满意程度作为衡量活动成效的重要依据。

四是正面教育为主。正面教育是充分调动党员干部主观能动性、激发党员干部积极向上的内在动力,实现党员干部自我教育、自我提高的一种有效方式。整个学习实践活动都要坚持正面教育为主,查找和剖析问题既要严格要求,又不搞人人过关。要通过自学、集中学习研讨和"请进来、走出去"等多种方式,组织党员干部深入学习、领会科学发展观,统一对重大理论和实践问题的认识。要引导各级领导班子和党员领导干部按照科学发展观的要求,联系思想和工作实际,自觉查找影响和制约科学发展的突出问题,历史地、辩证地看待过去工作中存在的问题,总结经验、分析原因、制定对策,增强紧迫感,振奋精神,团结一致向前看,齐心协力谋发展。

(三)要把握好学习实践活动的方法步骤

根据党中央的部署,结合工作实际,总署学习实践活动2008年10月上旬开始,2009年2月底结束,在总署机关及直属单位全体党员中展开。学习实践活动划分为学习调研、分析检查、整改落实三个阶段,分为思想发动、学习培训、深入调研、开展大讨论、专题民主生活会、分析检查报告、组织群众评议、制定整改方案、解决突出问题、完善体制机制、总结和满意度测评等上下紧扣的11个环节。各单位(部门)要按照工作方案中要求的三个阶段的方法步骤和具体要求,周密安排、精心组织,创新形式、突出特色,坚持把深入学习、解放思想贯穿始终;把提高认识、解决问题贯穿始终;把改革创新、完善体制机制贯穿始终;把依靠群众、发扬民主贯穿始终,扎实有序推进学习实践活动的深入开展。

1. 学习调研阶段是整个学习实践活动的基础。这一阶段的主要任务是学好理论、武装头脑,提高认识、统一思想。要着重抓好学习培训、深入调研、围绕科学发展观进行解放思想大讨论这三个环节。在这一阶段要用好三个载体:一是学习、辅导、轮训。采取党组中心组理论学习会、支部学习日、专题辅导、学习论坛等方法,抓好集中学习。对处级以上干部要进行全员培训。过去我们在这方面有很多的创造,要借鉴以往经验,把学习培训搞得生动活泼。二是围绕纪念新闻出版业改革开放 30 周年活动,开展"十行百家"(在 10 个行业,100 家新闻出版单位)专题调研活动,在调研中摸清问题。分别就出版、报纸、期刊、网络、印刷、发行、工作室、进出口、版权、出版行政机关等十个方面存在的突出问题进行调研,广泛征求意见建议,问计于民。这次调研不同于一般的调研,要有针对性,扎实深入,发现问题,查找原因。三是开展"解放思想,深化改革,促进新闻出版业科学发展"主题大讨论。鼓励党员干部特别是党员领导干部撰写有内容、有见地的高质量调研报告和理论文章,在研讨交流中深化学习成果。

2. 分析检查阶段是承前启后、把认识成果转化为实践成果的关键阶段。这一阶段的主要任务是征求意见、找准问题,分析原因、明确方向。要着重抓好召开专题民主生活会、形成分析检查报告、组织群众评议三个环节。这一阶段以开展"依靠群众找差距"活动为载体,带着学习调研初步查找的问题,进一步广泛听取意见。系统梳理影响本单位(部门)科学发展的突出问题,党性党风党纪方面群众反映强烈的问题,分析形成问题的主客观原因特别是主观原因,理清解决问题的思路。以"深入贯彻落实科学发展观,推动新闻出版业科学发展"为主题开好领导班子专题民主生活会,以"解放思想、改革创新,改进作风、增强执行力"为主题开好专题组织生活会,找准个人和领导班子在群众反映强烈、影响和制约科学发展,以及党性党风党纪方面存在的突出问题。专题民主生活会和专题组织生活会重在分析查找问题,重在总结经验教训,重在制定办法措施,努力形成民主、团结、务实、创新的良好氛围。要充分运用学习调研阶段的成果,撰写领导班子分析检查报告,客观分析本单位(部门)贯彻落实科学发展观的情况,查找存在的突出问题,剖析主客观原因,明确科学发展的思路,提出加强自身建设的具体措施。要通过适当形式及时公布各级领导班子的分析检查报告并组织进行评议,充分听取党员、群众的意见和建议。

3. 整改落实阶段是学习实践活动成效的落脚点。这一阶段的主要任务是明确目标、落实责任、扎实推进,切实取得学习实践活动的理论成果、实践成果和制度成果,要着重抓好制定整改方案、解决突出问题、创新体制机制三个环节。主要以为新闻出版业发展繁荣"建言献策"活动为载体,以领导班子分析检查报告为依据,针对梳理出来的影响和制约新闻出版业科学发展的重大问题,按照科学发展观的要求,制定整改计划方案,并将努力方向目标化、具体化、责任化,便于执行、利于监督。整改计划和整改方案要突出重点,找准突破口和切入点;集中解决突出问题要量力而行、尽力而为。这次活动总署要围绕服务人民和促进科学发展,集中解决宏观政策层面上存在的突出问题,特别是下功夫解决几个影响和制约科学发展的突出问题,办成几件群众迫切希望解决的实事。在系统清理现有制度规定的基础上,建立健全保障和促进科学发展的体制机制,建立健全推动科学发展的政策法规体系,建立健全符合科学发展要求的规章制度,努力形成贯彻落实科学发展观的长效机制。

学习实践活动基本完成时,各单位(部门)要认真做好总结工作。总结工作要实事求是地评价学习实践活动成效,指出不足,提出巩固和扩大成果的努力方向及主要措施。组织开展好群众满意度测评工作。党员和群众对单位（部门）解决影响和制约科学发展突出问题的满意度、开展学习实践活动的满意度测评结果，将以适当方式向群众和相关媒体公布。测评满意度达不到半数的单位（部门），要认真研究，分析原因，限期整改。各单位（部门）要根据测评情况，进一步完善整改落实措施，确保学习实践活动中尚未解决的突出问题继续得到有效解决。

三、联系行业实际

深入开展学习实践活动，坚持突出实践特色，就是要紧密联系本行业本部门的实际，自觉地以科学发展观的要求分析和查找突出问题，以科学发展观的要求完善体制机制、谋划产业发展，促进新闻出版业走上科学发展的轨道。

（一）在学习实践活动中努力改进新形势下新闻出版管理

新闻出版战线是意识形态的前沿阵地，担负着巩固思想阵地、引导社会舆论、坚持社会主义先进文化前进方向的社会责任。积极探索用社会主义核心价值体系引领社会思潮的有效途径，主动改进和做好意识形态管理工作，增强社会主义意识形态的吸引力和凝聚力，是新闻出版行业学习实践活动的重要内容。一是要针对各种错误思潮、陈腐观念、精神垃圾借助网络等新媒体表现自己、影响社会的问题，制定、完善新媒体管理措施，健全有效的监管体系，保证社会主义文化的前进方向。胡锦涛同志在党的十七届三中全会上，讲到当前全党要抓的五个方面的问题，其中第二个就是意识形态问题。胡锦涛同志特别强调，经过成功举办北京奥运会，中国的改革开放进入新的水平。一方面为世界所关注，另一方面也带来了压力。西方敌对势力对中国的观察更加深入,在各方面对我提出的要求更加挑剔、更加苛刻,意识形态和思想文化方面的渗透力度进一步加大。意识形态安全是我们国家当前的重大问题。能不能站好岗、放好哨、坚守社会主义意识形态阵地,是对新闻出版战线特别是新闻出版总署机关的重大考验。

二是要针对社会反映突出的实际问题和人民群众在文化建设中主体作用不明显的问题,进一步完善政策,对社会各种组织从事出版选题策划、书稿创作和成稿转让、版权贸易等活动进行规范和引导,保障人民群众的文化权益,激发人民群众的文化创造力。党的十七大提出,要充分发挥人民在文化建设中的主体作用,就必须保证人民文化创造主体作用的实现,建立和健全一系列完善的体制机制和政策体系。

三是要针对群众反映强烈的"买卖书号、刊号、版号"、假记者假新闻假报道和摊派发行等问题,采取有效措施改进传统管理手段和方法,切实加强对新闻出版从业人员、从业单位的管理,创造良好的新闻出版秩序,解决多年来存在的问题。

四是要针对出版物市场空间不断扩展、监管力量薄弱、版权保护水平亟待提高等问题,谋划从体制机制建设上统筹协调、加大"扫黄打非"、版权管理和文化市场综合执法的力度,优化文化市场环境。

(二)在学习实践活动中推动新闻出版领域体制改革和出版产业发展

经过改革开放30年,新闻出版事业整体进入了以人为本、科学发展的新阶段。但我国新闻出版业实力仍然不强、结构不尽合理、有效供给不足、制约发展的体制机制性障碍还没有根本解决,内容形式、传播手段相对滞后的问题依然存在。在体制改革方面,要推动总署机关和地方新闻出版行政部门继续深化行政体制改革,建设责任政府、法治政府、服务政府和阳光政府;针对一些指导改革的规范性文件没有相关实施细则,一些难点问题的解决缺乏政策保障的问题,要抓紧修订、制定和出台政策文件;针对部分经营性出版发行单位转企改制和股份制改造不到位,地区、部门间改革进度不平衡的问题,要抓紧研究和制定有关方案和操作实施规程,加强协调指导,整体推进。在出版产业发展方面,针对产业规模小、占国民经济比重低的问题,要通过政策调整和制度建设,优化投资环境,推动出台吸纳各种社会资本进入新闻出版业的政策措施;针对结构不合理、有效供给不足、过分依赖教材的出版发行等问题,积极探索通过加强宏观调控,引导资本、技术、人才等各种生产要素投向新闻出版优先发展领域的办法;针对国际竞争力弱的问题,采取措施,积极争取专项资金支持和出口优惠政策,不断加大实施"走出去"战略的力度。

(三)在学习实践活动中加快新闻出版事业发展和公共服务体系建设

新闻出版工作要做到以人为本、关注民生、科学发展,必须在发展新闻出版事业,努力构建公共服务体系,切实保障人民基本文化权益方面下功夫。针对公益性新闻出版单位改革滞后、发展动力不足的问题,要区别对待、分类指导,抓紧研究改革方案,抓好改革试点,建立以项目投入、政府采购为手段的财政投入、预算管理和绩效考核机制。针对新闻出版公共服务水平较低、覆盖面窄的问题,加大工作力度,延伸工作重心,精心组织实施"农家书屋"工程;针对公益性产品供需矛盾突出的问题,尽力抓好以国家出版基金为重点的重大出版工程,探索公益性出版事业发展的有效途径;针对民族文字出版发展不适应国家文化安全保障需要的问题,要研究制定发展规划,扩大民族文字出版规模,在继续组织实施新疆新闻出版"东风工程"的基础上,组织实施面向整个少数民族地区、30个民族自治州的"东风工程",切实维护边疆地区民族文化安全。提高民族文字出版生产能力。针对全民科学素质亟待提高的现实问题,大力推广"全民阅读"

工程,总结各地开展读书节、读书周、读书月的经验,深化阅读工作的形式、内容和指导方式,形成全民阅读、以文化人的新风尚。

（四）在学习实践活动中加强党的自身建设,提高领导改革发展的能力

党的十六大以来,根据党中央的统一部署,我们深入开展了"三个代表"重要思想学习教育活动和保持共产党员先进性教育活动,广大党员干部围绕科学发展解放思想,通过体制机制创新推动科学发展,各项工作取得了长足进步。但与新形势新任务的要求特别是科学发展观的要求相比,我们在依法行政民主行政科学行政、党的建设和干部队伍建设等方面还存在着相当大的差距,党的各级领导班子建设亟待加强。有的领导同志缺乏战略思维、辩证思维、系统思维、创新思维的能力,只习惯于办具体事情,而不善于从全局、从科学发展的角度去考虑问题,这是我们干部队伍建设中一个很大的弱点。工作思路不清。很多工作没有形成完整的思路,一年做下来是什么结果,三年五年以后是什么局面,心中无数。改革信心不足。遇到改革难题,缺乏攻坚的能力和勇气。更主要的是依法行政的能力不强,不能综合运用政治、经济、法律、技术等多种手段解决新的问题,行政能力还很不够;满足于执行领导的指示、既定工作安排和具体的事务,缺乏通盘考虑工作的能力,在很大程度上影响制约了我们的工作水平。有的同志服务意识淡薄,重行政审批轻监管服务。对审批的权限抓得很紧,对监管服务不很热衷,有些问题处理得不到位。政府职能转变方面的工作,尽管年年提,但依然存在问题,要好好地总结一下。对基层反映的问题漠不关心。基层改革发展遇到的问题相当多,不断地向总署报告请示,但我们有时解决得不及时,一定程度上影响了基层工作的推进。在机关党的建设方面,存在着制度化、规范化、科学化不够的问题。前几年我们在党的建设方面形成的一些好的制度有的没有坚持下来,有的没有固化,有些部门领导变更、人员

调整以后,制度就落空了。一些单位的领导班子重业务工作、轻思想建设,不能很好地做到"两手抓、两手都要硬";民主集中制执行得不够严格,有些班子凝聚力、影响力、战斗力不强;有些党员干部思想作风、工作作风、清正廉洁方面不同程度的存在问题;有的同志思想不够解放、观念陈旧,能力素质与推动科学发展的要求还不相适应;有的同志党性观念不强、党纪意识淡漠,在党风廉政建设方面还有一些问题亟待解决;一些同志宗旨意识淡薄,把个人利益放在首位,对涉及群众利益的问题、关系民生的问题不感兴趣。这些问题既影响落实科学发展观,也影响党的建设,必须加以解决。特别是要用体现科学发展观和正确政绩观的要求考核评价和选拔任用干部,形成长远、管用的机制。

上述只是我们初步查找出的影响和制约我们科学发展的突出问题。现在,在一些同志的头脑里,连科学发展观强调的发展是第一要义,是执政兴国的第一要务这个思想都还没有完全树立起来,想问题办事情不是从发展出发,把发展看成是基层的问题、企业的问题,而不是自己的问题。这些都要在学习实践活动中,联系思想和工作实际,进一步地调研查找,认真加以解决。

四、加强组织领导

中央对开展学习实践活动的部署和安排十分明确、具体。我们的主要任务就是加强组织领导,全力抓好落实,把学习实践活动作为总署党的建设工作的重中之重,保证取得预期的效果。

(一)加强组织领导,落实领导责任

开展学习实践活动,关键在领导,责任在班子。为加强领导,总署成立了开展深入学习实践科学发展观活动领导小组,由我任组长,东东、书林、晓宏、立英、寿山同志为副组长,相关司局的负责同志为领导小组成员。领导小组下设办公室,具体协调学习实践活动的开展。总署机关各部门、各直属单位也要成立相应机构,负责本单位学习实践活动的组织领导工作。要明确领导责任。各部门各单位主要负责同志是学习实践活动的第一责任人,分管领导是直接责任人,要形成一把手负总责、一级抓一级、层层抓落实的工作格局。党员领导干部要发挥表率作用。各级党员领导干部特别是主要负责同志要积极参加领导班子和所在支部的活动,带头深入学习、带头调查研究、带头解放思想、带头分析检查、带头整改落实。要按照职责分工和定点联系制度,深入基层,倾听意见、发现问题,努力把联系点建成学习实践活动的示范点。充分发挥基层党支部直接联系群众,便于倾听和了解群众意见建议的优势,把学习实践活动引向深入。要加强督查指导。为确保学习实践活动取得实效,中央学习实践活动领导小组已派出指导检查组深入各单位进行指导、督促和检查,负责指导检查总署工作的是第十一组,对指导检查组的工作,我们要积极支持、密切配合、做好服务,对指导检查组提出的问题要高度重视、认真分析、及时整改。总署学习实践活动领导小组也将抽调干部组建指导检查组,对各单位活动开展情况进行督促检查,防止学习实践活动走过场、出偏差。

(二)坚持从实际出发,鼓励探索创新

注意不同情况,加强分类指导,是领导活动的基本方法。总署各部门、各直属单位在落实总署党组要求的前提下,可根据各自特点,提出有针对性的具体要求,学习实践活动既要保证全体党员全员参加、全程参与,又要区别不同层次、不同对象,提出不同要求。要根据领导干部、普通党员、离退休干部党员的不同特点灵活地开展活动,因地制宜,合理安排。要借鉴"三个代表"重要思想学习教育活动和保持共产党员先进性教育活动的经验,结合总署党建工作规律、业务工作特点和学习实践活动各阶段的具体要求，创新活动载体，搭建实践平台。规定动作要保证，自选动作要创新，既要扎扎实实，也要生动活泼。进度要服从质量，决不走过场，坚持高标准完成学习实践活动任务。

（三）做好宣传工作，加强舆论引导

各级领导要运用各种媒体深入做好学习实践活动的宣传工作，以中央精神为基本依据，充分发挥图书、报刊、广播、电视、互联网等媒体的作用，采取多种形式大力宣传科学发展观的科学内涵、精神实质和根本要求，宣传开展学习实践活动的重大意义，宣传学习实践科学发展观的先进典型。要及时总结和推广学习实践活动中的好做法、好经验，及时报道学习实践活动取得的成效，为深入开展学习实践活动营造良好的舆论氛围。同时，要充分发挥新闻出版工作的优势，做好总署开展学习实践活动的宣传工作，带动新闻出版战线学习实践活动深入开展。

（四）坚持统筹兼顾，做到两结合两不误

这次活动本身就叫学习实践活动，既要学习科学发展观，又要实践科学发展观，必须做到学习实践两结合两不误，要带着实际问题去深入学习，用深入学习的成果去推动实践。各级领导要把精心组织开展学习实践活动同全力做好今年的各项工作结合起来，统筹安排，全面推进。目前，总署机关各方面工作任务都很重，有多项重要工作任务要在年终岁尾前完成，署机关办公楼搬迁在即，内部事务也不少。要把学习实践活动当作推动各项工作开展的重要机遇和强大动力，把学习实践活动同深入贯彻党的十七大精神结合起来，同做好新闻出版领域的各项业务工作紧密地结合起来，同党中央正在开展的党员领导干部讲党性、重品行、做表率的活动结合起来。党委和人事部门要把各级领导班子组织开展活动的情况，党员干部参加学习实践活动的情况,纳入年终班子和干部考核之中,用各项突出问题的解决和新闻出版工作的实际成果来衡量和检验学习实践活动的成效。

同志们,深入开展学习实践科学发展观活动是全党的一项重要政治任务,也是我们加强学习实践、推动自身建设的巨大动力,搞好这次活动意义重大,影响深远。让我们在以胡锦涛同志为总书记的党中央坚强领导下,高举中国特色社会主义伟大旗帜,坚持以邓小平理论和"三个代表"重要思想为指导,深入贯彻落实科学发展观,解放思想、开拓进取、积极探索、勇于实践,以高度负责的态度、改革创新的精神、求真务实的作风,推动总署学习实践科学发展观活动的深入开展,为推动我国新闻出版业大繁荣大发展而努力奋斗。

在新闻出版总署深入学习实践
科学发展观活动动员大会上的讲话

傅克诚

（2008 年 10 月 13 日）

同志们：

根据中央的部署,深入学习实践科学发展观活动从今年 9 月开始,大体用一年半左右时间,在全党自上而下分三批展开,到 2010 年 2 月基本完成。参加第一批学习实践活动的单位主要是省部级机关和中管金融机构,开展活动时间从现在开始,到明年 2 月份基本完成。

为切实加强对学习实践活动的指导和督促检查,中央学习实践活动领导小组向参加第一批学习实践活动的单位派出指导检查组。根据安排,我们第十一指导检查组,主要联系新闻出版总署、文化部、国家广电总局、新华社、中国社会科学院、光明日报社、中国日报社、经济日报社和国家文物局等 9 家单位。我们的主要职责有三项:一是了解掌握和检查学习实践活动的进展情况,向联系单位提出工作建议;二是总结学习实践活动的经验,发现和分析存在的问题,督促解决;三是及时向中央学习实践活动领导小组反映情况,提出意见建议。指导检查组在中央学习实践活动领导小组的领导下,紧紧依靠新闻出版总署党组开展工作。此前,我们已经和新闻出版总署有关领导见了面,听取了新闻出版总署学习实践活动的情况介绍。我们感到,新闻出版总署对开展深入学习实践科学发展观活动高度重视,前期准备工作扎实认真,为学习实践活动的顺利开展奠定了一个良好的基础。

刚才,柳斌杰署长作了一个很好的动员报告,深刻阐述了开展学习实践活动的重大意义,对新闻出版总署的学习实践活动作出了全面部署。这个动员讲话,紧密结合新闻出版总署的实际,充分体现了中央精神,具有很强的指导性、针对性和可操作性。下面,我代表中央指导检查组,就搞好这次学习实践活动和指导检查工作,讲几点意见。

一、认真学习贯彻中央精神,牢牢把握学习实践活动的正确方向

在全党开展深入学习实践科学发展观活动,是党的十七大作出的一项重大战略部署,是用中国特色社会主义理论体系武装全党的重大举措,是深入推进改革开放、推动经济社会又好又快发展、促进社会和谐稳定的迫切需要,是提高党的执政能力、保持和发展党的先进性的必然要求,是顺应人民新期待、进一步密切党同人民群众血肉联系的重要步骤。

中央对开展深入学习实践科学发展观活动高度重视。党的十七大闭幕不久,胡锦涛总书记就明确指出:深入学习实践科学发展观活动 2008 年上半年先行试点,奥运会后在全党推开。在今年年初召开的全国宣传思想工作会议、全国组织工作会议等多次会议上,胡锦涛总书记均就开展学习实践活动提出明确要求。吴邦国、温家宝、贾庆林、李长春、习近平、李克强、贺国强、周永康等中央政治局常委同志也在有关会议讲话、有关材料批示和考察工作中,对贯彻落实科学发展观提出明确要求。8 月 21 日和 9 月 5 日,胡锦涛总书记先后主持召开中央政治局常委会议和中央政治局会议,对在全党开展深入学

习实践科学发展观活动进行研究。9月14日,党中央印发了《关于在全党开展深入学习实践科学发展观活动的意见》(中发〔2008〕14号文件)。根据这个《意见》要求,中央深入学习实践科学发展观活动领导小组印发了《关于第一批开展深入学习实践科学发展观活动的实施意见》。9月19日上午,胡锦涛总书记在全党深入学习实践科学发展观活动动员大会上发表重要讲话,强调要切实搞好深入学习实践科学发展观活动,把贯彻落实科学发展观提高到新的水平。9月19日至21日,中央召开第一批深入学习实践科学发展观活动工作会议,习近平同志作了动员报告,李源潮同志作了会议总结。中央关于开展学习实践活动的主要精神,集中体现在党的十七大报告,体现在中发〔2008〕14号文件,体现在胡锦涛总书记等中央领导同志的有关指示和重要讲话,体现在中央学习实践活动领导小组下发的《实施意见》之中。我们一定要认真学习、深刻领会、全面贯彻,确保学习实践活动的正确方向。学习实践活动主要从以下五个方面来把握:

(一)在指导思想上

要高举一面旗帜,就是中国特色社会主义伟大旗帜;要突出一个主题,就是深入学习实践科学发展观;要围绕一个总要求,就是"党员干部受教育,科学发展上水平,人民群众得实惠";要把握一个重点,就是县以上领导班子和党员领导干部;要抓好"三个着力",就是着力转变不适应、不符合科学发展观要求的思想观念,着力解决影响和制约科学发展的突出问题以及党员干部党性党风党纪方面群众反映强烈的问题,着力构建有利于科学发展的体制机制。

(二)在目标要求上

要努力达到提高思想认识、解决突出问题、创新体制机制、促进科学发展的目标要求。具体来说,提高思想认识,就是进一步加深广大党员干部特别是领导干部对科学发展观的理解,增强贯彻落实科学发展观的自觉性和坚定性,转变不适应、不符合科学发展观要求的思想观念,在事关本单位科学发展全局的重大问题上形成共识。解决突出问题,就是努力解决影响和制约科学发展的突出问题,解决党员干部党性党风党纪方面群众反映强烈的突出问题。创新体制机制,就是为贯彻落实科学发展观营造良好的政策制度环境,领导机关着重建立健全推动科学发展的各项政策规定和体制机制,切实转变职能;基层单位着重建立健全体现科学发展要求的规章制度。促进科学发展,就是通过学习实践活动,把科学发展观的要求转化为推进科学发展的坚强意志、谋划科学发展的正确思路、领导科学发展的实际能力、促进科学发展的政策措施、增强党性修养提高思想觉悟的自觉行动,努力促进经济社会又好又快发展。这四个方面的目标要求,是就整个学习实践活动而言的,具体到新闻出版总署,就要注意从实际出发,实事求是地确定具体目标,防止把目标定得过高或过低,要确保既定的目标通过努力能够实现。

(三)在主要原则上

要着重把握"坚持解放思想、突出实践特色、贯彻群众路线、正面教育为主"四项原则。坚持解放思想,就是以解放思想为先导,以改革创新为动力,使思想和行动更加符合实事求是的思想路线,更加符合经济社会发展规律、符合自然规律、符合党的执政规律,使党的工作和党的建设更加符合科学发展观的要求。突出实践特色,就是紧紧围绕科学发展主题,紧密结合新闻出版总署实际,确定活动的实践载体。把开展学习实践活动与贯彻落实党的十七大的一系列重大部署结合起来,与总结新闻出版事业科学发展的典型经验结合起来,与促进改革发展稳定结合起来,与推动社会主义文化建设的各项工作结合起来。通过学习推动实践,在推进实践中深化学习。贯彻群众路线,就是充分发扬民主,吸收群众全程参与,认真听取群众意见建议,虚心向群众学习,真诚接受群众监督,把群众满意作为评价活动成效的重要依据。正面教育为主,就是坚持高标准、严要求,组织广大党员、干部深入学习实践科学发展观,实事求是查找存在的问题,深刻分析产生问题的原因,全面总结经验教训,认真开展批评和自我批评,进一步明确努力方向。贯彻落实好这四条基本原则,是保证学习实践活动正确方向、取得实效的关键所在。

(四)在解决重点问题上

按照科学发展观第一要义是发展、核心是以人为本、基本要求是全面协调可持续、根本方法是统筹兼顾以及贯彻落实科学发展观必须加强和改进党的建设的要求,明确提出了学习实践活动要解决五个方面的重点问题。这些问题涉及贯彻落实科学发展观的方方面面,是就总体而言的。具体到新闻出版总署,要按照科学发展观的要求,从实际出发,坚持什么问题突出就着力解决什么问题,尽力而为、量力而行,防止面面俱到,抓不住重点,找不准问题,影响活动效果。

(五)在方法步骤上

重点要抓好学习调研、分析检查、整改落实3个阶段、11个环节的工作。在学习调研阶段,重点抓住学习培训、深入调研、围绕科学发展进行解放思想讨论三个环节;在分析检查阶段,重点抓住召开领导班子专题民主生活会、形成领导班子分析检查报告、组织群众评议三个环节;在整改落实阶段,重点抓住制定整改落实方案、集中解决突出问题、完善体制机制三个环节。在学习实践活动启动时,做好充分的准备工作和搞好思想发动;在学习实践活动基本结束时,做好总结工作和满意度测评工作。

二、充分认识搞好第一批学习实践活动的
重大意义,切实增强责任感和使命感

　　根据中央要求,第一批开展学习实践活动的单位主要包括省部级机关和中管金融机构。之所以这样确定,主要是基于以下几点考虑:一是省部级领导机关是管方向、管宏观、管政策的,在国家经济建设、政治建设、文化建设、社会建设、生态文明建设和党的建设中处于重要地位,承担着领导和服务科学发展的重大责任。二是参加第一批学习实践活动的单位党员领导干部特别是高级干部集中,他们对科学发展观的认识水平、领导和推动科学发展的能力,直接影响和决定着经济社会发展的全局,关系到全党贯彻落实科学发展观的成效,关系到全面建设小康社会的进程。对此,基层和广大人民群众十分关注。三是自上而下开展学习实践活动,是我们党开展集中教育活动的成功经验,切实搞好第一批学习实践活动,不仅对于第二批、第三批学习实践活动有着重要的示范和导向作用,还有利于省部级机关在抓好自身学习实践活动的基础上,集中精力抓好后两批的工作。第一批学习实践活动的成效如何,将关系到全党学习实践活动能否取得实效,意义重大,影响深远。

　　新闻出版总署担负着起草新闻出版、著作权管理的法律法规草案,拟订新闻出版业的方针政策,制定新闻出版、著作权管理的规章制度,推进新闻出版领域的体制机制改革等重大职责,承担着坚守意识形态阵地、传播科学理论、传承优秀文化、引领时代思想潮流、增强文化软实力的重要历史使命。同志们一定要自觉把思想和行动统一到中央要求上来,进一步增强责任感和使命感,以认真负责的态度、改革创新的精神、求真务实的作风,紧密结合新闻出版总署实际,创造性地开展工作,确保学习实践活动取得实实在在的效果,重点要把

握好三个方面的工作。

（一）要在深化理论武装上下功夫

搞好这次学习实践活动，深入学习、提高认识是基础。学习实践活动中，要坚持改造主观世界与改造客观世界相统一，大力弘扬理论联系实际的马克思主义学风，组织广大党员干部认真学习党的十七大精神，认真学习《毛泽东 邓小平 江泽民论科学发展》和《科学发展观重要论述摘编》，县处级以上领导干部还要认真学习《深入学习实践科学发展观活动领导干部学习文件选编》，进一步全面理解科学发展观的科学内涵、精神实质、根本要求，努力掌握科学发展观所体现的马克思主义基本立场、基本观点、基本方法，切实增强贯彻落实科学发展观、走科学发展道路的自觉性和坚定性。

（二）要在解决突出问题上下功夫

解决突出问题是突出实践特色的关键。学习实践活动一定要着眼于解决问题，把查找和解决问题贯穿活动的始终。从学习实践活动一开始，就要高度重视解决突出问题。要坚持边学边改，边查边改。在整改落实阶段，制定整改落实方案，要分清轻重缓急和难易程度，明确解决问题的工作目标、方式方法和时限要求，把责任落实到分管领导和分管部门，选准突破口和切入点，集中精力，整合资源，狠抓落实，真正在解决群众反映强烈的突出问题上有新的突破，在解决影响和制约科学发展的突出问题上有新的突破，在解决党员干部党性党风党纪方面的突出问题上有新的突破，使群众切实感受到学习实践活动带来的新变化、新气象。

（三）要在完善体制机制上下功夫

新闻出版总署在学习实践活动中，担负着建立和完善有利于科学发展体制机制的重要责任。从学习实践活动一开始，就要高度重视做好创新体制机制的工作。要对现有的制度规定进行一次系统清理,按照科学发展观的要求,该废止的废止,该完善的完善,该变革的变革,特别是要及早研究制定推进新闻出版事业科学发展迫切需要的新制度、新政策。

三、采取有力措施,确保学习实践活动真正取得实际效果

开展学习实践活动,是全党政治生活中的一件大事。各级党组织要把学习实践活动摆上重要议事日程,高度重视,精心组织,把深入学习、提高认识贯穿始终,把解放思想、改革创新贯穿始终,把解决问题、完善体制机制贯穿始终,把依靠群众、发扬民主贯穿始终,确保活动取得实效。

(一)要落实领导责任

这次学习实践活动,在党中央的统一领导下,按照党组织隶属关系确定领导关系。新闻出版总署的活动由新闻出版总署党组领导。开展第一批学习实践活动,新闻出版总署党组既是活动的参与者,又是活动的组织领导者,要切实承担起领导责任。党组要全面负责新闻出版总署的学习实践活动,主要负责同志要认真履行第一责任人的职责,分管领导要认真履行直接责任人的职责。党员领导干部特别是主要负责同志要发挥表率作用,带头深入学习、带头调查研究、带头解放思想、带头分析检查、带头整改落实。要积极参加领导班子和所在党支部的活动,结合各自分工建立联系点,努力把联系点建成学习实践活动的示范点,发挥以点带面的作用。

（二）要加强分类指导

在坚持学习实践活动基本要求的前提下，紧密结合实际，从新闻出版总署的不同层面、不同特点和党员领导干部、机关党员等不同对象出发，提出有针对性的具体要求，分层分类进行指导，增强活动的实效性。要充分发挥党支部的作用，积极探索有效形式，确保党员全员、全程参加学习实践活动。

（三）要积极探索创新

尊重基层的首创精神，鼓励基层创造性地开展活动。一方面，要严格遵循中央确定的指导思想、基本原则、规定的阶段安排，做好"规定动作"。另一方面，要鼓励和倡导大胆探索，紧密结合实际做好"自选动作"，在实践中探索新思路、新办法，创造好经验、好典型。要坚持时间服从质量，合理把握进度。要讲成本、重实效，防止文山会海，杜绝形式主义。

（四）要搞好舆论引导

大力宣传科学发展观的科学内涵、精神实质和根本要求，宣传开展学习实践活动的重大意义，宣传学习实践活动的部署、要求、做法、经验和成效，宣传学习实践科学发展观的先进典型，做好舆论引导工作。要广泛开展"科学发展在身边"、"科学发展从我做起"等活动，引导广大群众逐步养成符合科学发展观要求的行为习惯，努力营造开展学习实践活动的良好氛围。

（五）要注重统筹兼顾

把学习实践活动当做推动工作的重要机遇和强大动力，把学习实践活动同纪念改革开放30周年活动，同推动广大党员特别是党员领导干部讲党性、重品行、做表率紧密结合起来。通过学习实践活动促进各项工作,用各项工作的实际成果来衡量和检验学习实践活动的成效,切实增强保持经济社会又好又快发展的责任感,努力做到两手抓、两不误、两促进。

同志们,认真扎实搞好这次学习实践活动,是各级党组织必须完成的重大政治任务,也是我们指导检查组义不容辞的责任。这里,我代表指导检查组的全体同志表个态。我们将按照中央深入学习实践科学发展观活动领导小组的要求,深入学习领会中央精神,认真做好政策指导、督促检查等工作,加强与新闻出版总署党组的协调与沟通,发挥好中央学习实践活动领导小组与新闻出版总署之间的桥梁纽带作用。希望大家对我们的工作多支持、多帮助,也欢迎大家对我们的工作进行监督,提出意见建议,共同努力把新闻出版总署这次学习实践活动的各项任务完成好、落实好。

在新闻出版总署深入学习实践科学发展观活动专题报告会上的辅导报告

柳斌杰

（2008 年 10 月 16 日）

按照中央统一部署,10 月 13 日,新闻出版总署深入学习实践科学发展观活动正式启动。现在进入了学习阶段,按照安排,有几次集中学习,今天是第一次集中学习,接下来还将请几位专家作辅导报告,然后还要对处级以上领导干部进行集中培训,各署直单位党委（支部）也要组织学习,要把学习实践活动扎实进行下去。学习实践科学发展观,学习是个前提,当然,科学发展观的学习不是今天才开始,党的十六届三中全会提出后到现在已有五六年时间了,大家都学习过多次,现在是要进一步深入学习。要按照中央要求,把科学发展观的历史定位、时代背景、科学内涵、精神实质和指导意义等一系列问题弄清楚。我先后参加过中央组织的多次学习,今天我给大家汇报一下自己学习科学发展观的体会。主要讲以下三个方面:

一、科学发展观的历史定位

科学发展观是与时俱进的马克思主义,与马克思主义、列宁主义、毛泽东思想、邓小平理论、"三个代表"重要思想是一脉相承而又与时俱进的,是一个理论体系的新发展,而不是说又提出一个新的思想理论体系,这一点在学习中要深刻领会。

工人阶级政党的世界观最核心的是辩证唯物主义与历史唯物主义,这也是马克思主义的理论基础。马克思主义创始人认为,世界是物质的,物质是运动的,物质生产是人类社会生存和发展的基础,生产力的发展是人类社会生存发展和历史前进的最终决定力量。马克思主义也断言,未来的社会主义社会是高度发达的社会,是物质产品极大丰富、人的精神全面发展的社会。从马克思开始,就把生产力作为社会发展的最终决定因素,把人的全面发展当成社会前进的基本动力。这一原理从共产主义运动一开始就确定了。

列宁阶段是社会主义变成实践的开始,他非常重视生产力发展,最著名的论断就是:"铁路 + 电气化是社会主义","铁路 + 现代化 + 苏维埃政权就是社会主义"。在这里,铁路代表经济建设,电气化是指科学技术发展,他把这两项和苏维埃制度看成社会主义发展的基石,可见其对发展理论的继承。

毛泽东在领导中国革命、建设过程中,继承了马克思列宁主义的基本原理,又结合中国实践解决了中国革命和建设问题,实现了马克思主义中国化的第一次飞跃,不仅解决了中国革命的道路问题,也初步探索了中国建设的问题。早在七届二中全会上毛泽东就指出,中国革命胜利只是万里长征的第一步,建设一个新中国的任务更艰巨、事业更伟大。取得政权后立即制定"一化三改"的总路线,制定了中国工业化计划,提出多快好省地建设社会主义的总路线。尽管执行过程中出现偏差,但在认识上是明确的,即使在"文革"时期,也还坚持了"四个现代化"的前进方向。这些思想都强调发展,没有离开过发展这根主线。所以今天的科学发展观是与之一脉相承、息息相通的。到了以邓小平为核心的第二代中央领导集体,面对世界和平与发展这一主题,果断做出把工作重点转移到经济建设上来,开辟了改革开放新时代。这时,邓小平强调的核心思想是"发展是硬道理"。这句话可以说深入人心,对中国 30 年改革开放、经济建设、党的各项工作起了很大作用。在经历多次风险之后，他仍强调，任何情况下，经济建设都不能动摇。在邓小平理论中，发展是相当重要的，强调改革开放是发展动力，创新是发展动力，提出要尽快改变中国落后的社会生产力和人民群众日益增长的物质文化需求不相适应的矛盾。他反复交代，"一个中心、两个基本点"的基本路线一百年不动摇。

江泽民提出的"三个代表"重要思想，是在邓小平解决了什么是社会主义、怎样建设社会主义的基础上，进一步回答建设一个什么样的党、怎么建设党的问题，其思想核心是中国共产党要始终代表先进生产力的发展要求、先进文化的前进方向和最广大人民群众的根本利益，实质都是发展问题。这说明在马克思主义理论发展进程中，各个阶段都强调了发展的理论。

为什么到了党的十六大以后明确提出科学发展观呢？这里既有继承问题也有创新问题。科学发展观继承了马克思列宁主义、毛泽东思想、邓小平理论、"三个代表"重要思想关于发展的一系列理论思想，坚持把发展作为我们党执政兴国的第一要务，而且强调了科学发展观。同时，科学发展观又与时俱进，丰富了马克思主义关于发展的要求。经过了三十年改革开放，我国的经济基础、物质条件、社会生活都发生了深刻变化，已经暴露出来的问题需要用更加科学的思想指导发展，科学发展观是在理论上进行的再一次创新。邓小平最早提出的是差别发展的思想。当时，全国贫穷、物资缺乏、生活困难，平均主义造成的低效率阻碍发展。为打破发展困境"杀出一条血路"，邓小平提出让沿海等有条件的地方先发展起来，让一部分人先富起来。这是对平均社会主义的一种否定。于是，我国实行了经济特区，确定沿海开放城市，许多地方确立了开发园区、科技园区，让这些地方在发展中有所突破和前进。实践证明这是正确的，如果没有这样的决策，今天就不会有深圳、浦东这样的新兴城市和发展速度。当然一部分地区和一部分人先富起来后，就会出现另外一些问题，如地区间发展的不平衡、贫富差距、城乡矛盾等。这就必须落实邓小平同志的另一个指示。他当时讲了两个大局,让一部分地区一部分人先富起来是大局,到 20 世纪末,当一部分地区一部分人发展起来后,就要考虑另外一些地区和人的发展问题,先富帮后富这也是一个大局。我们经历了二十多年发展后,就碰到了这个问题。科学发展观就是针对这样一个局面,提出要全面协调可持续发展,强调要统筹兼顾,让发展成果惠及广大人民群众。这个理论的提出丰富了中国特色社会主义理论。党的十七大明确指出,中国特色社会主义理论体系是在马克思列宁主义、毛泽东思想的基础上发展而来的,包括了邓小平理论、"三个代表"重要思想以及科学发展观等一系列党的最新理论创新成果。所以说,科学发展观是中国特色社会主义理论体系的重要组成部分。

当前这个时期的主要特点:第一,国际形势发生了深刻变化。四大趋势很明显:政治多极化不可阻挡,经济全球化进程加快,科学技术日新月异,文化多样性已成现实。国际形势这四大变化对中国发展提出新的要求,中国需要全面协调可持续发展,单一的经济突破已不能适应国际发展格局。第二,从国内来看,有五个方面的情况和问题。一是发展进入了关键时期。我们原来区域突破地区差别发展的阶段,在资源利用土地开发等方面有些已到了一定极限,按照这种粗放式发展模式,将会给中国以后的发展带来巨大问题,这是显而易见的。经济增长方式粗放,结构不合理,资源浪费、环境污染,已成巨大压力。我们这 30 年发展开始依靠投资,接着依靠出口,国内消费拉动始终处于低位运行,投资、出口、消费中,消费成了短腿。原因是以人为本的思想没有完全树立起来,在改善人民生活水平、提高人民收入水平方面,步伐太小。另外一些矛盾也比较突出,如房地产,投资者和消费者都是银行借贷,风险很大。这些矛盾需要用新的发展观去解决。二是改革到了攻坚阶段。大家都记得邓小平同志在改革开放之初的几句名言,"摸着石头过河","黑猫白猫逮着老鼠就是好猫"。经过二十多年的发展,要用更高的水平解决发展问题。改革怎样深化是个大考验。实际上，国有企业、农村农业、市场体系改革等都到了一定阶段，改革进入到了艰难时期。各个行业普遍要求改革的呼声，与我们改革动力不足、积极性不高问题形成了矛盾。这些突出表现在：农业发展中农民增收困难，经过几次改革，调高农产品价格，减少农民开支，下一步还靠什么增收就是难题；市场竞争进入国际化，创新不够，自主品牌不多，竞争能力弱的矛盾越来越大；这些都需要进一步深化各方面体制改革，进一步解放生产力。所以改革处于攻坚阶段。三是社会矛盾凸现。各种利益群体间矛盾突出，如社会分配不公带来的矛盾，历年水库移民、征地拆迁带来的矛盾等暴露了人民内部利益关系的不协调，对和谐社会建设造成了影响。四是环境恶化。资源过度使用，没有长远规划，环境污染严重、食品安全问题时有发生等，都是发展中遇到的矛盾。五是资源短缺问题。我们现在发展受到严重制约，表面上看是能源问题，表现为石油涨价煤炭涨价电力供应紧张，实质是资源问题。电力是煤炭开发问题，石油是矿产资源有计划开发问题。还有土地，非法占用耕地问题远远没得到控制。认真思考二十多年发展的经验教训，清楚地看到发展一方面改变了中国面貌，另一方面也积累了矛盾问题，给以后发展带来影响，必须进行调整。在这种背景下，科学发展观就应运而生了。

科学发展观丰富了中国特色社会主义理论体系，作为一种世界观方法论，把马克思主义关于发展的理论深化了一步。在实践上，能解决生产力和生产关系、经济基础和上层建筑矛盾，能够完成政治、经济、文化、社会、党的建设整体上的布局，因为有了全面协调的要求。科学发展观体现了党对党的执政规律、社会主义建设规律、人类社会发展规律等三大规律的新的认识。所以科学发展观是与时俱进的马克思主义。这个历史定位是准确的，当之无愧的。现在学习科学发展观，就是坚持和实践马克思主义，就是用最新的中国化的马克思主义指导我们的各项工作。这个认识要明确，要不然会想，邓小平理论、"三个代表"重要思想、科学发展观是什么关系？它们是继承发展的关系。邓小平解决的是探索中国特色社会主义道路的问题，即中国向何处去的问题；江泽民解决的是在建设中国特色社会主义进程中，党执政地位如何巩固、如何更好地领导中国人民实现奋斗目标的问题；科学发展观进一步解决了经过30年改革开放后中国发展前进的问题，解决了怎样发展的问题。每一种理论针对那一个时代特点，解决那个时代的重点问题。理解其创新之处及与马克思主义理论的继承关系，对马克思主义理论在实践中不断发展的脉络会更清楚。特别要掌握科学发展观与他们的继承发展关系，科学发展观与马克思列宁主义、毛泽东思想、邓小平理论、"三个代表"重要思想，既一脉相承，又与时俱进，是针对目前中国改革发展实际提出来的，是发展着的马克思主义。

二、科学发展观的内涵及相互间的联系

科学发展观为我们开辟了中国特色社会主义理论的新视野。马克思主义中国化有两大飞跃，产生了两大成果，一是毛泽东思想，二是中国特色社会主义理论体系。科学发展观是中国特色社会主义理论体系的一部分，主要针对怎样建设和发展中国特色社会主义的问题为我们提供了认识中国特色社会主义建设的新视野。说到科学发展观的精神实质，我们强调要理解四句话：

（一）第一要义是发展

科学发展观更加突出强调发展问题。有几个原因：一是当代世界主题是发展。中国进行社会主义现代化建设不能离开我们这个时代确定的世界主题。每个国家都把发展放在重要位置，区域地区合作越来越全球化，一切都在推动发展。在今天这个世界上，要是没有实力、没有发展来支撑，就没有发言权。30年前，邓小平判断，和平

38

有相对较长时间,世界主题进入发展阶段。现在世界的主题依然没变,这给中国创造了发展的国际环境,我们必须抓住机遇,发展自己。二是中国人民希望发展。我们搞了多年社会主义,相当一段时期搞得贫穷落后。邓小平讲贫穷不是社会主义,带领大家勤劳致富谋发展,从农村到城市推进体制机制改革,解放发展生产力,推进生产大发展,今天人民生活发生了深刻变化,人民生活水平提高了。这种变化给人民带来实惠,人民群众确实体会到发展的好处。不管什么行业什么地区的人,都希望通过发展获得更实惠的利益,这是人民的愿望。三是发展还是以经济建设为中心,这不能动摇。物质基础是支持一切社会发展的前提。人只有解决吃穿住行基本需求,才能从事科学研究、文化建设、社会活动。所以,大家都希望经济建设能长期稳定快速发展。四是发展要转变增长方式。粗放式的依靠投入推动的发展模式已经不适应当前发展需求。今天发展要以信息化带动工业化,低消耗、无污染,实现全面的现代化。发展要求是很高的,要求发展方式应该有很大转变,实现高水平的发展,不是以前单纯追求量的扩张和增加,比如,粮食问题,就要讲品种、质量。我们的产业结构要大力调整,我们现在还是第二产业为主,第三产业要大幅增长,第一产业要巩固提高。要发展、建设成一个现代化发展大国,就要大力发展第三产业,服务业要占主导地位,要降低第一产业在国民经济中的比重。国家提出 2020 年前,第一产业比重要降到百分之十以下,第三产业上升到百分之七十,这对农业大国来说谈何容易?要实现均衡发展,投资、消费、出口三大动力要均衡,特别要启动消费市场,提高人民特别是农民的消费能力。还有,政府要通过宏观调控、市场调节、技术创新等手段,使经济发展进入新阶段。在应对国际金融危机带来的经济危机方面,当前还有新的要求。抵御国际金融风险,国家已作了部署,保证中国经济不受国际金融危机更大影响。调整宏观政策,降低存款准备金率和利率,刺激消费;放松银根,扶持中小企业等;保证房地产市场稳定,不出现泡沫破裂情况;加强农业基础,扩大内需;这些都是新办法。国际社会对我们党十七届三中全会反响强烈,认为中国把七亿人稳定下来就是对世界的巨大贡献。当前最重要的问题,是增加公众的信心。信心不足是导致发展遭受挫折的重大原因。要通过社会舆论营造良好市场环境,增加投资者和消费者信心。

(二)核心是以人为本

这是科学发展观最有影响的一个思想观点。我理解,科学发展观在这个问题上回到了真正的马克思主义。大家以为马克思主义一开始研究的是阶级斗争,其实不是。他一开始研究的是人的解放,实现人的全面发展。《1844年经济学哲学手稿》实际上是马克思最早的思想。他在研究人的解放和全面发展时,发现剥削压迫是个主要原因,离开了社会改造,人就不能解放,不能实现全面发展。他设想只有到了共产主义,物质产品极大丰富,精神境界极大提高,人的解放才能实现。谁是解放力量呢? 工人阶级。先解放工人阶级,再解放全人类。然后他才提出建立工人阶级政党——共产党,开展阶级斗争,只是实现人的解放的手段。科学发展观发挥了马克思关于人的解放和全面发展的思想,把以人为本作为核心。其真正含义有几点:一是确立人的主体地位。发展是为人的全面发展的发展,所以人民群众是发展的主体。这个主体地位要明确。要尊重人民群众的创造精神,作为创造历史的主人看待。科学发展观有利于调动全体人民投入发展的积极性。二是共产党执政为民,一切决策的出发点、落脚点都是为了人民群众。我国宪法规定:一切权力归于人民。党是受人民委托帮助人民行使当家作主权力,共产党必须利为民所谋、权为民所用。三是发展成果要由广大人民群众共享。解决发展动力问题,就是要让人民群众享受到改革发展的成果,感到更实惠更有信心。如果仅仅富了少数人,就走了斜路了。这就和社会主义国家根本制度背道而驰了。四是发展归根结底是为了人的全面发展,为人民群众创造全面发展的条件。所以党提出更加关心民生,解决群众最关心的问题。今天国家正在完善各项社会保障制度,完善教育、医疗、卫生,社会保险,为人的全面发展提供良好条件。科学发展观把这个思想树立起来,包括衡量我们自己工作也要看以人为本这一条。

(三)基本要求是全面协调可持续

这里涉及全面性、协调性、持续性三个问题。

一是全面性,讲的是发展布局问题。发展要全面,从小康社会布局来说已形成政治、经济、文化、社会建设四位一体的格局,已体现在党的十七大精神中。全面性除了布局外,还体现在每个行业、每个地区发展上也要全面推进。今天我们有了这个条件,必须整体推进国家现代化建设,这就是讲科学发展。

二是协调性,就是发展的每个环节都要整体推进。要考虑生产、生活、生态三个方面,生产文明、生活文明、生态文明要协调发展。不能因生产问题影响生活,我们过去推行的创业时的办法,目前已经不适用了。当前,从各方面来讲,协调性整体性还较差。很多环节上还存在瓶颈,影响发展,要协调解决这些矛盾和问题。所以这几年党在整体工作部署上,非常注意协调发展。在考虑农业结构调整时,要考虑城市人民生活水平问题。考虑农产品价格问题时,要考虑居民消费能力问题。考虑工业产品价格时,要考虑农村消费问题。土地、农产品价格、农村劳动力转移、户口问题等,全面协调,才能促进城乡一体化的和谐发展。

三是可持续性。一些地方为了政绩搞形象工程,过度开发利用资源,影响了可持续发展,影响到子孙后代发展。曾经换来一段时间的高速增长,但却打破了各个生产环节上的平衡,造成新的矛盾。有些事情,局部看来可行,整体看来不可行。能源紧缺,要有计划发展;水资源不足就要保护、要节约。我们必须把节约资源、保护环境、控制人口三大国策结合起来,实现可持续发展。不然砍了祖宗的树,吃了子孙的鱼，以后将怎么发展？我们的子孙后代靠什么生活？

（四）根本方法是统筹兼顾

现在发展的矛盾，体现在城乡二元化上。虽然城市在发展，农村也在发展，但差距不是缩小，而是继续拉大。党的十七届三中全会上有人提出，按发展指标计算，二十年后城市农村差距还将继续扩大。七亿多人口的农村不发展，现代化就落空了。问题还在于没有找到解决的出路。比如农民增收方面，存在着土地、打工、劳动力保障以及劳动力素质越来越低等问题。这次全会的一个重大决定就是农民宅基地、承包地经营权要改革，目的就是稳定农民安心发展。区域矛盾，发达地区与后发达地区界限明显，西部地区尤其滞后，这与东部发达地区不协调，有的一个地区也出现区域不协调。经济和社会发展也有矛盾，经济发展取得显著成绩，社会发展滞后问题突出，如医疗、教育、社会保障远不能满足人民群众要求。人与自然固来就有矛盾。今年的低温雨雪冰冻灾害、地震灾害等在让人们看到自然因素的同时也要看到人为因素。同样遭受灾害，有的国家损失却比我们小；抗灾能力低就是发展问题。人与自然的矛盾既表现在自然界对人类活动的惩罚，也表现在人类抵御自然灾害能力不够强。导致自然灾害频发、损失惨重的大量问题还表现在人们破坏了自己的生态环境、生存条件恶化，导致有些地方有水不能吃，有地不能种。这些矛盾就迫使我们必须科学发展，调节关系，统筹兼顾。这几年，中央在这方面采取了一系列重要措施，城乡发展上，实行以城带乡，城乡一体化机制；区域发展上，突出特色，实行东西互助；经济和社会发展关系上，优先关注社会事业发展，财政向社会事业倾斜，首先解决了教育问题，免除义务教育阶段学杂费课本费等；深化卫生体制改革，农村建立新的医疗保障体系；社会保障方面，三条线衔接起来，确保所有的人能够得到保障，生存上没后顾之忧；人与自然关系上，提出环境友好型社会要求，倡导人与自然和谐相处。这就是在科学发展观指导下发生的变化,得到人民群众拥护,形成全党共识。现在在统筹方面,注重进一步做好统筹国内国际两个大局,统筹社会各个阶层的利益,统筹各行各业的发展。对于领导来说,要总揽全局、统筹规划,各项工作综合平衡、各种发展整体推进。学习科学发展观,就必须把以上这四方面精神内容要学懂弄懂,真学真信就要装在脑子里,真懂真用就要学会用马克思主义的这个世界观方法论去指导发展实践。

三、科学发展观是新闻出版业繁荣发展的指导方针

一些同志一听讲科学发展观就以为是讲经济发展,觉得与文化关系不大。其实科学发展观是一种世界观方法论,贯穿在所有行业、所有领域和所有工作中,适用于各行各业,不单纯是指经济问题。所以也是新闻出版业发展的总方针,贯彻落实科学发展观同样是我们新闻出版业的一项重要任务。

自党的十六届三中全会提出深入学习贯彻落实科学发展观以来,新闻出版总署党员干部、全国新闻出版战线各级党组织,在学习、宣传、贯彻、落实科学发展观上做了大量工作,总体上看,思想认识明确,贯彻积极努力,落实不断深入,取得一定成效,积累了一定经验,为进一步用科学发展观武装思想、推动工作、指导实践创造了条件。但是,这与坚持用科学发展观的理论统领新闻出版工作、指导新闻出版业健康发展还存在不小差距。我们要有自知之明,要以这次学习实践活动为契机,从以下四个方面深入推动学习实践活动的开展。

(一)解决制约新闻出版业科学发展的主要问题

从初步调查的情况看,影响和制约我们机关和行业贯彻落实科学发展观的主要问题有五个:

一是思想不够解放。我们行业在发展上反映出许多制约科学发展的问题，诸如不利于科学发展的陈腐观念、影响科学发展的体制机制性障碍、阻碍科学发展的规章制度等等。比如，对我们行业体制外已经形成的新的文化生产力关注不够，甚至排斥，几次调研把这些问题弄清了，但在结论、政策方面总是放不开。再如，随着行业的改革发展，有不少规章制度明显不能适应当前工作的需要，但相关的配套政策却跟不上，在相当程度上制约了发展。这些问题之所以长期得不到解决，主要是我们有些同志思想里总是30年前那些条条框框，"左"的思想观念占了上风，思想解放不了。

二是对发展是第一要义还没完全理解。发展是执政兴国的第一要务，是科学发展观的第一要义。在当代中国解决一切问题都要靠发展。例如，我们行业许多问题解决不了，就是因为发展不够。像学术论文问题，经调查，全国每年因博士硕士毕业，各种行业晋升职称要发表学术论文至少410万篇，而我们提供的平台只能发表100万篇，有300万篇没地方发表，于是不正之风、学术腐败、买卖版面等问题就接踵而来，显然是由于我们行业发展不够造成的。党的十七大提出，要让全国人民成为文化创造的主体，我们连最基本的要求也解决不了，何谈让人民成为主体？再比如，进口音像制品在市场上所占比例太大的问题，光靠把关是解决不了的，解决问题的办法是我们自己要发展，要使国内音像产品满足人民群众的需要。这又是发展的问题。所以，要通过这次学习好好把类似这样的问题解决好，用发展的思路来解决问题、指导工作。

三是落实科学发展观不得力。一些同志科学发展观基本理论学了，会议上也用了，但落实上不得力。如对新闻出版行业需要调控总量、调整结构、科学布局的问题，早都认识到了，但在落实上却不够得力，审批项目上就没有坚持，所以造成了产业依然分散、集中度低、经济效益差、增长方式粗放。一些同志一讲发展就是办报办刊要书号，而不是在提高质量效益上下功夫。实际上，目前我国平均每个书号的印数在逐年下降，每个刊物、报纸、音像社，并没有完全发挥出自己的生产力，而是在盲目的铺摊子。党的十七大提出要建设文化产业群、产业带、产业园区，要求我们的行业实现集约化发展，目前我们还没有很好落实。

四是改革力度不够。科学发展观的贯彻落实是建立在二十多年深化改革的基础上的，改革是发展的动力，文化产业发展不快是由于文化体制改革相对滞后。就我们新闻出版业而言，目前经营性新闻出版单位改制仅仅完成了三分之一，公益性出版单位的改革还处在试点阶段，没有全面推开。市场上存在的条块分割、地区封锁、垄断经营等问题没有完全打破，旧的问题没有完全解决，新的垄断又出现了。为什么会出现高定价低折扣，价格虚高？就是垄断经营的结果。市场主体不到位，行业竞争不充分，造成我们行业远远落后于经济体制改革，不少单位几乎还在计划经济轨道上爬行。

五是行政能力不强。统筹兼顾做得不到位，是我们行业目前普遍存在的问题。世界性技术革命使传播格局发生了巨大变化，给我们带来了的新挑战，互联网信息的传播已无国界边界，体制外新闻出版活动日益增多，许多错误思想借助网络传播；"公民记者"利用博客、播客发布新闻，严重干扰新闻秩序，影响社会舆论等等。这一系列问题如何解决，直接反映新闻出版管理能力，实事求是地讲，我们还不适应当前形势需要。群众长期呼吁的买卖书号、收版面费、摊派发行、不良广告等问题，虽经整顿，但时有发生，这说明我们新闻出版管理部门科学行政的能力还不够强。

以上这些问题说明影响我们落实科学发展观的因素还有不少，针对目前这种情况，我们就要继续在学习上下功夫，弄懂弄通科学发展观的深刻内涵，做到真学、真懂、真信、真用，尤其要在实践上下功夫，只有突出实践特色，联系实际才能用科学发展观来指导行业的发展，使学习实践活动见实效。在具体的学习实践中一定要解放思想。新闻出版是个特殊行业，首先它属于意识形态领域，新闻出版制度是国家政治制度的组成部分;其次,它是经济基础的重要组成部分,因为我们是实体产业,经济属性很明显,目前我们行业共有 48 万个企业,年产值约有 8000 多亿元,今后几年将直奔万亿元;同时,新闻出版又是文化的重要载体和传播渠道。所以它政治性、经济性、文化性都很突出。要做好这项工作,思想一定要解放,适应科学发展观的要求,不能只从一个方面看问题。许多同志过去形成的政治上的高度敏感,是个优势,但如果不看形势,只讲斗争,不讲发展,不能使其在其他方面发挥作用,就落后于时代、做不好工作。今天很多同志仍在管、卡、压方面下的力气大,在发展方面用的心思不多,对基层怎么发展更是考虑的不多。我们要通过学习实践活动,解放思想、转变观念,深化改革、科学发展。

（二）着力推进三大转变

在这次学习实践活动中,我们要把推动三大转变作为重点,这是深化改革、科学发展的关键。

一是转变政府职能。要由权力型、审批型政府转为服务型政府。这次"三定"方案和机关机构改革,已经突出了这一点,实行集中审批,建立阳光政务大厅,这些工作得到中央领导的肯定。下一步,我们要把主要精力放在宏观调控、市场监管、公共服务、依法行政上来,解决长期存在的重审批轻监管问题。

二是转变制约行业发展的体制机制。要在三年内基本完成经营性单位转企改制任务。现在出版社有五百多家,完成转企改制任务的有一百八十多家,报刊社上万家,转企改制的才十分之一;发行系统深化改革的任务艰巨,印刷企业进一步深化改革的要求也还没有完全达到。随着体制问题解决,新的机制也要形成。地方上已明确,改革交给省委省政府管,中央部委和高等院校所属出版社这两块要作为目前推进改革的重点。报刊改革要加快进度,投融资制度改革也要大力推进。

三是要转变增长方式。要从粗放型数量扩张型增长方式向质量型效益型科技型增长方式转变,利用传媒领域高新技术,构建新的发展平台和出版业态,使传统出版单位向数字出版方向发展,大力培育新闻出版新业态,发展产业群、产业带、产业园区,形成新的增长点。

(三)着力构建为民服务的文化体系

以人为本,就要大力构建公共文化服务体系,维护人民群众的文化权益。下列五大工程是我们的重点。

一是大力实施"农家书屋"工程。今年财政拨款六个多亿已经下来,正进入落实计划阶段。这项工作一定要抓好,这是惠及64万个行政村、7万个社区、9亿人口的重要工程,必须当成头号工程,抓实抓好,抓出成效。

二是大力实施重点出版工程。文化传承的重点工程,如中华大典的出版等,要继续做好;主题出版工程,如今年的迎奥运、抗震救灾、纪念改革开放30周年等,要全力做好。要用好国家设立的出版基金,组织生产精品力作,给民族文化宝库留下我们这个时代的珍宝。

三是大力实施惠及民族地区的东风工程。进一步加强对西藏、新疆、青海等少数民族地区的文化产品供应,形成传播先进文化的网络,要使所有少数民族地区的新闻出版保障水平超过汉族地区。组织少数民族文字出版协作区,提高产品生产供应的能力。

四是大力实施全民阅读工程。目前这项工程日渐成熟,各地都很重视,省、市、县、工厂、学校都组织了不同形式的阅读活动。我们要借鉴各地读书节、读书日、阅书周、读书月活动的经验,继续加大力度推进,通过全民阅读,传播先进文化,树立核心价值观,提高公民素质。

五是大力实施文化环保工程。目前文化市场上的文化环境污染是现实问题,群众反映强烈。一方面是敌对势力的渗透、国外不良文化的影响,另一方面我们队伍中也有唯利是图,为赚钱出版发行低俗文化垃圾的问题。"扫黄打非"、版权保护、市场监管的任务很重。在党的十七届三中全会上,胡锦涛同志对反渗透问题提出了明确要求,我们要坚决贯彻落实,进一步依法加强文化市场的管理,清理文化垃圾,创造良好的文化环境。保护未成年人健康成长。

(四)继续落实五大战略

实施五大战略是推进行业健康发展的战略选择,是新闻出版业落实科学发展观的重大措施,必须认真很好落实。

1. 大力实施精品战略。各个产品门类都要突出精品。一个时代的新闻出版工作不能给时代留下精品是个遗憾。每个时代都有自己的文化创造,我们也要有时代精品。要从选题规划、产品推广、国家政策扶持上突出精品意识,不能单纯追求数量。联合国每年发布影响世界的一百本书中没有中国的,这与我们的大国地位不相称。我们要把更多的力量放在精品生产上。

2. 大力实施集团化战略。集团化是集约化的主要途径。按照党中央的要求,三五年内要形成三五个中国一流、世界知名的新闻传媒集团公司。要加快兼并重组股份化的进度,打破地区行业限制,培育大型文化企业集团,使大集团成为市场主体和战略投资者,在左右文化市场,参与国际竞争中发挥更大作用。

3. 大力实施科技兴业战略。这次机构改革,专门设立了科技与数字出版司,就是要加大推进科技方面的创新。目前,整个新闻传播和出版业发展到了关键时期,正在由传统出版向数字化出版方向转变,与国际水平相比,我们的出版业在传统领域没有优势,但数字化与别国同时起步,一定要抢占先机,中国就有可能引领数字传播潮流。数字出版基地要加强,数字出版自主创新行业要加强,要有自己的知识产权和核心技术,不能受制于人。科技创新上一定要下功夫,在新一轮竞争中,我们要争取主动。

4. 大力实施人才战略。落实科学发展观的关键在人。所以行业发展方面要培养人才,培养领军人才、高技术人才、优秀记者、编辑家、出版家、出版商。要打破行业界限,扩大用人视野,从各方面选拔优秀人才进入行业,提高队伍的整体素质。

5. 大力实施"走出去"战略。"走出去"作为国家软实力竞争的重要方面,已提出多年,但落实的劲头不足,所以要进一步把"走出去"战略落实到创意、生产、销售、发行活动的各个环节。思想要解放,办法要创新,善于用国际渠道和国际名牌企业输出中国产品,用自主品牌参与市场竞争。要精心组织每届国际书展和博览会,树立中国国际形象,文化奥运精神要进一步发扬。明年我们是法兰克福国际书展主宾国,一定要精心设计,及早动手,尤其要多出能与世界其他国家竞争的产品,提升中国文化的国际地位。

通过改革发展、服务体系建设,落实党中央对新闻出版工作的总体要求。在新闻出版业要最终形成两个格局、三大体系,即形成一个以国有经济为主体、多种经济成分共同发展的产业格局,以民族文化为主体、吸收世界先进文化的开放格局;构建面向基层、服务人民的公共文化体系,统一开放、竞争有序的市场体系,覆盖全面、传输快捷的传播体系。这些目标达到了,贯彻落实科学发展观就真正取得了实效。

在新闻出版总署党组中心组学习实践科学发展观理论学习会议上的讲话

柳斌杰

（2008 年 10 月 23 日）

同志们：

通过最近一段深入学习实践科学发展观活动，我感到大家的认识在不断深化，思考正逐步深入，紧密联系工作实际，触及到了总署机关和新闻出版行业的一些深层次问题。这说明了我们的学习很有成效，为继续深入学习，调查研究，开展解放思想大讨论奠定了很好的基础。今天八位同志发言，都联系了总署机关和全行业实际，思考了不少问题，这也体现了我们学习实践活动的要求。下一阶段我们还要按照中央的要求和总署党组的部署继续深入学习。下面我讲几点意见：

一、学习武装上要"求深"

在学习上一定要求深入，不要满足于一般的了解。除了进一步理解科学发展观的精神实质和科学体系，提高落实科学发展观的坚定性、自觉性等一般要求外，对司局级以上的领导干部来说，还要围绕以下几个方面深入学习，把理论武装转化为实际能力：

一要提高贯彻落实科学发展观的能力。为什么把领导干部作为重点？因为要领导和组织贯彻落实科学发展观。能不能成为一个称职的领导干部，关键就是看你能不能领导本单位本行业的科学发展。这就要求大家必须在学习实践活动中提高贯彻落实科学发展观的能力。

二要提高把握大局、判断形势的能力。领导干部很重要的基本功是学会把握大局、判断形势，从总体上思考自己所从事的行业和工作，善于抓机遇，这样才能提高领导水平。从大家发言看来，有些同志对大局把握得好，有些同志还有欠缺，不能很好地在大局下思考工作，这就是能力问题。

三要提高解决实际问题的能力。学习好不好，关键要看解决实际问题的能力是不是提高了。实际问题是客观存在的，比如今年我们碰到的雨雪冰冻灾害、拉萨"3·14"事件、奥运火炬传递在国外受阻、"5·12"汶川大地震以及当前遇到的全球金融危机等等，这些都不可能在我们的计划之内。碰到这些实际问题怎么办？那就要看你的应对能力。只有真本事，才能很好地解决问题。当然，大家谈到我们行业发展，有些问题长期存在，有些是新情况带来的新问题，提高解决这些实际问题的能力，也是衡量我们学习科学发展观是否深入的一个标准。

四要提高管党理政的能力。我们肩负双重职责，一方面我们代表执政党，要执好政；另一方面我们本身也是党的组织，也要管好党；两项任务都很艰巨。这几年，总署各部门、各单位都是"一把手"抓党的建设，坚持党建与业务"两手抓"、"四同步"的方针，取得了一些成绩。但真正抓了没有，管了没有？不见得都做到了。有的单位重业务轻党建，在很多事情上都表现出来。一些同志长期在机关工作，没有在基层党政工作中担任过职务，不会从党政两个方面思考问题。中国特色很大一部分就是中国共产党的领导，社会主义制度，这是中国社会的标识，不抓建设就失去了中国特色。领导干部一定要学会两手抓。坦率地说，很多同志还不会这一点，只会用权力工作，不会用党的组织去做好工作。这也是统筹协调能力问题。

二、调查研究上要"求真"

我们很重视调查研究,搞了不少,经常看到大家这样那样的调查研究报告。这是很好的作风。但这次调研,我们是集中进行,要争取把真实的情况摸清楚,不要经过层层过滤、层层汇报,说漂亮话。调查研究深入不下去,往往就会凭二手资料,作判断,下结论。这次调研一定要沉下去:

一是讲真话,找问题。要让大家畅所欲言地找问题,特别是总署机关的问题、行业发展的问题。做好这项工作,在调研点的布局上要有选择,涉及十个实体行业的内容都要调研。每个方面要选择不同地区不同类型不同发展水平的地区和单位去做调研,包括东中西部、大小社、特色单位,都要让他们说真话,把问题弄清楚。

二是听真话,讲民主。要采取多种方式,发扬民主,多听真话。除了去基层单位听取意见,发征求意见函之外,还要在网络上设置题目,公开听取网民意见,网络不是实名制,都能讲真话,是听真话的一个渠道。听真话还要有胸怀,要能听不同意见。

三是查实情,多用心。我们已经设计了民意调查、问卷、座谈、访谈、实地察看等多种方法,目的是通过这些手段切实把真实的情况捞上来。常言道,"情况明,决心大"只要我们掌握了真实情况,我们行业的问题就看清了,办法就有了。

四是报实况,不回避。不管是领导同志还是下去调研的一般同志,都要原原本本地把问题拿上来,原汁原味地报告实际情况,不回避矛盾。在这一点上大家一定要解放思想,放下包袱,一个领导机关、一个领导干部,如果承受不了群众意见,听不得不同的声音,他就不是一个真正的马克思主义者。

三、分析检查上要"求准"

无论总署机关还是总署领导,不仅要把自己的问题找准,还要把原因分析得准。在分析找准原因基础上,提出针对性整改措施,要让群众感到找出的问题是准确的,提出的整改措施是真心实意的,分析报告看了就像你。这次大家都做一次"晒客",把思想亮在网上,让大家评,见见阳光,晒晒太阳。不敢亮丑,不敢找短,是没有勇气的表现。自己是一方面,主要还是联系行业和机关的问题。作为全国新闻出版行业最高的行政管理机关、指挥机关,我们首先要把自己的问题找准。让行业、基层、社会各界认为找到的问题像那么回儿事。大家要做好准备,分析检查报告是检验学习、调研深入与否的一个标尺,是对领导干部的基本要求,党组同志学习的体会文章,不但要在网上发表,还要选择一些在《中国新闻出版报》上发表。司局长要以这几次讨论会的发言为基础,整理成学习体会文章,选择一些发表,起一个带头作用。在整个学习调研过程中,党组同志要带头学习、带头调研、带头分析,抓好联系点工作。同时要深入考虑我们的政策、制度、机制,为下一步党组集体分析检查做准备。

四、科学发展上要"求新"

这次到广东考察,参观了一些文化企业,多数业务涉及我们。如华能、腾讯、宏威等这些大型企业,在发展中都面临政策支持问题。所以下一步的发展,我们一定要有新观念、新思路、新办法、新政策,帮助他们解决发展中存在的问题。我们现有的一些管理办法还是阶级斗争时期的,比计划经济时期还落后,该如何适应形势,这都是深入学习实践科学发展观活动中要解决的问题。下一步发展中不管是哪个门类，都要强调高起点、高层次、高水平，这次金融危机中，许多企业的共同教训，就是起点低，没有知识产权的贴牌加工就经不起国际市场的风浪。所以新闻出版事业发展一定要有高起点、高层次、高技术、高水平，通过改革、重组、兼并、跨地区发展，造就一批高水平的市场主体，这样才能完成两个方面的任务，即增强意识形态的吸引力、影响力、战斗力，把核心价值观树立起来；增强出版产业的创造力、竞争力，把主体市场的优势显示出来。小企业缺乏实力，搞低水平重复建设，甚至生产文化垃圾，这对提高国家整体的文化软实力没有什么用处。所以，我们不能还在旧的思路上思考问题，这一点要彻底改变。我国经济发展中暴露出的许多问题归根结底是生产机制、生产模式问题，小生产、低素质，就难以保证质量。新闻出版业也是一样。目前，我们正在组织检查"十一五"各个规划的落实情况，中央各种项目的检查也正在进行，重点工程建设在清理。下一步，就是要针对存在的问题，在发展上实实在在下功夫，把发展这个第一要务抓好。管理工作中我们大事不过夜的意识是好的，发展上也要急企业所急，要以这种只争朝夕的精神为基层服务。

总之，我们同经济行业比较，思想解放还不够，思路办法还不多，政策机制还不新，发展方面下的功夫还不深。这一点心中要有数。

今天之所以讲这四方面，中心意思是希望大家学习上要继续深入，思想要进一步解放，为下一步边学边改、调查研究，检查分析，提出一整套落实科学发展观的措施，打下坚实的基础。关于新闻出版业改革问题，也要思考采取有系统的措施，不搞零打碎敲，要提出一个指导性意见。公共服务建设工程，能出台一些规范性的文件。发展、改革、公共服务这三个东西要作为后期的机制体制建设成果，现在就要开始着手考虑，一步步把学习实践科学发展观活动引向深入。直属单位按规定动作和自己设计的动作加紧进行，学习实践活动的目标要调整到为我国新闻出版业改革发展服务，调整到承担政府职能转变交给的新任务上来,不能脱离了为政府工作服务这个大局。从机构设置、领导配备、功能完善上都要考虑如何为新闻出版业大发展大繁荣服务,而不是勉强维持自己的生存。党组年初已提出一些发展思路,必须按照党组统一部署,改革创新,明确职责,完善功能,增强活力,改进服务,这要作为学习实践活动要解决的重点问题。各单位党委和主要领导一定要把握好。

在新闻出版总署党组中心组学习实践科学发展观理论学习会议上的讲话

傅克诚

（2008 年 10 月 23 日）

今天新闻出版总署召开中心组学习，刚才听了发言，我感到这些同志的发言都非常好，好就好在突出了科学发展观的主题，能紧紧围绕总署确定的实践载体，结合各单位实际，经过领导同志的认真思考，提出了很多有见解、有水平的体会和建议。用斌杰同志的话讲叫"触及"到了行业、机关深层次的问题。应该说，新闻出版总署这次理论中心组学习是很成功、很好的。新闻出版总署学习实践科学发展观活动开展以来，总署党组高度重视，斌杰同志亲自抓，成立了领导小组和领导小组办公室，制定了实施方案，召开了动员大会，特别是斌杰同志又亲自作了很好的专题辅导报告，而且又组织副处级以上领导干部集中培训，邀请专家学者作报告，组织参观抗震救灾展览等一系列活动，今天又召开了党组理论中心组学习，八位同志作了很好的发言。我感到新闻出版总署的这一系列学习活动认识高、行动快、措施得力、起步良好，正在扎扎实实地按中央要求向前推进。下一步工作刚才斌杰同志讲了四点意见，很深、很透、很到位，我很赞成。希望能把斌杰同志讲的四条意见贯彻落实好。我在这里再讲几点建议：

一、要认真学习,认真读好三本书

学习科学发展观的理论不能满足于字面理解,不能浅尝辄止。要通过读好三本书在准确把握科学发展观的科学内涵、精神实质和根本要求上下功夫,要在入脑、入心、真懂、真用上下功夫,要在联系思想、联系实际、解决突出问题、取得实际效果上下功夫。

二、调查研究要在求真、求深、求实、求效上下功夫

调查研究还要注意选好题目。选题要紧密结合不适应、不符合科学发展观的观念、突出问题、群众反映强烈的党性党风问题和体制机制问题上选题。我要强调的是,李源潮同志提出了中央和国家机关要着重围绕建立健全保障科学发展观的体制机制,制定促进科学发展观的政策和服务科学发展等基层迫切期待解决的问题进行调研。习近平同志又讲,在调研的基础上,领导干部要撰写出有内容、有见解、高质量的调研报告,并采取适当方式组织交流。我觉得这两个讲话非常重要。按照这样的方法做,对深刻认识新闻出版总署的署情,对于统一班子共识,对找准总署目前存在的突出问题,解决问题,促进科学发展,必将奠定重要基础。

三、在认真做好第一阶段各项工作的同时,要提前 思考、及早准备后两阶段中的必要工作

1. 领导班子成员要在第二阶段撰写民主生活会的发言材料,参

加民主生活会。第一阶段学习调研中,希望大家边学习、边调研、边思考,联系自己的思想和工作实际,为撰写民主生活会发言材料做准备。

2. 在第二阶段里,特别强调领导班子要撰写分析检查报告。撰写分析检查报告是这次学习实践活动的一个重要内容,要求总结党的十六大以来的经验,提出不符合不适应科学发展观的问题,要分析存在问题的原因,提出解决问题的办法。这一整套分析检查报告内容,如果现在不考虑,第二阶段再搞是来不及的,所以要边学边思考分析检查报告。现在就应该安排专人负责,进行策划。

3. 第三阶段任务是完善体制机制。李源潮同志讲过,要对现有制度规定进行系统地清理,该完善的要完善,该变革的要变革,特别要及早研究制定科学发展迫切需要的新制度新政策。这些任务都是很重的。要真正形成制度,需要一定时间才能完成,仅靠整改阶段的时间不够,所以要从现在开始抓起,把这件事贯彻到学习实践活动的全过程,才能抓好、抓出实效。

4. 在学习实践活动最后一个环节,即满意度测评,要对两方面进行测评。关于测评范围问题,习近平同志讲到,参加测评的范围,要以了解学习实践活动的人员为主,使参评人员有一定的代表性。这就要求现在就要考虑参加测评的范围,让参加测评的人全程参与学习实践活动,这样便于民主测评时,他们能有正确的评价。

5. 边学边改。对已经明确的突出问题,群众反映强烈的、看得准的,能改的马上改,不一定要等到整改阶段进行。这既是中央的要求,又能通过整改激发广大干部群众参与学习实践活动的积极性。

第一阶段是打基础,是学习实践活动的重要阶段。最近在新闻媒体上大家可以看到,中央政治局常委都分别到各自的联络点指导学习实践活动。李长春同志到了广东,而且在广东发表了学习实践科学发展观推进文化事业大发展大繁荣的重要讲话。这就为新闻出版总署开展学习实践活动进一步提出了要求,同时也为我们带了好头。希望大家在现有良好开局基础上,继续努力,按斌杰同志提出的四点要求,扎扎实实地把科学发展观第一阶段不断引向深入,取得实效。

在新闻出版总署"解放思想、深化改革、科学发展"大讨论交流会上的讲话

柳斌杰

（2008 年 11 月 13 日）

　　今天的专题讨论会开得非常好。16 位同志从不同角度作了很好的发言，发言体现出如下几个特点：一是领导带头。两位副署长、16 位司长及直属单位主要负责同志发言，充分发挥了带头作用。二是调研活动开展得比较扎实。大家的发言不是空洞无物，绝大多数有深入调研得来的第一手资料，触及了行业发展中面临的一些深层次问题或发现的新问题。三是发言主题比较鲜明。每个发言都围绕着解放思想、深化改革、科学发展这个中心思想。四是思考得比较深入。像一些以前没有很好思考或没有讲到的问题都涉及了。五是提出的建议很有价值。今天的讨论和我们以往的讨论效果大不相同，充分说明学习调研活动非常重要，学习不学习不一样，调研不调研不一样。总之，通过这次内容充实、有数据、有分析的讨论交流，对我们进一步解放思想、深化认识，开展好工作奠定了很好的基础。

　　下一步学习实践活动中，学习实践活动领导小组办公室要把今天发言提到的问题，按照法规性、制度性、行政性、政策性、工作性、市场性问题分成六大类，一一列出，逐个研究，认真提出解决的建议和办法，扎扎实实做好调研成果在实际工作中的转化运用。比如民营工作室问题，要仔细研究放开后对国家对行业将会带来的影响。类似的问题都要深入研判，切实把调研成果使用好。

下面,我讲三个问题。

一、在解放思想中树立新的文化发展观

党的十六大以后,文化已经不是过去的文化概念,已成为小康社会政治、经济、文化、社会四位一体布局中的一个重要组成部分。从这样一个重要地位上去认识文化,就必须要树立新的文化观,只有这样,才能以改革创新精神推动新闻出版业大发展大繁荣。党的十六大以来,新闻出版业坚持了马克思列宁主义、毛泽东思想、邓小平理论和"三个代表"重要思想,深入贯彻落实科学发展观,不断解放思想、与时俱进,已经在解放思想中形成了新闻出版的新观念,要进一步深化巩固。解放思想不是简单否定以前的,而是要在继承中有所创新,在深化中有提高,把已经解放了的思想肯定和继承下来。这主要体现在以下几个方面:

一是在新闻出版的地位和作用上。要充分认识到新闻出版是党的意识形态的重要阵地,民族文化传承的重要载体,国民经济的重要组成部分,中国特色社会主义事业的重要方面。新闻出版越来越成为民族凝聚力和创造力的重要源泉,越来越成为综合国力竞争的重要因素,丰富精神文化生活越来越成为人民群众的热切愿望。这三句话在新闻出版行业表现得非常突出。从实质上已经肯定了我们这个行业的地位和作用。

二是在新闻出版的发展方向上。要始终坚持先进文化的前进方向,建设面向现代化、面向世界、面向未来的新闻出版业,建设民族的、科学的、大众的社会主义新闻出版业。当今社会是一个多元社会,有多层次的需要,仅仅强调一个方面是不行的。要把发展先进文化、支持健康有益文化、改造落后文化、打击抵制腐朽文化作为我们的工作方向。

三是在新闻出版的发展目的上。要坚持以人为本,满足人民群众的精神文化需求,丰富人民群众的精神文化生活,保障人民群众的基本文化权益。

四是在新闻出版的发展动力上。要突出改革、创新、科学技术三大推动发展的动力。

五是在新闻出版的发展思路上。要一手抓公益性的新闻出版事业,建立惠及全民的新闻出版公共服务体系;一手抓经营性的新闻出版产业,培育市场主体,壮大主业实力,提高我国新闻出版的竞争力。

六是在新闻出版的发展格局上。要形成以公有制为主体、多种经济成分共同发展的新闻出版产业格局和以民族文化为主体、吸收世界优秀文化的开放格局。

七是在新闻出版的发展战略上。要坚持提升国家文化软实力,促进人的全面发展,推动文化"走出去",增强中国文化的国际影响力。发展战略要始终立足这三点。

八是在新闻出版的发展力量上。首先是要坚持党的领导,此外还有政策的支持,企业和人民的主体作用,最主要的是调动广大人民群众特别是广大知识分子的主动性、积极性和创造性。

九是在新闻出版的发展保障上。要注重运用法律、政策、行政、人才等为推动发展提供综合保障。这些经验是在 30 年解放思想中已经形成的,要继续坚持下去。

二、继续解放思想的重点问题

解放思想是总开关,思想解放无止境。做好新闻出版工作始终存在一个解放思想的问题,今天的解放思想大讨论很有成果,下一阶段我们还要在解放思想上下功夫。

1. 围绕观念转变解放思想。特别是在总署机关,还存在观念陈旧、思想落后于实践的问题，表现在调研不够不深，不能及时反映出版生产的要求。譬如，如果把体制外的出版看成敌对势力，那就和发展不沾边了，就变成专政、打击的问题；而如果看成生产力，那就是引导、利用的问题了。我们的文化生产体制外占的比例很大，这就值得好好思考研究，因为管理者的思想观念决定了他们是生存、发展，还是约束、限制。

2. 围绕深化改革解放思想。每位同志发言中都提到了深化改革问题，说得十分迫切。但在深化改革中，我们的思想认识还跟不上目前实际发展的需要。实践中产生的办法、措施已经超过了政府管理尺度。解决这个问题不能限制别人实践的办法，而是我们自身要解放思想，深化改革，跟上实践发展需要。下一步工作中已经部署的改革措施要加大力度推进，明年要有新的改革部署。我们要制定一个全面的推进新闻出版改革的意见。

3. 围绕调整产业结构解放思想。行业发展中的一个很大问题是产业结构不合理，造成参与国际竞争中规模小，实力弱，不能构成平等的市场竞争主体，发展中也形不成战略投资者，这就必须通过调整产业结构来解决。中央有明确的要求，要在三五年内形成三五个国家级大型的骨干出版传媒集团，现阶段这种以省布局的局面将要根本改变。

4. 围绕建立公共服务体系解放思想。发展文化的目的是要惠及全体人民，市场只能满足一部分高端人群的需求。只有建立完善的公共服务体系才能解决普惠人的基本权力问题。这方面这些年虽有探索，但力度不够，还没有完全建立和打通公共服务体系渠道，所以需要再加大力度，采取更为积极有效的措施。

5. 围绕转变政府职能解放思想。要求全行业解放思想，政府自身首先要转变观念、转变职能、解放思想，并且这种转变应该是彻底转变而不是有限转变。

三、把发展作为第一要务,着力解决影响科学发展的突出问题

突出实践特色,解决实际问题,是这次深入学习实践科学发展观活动的关键。需要把握以下几个关键问题:

一是坚持改革开放。目前,做好意识形态工作既要防止敌对势力、腐朽思想的渗透,更要防止否定改革开放,影响改革开放总方向的问题。新闻出版领域在这个问题上思想要坚定、方向要明确、措施要得力。

二是狠抓改革创新。国际市场出现起伏,产品出口弱势,关键还是创新不够。文化是最具创新的行业,要提升文化的国际影响力。下一步要加大力度,解决创新问题,要扶持原创作品,鼓励开发新技术等。

三是大力实施公益性工程。长期以来,制约我国文化发展的关键问题是公益性的文化事业和经营性的文化产业没有分开,政府统包统揽,该由政府主导的公益性事业没有发展起来,该由市场引导的经营性产业也没有发展起来。目前应对经济危机,国家采取措施启动内需,这给我们创造了加强公共服务工程建设的机遇和条件,我们要把大力实施公益性文化工程作为启动内需的重点。

四是增强企业竞争力。通过深化改革进行转企、改制、脱钩、实行股份制以后,出版发行企业主要面临的是竞争力问题,要千方百计提高出版发行企业的竞争力,通过市场机制让他们发展壮大起来,成为我国文化竞争的市场主体、战略投资者。要通过支持鼓励兼并,跨地区、跨媒体经营,重组,股份制改造,上市融资等举措,造就新闻出版行业的战略投资者。

五是提升政府服务发展的水平。行政方面一定要为企业的发展

着想,为发展提供服务。要尽快清理完善相关政策,为企业提供政策支持。盗版、非法出版等影响新闻出版业健康发展的问题,要采取坚决措施,要把发展的环境搞得更好一些。大家一定要认真思考,考虑总署还可以做哪些工作,如资源配置、政府引导等,用实际行动把发展当成第一要务,着力解决影响科学发展的突出问题。

总之,要把贯彻落实科学发展观与当前应对全球性经济危机结合起来,变压力为动力,化危机为机遇,繁荣发展新闻出版业,为国家的总体发展作出贡献。只有这样,我们解放思想才算是真正落到实处了。

在新闻出版总署"解放思想、深化改革、科学发展"大讨论交流会上的讲话

王显政

（2008 年 12 月 23 日）

我就新闻出版总署的学习实践活动谈两点意见。

一、今天的发言反映出新闻出版总署学习实践活动第一阶段取得重要成果

今天大家的发言是在前一阶段学习调研的基础上，结合总署实际，谈体会、谈改革、谈设想，其中既有理论、又有实践，既有高度、又有深度，就总署在改革发展、体制机制、增长方式、职能转变、市场整顿、改革重组等多方面工作谈了很好的意见，针对性强，操作性强。总署的学习实践活动之所以有目前的成果，主要取决于总署前一阶段的工作扎实有力。从我们目前掌握的情况看，总署是中央国家机关前一阶段的学习实践活动开展得较好的单位之一。可以说，整个活动开局良好，进展顺利，而且很有自身特色：

1. 总署党组对学习实践活动高度重视，有组织、有领导、有方案。主要领导亲自动员、亲自调研、亲自作辅导报告，整个班子工作很有力。每个阶段都有十分细致的进度安排表。

2. 总署的学习实践活动指导思想明确，思路清晰。构建两个格

局、形成三大体系,提出了围绕一条主线、推进三大转变、优化三大环境、实施五大战略、建设五大工程等。

3. 总署的学习培训工作效果明显。通过举办四期培训班、四次专题辅导和多次中心组学习,取得明显成效。同时开展了既结合自身实际、又很有特色的"十行百家"专题调研活动。今天大家在大讨论中的发言,很多认识都是通过这次调研活动得来的,专题调研成为学习实践活动的重要创新方式。

4. 总署学习实践活动体现了边学边改,并且初见成效。对过去法规文件的清理废止,构建新闻出版公共服务体系资金的落实工作,对政府工作的规范等等,都体现了边学习边整改取得成效。

二、转入第二阶段过程的几点建议

1. 做好学习实践活动第一阶段的总结工作。建议总署学习实践活动领导小组通过适当方式,对第一阶段学习实践活动进行认真总结,对前期准备及学习、调研、讨论四个环节认真总结分析,查找不足之处,进一步完善提高。

2. 在分析检查阶段,要注意以下几点:

(1)把认真学习、提高思想认识贯穿学习实践活动始终。要认真学习胡锦涛总书记在陕西安塞的重要讲话精神。在这次讲话中,总书记对学习实践活动三句话的要求进行了进一步阐释:党员干部受教育是基础,科学发展上水平是核心,人民群众得实惠是目标。要认真学习中央学习实践科学发展观活动领导小组下发的第11号文件,将应对全球金融危机与学习实践活动中提出的实践载体密切结合。同时,学习中要进一步做到两个统一,总署领导班子学习实践活动与对直属单位进行指导有机统一,解决当前突出问题同本单位、本行业长远发展战略有机统一。

（2）在深入调研、广泛征求意见的基础上，开好民主生活会。要按照领导班子成员分工，认真查找党性、党风方面存在的突出问题。把征求群众意见工作和民主生活会的准备工作做好。

（3）按照中央要求，认真撰写领导班子成员的分析检查报告。

（4）认真做好边学边改工作。总署是行政审批项目较多的部门，在有关制度的清理完善上要下功夫。要通过边学边改，促进新闻出版业的科学发展。

（5）做到两手抓、两不误。总署第四季度工作任务很重，建议统筹兼顾，处理好各种矛盾，争取学习实践活动和完成各项工作任务的双丰收。希望总署不但在诸多方面为中央各部委作出表率，还能成为中央开展学习实践活动的典型单位。

在新闻出版总署党组中心组学习实践
科学发展观理论学习会上的辅导报告

柳斌杰

（2008 年 12 月 23 日）

按照中央部署，这段时间要把学习胡锦涛总书记 12 月 18 日在纪念党的十一届三中全会召开 30 周年大会上的重要讲话当成一项重要任务。要同当前经济发展，特别是应对国际金融危机所带来的困难结合起来，要同我们学习实践科学发展观的活动紧密结合起来，要同 2008 年的工作总结和 2009 年工作部署结合起来。

我先讲讲学习方法。我们一些同志不会学习，不能把握文件和讲话的实质，表达不出文件主要内容和讲话精神。这不是学习态度问题，而是学习方法有问题。胡锦涛总书记 12·18 重要讲话，大家都看了报纸，看了电视，读了文件，但有些同志脑子还是空的。凡是学习理论文章，先要找到文章或作者的逻辑起点和逻辑结构。以胡锦涛总书记重要讲话为例，一要抓住历史进程和历史功绩。总的概念是 5000 年文明，中国为世界作出巨大贡献，160 年中国近代历史经历了从沉沦到崛起的过程，100 年我们经历了三次伟大的革命，第一次革命唤醒了中国人民，第二次革命中国人民站起来了，第三次革命中国人民富起来了，一个纵深的历史镜头一下子就推了出来。第三次革命还在进行，创造了中国历史上令世人瞩目的成就。往后又展望了 100 年，即再过 13 年我们将建成小康社会，再过 41 年我们要基本实现现代化。其中党的十一届三中全会是第三次革命的一个转折点。二是讲了30年11条伟大成就。改革,我们建立了新的机制;开放,我们有了新的格局;关注民生,我们党贯彻科学发展观提出新的要求;然后是经济、政治、文化、社会、国防建设、外交、港澳台、党建。学习讲话就要抓住这样一个逻辑。三是概括了30年10条经验。这10条经验是党的十七大讲的。一是马克思主义基本原理和中国革命实际相结合,我们发展了中国特色的社会主义理论;二是坚持四项基本原则和坚持改革开放相结合,是小平同志在改革开放初期讲的一百年不能动摇的基本路线;三是人民群众的愿望和党的领导的关系,推进国家复兴是人民群众的愿望,也是党奋斗的事业,要把二者很好结合起来,既要体现党的理想,也要体现人民群众的愿望;四是建立基本的社会主义制度,毛泽东同志已经建立了社会主义制度,但我们现在要把基本制度与市场经济相结合,这是中国共产党的创造;五是推动经济基础的变化和上层建筑的变化相适应相结合;六是发展社会生产力,把生产力水平的提高和人的素质的提高相结合;七是提高社会效率和促进社会公平相结合,改革开放以来,我们主张效率,但是提高效率的政策有时导致社会问题出现,所以要兼顾公平,既不能牺牲公平,也不能牺牲效率;八是在对外关系中,我们坚持独立自主的方针,同时适应全球化要求,因为世界是个大市场,是封闭不了的;九是把促进改革发展和保持社会稳定结合起来;十是推动中国特色社会主义伟大事业的同时,推动党的建设的新的伟大工程建设,党的建设伟大工程,与中国特色社会主义事业的核心地位相适应。最后一部分讲我们面临的形势和问题,讲了"四个一定要"。这"四个一定要"包括了我们党的工作布局,工作重点,对全党全国的要求。以上是给大家举例怎么学习。我相信很多人都读过很多书,读任何东西关键要消化,变成自己的知识。下面进入今天学习的主题。

胡锦涛总书记的重要讲话大家刚才在发言中说得都很好,讲话概括了我国改革开放30年伟大的历史进程和取得的巨大的成就和经验,展示了中国共产党领导的正在进行的第三次伟大革命,对于决定中国命运和中华民族复兴的前景有着战略性的作用。所以,锦涛同志的重要讲话是我们下一步奋斗的纲领性文件,因为它提出了中华民族伟大复兴的前景,建设更高水平小康社会,建设富强民主文明和谐的社会主义现代化国家已经为时不远。我学了胡锦涛总书记重要讲话,突出地感觉到每个论断、思想都掷地有声,打开了中华民族的振兴画卷,非常受感动,也非常受鼓舞。和历次的重要讲话一样都有鼓舞人心、振奋人心的力量,讲话内容厚重地表现这次纪念改革开放30周年不是简单地开个纪念会,而是提出了中国共产党一整套主张。讲话发表后,总署的同志都认真学习了,从机关到直属单位,到我们整个新闻出版行业,迅速掀起了学习宣传贯彻落实的高潮,可见这个讲话的影响之大。现在,各行各业都以各种形式、各种阵地表达学习体会和认识,都真正感到胡锦涛总书记是站在党和国家全局发展的高度,回顾了改革开放30年的伟大历史进程和辉煌成就,评价了党的十一届三中全会的重大意义和历史功绩,总结了改革开放的宝贵经验,提出了继续推进改革开放的任务和愿景,是指导我们改革开放、科学发展、振兴中华的纲领性文件,是推动我们新闻出版业在改革中前进,在创新中发展的巨大力量。下面谈几点意见:

一、深入学习胡锦涛总书记12·18重要讲话精神

胡锦涛总书记的重要讲话,立足30年伟大实践,深刻地分析了改革开放时代的鲜明特征和深刻变化,生动展现了我们党所开创的中国特色社会主义道路,视野开阔,立意高远,思想深刻,内涵丰富,通篇闪耀着马克思主义真理的光辉。讲话进一步丰富了中国特色社会主义理论体系,是深入开展学习实践科学发展观活动的生动教材。我们必须认真学习、深刻领会、全面掌握精神实质。

一是要牢记党的十一届三中全会的历史贡献,坚定地走中国特色社会主义历史道路。中央把纪念会定为"纪念党的十一届三中全会召开30周年大会",我理解有两层用意。一是十一届三中全会是中国历史,特别是中国共产党领导这段历史的转折点,没有十一届三中全会就没有改革开放,就没有今天的中国。所以十一届三中全会的历史功绩不可磨灭,纪念改革开放30周年的起点是十一届三中全会。二是考虑到技术问题。改革开放从哪天开始,学术界有争论。是真理标准讨论,还是中央工作会议?十一届三中全会完整系统地提出了改革开放的思想是我们党和国家在面临向何处去的重要关头召开的重要会议,这次会议实现了我党历史上真正意义上的伟大转折,开启了改革开放新时期,标志着我们党重新确立了马克思主义思想路线、政治路线、组织路线。特别是解放思想、实事求是、与时俱进,打开了人们的眼界,带领全国人民勇敢开辟建设中国特色社会主义的新时代。所以今天纪念党的十一届三中全会30周年,就是要充分认识党的十一届三中全会的伟大历史功绩,坚持党的十一届三中全会精神,高举中国特色社会主义伟大旗帜,以马克思列宁主义、毛泽东思想、邓小平理论和"三个代表"重要思想为指导,深入贯彻科学发展观,始终保证党的各项工作在中国特色社会主义道路上前进。我们必须坚持走中国特色社会主义道路不能动摇,什么力量也干扰不了。这次会议上鼓掌时间最长的是:倒退是没有出路的。大家自发的热烈的鼓掌,特别是经历了改革开放的老同志。我们的精神状态、思想情况、工作态度决定于对这面旗帜、这条道路认可的程度。反复讲这个问题,因为这是个大是大非的问题。学习锦涛同志的讲话,首先要统一思想认识。

二是牢记改革开放30年的伟大成就,在历史新起点上继续推进改革开放。胡锦涛总书记从11个方面肯定了改革开放所取得的伟大成就。这个伟大成就的取得是以邓小平同志为核心的第二代中央领导集体、江泽民同志为核心的第三代中央领导集体,胡锦涛同志为总书记的新的中央领导集体,三代中央领导集体团结带领着全国各族人民,始终以改革开放为强大动力,推动党和国家各项事业取得这11方面的成绩。这些伟大成绩的取得,结束了我们中华民族一段苦难的历史,一段徘徊,结束了人们对社会主义的不信任。13亿中国人民大踏步地赶上了世界潮流,创造了一个充满生机的中国特色社会主义。事实雄辩地证明,改革开放是决定当代中国命运的关键抉择,是发展中国特色社会主义、实现中华民族伟大复兴的必由之路。只有社会主义才能救中国,只有改革开放才能发展中国、发展社会主义、发展马克思主义。改革开放的潮流、方向、道路都完全正确。成绩和功绩是不容任何人否定的。锦涛同志讲话中对这一点非常坚定、非常明确。我们在座的都是改革开放的受益者,没有改革开放大学不办了,你能上大学吗?能进城市吗?能有机会到国家机关工作吗?是改革开放的伟大时代造就了我们,我们要始终牢记改革开放,在这方面不允许有任何的动摇、倒退和停止。我们需要把这面旗帜高高举起来,把这场第三次革命继续进行下去。

三是牢记改革开放30年宝贵经验,不断开拓马克思主义中国化的新境界。30年波澜壮阔的实践,创造了10个方面的经验。这些经验既是我们实践的总结,也是对马克思主义理论的创新和发展。所以我们要牢记经验,懂得这些经验是从历史的、逻辑的、理论和实践的统一上揭示了我国改革开放取得成功的根本。表明我们党对社会主义和党的建设规律的把握已经到了炉火纯青的程度,既有重要的政治智慧,又有丰富的理论创新,是我们十几亿人口通过发展中国特色社会主义所取得的摆脱贫困、加快现代化进程、巩固和发展社会主义的实践经验,这是辩证唯物主义和历史唯物主义的新胜利。这10条经验是理论的概括,通过经验的形式,反映我们对社会发展的认识。深刻理解这些经验,就是要把马克思主义原理同中国实际结合起来,坚定地走自己的路,建设中国特色的社会主义。改革开放不是照搬别人的模式,而是自己开辟一条道路,一条能够实现中华复兴的道路。

四是牢记继续推进改革和实现现代化的新任务,自觉担负起实现中华民族伟大复兴的历史使命。30 年来我们有这样的经历、成就、经验,现在要继续前进。既看到我们 30 年伟大成就,也要看到中华民族伟大复兴的历程还很长。所以,这些成绩与我们党两个一百年的宏伟目标相比,与我们中华民族伟大复兴的前景相比,还有更多的艰巨任务、更多工作要去做。改革发展任重道远,我们要按照胡锦涛总书记讲的"四个一定要"去谋划工作:一定要坚持改革开放的正确方向,着力构建充满活力、富有效率、更加开放、有利于科学发展的体制机制。一定要坚持抓好发展这个党执政兴国的第一要务,更好地做到发展成果由人民共享。这个问题与文化密切相关,我们抓出版,出产品,第一要务是发展,要让人民共享成果,这是出版界必须要关注的大问题。出版与新闻相比,新闻已经转入服务人民的轨道,从党报、都市报到专业报,都能关注民生,维护人民的表达权、知情权,与人民贴得很紧。出版面临的困境,一方面,满足不了市场,另一方面,我们的产品卖不出去。所以发展成果要让人民享受,一是成果要有通道,构建公共服务体系为人民好服务;二是要通过市场满足人民群众的精神文化生活需要。一定要坚持戒骄戒躁、艰苦奋斗,不断开创改革开放和社会主义现代化建设新局面。一定要加强党的建设,党风廉政建设。这"四个一定要"是对我们提出的任务和要求,大家要结合明年工作把这"四个一定要"贯彻好、落实好。

二、用胡锦涛总书记 12·18 重要讲话精神总结新闻出版 30 年

最近一段时间,大家做了很多总结,各部门、单位、出版社、报社都在回顾总结 30 年,这是很有必要的,回过头看看国家的伟大进程,

让我们头脑更加清醒,精神更振奋。改革开放是党在新的历史条件下进行的一场伟大革命,党所领导的新闻出版战线,在这一进程中与改革开放同行,在宣传改革、服务改革、推进改革、自身改革的实践中做出了突出贡献。新闻出版是国家政治体制的一个重要组成部分,在任何国家都是政治制度的标志,它又是文化类别的行业,在文化建设上是主力、主体,用中央领导同志的话讲,是核心行业、基础行业。从经济角度讲,党的十七大提出了提高文化产业在国民经济中的比重,也是经济建设的一个任务,在产业方面也要有大发展。现在用讲话精神来总结新闻出版30年实践经验,也是联系实际,深入学习讲话的重要途径。这个总结不是党组来总结,是大家来总结。通过总结,把30年走过的历程、发展思路、工作清理一下,哪些是对的,哪些做的不对,哪些还有缺陷,这对后40年发展有好处。改革开放30年来,我国新闻出版业在党和国家的支持下发生了深刻变化,成为我国3700多年出版史上最辉煌的时期。因为这30年出版总量比以前3700多年出版的总量还要多,30年出版品种接近370万种。

总结新闻出版30年,关键是把握了以下几个方面:

一是坚持解放思想,实事求是,与时俱进的思想路线,始终体现了先进文化前进方向。

二是不断深化体制改革,基本实现体制机制、发展方式、政府职能三大转变,走向了市场化、产业化的轨道。

三是突出发展第一要务,使出版从书荒变成了书海。新闻由封闭变得开放,新闻要求准确、及时、抢占第一时间,抢占舆论高地。过去跟在别人后边发消息,现在是先发制人,地震、奥运都是中国的声音抢得先机,谣言失去了市场。最近,连续五个《条例》出台,进一步巩固新闻开放成果。传播方式由单一变成了多样,各种载体,从传统的到新媒体,传播方式发生了很大的变化。现在我们的图书、报纸、电子出版物的品种总量稳居世界第一位,远远超过美国、英国、德国等出版大国,甚至超过一倍以上。新闻出版产业也得到了大发展,目标直冲一万亿元大关。我们现在实际是9000多亿元，在国民经济中有了一定影响，印刷复制接近6000亿元还没算在里面。下一步我们还要大力抓好产业基地、产业集群和新媒体的建设，要有重点突破，开辟并建立省部合作机制，同时，积极准备与国家一些政策性的银行商谈提供打包贷款150亿元支持新闻出版产业发展。

四是建立中国特色社会主义新闻出版法规体系。新闻出版方面的法律、条例、规章制度已经形成完整体系，成为国家政治制度的重要组成部分。依法行政、科学管理也走上轨道，管理水平大大提高，没有引发社会热点，中央满意。这是依法行政、科学管理的结果。锦涛同志说，新闻出版的管理，主要是以依法管理为主，对国内外都要有一个好的交代，对内对外都必须在法律上站得住脚，不怕人家说才行。过去内外有别，内部的事情让人家拿去炒作，被人家搞得很被动。依法行政就是要处理有据，打击侵权盗版，打击淫秽色情，打击非法出版，这是世界通行的规则。温家宝同志也说在管理上，出版单位对敏感问题要有很好的技巧、手段去处理，不要因为这些问题干扰正常的生产生活。这都是要求我们提高科学管理的水平。

五是实施了一批惠民工程。这一系列惠民工程对全国人民享受改革开放的成果起了推动作用。保证了几亿学生教材教辅的供应；巩固了宣传思想文化阵地；传承了5000年中华文明；特别是古籍整理出版、二十四史修订、清史的撰写、民国史的启动等一系列工作都在展开。我们出版承担着重要的历史责任，我们之所以知道中国有5000年历史，有3700年有文字可考的历史，就是有了出版业，不管是什么载体，从最早的甲骨文，然后是石刻、钟鼎、布帛、简策，再到雕版印刷、活字印刷，一直到现代出版，正是这些技术发明，记录了5000年的历史。中华民族五千年历史有100多亿的总人口，我们知道的历史人物都是从书上得来的，如果没有图书，谁能知道孔子？今天，无论怎么发展，出版仍然是文化传承的基本载体。出版工作保障了教学、科研，巩固了宣传阵地，传承了文明，满足了人民群众精神文化生活的需要,少数民族文字的出版和服务三农的出版服务体系也正在形成。

六是在扩大开放中实施了"走出去"工程。我们的版权贸易在逐年提升,由15∶1缩小到了现在的4∶1,图书出口714万多册,是进口的2倍,报纸期刊、音像制品、电子出版物出口也有较大增长。我们的出版物已经覆盖了180多个国家和地区,这些成绩在改革开放前是不可想象的。

成绩体现出经验,这些经验主要表现在:

第一,必须始终坚持高举旗帜,始终坚持正确的舆论导向和出版方向。在实践中增强政治意识、责任意识、大局意识,坚持不懈地突出了马克思主义主流意识形态,始终是新闻出版界的重要工作。用中国化的马克思主义教育干部群众,用社会主义核心价值观引领社会思潮,不断提高舆论引导能力。

第二,必须始终坚持围绕中心、服务大局。出版是个比较特殊的行业,过去比较封闭。现在新闻出版是党和国家一个方面的工作,必须为大局服务,不是做几本书的问题。整个系统必须贯彻党的基本路线,高举中国特色社会主义的伟大旗帜,围绕经济中心,服务改革发展稳定的大局,提高自觉性和坚定性。引导广大干部职工在党和国家大局中创造性地工作,领任务,起作用。有些单位的工作费了很大力量,但成效甚微,就是因为脱离开大局工作。脱离了大局的工作没有生气,没有力量。所以要从大局出发设计自己的工作、活动,确定自己的方向。2009年新中国成立60周年重大活动,中央组织的国庆领导小组吸收我们新闻出版总署参加参与阅兵等重大活动决策,这就是围绕中心,为党和国家的大局服务。

第三,必须始终坚持服务人民,实现好维护好人民群众的基本文化权益。怎么解决好人民群众反映最强烈、最突出、最迫切的实际问题,坚持"三贴近",是我们一直坚持的工作原则。这些年我们治理党政报刊摊派、治理报刊散滥,参加学校乱收费的治理,当然还有很多问题没有解决,出版产品质量低劣的问题,如辞书有错误,群众得到的知识源就是错误的。再比如论文发表的问题,中央领导连续批示,坚决杜绝卖版面、收费、不讲质量等问题。农村、少数民族地区,人民群众的基本文化权益没有得到保障,读书看报还比较困难的问题,都直接关系人民群众的利益,我们解决了一些,但还要下决心进一步彻底解决。所以我们实施"五大工程",构建符合科学发展观的新闻出版公共服务体系,就是为了解决惠及广大人民群众文化权益问题。

第四,必须始终坚持改革开放,不断解放新闻出版生产力。新闻出版行业发展的水平还不高,主要是生产力发展水平不高。这次在学习实践科学发展观活动中能够解决民营工作室、国有出版控股问题,连接起这样一个通道,我们就可以极大地发展和解放文化生产力。民营出版的力量非常大,过去由于所有制问题没有纳入体制内,虽然在发展却处于被束缚的状态,在很多方面需进一步解放和发展文化生产力。有些人白天在出版社干不好,但晚上到民营工作室就干得很好,什么原因?体制问题。许多有影响的编辑、出版人,甚至总编辑、副总编辑都参加了文化室的工作,他们的策划能力为什么不能在出版社展现出来,而要在民营工作室展现出来?关键是他在出版社的智慧和劳动得不到尊重和体现。如果我们把国有出版生产力解放出来,我们的出版业肯定能上一个大的台阶。所以我们要继续改革开放,排除"左"的右的干扰,把发展作为第一要务,处理好意识形态属性和产业属性的关系,处理好导向和市场的关系,处理好社会效益和经济效益的关系,处理好主旋律和多样化的关系,推动改革不断深入,提高新闻出版业的硬实力和软实力。硬实力方面我们的技术装备、设备还比较落后,软实力方面创新的能力、管理的能力、开拓市场的能力还不强。最近锦涛同志要求新闻出版、广播电视、新媒体,都要打造几个国内一流、世界知名的传媒集团。这样才能总体上提高我们在市场上的竞争力和"走出去"的实力。

第五，必须始终坚持依法行政，不断提高自身管理水平。要从体制机制上下功夫，改进管理。今年我们推出的书号改革、评估体系、退出机制，就是我们管理方式的重大改革，是向市场化方向改革，提高依法行政水平，提高科学管理能力。用管理促发展、保服务。管理不是卡死、管死，不是把群众和新闻出版业割断。对企业来说，我们的管理是促发展，对老百姓来说，我们的管理是保服务。特别要学会运用法律、经济、行政、市场、技术、思想政治工作等多种手段进行管理，而不是一个模式的管理，使管理科学化、法制化、规范化。

第六，必须始终坚持扩大开放，积极参与国际竞争。长期以来，新闻出版行业非常封闭。我们要适应对内对外开放的要求，不断增强对内对外的开放力度。开放有两层意思，一个是对内，一个是对外。对内开放也是我们打破行业、地域僵局的一个重要方面。对外我们要加强"走出去"战略的实施，千方百计推动中国的出版产品走向世界，通过提高出版产品的国际竞争力，实现中国文化"走出去"，把中国文化传播到世界去。

第七，必须始终坚持党的领导，不断加强新闻出版业党的建设工作。加强党员队伍的建设、干部队伍的建设、领导班子的建设，提高贯彻党的路线、方针、政策的能力，能够从思想上、政治上、行动上自觉地同党中央保持高度一致，坚持不懈地进行党的建设新的伟大工程，思想建设、组织建设、作风建设、制度建设、反腐倡廉建设都能够不断加强，不断提高新闻出版各级党组织的战斗力，提高党员的素质，这也是我们30年来的基本经验。尤其最近10年来，中央接连采取措施，加强党的建设，从"三讲"、先进性教育，到深入学习实践科学发展观活动，非常重视党的建设新的伟大工程的推进，这是执政党长治久安的大问题。

三、贯彻落实讲话精神，推动新闻出版业 大发展大繁荣

胡锦涛总书记在讲话中明确提出了继续推进改革开放伟大事业的要求，这是指导全党全国各族人民，在新的历史起点上夺取全面建设小康社会新胜利、开创中国特色社会主义新局面的动员令，也是新闻出版行业深化改革、加快发展的巨大动力。新闻出版战线要结合讲话精神认真部署明年的工作。

一是深刻把握新时期新闻出版业的机遇和挑战，坚持用唯物辩证法开辟继续前进的道路。总体上，精神要振奋，头脑要清醒，要对当前的形势有明确的把握和判断。明年是新中国成立60年大庆，同时也是出版业面临的重要机遇。另外，明年也会有很多干扰的因素，如法轮功、"八九"风波、西藏民主改革等等。从行业本身来讲，市场调整力度要加大，一些企业可能产生阵痛，但一定要把握机遇和挑战，要保持清醒的认识，领导干部头脑不能发热。

二是深入贯彻落实科学发展观，在高起点上开创新闻出版工作新局面。科学发展观在学习实践活动中进一步成为我们行业的指导思想，一切工作要按照科学发展的要求来谋划落实。

三是要继续推动"三大转变"，在新起点上解放和发展文化生产力。重点是推动增长方式的转变，以规模、实力、质量、效益打造市场。再一个是体制机制的转变，明年也是关键时期，地方出版社转企改制明年基本完成，高校出版社体制改革已经达到83.5%，党政部门的出版社，中央文件印发，马上就要进行。2010年12月31日，所有的出版单位都要完成转企改制。三是推动政府职能的转变，今年我们通过机关"三定"，行政管理前进了一大步，明年继续推进政府职能转变，理顺各方面关系，提高行政效率，建设责任型、法制型、服

务型政府,把政府职责调整到中央规定的轨道上去,管该管的事情,不该管的事情就不要去管,企业的权利就要还给企业,事业单位的权利交给事业单位,中介组织能做的事情我们就交给中介组织。通过书号管理、评估体系、退出机制、四大准入制度解决长期解决不了的老大难问题,真正解决和发展新闻出版生产力。

四是全面实施"五大工程",拓宽新闻出版公共服务新领域。实施好农家书屋、重点出版、民文出版、全民阅读和文化环保工程,千方百计把我们工作的落脚点放在为人民服务方面,放在维护人民群众基本文化权益方面。

五是加大"五大战略"实施力度。通过集团化,近一两年就要培育几个超百亿的大型骨干集团,即资产超过 100 亿元、营业收入超过 100 亿元的集团。中央部委出版社转制脱钩,给集团发展带来巨大机会,鼓励地方出版集团用实力兼并重组,一个集团可以包括到 100 个、200 个出版社,把中国出版业集中在几个集团。中央领导视察中国出版集团时要求,中国字号的首先要突破上百亿元。其中几家上市要扩大资产规模,并购、重组,要以资产为纽带,进行实质性的重组。

这次会议,就是学习锦涛同志重要讲话精神,汇总调研成果,为 2009 年决策提出好的意见和建议。主要以调研成果汇报为主,大家畅所欲言。决策阶段充分征求大家意见,讨论后吸收大家的意见,再细化明年各项工作。总之,2009 年既是有困难的一年,也是我们庆祝新中国成立 60 周年大庆的一年,机遇与挑战并存,能不能把握得好,是在考验我们的决策能力。我们一定要振奋精神,开拓进取,把新的一年的工作做得更好。

在新闻出版总署开展深入学习实践
科学发展观活动总结大会上的讲话

柳斌杰

（2009 年 2 月 26 日）

同志们：

根据党中央的统一部署，从 2008 年 10 月到 2009 年 2 月，新闻出版总署集中开展了深入学习实践科学发展观活动。半年来，在中央第十一指导检查组和中央国家机关工委的指导下，经过署直系统 62 个党支部、860 余名党员同志的共同努力，我们顺利完成了学习实践活动的各项工作任务，取得了明显成效。下一步我们将转入深入整改、巩固成果、抓好落实的常态化工作。

今天，我们召开新闻出版总署开展深入学习实践科学发展观活动总结大会，就是要：回顾总署学习实践活动的基本情况和主要做法，总结总署学习实践取得的一些新认识、新实践、新成效和新经验，巩固和扩大学习实践活动成果，建立健全长效机制，切实推动新闻出版工作又好又快发展。

中央领导同志对总署学习实践活动非常重视。学习实践活动开展期间，中共中央政治局常委李长春同志，中央政治局委员、中央书记处书记、中宣部部长刘云山同志，中央政治局委员、国务委员刘延东同志分别审阅了《中共新闻出版总署党组贯彻落实科学发展观情况的分析检查报告》。在总署党组分析检查报告上，李长春同志批示："很好，望抓好落实，真正做到以科学发展观统领新闻出版业的改革创新,做到又好又快发展"。刘云山同志批示:"抓得认真,分析检查报告写得很好,希望认真抓好落实"。刘延东同志认为:"报告写得很好,工作抓得认真,希望抓好整改"。今年年初,李长春、刘云山、刘延东三位领导同志来总署检查指导工作时,再次肯定了总署学习实践活动取得的成效。李长春同志指出,总署通过开展学习实践活动,"在解放思想、转变观念上取得了明显成效,在加强调查研究、深入查找问题上取得了明显成效,在制定整改措施、明确努力方向上取得了明显成效,受到了各方面的好评"。中央协调二组对总署学习实践活动的特色和亮点给予了高度评价。中央学习实践活动领导小组两次专刊转发总署边学边改、边查边改,为群众办实事办好事的做法。中央领导同志的关心和中央学习实践活动领导小组的重视,为总署学习实践活动的顺利进行指明了方向。

中央第十一指导检查组对总署学习实践活动非常重视,对总署学习实践活动每一阶段的工作都给予了精心指导、认真督察和热情鼓励,对总署党组找准自身存在的突出问题,明确新闻出版工作的整改落实方向和任务,起到了至关重要的作用。今天,傅克诚组长及指导检查组的同志莅临大会,克诚同志还将发表重要讲话。让我们以热烈的掌声对中央第十一指导检查组以及傅克诚同志对总署学习实践活动的精心指导和热情帮助表示衷心的感谢!

下面,我代表总署党组讲四点意见。

一、学习实践活动的特点

在全党深入开展学习实践科学发展观活动,是党的十七大作出的一项重大战略决策。总署党组把学习实践活动作为一项重大政治任务,紧密联系新闻出版工作实际,创造性地开展工作,历经学习调研、分析检查和整改落实三个阶段、十一个环节。我们在深化认识、精心组织和加强领导方面下功夫,达到了学习实践活动的预期目标。

第一个特点:党组重视,领导带头。开展深入学习实践科学发展观活动,是贯彻党的十七大精神的重要举措,是一项重大的政治任务和推动新闻出版业科学发展的重要契机。作为一级党的组织,要善于抓住党的建设的重大活动提高自己、推动工作,这是党组同志的共识。因此,2008年9月前总署党组就进行了精心的准备。2008年10月13日,总署召开了开展深入学习实践科学发展观活动动员大会,按照中央的要求,我代表总署党组从三个方面谈了学习贯彻落实科学发展观的重要性和必要性,从四个方面要求切实增强开展好学习实践活动的责任感和紧迫感,全面部署了学习实践活动的各项任务。总署党组深刻地认识到,科学发展观是重要的理论指导和实践指南,事关推动经济社会又好又快发展的大局。我们一定要结合新闻出版工作和新闻出版业发展实际,以学习实践活动为动力破解难题、提升能力、构建新的体制机制,推动新闻出版大发展大繁荣。集中活动开展期间,总署党组始终把学习实践活动放在重要议事日程,党组会议讨论学习实践活动议题有15次,每次都是深入研究部署,保证了学习实践活动的有序推进和正常开展。一是明确学习实践活动的载体和要求。在学习实践活动开展前的调研阶段,总署党组立足早行动、早准备、早安排,赴中央国家机关工委学习活动试点经验,到江苏省新闻出版系统了解活动试点开展情况,在此基础上,制定了总署开展学习实践活动工作方案。学习实践活动开展后,总署党组通过认真学习领会《中共中央关于在全党开展深入学习实践科学发展观活动的意见》和胡锦涛总书记的动员讲话精神,深刻把握学习实践活动的指导思想、目标要求和主要原则,结合新闻出版工作实际,提出了总署学习实践活动"形式要新、安排要细、特色要明、成果要实"的要求,在深入调查研究,广泛征求业内外意见,并在中央第十一指导检查组的指导下,明确了贯穿"一条主线"、推进"三大转变"、以"五大工程"为支撑的学习实践活动载体。活动组织要求和载体的明确,为我们扎实有效地推进学习实践活动奠定了重要的思想和组织基础。二是形成了整体推进的工作格局。根据党中央的统一要求,学习实践活动开始后,总署党组建立活动领导机构、组织构架和工作格局,明确党组、党委(支部)书记为第一责任人,分管领导为直接责任人,各级领导班子成员按照职责分工和定点联系制度,对联系单位和部门的活动开展进行全程指导。同时,抽调精干力量组建活动领导小组办公室,建立总署机关、署直单位双向督导机制和联络员会议及联系报告制度,在活动的组织安排上做到了职责明确,上下畅通,落实得力。三是充分发挥党组成员、各级领导干部的示范引领作用。学习实践活动开展以来,总署党组指导学习实践活动领导小组开展工作,把握工作进程,贯彻落实中央精神和各项要求。按照中央"五个带头"的要求,总署党组成员严格参加总署党组学习实践活动各个环节的工作,按照职责分工和定点联系制度,对联系点的学习实践活动进行全程指导,以点带面,推动了学习实践活动的扎实有效开展。署直系统各单位也都成立了以一把手为组长的领导小组,作出专门部署,明确活动目标和载体,切实加强对学习实践活动的组织和领导。总署各级领导干部带头学习、带头解放思想、带头调查研究、带头查找问题、带头整改,带动党员干部热情参与学习实践活动。

第二个特点:整体推进,突出重点。学习实践活动开展以来,我们遵循党内集中教育活动的规律,坚持突出实践特色和新闻出版工作特点,始终依托载体,把握重点环节,把加强理论学习、开展"解放思想、深化改革,促进新闻出版业科学发展"大讨论、广泛深入地调查研究、查摆和解决问题、推动工作实践、发挥总署领导干部的表率作用贯彻学习实践活动过程的始终,既确保了学习实践活动环环相扣、整体推进,又能结合实际、突出重点。一是强化理论武装,在提高思想认识上下功夫。首先是抓学习。我们组织各级党组织和党员干部认真学习党的十七大和十七届三中全会精神,学习胡锦涛总书记在纪念党的十一届三中全会召开30周年大会上的重要讲话、在中央纪委第十七届三次全会上的讲话精神,学习中央经济工作会议、全国宣传部长会议精神,学习党中央指定的"三本书"及中央领导同志的重要讲话精神,学习长春同志《深入学习实践科学发展观,推动社会主义文化大发展大繁荣》理论文章及其到总署指导检查工作时的重要讲话精神。邀请专家、行业基层同志从理论和实践等不同层面作辅导报告。其次是抓大讨论。认真开展"解放思想,深化改革,促进新闻出版业科学发展"大讨论,大家从自身、本单位、总署机关三个层面,深入查找思想观念上影响和制约科学发展的突出问题。总署党组成员、司局级干部人人撰写学习心得,在总署机关局域网上交流。二是找准突出问题,在深入分析检查上下功夫。首先是深入调研,理清思路。坚持依靠群众找差距,总署党组成员分别带队,深入300多个新闻出版基层单位开展"十行百家"专题调研,通过座谈会、实地考察等各种形式,了解情况,倾听意见建议,形成了14份破解突出问题的调研报告。各司(厅、办)和署直单位也结合工作实际,深入基层搞调研。总署党组及时召开调研成果汇报交流会,推进对策建议转化应用,成熟一个、实施一个,切实推动边学边改、边查边改工作。其次是开门咨询问策。学习实践活动期间,我们先后召开不同类型的座谈会80多个,在总署官方网站和《中国新闻出版报》开设媒体专栏,征集到意见建议1000多条,合并整理为六个方面391条建议。在署直系统举办"我为新闻出版业科学发展建一言"有奖征文活动。征求意见坚持"走出去、请进来"向前迈一步,及时向提出重要意见的有关部门和单位发函,有关司局主动上门进行沟通,共同研究解决问题的对策。再次是认真开好民主生活会。按照"谈体会要新、查问题要准、找原因要深、定措施要实、提建议要诚"的要求,总署党组专题民主生活会精心筹备、认真组织,取得了重要的思想成果。署直系统各单位党组织也都认真组织召开专题民主生活会。总署党组先后4次召开专题党组会,认真研究分析检查报告的撰写。通过认真分析检查,总署党组查找出思想还不够解放、改革创新的意识还不够强;服务经济社会发展大局做得还不够好;推动新闻出版业科学发展还不够扎实有力;在体制机制方面还存在着影响和制约新闻出版业科学发展的障碍;党性党风党纪建设还不够深入扎实等五个方面的问题,并从理论联系实际的学习能力、对客观规律的把握能力、科学民主的决策能力、依法办事的行政能力、狠抓落实的执行能力等五个方面剖析了主客观原因特别是主观原因,提出了整改方向和整改落实措施,形成了《中共新闻出版总署党组贯彻落实科学发展观情况的分析检查报告》。三是做好整改落实,在解决突出问题上下功夫。按照党中央"四明确、一承诺"要求,针对查找出的影响科学发展的突出问题,总署党组集中力量、集中精力,科学地制定整改落实方案,明确当前要立即着手的工作16项、近期(2009年12月底前)要完成的工作40项,长期(党的十八大召开前)要抓好的工作20项,并逐项明确负责的总署领导、责任单位和责任人、完成时限等,强化绩效考评机制和工作目标责任制,努力完善新闻出版改革发展管理制度机制体系。在推进整改落实工作中,我们既抓突出问题的解决和体制机制的创新,又抓思想观念的转变和行政执行力的提高。对那些看得准、具备解决条件的问题,总署党组及时制定出台了《新闻出版总署深入学习实践科学发展观活动"边学习边整改、办实事办好事"工作方案》,即时加以整改。例如,切实维护新闻采访工作正常秩序,将山西"封口费"问题查处结果通报全国;完善总署行政审批集中办理工作便民服务模式,健全行政审批运行机制;进一步深化制度的立、改、废,学习实践活动开展期间,清理废止41件不符合科学发展观要求的规章和规范性文件;切实为总署扶贫联系县部分中小学解决读书读报难的问题,等等。总署边学边改、边查边改,为人民群众做好事做实事的做法,得到中央学习实践活动领导小组办公室的肯定,受到社会各界好评。

第三个特点:统筹兼顾、相互促进。我们坚持学习实践活动与日常工作两手抓、两促进、两不误,统筹兼顾,以学促干。以扎实有效的学习实践活动促进新闻出版工作上台阶,以新闻出版工作的新成绩推动学习实践活动再深入,形成了良性互动的工作局面。一是将开展学习实践活动与落实中央新闻出版工作重大决策部署紧密结合。在学习实践活动中,我们把学习贯彻胡锦涛总书记在纪念党的十一届三中全会召开30周年大会上的重要讲话精神与学习实践活动的阶段性安排紧密结合,推出了100种纪念改革开放30周年的重点出版物,及早谋划纪念新中国成立60周年主题出版,营造继续解放思想、坚持改革开放、推动科学发展、促进社会和谐的良好氛围。以科学发展观为指导,贯彻落实中央经济工作会议精神,提出了进一步扩大内需、保持经济平稳较快发展的政策措施,制定并组织实施新闻出版业应对当前严峻经济形势工作方案,切实把新闻出版保增长、保民生、保稳定各项任务落到实处。加大组织协调力度,做好汶川地震灾后恢复重建对口支援工作,组织项目4490多个,落实资金14亿多,有力地支持了灾区文化建设。二是将学习实践活动的开展与建立健全新闻出版工作制度机制紧密结合。在2009年1月12日至13日召开的全国新闻出版局长会议上,总署党组明确2009年为新闻出版改革发展攻坚年,并部署了六个方面的26项工作任务。结合学习实践活动的深入开展,总署党组着手建立健全新闻出版业科学发展的新机制:不断深化理论学习,围绕党员干部受教育,形成围绕大局、服务中心的导向机制;深入开展调查研究,围绕科学发展上水平,形成以改革创新促进发展的动力机制;认真听取群众意见,围绕人民群众得实惠,形成面向基层、服务人民的保障机制;坚持边学边改,围绕职能转变见成效,形成以科学管理服务发展的管理机制。这些新机制,紧密结合新闻出版工作实际,已经并必将在推动新闻出版业科学发展中发挥重要效用。三是将学习实践活动的开展与强化党性党风党纪建设紧密结合。结合学习实践活动的开展,深入贯彻落实胡锦涛总书记在中央纪委十七届三次全会上的重要讲话精神,把加强领导干部党性修养、树立和弘扬优良作风作为党员干部党性党风党纪建设的重要任务,纳入总署党员干部党风廉政监督体系中,坚决纠正各种不正之风,对于用权、用人、用钱等重要环节,完善了监督制度,加强了廉政责任制,努力拓展从源头上防治腐败的工作领域。

二、学习实践活动的收获

经过署直系统党员群众共同努力,总署深入学习实践科学发展观活动基本上达到了中央提出的转变思想观念、解决突出问题、创新体制机制、促进科学发展的要求,较好地实现了党员干部受教育、科学发展上水平、人民群众得实惠的目标,各级领导班子、广大党员干部推动新闻出版业又好又快发展的能力不断提高。

(一)在解放思想中转变观念,牢固确立科学的新闻出版发展理念

通过集中学习和解放思想大讨论,广大党员干部的思想受到了触动,认识有了新的提高。一是对新闻出版工作更好地服务科学发展的认识有了新提高。广大党员干部受到了一次深刻的中国特色社会主义理论体系的教育,进一步加深了对科学发展观的科学内涵、精神实质和根本要求的理解,增强了贯彻落实科学发展观的自觉性和坚定性。大家认识到,科学发展观是具体的、科学的行动指南,就在身边,就在鲜活的工作实践中,与我们的思想和工作息息相关,是需要实实在在付诸实施的思想革命和科学实践。特别是对于高举旗帜是新闻出版工作的灵魂和方向,围绕大局是新闻出版工作的首要任务,服务人民是新闻出版工作的根本宗旨,改革创新是新闻出版工作的动力源泉这一党对宣传思想文化工作的总要求,署直系统广大党员干部进一步统一了思想、形成了共识。二是发展意识和抢抓机遇的意识越来越强。在学习实践活动中,我们既总结了党的十六大以

来贯彻落实科学发展观取得的显著成就,也认识到了当前国际国内政治经济发展形势下新闻出版业改革发展面临的机遇和挑战,更深刻地认识到了新闻出版工作中存在的一些矛盾和突出问题。一心一意谋发展、围绕发展抓改革的理念深入人心;发现机遇、抢抓机遇、创造机遇,推动新闻出版业科学发展的意识越来越强烈。三是进一步形成了以科学的新闻出版发展理念推动行业又好又快发展的共识。广大党员干部对建立在科学发展观基础上的科学的新闻出版发展理念认识上更加明确,实践上更加坚定。这些认识概括起来就是"九个明确":第一,在新闻出版的地位和作用上,进一步明确是党的意识形态的重要阵地,是传承民族文化的重要载体,是文化产业发展的主力军,是中国特色社会主义事业总体布局的重要组成部分,在巩固舆论阵地、传承中华文明、培育民族精神、提高公民素质、促进经济增长、增强综合国力、参与国际文化竞争、推动社会全面进步等方面具有基础性、战略性作用。第二,在新闻出版的发展方向上,进一步明确必须始终坚持马克思主义在意识形态领域的指导地位,坚持社会主义先进文化前进方向,建设面向现代化、面向人民大众的社会主义新闻出版业,更加自觉、更加主动地推动社会主义文化大发展大繁荣。第三,在新闻出版的发展目的上,进一步明确要坚持以人为本,贴近实际、贴近生活、贴近群众,不断满足人民群众日益增长的精神文化需求,保障人民群众基本文化权益。第四,新闻出版的发展动力上,进一步明确改革创新和科技进步是根本动力,坚决破除制约发展的体制机制障碍,坚持改革开放,推动技术进步,不断解放和发展新闻出版生产力。第五,在新闻出版的发展思路上,进一步明确要落实两个"两手抓",即一手抓公益性新闻出版事业,一手抓经营性出版产业,建立惠及全民的新闻出版公共服务体系,提高我国新闻出版的整体实力;坚持一手抓繁荣、一手抓管理,切实加强监管与服务,保证新闻出版业全面协调健康发展。第六,在新闻出版发展格局上,进一步明确要形成以公有制为主体、多种经济成分共同发展的新闻出版产业格局和以民族文化为主体、吸收外来有益文化、推动中华文化走向世界的新闻出版开放格局,走中国特色社会主义新闻出版发展之路。第七,在新闻出版发展战略上,进一步明确要通过深入实施新闻出版业精品战略、集约化战略、科技兴业战略、人才战略和"走出去"战略,大力提升党的舆论引导能力、国家文化软实力和行业科学发展能力,努力扩大中国出版文化的国际影响力。第八,在新闻出版的领导上,进一步明确要始终坚持党对新闻出版工作的领导,切实加强各级党组织、各级领导班子和队伍建设,确保党对新闻出版工作的宏观调控力。第九,在新闻出版发展保障上,进一步明确要通过推动思想观念、体制机制、增长方式、政府职能等方面的转变,完善规章制度,推动人才队伍建设,最大限度地调动人民群众的创造精神和发挥新闻出版工作者的积极性、主动性、创造性。这些认识,立足于中国特色社会主义新闻出版业改革发展的生动实践,体现了马克思主义中国化最新理论成果对新闻出版工作的基本要求,是学习实践活动最珍贵的思想成果,必须始终不渝地坚持下去,并在实践中加以丰富和发展。

(二)把发展作为第一要务,实施"五大发展战略",有力推进新闻出版行业又好又快发展

坚持把推进新闻出版行业又好又快发展作为第一要务,通过实施"五大发展战略"推动新闻出版行业增长方式的进一步转变,新闻出版业在文化软实力中的地位得以提高。一是继续推进精品战略。以名社、名品、名店为依托,下大力气培育具有自主知识产权、有市场影响力的新闻出版品牌,推动编辑出版了一批以《强国之路》书系为代表的社会主义核心价值体系通俗化、大众化读物和弘扬主旋律的精品力作。二是深入实施集团化战略。加大行业兼并重组力度,打破地区行业限制,鼓励做强做大,打造了以海南凤凰新华发行有限责任公司、深圳出版发行集团公司为代表的多家跨地区跨行业经营市

场主体。三是推动科技兴业战略实施取得新成果。充分利用传媒领域新技术、新载体,推动国家级数字出版、动漫出版、网络游戏出版、音乐原创、版权创意等产业基地和产业集群建设,产业升级和产业增长方式的转变初见成效,一个传输快捷、覆盖广泛的新闻出版传播体系正在建设中。启动"数字复合出版工程"、"数字版权保护技术工程"等数字出版工程,完成了15项国家标准和14项行业标准的修订,互联网出版主阵地建设和传统出版物数字化转型速度加快,强化了主流媒体在新闻出版业多元传播格局中的强势地位。四是人才战略实施初见成效。结合年检完成了6000多名骨干的培训任务,通过培养领军人才、高技术人才和优秀记者、编辑、出版家、出版商带动行业的高水平发展。五是大力实施"走出去"战略。去年以来,我们着力打造一批具有国际竞争力的外向型出版传媒企业,扩大中国出版物和中华文化的国际影响力。通过首尔国际书展中国主宾国活动和法兰克福书展共输出版权1427项,第15届北京国际图书博览会达成版权贸易意向和签订协议11451项,我国出版物已进入190多个国家和地区,网络游戏出口超过1亿美元,进入40多个国家和地区。"走出去"办报办刊办社办厂的形式越来越多,参与国际竞争的领域越来越广。

(三)坚持以人为本,实施"五大惠民工程",切实保障人民群众基本文化权益

以人为本的核心思想深入扎根,贴近实际、贴近生活、贴近群众,以面向基层、服务人民为新闻出版工作的根本宗旨,努力构建新闻出版业公共服务体系和保障机制。一是加快"农家书屋"工程实施进度。"农家书屋"工程实施3年来,已成为社会主义新农村建设的标志性工程,受到广大农民的欢迎。目前,6亿多中央财政专项资金全部下拨,13亿多地方政府配套资金也多数到位,工程项目、进度、责任进一步落实,监督检查、验收入网等保障工作机制正在完善。二是

国家重点出版工程建设全面展开。精心组织、全力推动,国家重点出版工程建设力度加大,《中华大典》、《二十四史》修订版、《清史稿》、《大辞海》等一批具有文化传承价值、体现时代精神的重大出版项目顺利实施。三是"少数民族新闻出版东风工程"取得实效。西藏、新疆"东风工程"顺利实施,正在积极筹划实施面向整个少数民族地区、30个民族自治州的"东风工程",加大民文出版力度,切实保障少数民族群众的基本文化权益,维护边疆地区文化安全。四是全民阅读工程长效机制逐步建立。将全民阅读工程与农家书屋工程相结合,带动社区书屋、职工书屋、民工书屋的建设,形成了相互推动、相互促进的良性互动机制。目前,我们正在建议国务院设立"国家读书节",通过一系列长期项目的设立,建立长效机制,切实在全社会营造良好的读书氛围,整体提高国民素质。五是文化环保工程全面开展。切实强化新闻出版培育民族精神、提高国民素质的社会职责,通过组织出版精品力作、加大对未成年人出版物的审读、审看、监管力度,以"扫黄打非"和反侵权盗版为载体,开展天天反盗版、整治互联网低俗之风等专项行动,净化文化市场。2008年,共收缴各类非法出版物8383.7万件,取缔关闭印刷复制企业1420家、非法网站601家、店档摊点4万多个,查办刑事案件328起、行政处罚案件25056起,营造了有利于未成年人健康成长的良好社会文化环境和舆论氛围。

(四)加大力度,推进新闻出版体制改革,创新新闻出版业科学发展的体制机制

坚持把推进改革作为对改革开放的最好纪念,攻坚克难,在体制机制创新方面取得重要进展。一是全方位推进新闻出版体制改革。出台《关于进一步推进新闻出版体制改革的指导意见》,配套出台可操作的具体工作流程,明确体制改革的主攻方向及政策措施。85家高校出版单位完成或即将完成体制改革工作,占高校出版社的

83%,中央党政部门出版社转制重组工作方案已经中央批准,改制工作已经启动,地方70多家出版社实现转企改制,246家图书出版社、上千种经营性报刊成为独立的市场主体。组建了24个出版企业集团公司,30个省级新华书店系统完成转企,49家党报党刊集团实现了宣传编辑和经营生产两分开,培育了一大批合格的文化市场主体。二是进一步探索民营文化工作室的引导、规范、管理机制。长期以来,民营文化工作室处于"行业内、体制外"的状况,其在社会主义文化大发展大繁荣中的地位、作用未得到充分认识。通过学习实践活动,总署党组认为,作为一种新兴文化生产力,民营文化工作室的作用发挥与否,直接关系到人民群众在文化繁荣发展中的主体地位问题,要通过进一步的制度安排,切实解决民营文化工作室的发展通道问题。三是推动新闻出版业壮大市场主体,做大做强主业。推动形成了一批有实力、有竞争力的骨干出版传媒企业和跨地区、跨媒体经营的战略投资者:2008年以来,江苏凤凰出版传媒集团、四川新华文轩公司、辽宁出版传媒公司、安徽时代出版传媒公司等一批具有较强实力和竞争力的骨干文化企业异军突起;江苏新华发行集团公司在海南、四川新华文轩公司在贵州、辽宁出版传媒公司在内蒙古开展跨地区合作取得实质性进展。出版、发行、报业、印刷、新媒体上市公司已达到27家,极大地拓展了融资渠道。诚信体系和市场环境建设进一步加强,一个统一开放、竞争有序、健康繁荣的现代出版市场体系正在形成。

(五)落实科学管理的根本要求,转变职能,依法行政,不断加强和改善对全行业的服务和管理

坚持科学管理,必须把统筹兼顾作为新闻出版工作的根本方法,不断创新管理制度机制,形成强大合力,提高总署履行政府职能的能力。一是进一步转变政府职能,依法行政水平得到提高。在学习实践活动中,我们针对署直系统部分单位、部分同志中存在的安于现状

不思进取、畏首畏尾不敢改革、因循守旧不会创新的突出问题,推进管理职能、工作方式创新,继续深化行政审批制度改革,取消和下放行政许可事项30多项,广大党员干部开拓创新的能力不断提高,推动新闻出版行政机关由权力型、审批型政府向责任型、法治型、服务型政府转变。二是创新管理手段和方法。在完善党委领导、政府管理、行业自律、企事业单位依法运营的宏观管理体制基础上,我们努力探索新闻出版行政管理的新机制,通过全面实施网上书号实名申领、经营性出版单位等级评估,整合书号、条码、在版编目和取消行政性收费、规范记者采访活动、换发新记者证等措施,深入探索运用法律、经济、技术、思想政治、市场等多种手段应对新闻出版业改革发展管理中出现的新情况新问题,进一步健全服务新闻出版业科学发展的行政保障体系。

(六)以提高领导科学发展的能力为重点,认真抓好领导班子和干部队伍建设

大力弘扬求真务实精神,大兴求真务实之风,牢固树立正确的政绩观,践行全心全意为人民服务的宗旨,署直系统各级党组织坚持科学发展观的党性原则,推进党的建设取得新进展。一是各级领导班子思想政治建设成效显著。坚持不懈地抓好中国特色社会主义理论体系的学习,总署党组班子和广大党员干部马克思主义理论水平和运用科学理论解决新闻出版工作实际问题的能力进一步提高。修订完善《新闻出版总署党组工作规则》,健全总署党组议事和决策机制,提高了总署党组的民主决策水平和工作效率。二是党员干部党性党风党纪意识不断提高。坚持把贯彻落实科学发展观和加强党性修养、树立和弘扬优良作风紧密结合起来,贯彻《中共新闻出版总署党组关于加强和改进总署直属机关作风建设的实施意见》,着力在署直系统各单位形成强化五个方面作风建设、树立八个方面良好风气的浓厚氛围。坚持抓党风带政风促行风,深入开展创先争优活动,

总署机关再次被评为全国精神文明建设先进单位、中央国家机关精神文明建设标兵。三是基层党组织的凝聚力和战斗力得到进一步增强。按照"两手抓、四同步"的工作思路，坚持"一岗双责"制度，进一步形成了加强领导班子和干部队伍思想政治建设与推进各项事业发展的合力。总署加强机关党建工作机制、党员经常性教育机制、听取群众意见和整改提高机制不断完善，确保署直系统各级领导班子思想政治建设有章可循，长期坚持，富有成效。四是机关作风建设效果明显。针对总署机关存在的对新情况新问题及时跟进研究不够，管理创新意识不强，战略谋划较为薄弱等作风建设方面的问题，我们充分利用学习实践活动这一契机，着力开展以"改进作风、提高行政执行力"为主要内容的机关作风建设活动。经过学习讨论，大家坚持高标准、严要求、快节奏的共识大大提高，工作责任心和主动性不断增强。不少同志在学中干，在干中学，努力提高自身业务素质，重点工作扭住不放，一抓到底；工作质量精益求精，务求成效的观念深入人心。修改完善《新闻出版总署工作规则》，探索建立与科学发展观要求相符合的新闻出版行政绩效考评机制，机关效率和行政执行能力得以提高。学习实践活动开展期间，恰逢总署机关办公地址搬迁。总署党组结合搬迁及新办公楼的启用，进一步推进署直机关精神文明创建工作，营造积极向上、团结和谐的机关文明环境。

三、学习实践活动的体会

我们党的集中学习、教育、实践活动每隔几年都要进行一次，大家都经历过。每次都有创造、有发展。总结这次总署开展深入学习实践科学发展观活动，我们也有一些经验体会，概括起来主要有五点：

（一）坚持解放思想、切实转变观念，是学习实践活动取得实效的根本前提

贯彻落实科学发展观的过程就是不断解放思想、转变观念、改革创新的过程。发展观念的更新、发展思路的转变、发展难题的破解、发展模式的转型以及体制机制的建立健全，都离不开解放思想，离不开改革创新。我们以"解放思想，深化改革，促进新闻出版业科学发展"为主题，组织了3次解放思想大讨论，在解放思想中统一思想，在统一思想中深化科学发展意识，抓住了学习实践活动的本质，取得了事半功倍的效果。观念更新了就要坚持实践探索，努力在实践中尝试，在实践中检验，从旧的不适应科学发展的思想框框中解放出来。针对群众反映比较强烈、比较集中的问题，例如发展动力不足、民营文化工作室的发展问题、出版企业融资问题、新闻出版体制改革过程中的国有资产问题、发展环境建设问题等，我们大胆解放思想、开拓创新，努力在实践中加以探索解决。通过实践，深化认识，又进一步解放思想、转变观念，使学习成果和实践成果相互转换。

（二）坚持实践特色、解决突出问题，是学习实践活动取得实效的关键所在

学习实践科学发展观就要知行合一、理论联系实际。我们注重突出实践特色，把解决实际问题作为实践内容，以学促干，在学习中实践，以推动实践能力检验学习的成果。实践就是主动对群众反映强烈、影响新闻出版业科学发展的突出问题进行深入调研，切实解决行业发展中的难题。对那些思想认识较为一致、能够尽快解决的，就在边学边改、边查边改中加以解决；对那些涉及多个部门职能权限的问题，积极与有关部门协商沟通，力求找到最佳的解决办法；对那些涉及国家制度和重大政策的问题，我们也以积极的姿态，认真进行调研，向有关部门提出进一步解决问题的建议。实践就是促进各项工作，通过多项政策措施的出台及时推动各项工作取得新进展。实践

就是及时总结和推广实践中的有效做法和成功经验,在更大范围内推动实践。在学习实践活动开展过程中,一些在实际工作中形成的好的做法已经规范化、制度化,从思想层面走到实践层面,形成了一些可操作的制度、政策和具体措施。特别是,我们着力推进署直系统各单位的制度创新、机制创新,建立长效机制,使学习实践活动取得长期的、实在的成果。

(三)坚持领导带头、发挥表率作用,是学习实践活动取得实效的根本保证

开展学习实践活动,关键在领导,责任在班子。总署党组同志、机关司局级领导干部和署直各单位领导班子成员都能够带头学习,带头讨论,带头解放思想,带头撰写心得体会,带头调研,带头深入查找和分析班子和个人存在的突出问题,带头制订整改目标和具体整改措施,做学习实践科学发展观的先行者、组织者、推动者。每个阶段领导干部都以身作则、率先垂范,带动了党员干部参加到活动中来。机关干部全力投入,做到学习、工作两不误;离退休党员干部发挥余热,积极参与活动,围绕促进科学发展,构建新制度机制建言献策,做学习实践活动的支持者、参与者、实践者。我们充分调动处级党员干部的积极性,重点安排他们进行调研,召开座谈会专门听取他们的意见建议。署直系统广大团员青年踊跃投身学习实践活动中,积极参与、乐于奉献,成为学习实践科学发展观的生力军。整体上扩大了活动的参与面和覆盖面,提高了学习实践活动的影响力。

(四)坚持群众路线、充分发扬民主,是学习实践活动取得实效的基本动力

坚持群众路线是党的工作的优良传统。学习实践活动只有紧紧依靠群众、充分相信群众、广泛发动群众,才能找准影响行业科学发展的突出问题和群众反映强烈的党性党风党纪问题,制定出切实可

行、操作性强的整改方案。总署学习实践活动坚持依靠群众找差距，由总署党组成员分别带队，就全民阅读、文化环保、农家书屋、出版产业改革与发展、少数民族文字出版工作等，先后召集50多个单位的130多人座谈征求意见。在署直系统举办"我为新闻出版业科学发展建一言"有奖征文活动，吸引了群众参与。对在活动中评选出的5个优秀组织单位、36篇优秀征文进行了表彰奖励，有效地激发了广大党员干部建言献策的积极性。在制定活动目标、确定活动方案、开展"十行百家"调研、解放思想大讨论、请各界进行评议、开展满意度测评等各个环节，我们都广泛深入听取群众意见，充分尊重群众的参与权，接受群众的监督，把群众满意程度作为衡量活动成效的重要依据和准绳。实践证明，只有坚持群众路线，尊重群众的首创精神，真心解决群众反映强烈的突出问题，努力创新面向基层、服务群众的体制机制，真正为人民群众办实事办好事，才能使学习实践活动真正成为群众满意工程。

（五）坚持舆论引导、营造健康氛围，是学习实践活动取得实效的重要条件

在开放的条件下进行学习实践活动，必须要借助媒体营造良好氛围，坚持正确舆论引导就格外重要。在这方面我们做了几件事：一是认真做好全面阐释科学发展观的理论读物和普及性读物的出版发行工作，为全党深入开展学习实践活动提供思想理论阵地和文化条件。二是发挥行业优势和突出部门特点，利用各种媒体引导舆论，开设专题网站和平面媒体系列专栏，刊载署直系统学习情况报道和心得体会文章，及时反映总署学习实践活动情况，推动新闻出版行业学习实践活动的深入开展。三是充分发挥新闻出版行业图书、报刊、广播、电视、互联网等媒体的作用，宣传开展学习实践活动的重大意义，宣传学习实践科学发展观的先进典型，及时总结和推广学习实践活动中的好做法、好经验，报道学习实践活动取得的成效，为全国深入

开展学习实践活动营造了良好的氛围。

应该看到,总署学习实践活动虽然取得了明显的成效,但与党中央的要求和人民群众的期待相比,还存在一些不足和问题:一是在深化理论学习上,一些党员干部思想认识水平还有待提高;二是在解决突出问题上,一些单位存在着整改进展不平衡;三是在日常工作与学习实践活动的统筹安排上,一些单位存在着不够合理的问题。这些问题或多或少影响了整体水平,总署党组将认真分析研究,在整改落实和"回头看"工作中,要有针对性地加以解决。通过建立健全学习实践科学发展观的长效机制,确保学习实践活动成果得以巩固和发展。

四、学习实践活动成果的巩固和发展

集中开展的学习实践活动虽然告一段落,但科学发展的学习实践还要长期进行下去。因为学习实践科学发展观是全党全国人民的一项战略任务,具有长期性、根本性和复杂性,不能一劳永逸,必须持之以恒、常抓不懈,尤其要在建立健全长效机制上做文章。下一步,我们的工作方向是:高举中国特色社会主义伟大旗帜,以邓小平理论、"三个代表"重要思想和科学发展观为指导,继续贯彻落实党的十七大和十七届三中全会精神,认真学习胡锦涛总书记在纪念党的十一届三中全会召开30周年大会上的重要讲话和在中央纪委第十七届三次全会上的重要讲话精神,深入贯彻落实中央经济工作会议和全国宣传部长会议精神,高举旗帜、围绕大局、服务人民、改革创新,牢固树立科学的新闻出版发展理念,进一步巩固和深化学习实践活动成果,以解放思想、深化改革、推进新闻出版业科学发展为主线,切实抓好整改方案的落实,抓住"三个着力点",构建"六个机制",实现"三个转变",推动新闻出版业又好又快发展。

当前和今后一个时期,要重点抓好以下三个方面的工作:

(一)切实加强组织领导,全力抓好整改落实工作

一是明确职责分工,加强组织协调。要把整改落实方案的实施同做好今年乃至今后一段时期内新闻出版工作有机地结合起来,形成党组统一领导,有关部门各负其责,各司其职,密切配合、齐抓共管,狠抓落实的工作局面。每季度召开一次落实工作会议,通报情况,检查进度,研究问题,部署任务。二是明确责任单位,加强督促检查。对整改落实方案明确需要解决的问题和整改落实的内容要公示,接受群众监督,加强督促检查。要采取挂牌督办、现场会办、限时办结等办法,推动问题得到有效解决。总署办公厅作为整改落实方案落实情况的督查单位,要针对各单位整改落实项目的落实情况,及时开展专项督察。对没有完成或者完成效果不理想的项目,要按照总署工作绩效考评的有关规定,切实追究相关责任单位、责任人的责任,防止有分工不负责,有责任不落实的问题出现,确保学习实践活动整改方案真正落实到位。要坚持从实际出发,扎扎实实抓整改,办实事、解难题、促发展。既要防止畏难情绪、无所作为,又要避免搞形式主义、短期行为和"花架子",把实事办好,把好事办实。

(二)切实加强制度建设,巩固和发展学习实践活动成果

要总结发扬学习实践活动取得的有益经验,通过建立健全制度机制推动新闻出版业又好又快发展。一是健全理论学习制度。抓好中心组学习,发挥示范作用。继续推进学习型党支部、学习型机关创建活动,办好学习论坛,提倡带着新情况新问题和新任务探索性地学,在贯彻落实科学发展观的实践中创造性地学,把改造主观世界与改造客观世界相统一、知与行相统一,真正使科学理论内化为党员干部的世界观和方法论,指导实践,推动工作,促进科学发展。二是建立健全推动新闻出版业科学发展的六大机制。要围绕新闻出版业改

革发展服务管理等诸项工作任务,梳理现有规章和规范性文件,根据科学发展观的要求决定取舍;总结、提炼实践中的有效做法和成功经验,进一步完善新闻出版工作服务经济社会科学发展、推进新闻出版业繁荣发展的导向机制、调控机制、动力机制、服务机制、行政机制和协调机制,努力在继续解放思想上迈出新步伐,在坚持改革开放上实现新突破,在推动科学发展上取得新进展,在促进社会和谐上见到新成效。三是加强机关制度建设。按照"对内形成好风气、对外树立好形象"的要求,切实改进作风,建立健全机关干部绩效评价及奖惩制度,鼓励先进,督促落后,在全机关树立起与时俱进的思想境界、昂扬奋进的精神状态和雷厉风行的工作作风,形成鼓励勤于学习思考、勇于开拓创新、善于真抓实干的机关风尚,全面提高总署机关行政效率和依法行政的能力。

(三)切实加强党的建设,努力提升党员干部推动新闻出版业科学发展的坚强决心和实际能力

一是切实加强领导班子建设。坚持以党的执政能力建设和先进性建设为主线,建设各级党组织,教育广大党员干部,不断提高推动新闻出版业科学发展、促进社会和谐发展的能力。要进一步落实"两手抓、四同步"的工作规范和"一岗双责"的制度要求,配备好领导班子。把增强班子合力、提高科学决策能力、完善党内政治生活制度,作为领导班子建设的重点。注重提高总署各级领导班子及其成员的思想政治素质,把总署各级领导班子建设成为政治坚定、业务精通、作风过硬、团结实干、勤政廉洁、务实为民的坚强领导集体。二是进一步加强反腐倡廉建设。要认真贯彻落实胡锦涛同志在中纪委十七届三次全会上的重要讲话精神,切实加强各级党员干部的党性修养,树立和弘扬优良作风,坚持讲党性、重品行、做表率,提高拒腐防变和抵御风险能力。三是努力建设高素质干部人才队伍。要加大竞争性选拔干部的工作力度,深化干部选拔任用监督各环节的制度改

革,形成体现科学发展观要求的干部考核评价任用体系。抓好学习、教育、培训和实践锻炼等几个关键环节,不断提高党员干部依法行政、科学管理、服务人民、促进发展、建设社会主义先进文化的能力。不断创新人才激励机制,深入实施领军人才工程,努力建设一支适应形势发展要求的新闻出版工作队伍,为推动新闻出版业又好又快发展提供人才保障,使我们的事业可持续发展。

同志们,回顾近半年来的学习实践活动,同志们都付出了辛劳,倾注了心血,奉献了智慧。新闻出版总署的学习实践科学发展观活动,之所以能够取得明显的成效,全体党员干部群众的共同努力、全力支持起了重要作用,在此,我代表总署党组向大家表示诚挚的感谢。开展学习实践科学发展观活动是一项重大的政治任务,我们已经迈出了重要而可喜的一步,贯彻落实科学发展观更是任重道远,我们还有艰巨的工作在后头。让我们在以胡锦涛同志为总书记的党中央领导下,高举一面旗帜,坚持一条道路,遵循一个理论体系,振奋精神,开拓进取,巩固和扩大学习实践活动的成果,在科学发展观的指引下,推动中国特色社会主义新闻出版业大发展大繁荣。

在新闻出版总署开展深入学习实践科学发展观活动总结大会上的讲话

傅克诚

（2009 年 2 月 26 日）

尊敬的斌杰署长、各位领导、同志们：

按照党中央的统一部署，国家新闻出版总署深入学习实践科学发展观活动从 2008 年 10 月 13 日召开动员大会以来，历时 5 个月时间，现在就要结束了。刚才，斌杰同志代表党组对总署学习实践活动的基本情况、主要做法、主要收获进行了全面总结，并对巩固和扩大学习实践活动成果作出了全面部署。我们完全赞同。这次学习实践活动，总署党组高度重视，党组书记、署长柳斌杰同志认真履行了第一责任人的职责，率先垂范，亲力亲为，始终坚持把学习实践活动作为重大政治任务和推动新闻出版业科学发展的重要契机，摆到了重要的议事日程。建国等分管领导认真履行直接责任人的职责，精心组织，狠抓落实。班子成员既积极参与班子的各项活动，又到分管部门组织指导，调查研究，开展活动。领导小组办公室的同志发挥了重要的参谋助手作用，刊发了 137 期简报，做了大量、细致的工作。总署内设机构、下属单位处以上领导班子成员及广大党员干部以良好的精神状态、饱满的政治热情，认真参加了学习实践活动的全过程。这次学习实践活动由于指导思想明确，目标要求具体，方法步骤清晰，组织领导得力，活动主题鲜明，实践载体丰富，工作方法得当，经总署上下共同努力，圆满完成了学习实践活动的各项任务，诸多方面都取得了明显成效,达到了中央关于"党员干部受教育、科学发展上水平、人民群众得实惠"的总体要求,得到了中央政治局常委李长春同志,中央政治局委员、中宣部部长刘云山同志,中央政治局委员、国务委员刘延东同志的高度评价,得到了总署广大党员干部的充分认可。

一、广大党员干部思想认识得到提高

在学习实践活动中,通过采取集中培训、写学习心得、展示学习成果等各种形式,认真学习中央规定的"书目"和重要文献,认真学习胡锦涛总书记在纪念党的十一届三中全会召开30周年大会上的报告及一系列重要讲话,通过深入调查研究,撰写调研报告,参加解放思想大讨论,召开专题民主生活会等各项活动,使广大党员干部受到了一次深刻的科学发展观教育,加深了对科学发展观的科学内涵、精神实质和根本要求的理解。广大党员干部坚持中国特色社会主义理论体系、坚持马克思主义在意识形态领域的指导地位、坚持社会主义先进文化前进方向的坚定性普遍增强。用科学发展观统领新闻出版事业,高举旗帜,围绕大局,服务人民,改革创新,促进新闻出版事业大发展大繁荣的自觉性普遍提高。对事关新闻出版事业要不要科学发展、能不能科学发展、怎样科学发展等一些重大理论和实践问题形成了共识。大家深切感受到:科学发展观不仅符合国情、党情,更符合新闻出版总署的署情,只有用科学发展观统领总署的发展全局,把科学发展观贯穿于新闻出版事业发展的全过程和各个环节,才能不断开创总署工作的新局面,实现新闻出版事业全面、协调、可持续发展。思想认识的提高,为深入贯彻落实科学发展观奠定了坚实的基础。

二、查找并解决了一些影响科学发展的突出问题

在学习实践活动中，总署紧紧围绕突出实践特色这一根本要求，着力查找并解决影响和制约科学发展的突出问题，以及党员干部党性、党风、党纪方面群众反映强烈的突出问题，采取了集中开展"十行百家"专题调研活动，"我为新闻出版业科学发展建一言"的征文活动，广泛征求群众意见建议等各种方式，经过分析检查，归纳总结，深刻认识到，新闻出版总署现行管理体制、政策法规还存在不符合科学发展观要求的一些弊端，"贴近实际，贴近生活，贴近群众"的新闻出版产品和服务体制机制还存在不足，群众反映强烈的有偿新闻、虚假新闻、低俗之风、假记者、假刊物等管理问题还没有从根本上建立起监督机制等五个方面的突出问题。在此基础上，认真地撰写了分析检查报告，深刻分析了存在问题的原因，明确了今后坚持科学发展的方向。总署党组针对存在的问题，本着尽力而为、量力而行的原则，坚持边学边改、边查边改、边整边改。目前，已依法查处了"封口费"事件，并以此为契机开展了"百日整治"活动，全面整顿了新闻采访秩序；严厉打击了假报刊、假记者、假新闻、假记者站，受到了社会群众的好评；深入开展了整治互联网低俗之风专项行动，取得了净化文化环境、营造良好氛围的初步效果；"扫黄打非"工作取得了阶段性效果，为保障国家政治稳定和文化安全、规范社会主义文化市场秩序、维护人民群众的文化权益做出了特殊贡献；建立了符合社会通行标准的、功能齐全、方便登记的版权登记管理大厅，为满足日益增长的著作权登记需要，提高版权登记工作的效率和质量，起到了重要作用。

实践证明，新闻出版总署在学习实践活动期间，集中解决了一些群众反映强烈、影响和制约科学发展的突出问题，办了一些群众普遍

期待的实事好事,使学习实践活动取得了让干部群众看得见、摸得着的实际效果,让干部群众真正感受到学习实践活动给新闻出版总署带来的新变化、新气象。

三、创新体制机制取得可喜成效

新闻出版总署在全国新闻出版事业中承担着管宏观、管政策、管方向的重要职责。总署党组自始至终把促进科学发展的制度体系建设作为重大任务抓紧抓好,着力建立健全保障和促进新闻出版业科学发展的体制机制、推动科学发展的政策法规和符合科学发展要求的规章制度,有力解决了制度缺失和体制机制障碍问题,形成有利于科学发展的正确导向。本着"要精、要管用"的原则,积极稳妥地制定新闻出版事业体制改革方案,明确了体制机制改革的时间表和路线图。全方位推进新闻出版的职能,由权力型、审批型向责任型、法治型、服务型转变;行政管理体制创新取得了新突破,出台了《总署行政审批集中办理工作规程》,修订了《著作权行政处罚实施办法》,制定了《关于深化中央部委在京出版社体制改革工作意见》,推广了实施书号网络实名申领制度,完善了《总署工作规则》,规范了办文、办会、办事程序和时限,进一步改进了干部考核办法,规范了扩大民主形式、落实《总署党组关于基层党员和党支部参与干部任用评议推荐工作的实施意见》。同时,对总署现行的规章制度进行了全面清理,已经废止了31个规范性文件,并正在和继续制定一批适应科学发展要求的政策规定,所有这些,为推进科学发展提供了良好的政策制度环境。

四、明确了发展思路,促进了科学发展

在广泛听取群众意见、认真查找突出问题、深刻分析产生问题原因的基础上,按照科学发展观的要求,进一步明确了要牢固树立新的文化发展理念,以解放思想,深化改革,推进科学发展为主线,抓住"三个着力点"、构建"六个机制",实现"三个转变",推进新闻出版业又好又快发展的总体思路,并且按照"明确整改落实项目、明确整改落实时限、明确整改落实措施、明确整改落实责任和对整改落实作出公开承诺"的"四明确一承诺"的要求,认真制定了整改落实方案,正在以求真务实的精神抓整改、办实事、解难题、促发展。通过组织开展从选题规划、产品推广、政策扶持上继续推进精品战略;加快兼并重组,打破地区行业界线,积极参与国际竞争的集团化战略;推动以数字化和自主知识产权为核心的科技兴业战略;培养一批优秀记者、编辑、出版家、企业家、出版商和文化名人的人才战略;打造一批具有核心竞争力的知名文化品牌,鼓励国内出版企业进军国际市场的走出去发展战略等"五大战略"的实施,必将使新闻出版业的整体实力得到明显增强。通过实施"农家书屋"工程,国家重点出版工程,以西藏、新疆等少数民族地区为主的新闻出版"东风工程",全民阅读工程和文化环保工程这"五大工程",人民群众的基本权益必将会得到更加有效的保障。

与此同时,总署党组始终坚持"两手抓,两促进"。针对国际金融风暴给新闻出版业带来的严峻形势,根据中央的总体要求,总署加大了对农家书屋、民生出版、重点出版等民生工程的投资建设力度,果断决定取消音像制品防伪标识,减轻音像企业的负担,并提出新闻出版业扩大内需、保持经济平稳健康较快增长的政策措施,有力促进了保增长、保民生、保稳定、保党中央方针政策的贯彻落实。

总之,新闻出版总署在学习实践活动中做了大量的、开创性的、卓有成效的工作,受到了各方面的好评。中央学习实践活动领导小组办公室专发了两期简报推广总署开展学习实践活动的经验,中央多家媒体多次报道总署学习实践活动情况,我们指导检查组在所联系单位情况交流会上多次推广了总署的好做法、好经验。

我们在工作中,对新闻出版总署学习实践活动有几点深切的感受:

一是总署党组始终把学习放在首位。认真学习领会中央精神,严格按照中央学习实践活动的指导思想、目标要求、主要原则、工作重点和方法步骤,按照中央规定的三个阶段11个环节,扎扎实实,环环相扣,准确把握了学习实践活动的正确方向。

二是总署党组带头表率作用得到了充分发挥。党组书记、署长柳斌杰同志亲自制定和修改实施方案,亲自作辅导报告,亲自主持党组会,字斟句酌地撰写分析检查报告和整改落实方案,班子全体成员,带头学习、带头辅导、带头调研、带头整改、带头实践,自觉地用科学发展观武装头脑,谋划发展,解决问题,推动工作。所有这些都给我们留下了深刻的印象。这种"层层带头、一级领着一级干"的示范效应,激发了总署广大党员干部和广大群众参与学习实践活动的积极性,这是总署学习实践活动取得实际效果的关键所在。

三是总署党组坚持解放思想,突出实践特色。始终把推动新闻出版业增长方式转变、体制机制转变、政府职能转变,构建符合科学发展观要求的新闻出版公共服务体系作为学习实践活动与履行职责相结合的实践载体。以改革创新为动力,进一步提高思想认识,更新发展观念,转变发展思路,破解发展难题,始终把学习实践活动同抓好总署各项工作紧密结合,推动新闻出版事业的健康发展。

四是总署党组坚持群众路线,充分发扬民主。在学习实践活动中,党组采取了各种方式,反复、认真地听取广大群众意见和建议,到群众中调查研究,组织群众开展对分析检查报告评议和满意度测评,真诚接受群众监督。为撰写好领导班子分析检查报告、制定好整改落实方案、找准突出问题、明确发展思路、促进科学发展奠定了重要基础。

新闻出版总署学习实践活动可圈可点之处很多,好做法、好经验值得总结、推广和传承。

集中学习实践活动结束了,但这不是终点,而是深入学习实践科学发展观的新起点。在学习实践活动中形成的党组分析检查报告和整改方案凝聚着总署广大党员干部的心血,是总署广大党员干部的智慧结晶,是学习实践活动的重要成果。相信并希望大家能够把学习实践活动期间取得的这些重大成果,转化为推动科学发展的坚强意志,谋划科学发展的正确思路,领导科学发展的实际能力,促进科学发展的政策措施,推动科学发展的实际行动。

要建立并完善学习实践科学发展观的长效机制,继续抓好深化学习,大力弘扬理论联系实际的好学风,始终坚持正确的政治方向;要认真抓好整改落实方案的组织实施工作,按照中央学习实践活动领导小组要求适当时机组织一次"回头看";继续加大管理体制机制的改革创新;继续弘扬优良传统、加强党性修养、坚定理想信念、转变工作作风;继续加强各级党组织的自身建设和人才队伍建设,不断提高领导新闻出版事业科学发展的能力和水平。新闻出版事业,是我国意识形态领域的前沿阵地,关系国家安全,涉及社会稳定,影响经济发展。新闻出版总署的责任重大,使命光荣。相信大家一定会以这次学习实践活动为契机,乘势而上,再接再厉,为推进我国新闻出版事业大发展大繁荣作出更大的贡献。

各位领导,同志们,学习实践活动把我们联系在一起,5 个月来,与新闻出版总署的领导和同志们相识、相处、相知,使我们指导检查组的同志受益匪浅,向你们学习到了很多好思想、好品格、好作风、好经验。我们按照中央赋予的职责要求,紧紧依靠总署党组开展工作,在实践中我们做了一些应该做的工作,但由于水平有限,肯定会有不尽如人意之处,敬请大家谅解。我们在工作中,得到了总署党组领导同志和学习实践活动办公室同志的大力支持和热情帮助,使我们的工作得以顺利开展,在此我代表中央学习实践活动第十一指导检查组的全体同志,向你们表示衷心感谢!向积极参加学习实践活动的总署广大党员、干部、群众致以崇高的敬意!谢谢大家!

在中央纪委监察部驻总署纪检组监察局开展学习实践科学发展观活动会议上的讲话

宋明昌

自去年九月以来,全党开展了深入学习实践科学发展观活动,这是认真贯彻落实党的十七大精神,在新的历史起点上发展中国特色社会主义的重大战略部署。坚持以科学发展观统领纪检监察工作,要与认真学习领会好、贯彻落实好胡锦涛总书记在第十七届中央纪委第三次全会上的重要讲话和全会精神密切结合起来,与谋划、部署和推动今年新闻出版系统反腐倡廉各项工作密切结合起来,与全面加强新闻出版系统纪检监察机关自身建设结合起来,不断增强服务科学发展、保障科学发展、推动科学发展的能力,不断推动反腐倡廉工作取得新进展。

一、认真学习领会胡锦涛总书记的重要讲话和全会精神,切实把思想和行动统一到中央精神上来

在今年 1 月召开的第十七届中央纪委第三次会议上,胡锦涛总书记从党的国家事业发展全局和战略高度,全面分析了当前的反腐倡廉形势,明确提出了深入推进党风廉政建设和反腐败斗争的总体要求和主要任务。这已是胡锦涛总书记第七次在中央纪委全会上发

表重要讲话。胡锦涛总书记一系列重要论述,体现了贯彻落实科学发展观和加强党的执政能力建设和先进性建设的时代要求,是对党的反腐倡廉理论与实践的继承、发展和深化。

贺国强同志在去年10月7日中央纪委监察部开展深入学习实践科学发展观活动动员大会上的讲话中指出,坚定不移地推动党风廉政建设和反腐败斗争,必须自觉以科学发展观为统领,运用科学发展观所体现的马克思主义立场、观点、方法来谋划、部署和推进各项工作,把科学发展观的要求体现和落实到党风廉政建设和反腐败工作的各个方面。

深入开展学习实践活动,认真学习和贯彻落实胡锦涛总书记和贺国强同志的重要讲话精神,一是要自觉把学习科学发展观的思想收获转变为做好服务科学发展的政治责任。准确把握科学发展观的重大意义、科学内涵、精神实质和根本要求,切实转变不适应、不符合科学发展观要求的思想观念,坚持用科学发展观武装头脑,坚持用科学发展观指导实践,使党员干部成为科学发展观的自觉实践者、坚定维护者。以解放思想为先导,以改革创新为动力,进一步提高认识,更新观念,转变思路,破解难题,完善体制机制,使思想和行动更加符合实事求是的思想路线,更加符合科学发展观的要求,更加符合新闻出版业的特点规律,更加符合党和国家对新闻出版管理的大政方针。二是要把贯彻科学发展观的方法要求转化为促进科学发展的内在动力。紧紧围绕保障和促进科学发展来谋划和推进纪检监察工作,切实把以人为本的理念贯穿到纪检监察工作中去,坚持按照全面协调的要求和统筹兼顾的方法开展工作,以改革创新精神推动纪检监察工作不断取得新进展。认真查找影响和制约新闻出版业科学发展的突出问题和党员干部党性党风党纪方面群众反映强烈的问题,坚定纪检监察工作的政治方向,使工作目标更加明确,工作思路更加清晰,各项工作进一步推进。三是要把落实科学发展观的政治热情转化为保障科学发展的具体行动。全面把握科学发展观对纪检监察工作的新要求,从世情、国情、党情的发展变化出发,突出从体制机制和队伍建设两方面,着力分析纪检监察工作的突出问题的成因。对党员干部的思想状况要做到心中有数,对系统反腐倡廉工作的现状要做到心中有数,对纪检监察工作的差距要心中有数,对入手解决和处理这些突出问题的总体思路和方法步骤也要心中有数。通过学习实践活动,使党员干部进一步提高战略思维、辩证思维、系统思维和创新思维,进一步把握新形势下反腐倡廉客观规律,进一步增强全面履行职责和依法依纪、按客观规律办事的能力,不断调查研究和破解新闻出版反腐倡廉建设的突出问题,提高贯彻落实科学发展观的自觉性、主动性、积极性和创造性。

深入开展学习实践活动,认真学习和贯彻落实胡锦涛总书记和贺国强同志的重要讲话精神,关键是着力形成在科学发展观指导下的反腐倡廉的正确思路和实际成效。一是进一步加深党员干部特别是领导干部对科学发展观的理解,增强贯彻落实科学发展观的自觉性和坚定性,在事关全系统反腐倡廉工作全局性问题上形成共识。从构建有利于推动和促进新闻出版改革发展的纪检监察工作机制入手,坚持把惩防体系建设贯穿全局,实现纪检监察工作方法理念的创新。二是进一步增强"做党的忠诚卫士,当群众的贴心人"的政治责任感。以巩固和深化"做党的忠诚卫士,当群众的贴心人"活动为载体,切实增强深入开展学习实践科学发展观的政治责任感,解放思想,创新机制,深化改革,始终突出为新闻出版业科学发展服务这个主题,更加自觉地把党和人民的利益放在高于一切的位置;更加自觉地坚持围绕中心、服务大局;更加自觉地实现好、维护好、发展好最广大人民群众的根本利益;更加自觉地把纪检监察工作融入新闻出版改革发展的全过程。三是进一步提高服务科学发展、保障科学发展、推动科学发展的能力。坚持解放思想,创新机制,深化改革,始终突出为新闻出版业科学发展服务这个主题,为推动完善新闻出版业科学发展的体制机制,建立科学运行的行政管理体制机制,加大宏观调控和政策引导,推进出版发行体制改革取得新进展,规范公益性工程的实施和管理,建立覆盖基层的新闻出版公共服务体系,营造良好政治环境。四是进一步形成围绕中心、服务大局,开拓进取、不断创新的工作局面。通过开展学习实践科学发展观活动,全面推进组局思想建设、组织建设、作风建设、制度建设和业务建设,在解放思想、转变观念上下功夫,在解决问题、促进发展上求突破,在深化改革、创新体制机制上见成效。自觉实践科学发展观,全面履行纪检监察职能,着力解决群众反映强烈、影响和制约科学发展观的突出问题,围绕中心、服务大局,创造性地开展反腐倡廉各项工作。既坚决查办违纪违法案件,又努力推进重点领域和关键环节的改革和机制创新,把科学发展观贯彻落实到新闻出版纪检监察工作的各个方面,把反腐倡廉建设寓于改革发展的全过程。

二、统一思想,充分认识贯彻落实科学发展观、 推进反腐倡廉建设的极端重要性和紧迫性

科学发展观是同马克思列宁主义、毛泽东思想既一脉相承又与时俱进的科学理论,是我国经济社会发展的重要指导方针。胡锦涛总书记指出,深入学习实践科学发展观,是在深刻变化的国际环境中推动我国发展的迫切需要,是落实实现全面建设小康社会奋斗目标新要求的迫切需要,是以改革创新精神全面推进党的建设新的伟大工程的迫切需要。我们要深刻理解这"三个迫切需要",充分认识深入学习实践科学发展观的重要性和紧迫性,增强用科学发展观统揽反腐倡廉建设的自觉性和坚定性。

在当前日益变化的国际国内形势下,反腐倡廉建设面临不少新情况新问题。从国际上来看,世界范围内各种思想文化交流、交融、交锋更加频繁,西方敌对势力对我实施文化渗透的渠道更加多样化,

通过互联网等高科技手段加紧传播其价值观念、意识形态、政治模式和生活方式,对我国的社会稳定和国家安全造成直接威胁,对党员干部的腐蚀作用不可低估。从国内来看,我国经济社会的发展呈现出一系列新的阶段性特征,主要表现为"四个深刻":经济体制深刻变革、社会结构深刻变动、利益格局深刻调整、思想观念深刻变化。经济成分、组织形式、就业方式、利益关系和分配方式日益多样化,价值观念日益多元化。在我国生产力尚不发达的现阶段,这些变化加大了诱发不正当竞争和腐败现象的可能性。去年以来,面对全球性金融危机,中央全面实行宏观调控,推出了一系列扩大内需、促进经济平稳较快发展的政策措施,同时也对政策措施的执行情况,对项目、资金的监管提出了新的要求。从新闻出版业改革发展现状来看,新闻出版业作为经济社会的一个重要部门,转企改制、上市融资等体制改革和产业化进程不断深入。经济社会发展进程中出现的一些消极腐败现象、违纪违法行为,也容易发生在新闻出版行业。

面对新形势新要求,只有深入学习实践科学发展观,更加自觉地走科学发展道路,反腐倡廉工作才能有新思路,腐败现象才能得到根本性遏制,党风廉政建设才能开创新局面。贺国强同志指出,深入学习实践科学发展观具有重大的现实意义和紧迫性,是纪检监察机关高举伟大旗帜、坚持正确政治方向的必然要求,是纪检监察机关服从服务大局、促进经济社会又好又快发展的必然要求,是纪检监察机关切实履行职责、开创反腐倡廉建设新局面的必然要求,是纪检监察机关加强自身建设、提高纪检监察干部队伍素质的必然要求。我们要充分理解和领会这"四个必然要求",清醒地认识国际国内形势和新闻出版业改革发展面临的新挑战,自觉地用科学发展观武装头脑、谋划发展、解决问题、推动工作,把科学发展观的要求贯穿于反腐倡廉工作的全部过程和各个方面,努力形成符合科学发展观要求的思想观念、方式方法和体制机制,认真解决工作中存在的突出问题,不断增强反腐倡廉决策的科学性、措施的协调性和工作的实效性,不断增强服务科学发展、保障科学发展、推动科学发展的能力。

三、加强组织领导,切实把党风廉政 建设放在更加突出的位置

新闻出版系统党风廉政建设,政治性强,政策性强,涉及面广,工作难度大。当前,全系统、全行业正处在全面贯彻落实科学发展观,推动新闻出版改革创新和科学发展的重要时期,改革发展的任务十分繁重,我们一定要进一步加强对党风廉政建设工作的组织领导,坚持和完善党风廉政建设责任制,以奋发有为、锐意进取的精神状态,以求真务实、扎实有力的工作措施,推动党风廉政建设深入开展。

要深入贯彻落实"两手抓、四同步",坚持一手抓新闻出版工作,一手抓党风廉政建设工作,把推进新闻出版改革发展与反腐倡廉工作同步部署、同步落实、同步检查、同步考核,切实把反腐倡廉工作放在突出位置,列入重要议事日程,纳入新闻出版改革发展的总体规划,结合业务工作认真研究,全面规划,深入推进。

要进一步坚持和完善党委统一领导、党政齐抓共管、部门各负其责、纪委组织协调、群众积极参与的反腐倡廉领导体制和工作机制,密切联系本单位本部门实际,加强组织领导,强化工作措施,提高工作水平,务求工作实效,形成反腐倡廉工作的整体合力。

要明确职责分工,加大责任落实力度。纪检监察部门要把反腐倡廉建设作为主要任务,加强组织协调和监督检查。各部门、各单位要按照职责分工和"谁主管、谁负责"的原则,认真落实党风廉政建设分工意见,把责任落实到部门、落实到人头。各部门、各单位领导同志特别是主要负责同志,要按照中央"一岗双责"的要求,切实负起党风廉政建设"第一责任人"的责任,自觉把党风廉政建设工作纳入业务工作之中,对反腐倡廉的重大问题和重要工作要亲自过问,亲

自部署。

2009 年是全面贯彻落实惩防体系建设《工作规划》的第二年,各部门、各单位要根据总署党组制定的《实施意见》,做好任务分解,切实履行职责,扎实有效地把反腐倡廉各项任务落到实处,推动新闻出版事业与反腐倡廉建设共同发展。

四、立足新闻出版工作新形势新特点,以改革创新精神加强反腐倡廉建设

党的十七大强调,党要站在时代前列带领人民不断开创事业发展新局面,必须以改革创新精神加强自身建设,始终成为中国特色社会主义事业坚强领导核心。随着新闻出版改革的深入推进,新闻出版工作面临着前所未有的新情况、新形势、新特点、新任务,给反腐倡廉工作提出了更多、更新、更高的要求。面对新形势新任务新要求,全系统、全行业各级党组织和纪检监察部门,要认真学习领会中央关于反腐倡廉的重要决策部署和指示精神,全面准确把握科学发展观对反腐倡廉工作的新要求,围绕中心、服务大局,以解放思想为先导,以改革创新为动力,促进反腐倡廉工作观念更新、实践创新和体制机制创新。

要认真总结改革开放以来特别是党的十六大以来新闻出版系统反腐倡廉的成功经验,及时了解党风廉政建设和反腐败工作中的热点、难点问题,认真研究解决反腐倡廉面临的新情况新问题,注意研究和借鉴古今中外反腐倡廉的有益做法,不断深化对新形势下反腐倡廉建设特点和规律的认识,实现反腐倡廉工作的与时俱进。

要着眼发展这个党执政兴国的第一要务,准确把握我国经济社会发展的决策部署、国际经济形势的发展变化以及新闻出版业改革发展的动态趋势,确保反腐倡廉建设适应党和国家的事业发展,适应

新闻出版改革发展的客观需要。

要按照全面协调可持续的基本要求和统筹兼顾的根本方法开展反腐倡廉工作,善于从全局和战略高度审视党风廉政建设面临的形势和任务,坚持标本兼治、综合治理、惩防并举、注重预防的方针,整体推进教育、制度、监督、改革、惩处、纠风等工作,把改革的推动力、教育的说服力、制度的约束力、监督的制衡力、惩治的威慑力结合起来,使各项工作相互协调、相互促进。

要以规范和制约权力为核心,以推进惩防体系建设和出版发行行业诚信体系建设为重点,抓住用人、用权、用钱等重点部门、重点人员以及关键环节,制定、调整和完善反腐倡廉的规章制度。

要深入调查研究,及时发现和分析反腐倡廉工作中可能出现的倾向性和苗头性问题,紧密结合新闻出版和反腐倡廉工作实际,不断增强工作的预见性和针对性,在加强和改进教育培训、积极实施有效预防、加大监督工作力度、努力提高制度建设水平、充分发挥办案的治本功能等方面,加大创新力度,不断推进反腐倡廉建设实践和理论创新。

五、大力发扬求真务实的作风,狠抓
反腐倡廉各项工作的落实

大力发扬求真务实的精神和真抓实干的作风,不仅是贯彻落实科学发展观的内在要求,也是落实反腐倡廉各项工作的有力保证。全系统、全行业各级党组织和纪检监察部门要坚持解放思想、实事求是、与时俱进,紧密联系国内外形势的新变化,紧密联系反腐倡廉的新实践,紧密联系行业发展的新情况,着力解决反腐倡廉建设面临的重大课题,努力实现思想方法和思想观念、工作方式和工作方法、人员素质和工作作风的与时俱进。

要把改进党员干部作风作为促进科学发展的重要切入点,及时发现和解决党性不强、党风不正、执纪不严以及其他党风政风方面严重影响和制约科学发展的突出问题。对新闻出版行业内存在的危害群众切身利益、群众反映强烈的干部作风问题,要认真查明真相,果断加以处置。

要加强党的优良传统、两个"务必"、"八个坚持、八个反对"以及八个方面良好风气的教育,使党员干部自觉遵循社会主义核心价值体系,讲党性、重品行、作表率,教育党员干部始终坚持群众观点,把人民群众的呼声作为反腐倡廉的第一信号,把维护人民群众的根本利益作为反腐倡廉的第一考虑,把密切党同人民群众的血肉联系作为反腐倡廉的第一目标,认真倾听群众的意见建议,妥善处置和及时化解影响社会和谐稳定的热点、难点问题,拓宽人民群众参与反腐倡廉建设的渠道,发挥人民群众主动参与反腐倡廉建设的积极性。

要严格执行领导干部廉洁从政各项规定,促使领导干部带头廉洁自律,经受住权力、金钱、美色的考验,保持共产党人的本色,保持积极进取、锲而不舍的精神状态,凝心聚力干事业,尽心尽责谋发展,努力提高科学决策的能力、推进工作的能力、解决问题的能力,扎扎实实做好各项工作。

六、以开展深入学习实践科学发展观活动为契机,进一步加强纪检监察部门的自身建设,努力提升纪检干部队伍素质

建设一支高素质的纪检监察干部队伍,是纪检监察工作的重要任务之一,也是纪检监察事业深入发展的组织保证。中央纪委决定在纪检监察系统开展的"做党的忠诚卫士、当群众的贴心人"主题实践活动,是纪检监察机关学习贯彻党的十七大精神、加强自身建设的

一项重要举措和长期任务。全系统各级纪检监察部门要结合深入学习实践科学发展观活动,进一步把这一主题实践活动引向深入。要围绕中央纪委提出的"四个对"的目标要求,认真查找和解决思想观念、工作作风和能力素质等方面不适应不符合科学发展观要求的突出问题,使主题实践活动真正成为加强自身建设的有效载体。要着力加强制度建设,不断完善内部监督制约机制,完善加强自身建设的长效机制。要通过加强对纪检监察干部的教育培训工作,改善知识结构,拓宽工作视野,加强实际工作的锻炼,不断适应新形势新任务的发展变化,不断提高适应改革开放要求的能力、组织协调反腐倡廉工作的能力、依纪依法查处案件的能力,努力提高工作的专业化水平,为贯彻落实科学发展观提供有力保证。

深入贯彻落实科学发展观是全党的重大政治任务,也是纪检监察机关的重大政治责任。2009 年是新中国成立 60 周年,是贯彻落实科学发展观、促进新闻出版业大发展大繁荣的关键一年,也是贯彻落实《建立健全惩治和预防腐败体系 2008—2012 年工作规划》、推进惩防体系建设的重要一年。全系统各级纪检监察部门要肩负起党赋予的历史使命,服务科学发展、保障科学发展、推动科学发展,以科学的理念、科学的思路、科学的方法,努力开创新闻出版系统反腐倡廉建设的新局面。

高举旗帜　改革创新　推动中国特色社会主义新闻出版业大发展[*]

——纪念改革开放 30 周年

柳斌杰

与改革开放同行、与时代发展同步,我国新闻出版业为推进改革开放和现代化建设作出了积极贡献,自身建设也取得重大成就。

一、坚持解放思想、改革开放，我国新闻出版业实现了健康快速可持续发展,新闻出版工作围绕中心稳步推进,呈现出繁荣开放、积极向上的良好态势

30 年来,在中国特色社会主义理论指引下,新闻出版战线不仅率先解放思想,宣传党的创新理论和改革开放的一系列方针政策,为社会主义现代化建设事业提供强大的舆论支持和精神动力,而且不断深化自身改革,以开拓创新的精神,推进了思想观念、发展方式、体制机制、政府职能和传播方式的转变,使我国新闻出版制度在改革中完善,新闻出版产业在开放中发展,新闻出版工作在创新中前进,开创了中国特色社会主义新闻出版业发展的新局面。

---

* 本文载《人民日报》2008 年 12 月 27 日。

（一）始终坚持正确的政治方向和舆论导向，为改革开放和现代化建设创造了良好的舆论环境

30年来，新闻出版业旗帜鲜明地坚持主流意识形态，在马克思主义经典著作、中国化的马克思主义著作及其研究性著作、普及读物的出版工作方面做了大量工作，先后出版了《马克思恩格斯全集》（中文第二版）、《列宁全集》（中文第二版）、《毛泽东选集》（第二版）、《邓小平文选》、《江泽民文选》等马克思主义重要著作；出版了《邓小平建设有中国特色社会主义论述专题摘编》、《江泽民论有中国特色社会主义》（专题摘编）以及江泽民、胡锦涛同志重要著作的单行本；出版了《邓小平理论学习纲要》、《"三个代表"重要思想学习纲要》、《科学发展观学习读本》等阐释和宣传马克思主义及其中国化理论成果的重要著作；及时组织出版了一批学习贯彻邓小平理论、"三个代表"重要思想、科学发展观的系列出版物。围绕毛泽东、邓小平等诞辰纪念活动和建党、建国、建军、长征、抗战等一系列重大节庆纪念活动，出版了一大批精品力作，为中国特色社会主义理论体系的形成作出了特殊贡献。

（二）不断深化新闻出版领域体制改革，解放了新闻出版生产力

30年来，适应社会主义计划经济体制向社会主义市场经济体制转变，新闻出版业进行了拨乱反正、恢复重建、"三放一联"和应对加入世界贸易组织的集团化建设等几个阶段的改革探索。特别是党的十六大提出，适应社会主义市场经济发展的要求，根据社会主义精神文明建设的特点和规律，大力推进文化体制改革以来，新闻出版领域改革力度加大，成效显著，取得了突破性进展。

（三）坚持为人民群众提供丰富多彩的精神文化产品

30年来，新闻出版业把发展作为第一要务，把满足人民群众的

精神文化需求作为工作目标。与1977年相比，我国出版传媒市场发生了历史性变化，出版由"书荒"变成"书海"，传媒由单一变成多样，基本满足了人民群众多样性的精神文化需求。经过30年来的不断发展，我国出版传媒产业规模不断扩大，实力不断增强，出版传媒产业总产值直逼万亿，已经成为国民经济的重要组成部分，在促进文化积累和传承，推动经济和社会发展方面起到了重要的不可替代的作用。

（四）建设新闻出版公共服务体系，切实保障人民群众的基本文化权益

30年来，党和政府根据国民经济的总体规划和新闻出版业发展实际，对新闻出版业实行了一系列财税优惠政策，建立"宣传文化发展专项资金"，支持义务教育教材出版发行、实行科技教育文化"三下乡"，扶持少数民族地区新闻出版事业等，为人民群众直接服务。一个以政府为主导，以公共财政为支撑，以公益性出版单位为骨干，以新闻出版公共服务重大工程项目为载体，全面覆盖各类人群、各个领域的新闻出版公共服务体系已逐步形成，根本上缓解了人民群众看报难、读书难和农村文化产品少的问题。

（五）新闻出版行政管理不断创新，基本建立了适应社会主义市场经济体制需要的新闻出版行政管理体制

30年来，在党中央、国务院的正确领导和各地党委、政府的关心支持下，新闻出版行政管理体制改革取得重大突破。社会主义新闻出版、版权法律体系初步建立。历经3次机构改革，实现新闻出版总署机构升级，监管和执法权威增强，逐步明确了新闻出版宏观调控、依法行政、公共服务和市场监管的职能定位。按照建立法治政府、服务政府、责任政府、廉洁政府的要求，总署率先实施"四分开"，使所属企业脱钩转企改制，转变了职能，在中央机关第一个实现了审批事

项"集中办理",使权力在阳光下运行。全系统推进以"四大准入"为基础的市场监管体系建设,借助技术手段完善管理平台,走上了科学管理之路。深化行政审批制度改革,出台服务基层、有利发展的举措,累计清理法规100多项,取消和下放了30多项行政许可事项。

（六）大力开展科技创新,为新闻出版业的发展提供强大的技术支撑

30年来,我们不仅告别了"铅与火"的出版时代,而且还迎来了以数字网络出版、数字印刷为主体的新型出版业态高速发展的新阶段,数字化成为我国新闻出版业传播技术变革的重要标志。我们通过制定科技规划和重点科技项目实施,鼓励和支持企业在数字网络出版、印刷技术和新闻出版电子商务等方面进行自主研发,拓展了新的发展空间。我们着手实施"国家知识资源数据库"、"国家数字复合出版系统"、"国家动漫振兴工程"等国家重点工程,推动新闻出版业实现从传统方式向现代多种媒体共同发展的方向转变。

（七）"走出去"战略成效初显,新闻出版业在开放中获得更大的发展机遇

30年来,中国新闻出版业逐步扩大对内对外开放,学会在世界出版大格局中发现商机、开拓市场,扩大中华文化的影响力。1986年第一届北京国际图书博览会的举办,标志着中国出版业向世界敞开大门。近几年,我们每年参与40多个国家或地区的书展、书市,宣传、展示和推介中国出版物,在法兰克福、巴黎、纽约和莫斯科等一些大型书展上,中国出版物成为最大的亮点之一。加入世界贸易组织后,我们兑现承诺,书报刊分销市场已经向世界开放,在出版、印刷、发行等各个环节,不断加大引进外资的力度。利用"两个资源、两个市场",拓展发展空间,成为基本共识,以民族文化为主体,吸收外来有益文化,推动中华文化走向世界的新闻出版业开放格局正在形成。

（八）人才队伍和党的建设不断加强，为新闻出版业全面协调可持续发展提供了组织保障

30年来，新闻出版人才队伍不断壮大，整体素质明显提高。我们相继提出"人才兴业"战略、培训规划和实施方案，实施了"跨世纪出版人才工程"和素质工程、领军人才工程、高技能人才工程建设，通过坚持不懈的教育培训，建立了布局合理、层次完整的人才培养网络。30年来，各级新闻出版行政机关紧密联系党的基本路线和中心任务，以及不同时期党对新闻出版工作的新要求，切实推进党的建设。着力用马克思主义中国化的最新理论成果武装广大党员，按照中央要求，认真开展"三讲"教育、先进性教育、作风建设专题教育和科学发展观学习实践等活动，提高了新闻出版行业从业人员的理想信念和职业道德。

新闻出版战线广大干部职工在开创中国特色社会主义新闻出版业发展之路的进程中，深深地体会到：必须始终高举旗帜，坚持社会主义先进文化的前进方向；必须始终坚持围绕中心、在党和国家大局中发挥作用；必须始终坚持服务人民，实现和维护好人民群众基本文化权益；必须始终坚持改革创新，不断解放新闻出版生产力；必须始终坚持依法行政，不断提高科学管理的水平；行政、市场、技术、思想政治工作等多种手段进行管理的能力，推进新闻出版管理工作的科学化、规范化和法制化；必须始终坚持扩大开放，积极参与国际竞争；必须始终坚持党的领导，不断加强新闻出版行业党的建设工作。

这些宝贵经验，继承和发展了新闻出版工作的优良传统，反映了新闻出版工作的内在规律，体现了马克思主义中国化最新理论成果对新闻出版工作的基本要求，对于做好当前和今后一个时期的新闻出版工作具有重要的指导意义，必须始终不渝地坚持下去，并在实践中不断加以丰富和发展。

二、深入贯彻科学发展观，在新的起点上推动中国特色社会主义新闻出版业大发展大繁荣

深入贯彻落实党的十七大精神，在新的历史起点上推动新闻出版业科学发展，我们必须认真学习贯彻党的十七大和十七届三中全会精神，高举中国特色社会主义伟大旗帜，以邓小平理论和"三个代表"重要思想为指导，深入贯彻落实科学发展观，以解放思想、开拓创新为突破口，以营造良好的舆论环境、满足人民群众对精神文化生活的热切愿望为出发点和落脚点，树立新的文化发展观，以强有力的措施，深化改革、加快发展、优化服务、强化管理，进一步推动中国特色社会主义新闻出版业大发展大繁荣，为夺取全面建设小康社会新胜利、开创中国特色社会主义事业新局面作出新的贡献。

当前及今后一个时期，要着力抓好以下几个方面工作：

第一，深入贯彻落实科学发展观，在时代的高起点上开创新闻出版工作新局面。

胡锦涛总书记对宣传思想文化工作提出了"高举旗帜、围绕大局、服务人民、改革创新"的总要求，这是新闻出版系统必须遵循的工作方针。要不断增强政治意识，以中国特色社会主义理论为指导，以社会主义核心价值观的树立为重点，始终坚持社会主义先进文化的前进方向。要不断增强大局意识，一切工作都要放在大局中思考，把新闻出版业的发展置于党和国家的工作大局之中。按照党、政府和人民的需要来推动发展方式、体制机制和内容形式的转变。要牢固树立服务意识，高度关注新闻出版服务人民、满足人民需要的各项要求，依据人民的需要确定我们的具体方针政策，及时解决关系人民群众切身文化利益的热点问题，促进党和国家新闻出版惠民政策措施的贯彻落实。要不断增强发展意识，按照科学发展观的要求，把促

进、服务、保障和推动科学发展作为首要职责，以新闻出版事业不断繁荣、出版传媒产业整体实力的进一步壮大作为改革创新的首要任务，促进经济文化社会又好又快发展。要不断增强忧患意识，准确判断突发事件，紧密关注经济社会运行中存在的矛盾和风险对新闻出版业发展可能造成的隐患和影响，未雨绸缪，把握趋势，提高化解风险的能力。要不断增强责任意识，提高政府的行政能力，进一步推动新闻出版法规制度的完善和政务公开，落实责任追究制和问责机制，建立健全方便基层、便利群众的政府公共服务体系，使政府在开创新局面中发挥更大作用。

第二，继续推动"三大转变"，在时代的高起点上解放和发展新闻出版生产力。

一是要切实转变增长方式。要充分利用传媒领域高新技术，改造传统出版业，构建新的发展平台，努力打造主流媒体在多元传播格局中的优势地位。要通过大力培育新闻出版新业态，发展产业群、产业带、产业园区，重点建设一批游戏开发、数字出版、版权产业、出版网络等创意产业示范园区和基地，以规模、实力、质量、效益决胜市场，提升竞争力，形成新的增长点。

二是要改革创新体制机制。按照中央确定的改革路线图和时间表，在两年内完成中央党政部门在京出版社、高校出版社以及所有地方的出版集团、出版单位的转企改制任务，一部分还要完成股份制改造任务，在转制、脱钩之后进一步推动产业集中和企业重组，组建中国出版的旗舰。加快推进党报、党刊等公益性事业单位改革，实现经营、编辑业务分开，建立新的运行机制，建设服务社会和人民的新闻出版公共服务主体。要充分发挥市场的基础性作用，推动资源、技术、人才在全国范围内有效流动，加快培育统一、开放、竞争、有序、健康、繁荣的现代出版物市场。要进一步扩大新闻出版领域投融资渠道，增强新闻出版企业的整体实力和市场竞争力。要以改革创新精神努力构建新闻出版业繁荣发展的动力机制、舆论引导机制、宏观调控与市场调节机制和保障服务机制,为新闻出版业科学发展提供保证。

三是要坚持转变政府职能。要通过转变职能、理顺关系、优化结构、提高效能,不断推动新闻出版行政机关由权力型、审批型政府向责任型、法治型、服务型政府转变,履行好宏观调控、依法行政、公共服务和市场监管的职能。要明确工作着力点,努力创新管理方式,强化公共服务和市场这两个薄弱环节,在加强新兴领域监管上下功夫;要加强分类指导,实现协调推进,努力实现新闻出版监管方式由单一向科学转变,由突击治理向日常监管转变,由传统模式向现代化手段转变。

第三,全面实施"五大工程",在时代的高起点上探索和拓宽新闻出版公共服务的新领域。

让人民共享出版发展成果,是构建新闻出版公共服务体系的本质要求。力争到 2010 年底,全国建成农家书屋 20 万家,到 2015 年基本覆盖全国所有行政村和社区,惠及 9 亿人口,从根本上解决农民群众"买书难、借书难、看书难"的问题。要认真组织重点出版工程。精心组织具有文化传承功能的重点工程及其他重大工程的建设;要全力组织实施代表历史和时代标志的重大节庆等主题出版工程;用好管好国家出版基金,组织生产精品力作,丰富民族文化宝库。要全力抓好少数民族文字出版工程。研究制定发展规划,建设民文出版基地,扩大民族文字出版规模,继续组织实施新闻出版"东风工程",加强对西藏、新疆、青海等少数民族地区的文化产品供应,提高民族文字出版能力。

第四,大力实施"五大战略",在时代的高起点上促进新闻出版业全面协调可持续发展。

一是要抓好精品战略。精品就是竞争力,新闻出版的各个产品门类都要突出精品战略,从选题规划、产品制造、产品推广到政策扶持、激励机制上都要突出精品意识,鼓励策划和出版更多反映人民主流文化和现实生活、群众喜闻乐见的优秀精神文化产品。要大力倡导原创意识,形成尊重创造、敢于创新的良好氛围,组织一大批精品力作和思想性艺术性可读性俱佳的优秀出版物。大力实施"品牌工程",精心维护好业已形成的、品牌优良的名社名报名刊名网和名牌出版物,精心经营和管理好品牌,发挥品牌效应,扩大品牌的影响力和示范带动作用。

二是要抓好集团化战略。以资产为纽带的企业集团化是调整结构、实现新闻出版业集约化发展的主要途径。要进一步转变观念,按照中央的要求,三至五年内要培育出几家双超百亿,即资产超过百亿、销售超过百亿的大型骨干出版传媒集团公司。要通过体制创新和政策跟进,加快企业兼并重组的进度,打破地区行业限制,培育大型出版企业集团,使大集团成为市场主体和战略投资者,在左右国内市场和参与国际竞争中发挥更大作用。

三是要抓好科技兴业战略。目前,网络等新型媒介正在成为新闻出版业的新生力量,已经引起业内实质性的变化和重视。要通过引导、推进和政策上的扶持,推动数字出版、网络出版、数字印刷跨越式发展,在全球数字传播格局中争取一席之地。要加强数字出版基地、版权示范基地建设,提高自主创新能力,争取掌握数字出版领域的自主知识产权和核心技术,实现产业升级的目标。

四是要抓好人才战略。要坚持以人为本,以人的发展保证产业发展。以领导班子建设为重点,以提高新闻出版队伍素质和整体能力为核心,按照中央"四个一批"人才培养工程的工作部署和新闻出版人才建设纲要,在新闻出版领域培养一批既懂经营又懂出版业务、能够进行跨媒体经营的复合型、外向型人才,造就一批名作者、名编辑、名记者和闻名全球的技术专家和出版商,打造一支政治过硬、业务精通、作风优良、廉洁自律、文明和谐的新闻出版干部队伍。

五是要抓好"走出去"战略。要切实落实新闻出版对外合作和出口政策,建立健全企业、产品"走出去"工作机制,推动我国新闻出版业同国外新闻出版业全方位的合作与交流。要瞄准周边地区、国际汉文化圈和西方主流出版市场，以推广产品为重点，大力推动出版物走出去、版权走出去、出版服务走出去和资本走出去，努力使我国文化产品在国际市场上的份额有一个明显的提升。要善于利用国际渠道和国际名牌企业，多渠道输出中国出版产品。要开动脑筋，推动机制创新，继续扩大中国新闻出版的国际影响，把全面树立我国良好的国际形象当做历史的责任。

用科学发展观指导党风廉政建设
为新闻出版业发展提供政治保证*

王立英

开展深入学习实践科学发展观活动,用马克思主义中国化的最新理论成果武装全党、统一思想,是应对各种风险和挑战,推进改革开放,推动经济社会又好又快发展,促进社会和谐稳定,完成时代赋予我们党的光荣使命的重大决策和部署。我们必须进一步增强贯彻落实科学发展观的自觉性和坚定性,把发展这个第一要义、以人为本这个核心、全面协调可持续这个基本要求、统筹兼顾这个根本方法贯穿于党风廉政建设的全过程和各个方面,运用科学发展观所体现的马克思主义的立场、观点、方法来谋划、部署和推进党风廉政建设,提高、优化新闻出版业发展环境的能力和水平。

一、贯彻落实科学发展观,推动新闻出版业繁荣发展

认真贯彻落实科学发展观,就是要围绕中心、服务大局,切实加强监督检查,努力为新闻出版业科学发展提供政治保证。

加强对党的各项方针政策落实情况的监督检查。纪检监察部门

---

* 本文载《人民日报》2008 年 12 月 25 日。

应全面履行党章赋予的职责,自觉把检查党的路线方针和重大决策的执行情况作为首要政治任务,严格执行党的纪律特别是政治纪律,确保中央政令畅通,维护中央权威。

加强对科学发展观落实情况的监督检查。坚决纠正和着力解决片面发展、盲目发展、只顾眼前发展等违背科学发展观、违背和谐社会建设要求的问题,保证新闻出版业的科学有序发展。

加强对"三重一大"的监督检查。严格实施重大事项决策、重要干部任免、重要项目安排和大额资金使用的集体决策制度。进一步明确开展"三重一大"监督的范围,加强对"三重一大"决策制度执行情况的监督检查。进一步建立健全决策事项论证、征求群众意见、追究决策责任等配套措施,不断提高决策的科学化。

加强对领导班子和领导班子成员的监督检查。不断拓宽监督渠道,领导班子和主要领导干部要主动接受监督;班子成员之间要相互监督。要加大考核力度,严格执行党的纪律。干部人事部门和纪检监察部门要坚持把领导班子贯彻执行民主集中制的情况作为班子考核的重要内容,对破坏民主集中制,影响班子团结的人要严肃批评处理。不断增强广大党员、群众的民主意识,提高参与监督的积极性,使之成为监督的主要力量。

二、贯彻落实科学发展观,切实维护人民群众根本利益

维护好最广大人民的根本利益,是贯彻落实科学发展观的根本出发点和落脚点;坚决纠正损害群众利益的不正之风、营造有利于科学发展的社会经济环境,是纪检监察工作保障和促进科学发展观贯彻落实的重要抓手。我们必须紧紧围绕人民群众最关心、最直接、最现实的利益问题,督促有关部门推进体制改革、加大机制创新、优化公共服

务、完善行业管理、促进文化繁荣,把丰富人民群众文化生活的各项政策措施落到实处,让人民群众共享新闻出版改革发展的成果。

新闻出版部门听群众之所议,想群众之所想,正在积极推进农家书屋工程建设。要强化对全国农家书屋工程建设重大决策和部署执行情况的监督检查,推动这一利民工程建设深入开展。积极协助有关部门扶持少数民族地区特别是新疆、西藏地区新闻出版事业的繁荣发展,更好地服务少数民族群众。

与此同时,要坚持不懈地开展诚信体系建设主题教育活动,强化诚信理念,营造诚信光荣、失信可耻的社会氛围。推进新闻出版法规制度建设,着力构建诚信建设的长效机制,不断规范新闻出版市场秩序。加大出版市场监管力度,不断完善失信惩戒机制,推动诚信体系建设有序开展。为此,要畅通群众利益诉求渠道,及时回应人民群众和社会各界的期盼,妥善处置、化解影响社会和谐稳定的热点、难点问题,把倾向性、苗头性问题解决在萌芽状态;拓宽人民群众参与反腐倡廉建设的渠道,接受来自各个方面的监督,发挥他们在反腐倡廉建设中的积极作用。

三、贯彻落实科学发展观,扎实推进惩治和
预防腐败体系建设

当前,新闻出版部门正在认真贯彻落实《建立健全惩治和预防腐败体系2008—2012年工作规划》,切实把构建惩治和预防腐败体系作为出版体制改革和出版产业发展的重要内容和基础工作,贯穿于新闻出版改革发展的全过程,与新闻出版事业的发展同步推进。具体说,就要强调四个"更加注重"。

更加注重惩防体系建设的整体效能。坚持标本兼治、综合治理、惩防并举、注重预防的方针,整体推进反腐倡廉教育、制度、监督、改

革、惩处、纠风等工作,把改革的推动力、教育的说服力、制度的约束力、监督的制衡力、惩治的威慑力有机结合起来,使各项工作相互协调、相互促进,充分发挥惩防体系的整体效能。

更加注重反腐倡廉教育。把反腐倡廉教育纳入宣传教育工作总体部署,充分利用党报党刊、图书出版、重点新闻网站、新型出版媒体,开展好示范教育、警示教育、岗位廉政教育和主题教育。坚持把社会主义核心价值体系建设作为根本要求,深入推动廉政文化建设、思想道德建设、职业精神建设,引导党员干部牢固树立社会主义核心价值观,筑牢拒腐防变的思想道德防线。

更加注重改革创新和制度建设。积极推进新闻出版行政管理体制改革,加快政企分开、政资分开、政事分开,按照结构合理、配置科学、程序严密、制约有效的原则,建立健全决策权、执行权、监督权既相互制约又相互协调的权力运行机制,加强对权力运行的约束和规范。大力推行权力运行的公开透明,保证权力的正确行使。围绕出版体制机制改革、行政审批制度改革、推进依法行政等工作,加强反腐倡廉制度建设和创新。

更加注重发挥查办案件的治本效能。认真履行查办案件职责,保持查办案件的工作力度,严肃查处损害群众利益的违纪违法案件,为新闻出版业的改革发展营造良好的氛围和环境。坚持查实问题是成绩、澄清是非也是成绩,把监督与信任干部、激励干部的创业热情有机结合起来,把处理与教育干部、挽救犯错误干部有机结合起来,既要严格执行纪律,又要保护党员干部干事创业的积极性。

四、贯彻落实科学发展观,全面落实
党风廉政建设责任制

反腐倡廉建设是一项系统工程,是一项艰巨的政治任务,必须认真贯彻落实党风廉政建设责任制,统筹谋划、科学安排、整合力量、协调推进。

一要认真实施"两手抓,四同步"。落实党风廉政建设责任制,关键在领导班子和领导干部。各级领导班子特别是"一把手",要切实肩负起第一责任人的领导责任,把反腐倡廉建设与新闻出版业务工作有机结合,统筹安排,努力做到一手抓新闻出版业务建设、一手抓党风廉政建设,党风廉政建设工作与新闻出版业务工作同步部署、同步落实、同步检查、同步考核,使党风廉政建设工作和新闻出版工作同推进、同发展。

二要整合各方面力量。纪检监察部门要协助各级党组织抓好党风廉政建设工作,协调好各方面的力量。各职能部门要按照党风廉政建设责任制的要求,根据职责分工,抓好所承担任务的贯彻落实。要积极营造有利环境,调动广大干部群众支持和参与反腐倡廉建设,形成齐抓共管的良好局面,推进反腐倡廉建设工作的深入开展。

三要重点抓好三个关键环节。明确责任。把反腐倡廉的重点任务分解到相关职能部门和领导班子的每个成员,做到任务分工具体、职责划分清晰、责任要求明确。严格考核。把责任制落实情况作为领导班子、领导干部年度考核和工作目标考核的重要内容,突出重点,严格程序,坚持标准,形成有效的奖惩机制。严肃检查。对在执行党风廉政建设责任制方面严重失职渎职的领导干部,必须严肃追究责任。

目前,我国正处在改革开放和发展的重要历史时期,许多新事物需要去认识,许多新问题需要去解决,许多新矛盾需要去处理,我们必须解放思想、更新观念、拓宽思路,不断增强宗旨意识、大局意识、责任意识和忧患意识,克服单纯就纪检监察工作抓纪检监察工作的观念,善于从政治上观察、分析和处理问题,使纪检监察工作更适应时代的需要,更符合科学发展观的要求,为推动新闻出版事业繁荣发展作出应有的贡献。

第二部分　新闻出版总署深入学习实践科学发展观活动的整体情况

新闻出版总署（国家版权局）深入学习实践科学发展观活动实施方案

在全党开展深入学习实践科学发展观活动，是党的十七大作出的战略决策。根据《中共中央关于在全党开展深入学习实践科学发展观活动的意见》的部署，新闻出版总署党组结合新闻出版工作实际，对总署系统学习实践科学发展观活动（以下简称"学习实践活动"）作了总体安排，具体实施方案如下：

一、总的要求

学习实践活动要全面贯彻党的十七大精神，高举中国特色社会主义伟大旗帜，以邓小平理论和"三个代表"重要思想为指导，准确把握科学发展观的重大意义、科学内涵、精神实质和根本要求。要以解放思想、深化改革、推进新闻出版业繁荣健康发展为主线，组织和引导广大党员特别是领导干部进一步解放思想，实事求是，与时俱进，开拓创新，用科学发展观武装思想、指导实践，切实增强贯彻落实科学发展观的自觉性、坚定性和实效性。学习实践活动要始终突出科学发展这个主题，在解放思想、转变观念上下功夫，在解决问题、促进发展上求突破，在深化改革、创新体制机制上见成效，把科学发展观贯彻落实到新闻出版事业发展的各个方面。

二、主要目标

开展学习实践活动,要以推动三大转变(即推动新闻出版业增长方式转变、体制机制转变、政府职能转变),构建符合科学发展观要求的新闻出版公共服务体系为实践载体,着力转变党员干部不适应、不符合科学发展观要求的思想观念,使广大党员干部对科学发展观的认识进一步提高;着力解决影响和制约新闻出版业科学发展的突出问题以及党员干部党性、党风、党纪方面群众反映强烈的突出问题,使新闻出版工作更加符合科学发展观的要求;着力构建保障科学发展的体制机制,使新闻出版事业步入科学发展的轨道。通过学习实践活动要达到以下五个目标。

(一)贯彻落实科学发展观的自觉性和坚定性明显增强

通过学习实践活动,使广大党员干部对科学发展观有更深刻的理解,对贯彻落实科学发展观在推动新闻出版业又好又快发展方面有更充分的认识。将广大党员干部的思想认识统一到科学发展观和中央精神上来,转变不适应、不符合科学发展观要求的思想观念,消除在贯彻落实科学发展观方面犹豫不决的心理和敷衍塞责的现象。引导各级领导班子和领导干部在本单位本部门要不要科学发展、能不能科学发展、怎样做到科学发展等重大问题上形成共识,坚持用科学发展观武装头脑,指导实践,使广大党员干部成为科学发展观的自觉实践者和坚定维护者。

(二)贯彻落实科学发展观的能力和水平有较大提高

通过学习实践活动,使广大党员干部掌握更多的推动科学发展的理论知识和实践技能,进一步提高战略思维、辩证思维、系统思维和创新思维的能力,提高认识客观规律、掌握客观规律和按客观规律办事的能力,提高调查研究和破解新闻出版改革发展中遇到的突出问题的能力,提高依法行政和科学管理的能力,提高为广大人民群众提供服务的能力。造就一支有能力有水平推动新闻出版科学发展的党员干部队伍,形成一支贯彻落实科学发展观的坚强力量。

(三)影响和制约新闻出版业科学发展的突出问题得到有效解决

通过学习实践活动,解决一批影响和制约新闻出版业科学发展的突出问题和党员干部党性党风党纪方面群众反映强烈的问题,使新闻出版改革发展思路更加清晰,各方面利益关系得到妥善协调,广大干部大局意识和整体观念明显增强,广大人民群众的文化权益得到切实保障,党的建设进一步推进,新闻出版业步入良性协调发展的轨道。

(四)保障新闻出版业科学发展的体制机制逐步完善

通过学习实践活动,进一步完善促进和保障新闻出版业科学发展的体制机制。转变行政职能、完善法律法规、建立高效运行的行政管理体制机制;制定完善政策和法规,加大宏观调控和政策引导力度,推进出版发行体制改革取得新进展;规范公益性工程的实施和管理,建立覆盖基层的新闻出版公共服务体系;加强党的思想建设、组织建设、作风建设、制度建设和反腐倡廉建设,为科学发展提供可靠的政治和组织保障。

(五)推动新闻出版业科学发展的政策举措更加有力

通过学习实践活动,广大党员干部要把科学发展观的要求转化为推进科学发展的坚强意志、谋划科学发展的正确思路、领导科学发展的实际能力、促进科学发展的有效办法。特别要提出推动科学发展的新的政策措施,对推动新闻出版业科学发展产生长远影响,为实现新闻出版业繁荣发展打下了坚实基础。

三、主要原则

(一)坚持解放思想

学习实践活动要以解放思想为先导,以改革创新为动力,进一步提高认识,更新观念,转变思路,破解难题,完善体制机制,使思想和行动更加符合实事求是的思想路线,更加符合科学发展观的要求,更加符合新闻出版业的特点规律,更加符合党和国家对新闻出版管理的大政方针。

(二)坚持实践特色

要紧密结合实践载体,突出实践特色,创新实践思路。要与新闻出版业为贯彻落实党的十七大精神所开展的一系列工作结合起来,与总结回顾新闻出版业改革发展30年来取得的成就和经验结合起来,与继续深化出版发行改革结合起来,与构建新闻出版公共服务的农家书屋工程、国家重点出版工程、东风工程(即少数民族文化出版工程)、全民阅读工程、文化环境保护工程建设结合起来,与发扬抗震救灾精神、总结奥运期间新闻出版管理经验等工作结合起来,注重实践,注重解决实际问题。

(三)坚持群众路线

学习实践活动要紧紧依靠群众,充分相信群众,广泛发动群众,让群众参与,让群众满意,让群众受益。要充分发扬民主,认真听取群众的意见和建议,真诚接受群众的监督。要及时将活动进展情况和取得的成效向群众通报,组织好群众满意度测评,把群众满意程度作为衡量学习实践活动成效的重要标准。要为群众解决实际问题，让群众感受到变化和成效。

(四)坚持正面教育为主

学习实践活动要以正面教育为主，注意调动广大党员干部的主观能动性，实现党员干部的自我教育和自我提高。要组织广大党员干部深入学习，自觉实践，积极查找突出问题，深刻分析产生问题的原因，实事求是地分类研究解决。要高标准、严要求，激发和保护党员干部贯彻落实科学发展观的自觉性、主动性、积极性和创造性，努力形成推动科学发展的共识和强大合力。

四、需要解决的重点问题

开展学习实践活动，要联系实际，解决问题，引导广大党员干部紧紧围绕落实科学发展观的要求，查找问题。根据前期调研梳理的情况，我们重点要解决以下几方面问题：一是对科学发展观的学习不够深入，理解不够全面，一些思想认识和理论问题尚未完全解决；二是贯彻落实科学发展观不够坚决、不够得力，产业布局、产业结构不尽合理，传统媒体和新兴媒体的发展不全面不协调，宏观调控政策的制定引导力度不够；三是落实以人为本的要求不够扎实，一些人民群众不满意的问题长期得不到解决；四是体制改革进展缓慢，保障新闻出版业繁荣发展的体制机制还不够完善，转企改制工作还存在一定的障碍；五是党员干部党性、党风、党纪有待进一步提高；六是领导科学发展的能力还有差距。以上问题要在学习中进一步深挖细找、认真加以解决。

五、方法步骤

这次学习实践活动重点在新闻出版总署机关及直属单位党员中进行,突出总署党组、司局级领导班子和处级以上党员领导干部这个重点。

学习实践活动从 2008 年 10 月上旬开始,2009 年 2 月底结束。分为学习调研、分析检查、整改落实三个阶段。具体安排如下:

（一）学习调研阶段（10 月上旬至 11 月中旬）

阶段要求:深入学习,集中培训,专题讨论,抓好理论武装。围绕纪念改革开放 30 周年活动,由领导带队开展"十行百家"（10 个行业,100 家新闻出版单位）专题调研活动,边学习边调研,在调研中摸清问题。组织"解放思想,深化改革,促进新闻出版业科学发展"主题大讨论,交流调研成果,统一思想认识。

具体工作:

1. 深入学习。组织党员干部重点学习党的十七大精神、《毛泽东 邓小平 江泽民论科学发展》和《科学发展观重要论述摘编》及总署编辑的学习资料等,其中,处级以上党员领导干部还需重点学习《深入学习实践科学发展观活动领导干部学习文件选编》、胡锦涛等中央领导同志一系列重要讲话等。党员干部要认真撰写心得笔记,党员领导干部要在通读有关学习材料的基础上,对重点篇目进行精读,积极参加理论学习中心组学习,党员主要领导干部要带头做学习报告,不断加深对科学发展观的理解。

2. 集中培训。组织总署机关及直属单位党员干部集中培训。邀请新闻出版总署领导同志作科学发展观理论报告,邀请有关专家作科学发展观专题讲座,邀请江苏省新闻出版系统学习实践科学发展观试点单位有关领导同志介绍学习实践活动的成果体会。组织专题研讨,加强学习交流。

3. 调查研究。组织"十行百家"专题调研活动,由党组成员带队,分别就出版、报纸、期刊、印刷、发行、网络、工作室、版权、进出口、新闻出版局等 10 个方面、100 家单位进行调研,找出存在的影响和制约科学发展观的突出问题,提出深化改革、加快发展的对策。

4. 围绕科学发展,组织解放思想大讨论。在专题调研的基础上,结合总结回顾新闻出版业改革开放 30 年践行科学发展观所取得的突出成就,通过论坛、演讲、座谈等形式,组织署直系统"解放思想,深化改革,科学发展"大讨论。

(二)分析检查阶段(11 月中旬至 12 月底)

阶段要求:以"依靠群众找差距活动"为重点,把学习、调研、查找的问题公示于众,进一步广泛听取意见。在此基础上,系统分析本单位本部门影响科学发展的突出问题,党性、党风、党纪方面群众反映强烈的问题,分析形成问题的主客观原因特别是主观原因,理清解决问题的思路,形成总署党组及司局级领导班子贯彻落实科学发展观情况分析检查报告,并在一定范围内,组织党员群众进行评议。

具体安排:

1. 广泛征求意见。通过实地参观、考察、召开座谈会、在新闻出版总署门户网站开设"网上评议台"等方式,在前期调研初步查找的问题及形成解决问题思路的基础上,进一步广泛征求各级新闻出版管理部门、管理对象及社会广大干部群众的意见。

2. 召开专题民主生活会。民主生活会前,结合调研情况,领导班子成员之间要相互谈心,交换看法,认真听取群众意见,认真撰写发言材料,做好充分准备。

3. 撰写司局级领导班子分析检查报告。署直各单位、部门领导班子要召开专门会议,梳理本单位本部门贯彻落实科学发展观取得的成就、存在的突出问题和对策思考,撰写各单位、部门分析检查报告。在此基础上,总署党组召开扩大会议进行讨论,研究撰写总署党组贯彻落实科学发展观的情况分析检查报告。

4. 评议分析检查报告。及时向署直系统党员干部通报总署党组、司局级领导班子贯彻落实科学发展观分析检查报告撰写情况,并通过一定形式在适当范围内听取对分析检查报告的意见并组织群众测评。

5. 大会交流。在评议领导班子分析检查报告的基础上,召开学习实践科学发展观分析检查问题交流大会(由各单位主要负责同志分析查找存在的突出问题及解决问题的措施)。

(三)整改落实阶段(2009 年 1 月上旬至 2 月底)

阶段要求:以"建言献策"活动为亮点,集思广益,改革创新,针对查找出来的影响和制约新闻出版业科学发展的重大问题,提出整改意见。贯彻科学发展观的要求,全面思考,统筹兼顾,按照当前与长远并重的原则提出分类解决问题的办法。

具体安排:

1. 在署直系统举办"建言献策"征文比赛活动,同时通过设立意见箱、OA 网、报刊开辟专栏等方式,广泛收集群众意见。

2. 制定整改措施。司局级领导班子和处级以上党员领导干部要针对学习调研和分析检查阶段中查找出来的问题,制定行之有效的整改计划,党组要针对实践活动重点梳理出来的问题,列出需要解决的问题清单,按科学发展观要求,制订解决方案,提出解决办法。

3. 集中整改。切实抓好各项整改措施的落实,对具备整改条件的及时整改,对当前不具备整改条件的问题要落实整改责任,尽快加以解决。

4. 完善制度。按照科学发展观要求,着力完善有利于科学发展的体制机制,对于影响和制约科学发展的政策、法规和制度要适时修订,逐步形成贯彻落实科学发展观的长效机制。

5. 成果汇报。组织有关单位、部门就学习调研、健全完善制度、落实整改情况等方面取得的成果进行大会交流。

学习实践活动基本完成时,要做好活动的总结工作,并采取适当方式向党员、群众通报。在此基础上,对学习实践活动进行满意度测评。主要测评对解决本部门本单位影响和制约科学发展突出问题的满意度,对开展学习实践活动情况的满意度。

六、组织领导

(一)成立领导小组和工作机构

新闻出版总署成立深入学习实践科学发展观活动领导小组,领导小组组长由署长(国家版权局局长)、党组书记柳斌杰担任,其他党组成员任副组长,署直机关各司局长任领导小组成员。领导小组下设办公室,王立英兼任办公室主任;办公室内设政策研究组、宣传报道组、组织协调组、综合组、督导组。各司局、各直属单位的学习实践活动由领导班子负责。主要负责人为学习实践活动第一责任人。

(二)领导干部作表率

各级党员领导干部在学习实践活动中,要认真参加学习,深入调查研究,围绕突出问题,带头查找和剖析问题,提出解决问题的办法措施,充分发挥党员领导干部的表率作用。带头学习、深入学习,带头调查研究,带头坚持解放思想、实事求是,带头分析检查,带头整改落实。党组成员结合工作分工,深入分管的司局和直属单位调查研究,解决问题,深化实践活动的工作成果。

（三）加强分类指导

加强对各司级、各直属单位分类指导,加强对各级领导班子和党员领导干部的分类指导。实践活动办公室要加强协调沟通,及时了解情况,总结推广经验,利用简报、网络、报刊等宣传载体宣传好做法、好经验、好典型,加强交流,推动实践活动工作。

（四）确保学习工作两不误

学习实践科学发展观活动,要与新闻出版行业各项业务工作结合起来,与总署今年工作部署、明年工作结合起来,做到学习活动和正常工作两促进,通过学习实践活动,解决关键问题,推动产业发展,促进科学管理,强化有效服务,提升保障新闻出版发展的能力水平。各司局、各直属单位要坚持两手抓,明确责任,抓好学习实践活动和各项工作的落实。

各直属单位要结合本单位工作实际,研究制定本单位的具体活动方案,报总署领导小组办公室备案。

附件一 新闻出版总署（国家版权局）学习实践科学发展观活动领导小组名单

组　长:柳斌杰　党组书记、署长(国家版权局局长)

副组长:李东东　党组成员、副署长

　　　　邬书林　党组成员、副署长

　　　　阎晓宏　党组成员、副署长(国家版权局副局长)

　　　　王立英　党组成员、纪检组长

　　　　孙寿山　党组成员、副署长

成　员:刘建国　办公厅主任

　　　　孙　明　财务司司长

　　　　于慈珂　法规司副司长

　　　　余昌祥　综合业务司司长

　　　　范卫平　出版产业发展司司长

　　　　王国庆　新闻报刊司司长

　　　　吴尚之　出版管理司司长

　　　　王岩镔　印刷发行管理司司长

　　　　张毅君　科技与数字出版司司长

　　　　李宝中　反非法和违禁出版物司司长

　　　　王自强　版权管理司司长

　　　　张福海　对外交流与合作司司长

　　　　孙文科　人事司司长

　　　　李　潞　总署直属机关党委副书记、纪委书记

　　　　孙宝林　离退休干部工作办公室主任兼人事司副司长

　　　　韩传录　中纪委驻总署纪检组监察局局长

关于新闻出版总署党组学习实践科学
发展观专题民主生活会情况的报告

中央深入学习实践科学发展观活动第十一指导检查组,中央纪委三室,中央组织部三局,中央宣传部干部局,中央国家机关工委组织部:

根据中纪委、中组部下发的《关于以"学习和实践科学发展观"为主题开好县以上党和国家机关党员领导干部民主生活会的通知》要求和《新闻出版总署深入学习实践科学发展观活动实施方案》安排,新闻出版总署党组于 12 月 19 日召开了学习实践科学发展观专题民主生活会。会议由总署学习实践活动领导小组组长、党组书记、署长柳斌杰主持,党组副书记、副署长蒋建国,党组成员、副署长李东东、邬书林、阎晓宏、孙寿山参加,党组成员、纪检组长王立英因在江西开展中央扩大内需促进经济增长政策落实检查工作未能到会,提交了书面发言材料。中央深入学习实践科学发展观活动第十一指导检查组组长傅克诚及部分成员,中央纪委、中央组织部、中央宣传部、中央国家机关工委相关部门同志出席了这次民主生活会。现将有关情况报告如下:

一、按照上级要求,做好充分准备

按照中央学习实践活动领导小组的要求,新闻出版总署党组召开专题民主生活会前,认真细致地开展了相关准备工作。一是广泛征求意见。会前,采取调研、走访、座谈、书面、网络等多种方法和形式,广泛征求了中央和国家机关有关部门,各省(区、市)新闻出版局,业内部分新闻出版、发行单位和报刊集团,署直机关党员干部职工及部分离退休老同志对总署党组工作意见建议1000余条,汇总梳理为391个问题,为进一步找准领导班子及成员存在的影响制约科学发展的突出问题打下良好的基础。

二是深入学习思考。会前,总署党组要求各位成员在深化学习上下功夫。除了要反复阅读学习实践活动第一阶段规定的文件外,还要认真学习胡锦涛总书记和其他常委同志到学习实践科学发展观活动联系点调研时的重要讲话,李长春同志《深入学习实践科学发展观 推动社会主义文化大发展大繁荣》重要理论文章,同时结合当前全球经济危机的实际,认真学习中央经济工作会议精神。对照上述重要精神,查找突出问题,剖析问题原因,明确整改方向,理清发展思路。

三是开展谈心交流。会前,柳斌杰同志带头,各党组成员之间、每位党组成员与所分管联系的部门单位负责人和党员干部之间,进行了近百余人(次)的谈心交流,充分交流思想、交换意见,努力寻求共识、协调一致。

四是撰写发言材料。总署党组要求各位成员撰写发言材料要坚持理论联系实际,运用科学发展观的世界观和方法论谈体会、查问题、找原因、定措施、提建议,做到谈体会要新、查问题要准、找原因要深、定措施要实、提建议要诚。总署党组各位成员撰写的发言材料,会前均报中央指导检查组和柳斌杰同志审阅。

二、紧密围绕主题，认真分析检查

总署党组专题民主生活会紧紧围绕学习实践科学发展观、进一步推进新闻出版业科学发展这一主题进行。各位党组成员结合各自分工，充分交流了深入学习科学发展观的收获和体会，认真查找了自身和领导班子存在的不符合、不适应科学发展观要求的突出问题，以及在党性、党风、党纪方面存在的突出问题，深入分析了产生问题的原因，主要是主观原因，明确提出了各自的整改方向和措施。

大家查找存在的突出问题有：一是在思想认识上，对"发展是第一要义"的认识还不够到位；二是在贯彻落实上，坚持理论联系实际还不够紧密；三是在深化改革上，推动"三大转变"还不够有力；四是在工作方法中，运用统筹协调的根本方法还不够自觉；五是在党的建设上，抓领导班子和队伍建设还不够落实。

大家分析产生问题的主观原因有：一是理论学习和理论武装不够，认识科学发展观的真理性不深；二是解放思想和创新思路不够，把握科学发展观的时代性不准；三是调查研究和把握实际不够，突出科学发展观的实践性不够；四是求真务实和真抓实干不够，贯彻科学发展观的自觉性不强。

大家还对总署党组总体工作进行了评议，提出了17条建议，主要内容有：一是要站在开创中国特色社会主义新的历史起点上，谋划新闻出版业改革发展和管理服务各项工作；二是要紧密围绕中心、服务大局，集中精力谋划和抓好重点工作；三是要加强总署机关作风建设，要在求真务实和办实事、抓落实上下功夫；四是要提高决策水平，加强战略性问题、重大问题的研究；五是要落实工作责任制及责任追究制；六是要坚持改革方向，突出重点、把握节奏，将改革有效推向前进；七是要在解决热点、难点问题上下功夫；八是要加大干部培养选拔力度,准确科学评价干部的绩效;九是要加大党风廉政建设的力度。

三、制定整改措施,理清发展思路

总署党组各位成员针对自身和领导班子存在的问题,提出了下一步整改的措施和实现新闻出版业科学发展的思路。一是强化理论武装,当前,要把学习实践科学发展观活动与认真学习胡锦涛同志在纪念党的十一届三中全会召开 30 周年大会上的重要讲话和中央经济工作会议精神结合起来,进一步增强走中国特色社会主义道路的自觉性和坚定性,把科学发展观的要求贯彻落实到保持经济平稳较快发展的各项工作中;二是坚持民主集中制原则,进一步提高科学民主决策水平;三是改进工作作风,进一步提高执行能力和行政效能;四是把握用人导向,建设高素质领导班子和干部队伍;五是抓好廉政建设,规范党员领导干部从政行为。

专题民主生活会结束时,中央第十一指导检查组组长傅克诚同志对总署党组专题民主生活会给予了充分肯定。新闻出版总署柳斌杰同志对专题民主生活会后的整改落实提出如下要求:一要继续抓好理论学习,认真学习胡锦涛总书记在纪念党的十一届三中全会召开 30 周年大会上的重要讲话等一系列文件,真正把思想统一到中央精神上来;二要认真撰写总署党组分析检查报告,查找问题要准确,分析原因要透彻,整改措施要扎实,要通过认真查找问题、分析原因、搞好整改,真正把科学发展观转化为促进科学发展的政策措施;三要落实边学边改、边查边改的措施,为民办实事好事要尽快到位,真正达到党员干部受教育、科学发展上水平、人民群众得实惠的目的;四要统筹协调,坚持两手抓、两不误、两促进;五要在深入学习实践科学发展观活动中,想问题、理思路、定措施、抓落实,真正把科学发展观变成我们的世界观和方法论,用以巩固学习实践活动成果,推动新闻出版业长远发展;六要每个党组成员认真制定整改措施,总署党组的整改措施要一项一项抓落实,要明确责任人和时间表,落实到位,直到群众满意为止。

　　特此报告。

中共新闻出版总署党组
贯彻落实科学发展观情况的
分析检查报告

　　按照党中央的统一部署,2008 年 10 月以来,新闻出版总署认真开展深入学习实践科学发展观活动。总署党组高度重视,把学习实践活动作为一项重大政治任务和推动新闻出版业科学发展的重要契机;中央第十一指导检查组精心指导,推动总署学习实践活动的深入开展。在学习实践活动中,总署党组紧紧围绕增强贯彻落实科学发展观的自觉性和坚定性,以"解放思想、深化改革、推进新闻出版业科学发展"为主线,以推动"三大转变"、构建符合科学发展观要求的新闻出版公共服务体系为实践载体,紧密联系新闻出版工作实际,扎实推进学习实践活动的开展。一是深入学习研讨,形成思想共识。总署党组成员认真学习党的十七大报告和十七届三中全会精神,学习胡锦涛总书记在全党深入学习实践科学发展观活动动员大会暨省部级主要领导干部专题研讨班上的重要讲话精神,《毛泽东　邓小平江泽民论科学发展》、《科学发展观重要论述摘编》、《深入学习实践科学发展观活动领导干部学习文件选编》,以及胡锦涛总书记和其他常委同志到学习实践科学发展观活动联系点调研时的讲话、李长春同志《深入学习实践科学发展观,推动社会主义文化大发展大繁荣》重要文章等。组织党组学习中心组学习和召开专题研讨会、理论辅导报告会 60 多次,分三期轮训党员干部 426 名,并围绕推动科学发展开展解放思想大讨论,使广大党员干部进一步加深了对科学发展观的理解,以科学发展观统领新闻出版工作的认识不断深化,形成了贯彻落实科学发展观、服务经济社会发展大局、推进新闻出版业科学发展的共识。二是集中开展"十行百家"和市场环境建设专题调查研究。总署党组成员带队深入到出版、印刷、发行等新闻出版单位了解人民群众最关心最直接反映强烈的突出问题,查找影响和制约新闻出版业科学发展的突出问题,研究新闻出版业科学发展的方向和思路,形成了14篇、6万余字的调研报告专集。采取召开座谈会、发函、网上问卷等方式,开门寻计问策,征求到方方面面的意见建议1000多条,梳理为六个方面391条意见建议,汇集成册。三是认真分析检查问题,理清科学发展思路。在总署党组专题民主生活会前,党组成员对照科学发展观的要求,深入查找个人和领导班子在思想观念、能力素质、工作作风、廉洁自律等方面的不足,认真分析存在问题的主客观原因。每位党组成员与其他党组成员和所分管联系的部门、单位负责同志进行谈心交流、征求意见近100人。12月19日,总署党组召开专题民主生活会,针对分析检查出的问题,开展了严肃认真的批评与自我批评,提出了整改目标和措施。与此同时,充分运用学习调研、解放思想大讨论、征求意见、分析检查和专题民主生活会成果,组织撰写总署党组贯彻落实科学发展观情况的分析检查报告。总署党组5次召开专题会议进行充分讨论,反复修改完善,认真查找存在的突出问题,深入分析存在问题的主客观原因特别是主观原因,研究制定推动新闻出版业科学发展的主要方向、总体思路、工作要求和主要措施。四是突出实践特色,坚持边学边改、边查边改。把开展学习实践活动与学习贯彻胡锦涛同志在纪念党的十一届三中全会召开30周年大会上的重要讲话和中央经济工作会议精神紧密结合起来,认真贯彻落实党中央国务院关于当前经济工作的重大决策和各项部署,扎实推进新闻出版系统参与汶川地震灾后恢复重建和对口支援工作,在建设文化民生工程、整顿新闻采访秩序、规范性文件的废改立、规范行政审批、创建和谐机关等方面采取有效措施,为群众办实事办好事。目前,已修订完善了总署行政审批集中办理工作规程,落实了民文出版、农家书屋工程专项资金,清理并正式发文废止了 31 件不符合科学发展观要求的新闻出版规章和规范性文件,把学习实践活动成果转化到新闻出版工作中,受到社会各界好评。在上述工作基础上,形成了这份分析检查报告。

一、党的十六大以来贯彻落实科学发展观取得的初步成效和形成的主要共识

党的十六大以来,我们自觉以科学发展观为统领,围绕中心、服务大局,面向基层、服务群众,努力为经济社会科学发展提供精神动力、思想保证和舆论支持;深化改革、加速发展、改进服务、加强管理,新闻出版工作在创新中稳步前进,新闻出版业在改革中健康发展,整体上进入了坚持科学发展的新阶段。一是高举旗帜,把握导向,组织出版大批深入学习宣传贯彻党的创新理论的重点出版物和主旋律作品,组织实施 5000 多项出版工程和项目,思想文化阵地得到巩固和加强。二是新闻出版体制改革成效显著,先后组建 24 个出版企业集团公司,246 家图书出版社、上千种经营性报刊转企改制,成为新的市场主体,29 个省级新华书店系统完成了转企改制,跨地区跨媒体经营取得新突破。三是产业实力不断壮大,图书、报刊、音像制品、电子出版产品数量增长、质量大幅提升,印刷复制、发行、版权产业快速发展,自主创新、科技发展能力显著增强,推动传统出版向现代多种媒体、多种业态发展,初步形成了以公有制为主体、多种所有制经济共同发展的出版产业格局。四是坚持以人为本,落实"三贴近",组织出版大量面向"三农"、面向未成年人、面向大众的优秀读物,农家书屋工程建设稳步推进,民族语言文字出版项目顺利实施,全民阅读活动持续开展,新闻出版公共服务体系初具规模。五是推进行政体

制改革和管理创新,总署较早实现了与所属经营性出版单位的脱钩,绝大部分省级新闻出版行政管理部门完成政企分开、政事分开、管办分离,行政审批制度改革取得重大进展,"扫黄打非"斗争不断深入,版权保护体系初步建立,中国特色社会主义新闻出版法律框架基本形成。六是"走出去"战略深入实施,新闻出版、版权对外合作与交流不断深入,版权贸易结构不断改善,实物出口总量逐年增加,网上出版物辐射海外崭露头角,新闻出版业在开放中获得更大机遇和空间,中华文化的国际影响力不断增强。

总体来看,党的十六大以来,总署党组贯彻落实科学发展观的实践和探索,为进一步贯彻落实科学发展观积累了经验。这次集中开展学习实践活动,是党中央给我们创造的一次再学习再实践的难得机会,使我们对在新闻出版工作中贯彻落实科学发展观的认识得到深化。

(一)科学发展观是发展中国特色社会主义必须坚持和贯彻的重大战略思想

科学发展观是以胡锦涛同志为总书记的党中央立足社会主义初级阶段的基本国情,总结我国发展实践,借鉴国际发展经验,适应时代发展需要提出的重大战略思想,对于发展中国特色社会主义具有重大而深远的指导意义。作为关于发展的世界观和方法论,科学发展观回答了我国在世界发展格局复杂多变、中国改革发展进入攻坚阶段、中国特色社会主义建设谋求新突破的新的历史时期,"实现什么样的发展,怎么样发展"这一重大问题,架起了主观世界与客观世界相联系、知与行相统一的桥梁,成为把握新时期发展方向的思想保证,成为谋划发展、推动实践的理论武器。我们必须牢牢把握科学发展观确定的发展道路、发展模式、发展战略,坚定不移地走中国特色社会主义发展之路。

（二）科学发展观是统领经济社会发展全局的重要指导方针

科学发展观立足当代中国发展实际,应对我国经济社会发展不均衡、不全面、不协调等问题日益凸显,改革开放和现代化建设事业面临前所未有的机遇与挑战的新形势,正确回答了我国经济建设、政治建设、文化建设、社会建设以及生态文明建设和党的建设面临的一系列重大问题。实践证明,科学发展观在解决经济社会发展中的深层次矛盾,构建社会主义和谐社会,推动经济社会全面协调可持续发展等方面,已经并将继续发挥重大作用。特别是2008年抗击南方低温雨雪冰冻灾害和四川汶川特大地震灾害斗争,成功举办北京奥运会和残奥会,神舟七号载人航天飞行任务顺利完成,应对国际金融危机取得积极成效等一系列胜利,更加展示了科学发展观对于应对挑战、促进发展、服务人民、稳定社会的巨大作用。我们必须全面准确地把握科学发展观的科学内涵、精神实质和根本要求,把科学发展观贯彻落实到经济社会发展各个领域和各个方面。

（三）科学发展观是推动社会主义文化大发展大繁荣的重要指导方针

党的十六大以来,我们坚持贯彻落实科学发展观,在实践中加深了对文化发展规律,即文化地位和作用、发展方向、发展目的、发展动力、发展思路、发展格局、发展战略、发展领导力量和依靠力量的理解,初步形成了新的文化发展理念。这些新的文化发展理念,较好地回答了新世纪新阶段我国社会主义文化发展的一系列重大问题,是科学发展观在文化建设领域的具体体现,是新的历史条件下文化发展规律的客观反映。我们必须在新的历史起点上,以科学发展观为统领,牢固树立新的文化发展理念,着力解决影响和制约文化发展的突出问题,着力构建有利于文化发展的体制机制,推动社会主义文化大发展大繁荣。

（四）科学发展观是做好新闻出版工作的重要指导方针

科学发展观指明了新闻出版工作必须遵循的客观规律，明确了新闻出版工作的思路、内容和方法，对新闻出版工作提出了新的更高的要求。实践证明，以科学发展观统领新闻出版工作，就能牢牢掌握主动权、主导权，深化改革、加快发展、开拓创新，不断解放和发展新闻出版生产力。我们必须把科学发展观作为新闻出版工作的重要指导方针，不断深化对科学发展观这一马克思主义关于发展的世界观和方法论的认识，切实增强工作本领，努力使新闻出版工作符合中国特色社会主义事业总体布局的要求。

二、对照科学发展观要求存在的突出问题和主要原因

从总署党组梳理出的六个方面391条意见建议看，当前新闻出版工作还存在许多问题和不足。其中，既有新闻出版工作服务经济社会科学发展存在的问题，也有新闻出版行业自身如何科学发展的问题；既有思想观念上的问题，也有工作措施上的问题；既有规章制度问题，也有工作方式方法问题；既有历史遗留的老问题，也有改革发展中出现的新问题；既有对全行业、全系统提出的问题，也有对总署机关、总署党组提出的问题。这些问题，体现了社会各界和人民群众对新闻出版工作的关心、支持和期待，很有价值，弥足珍贵，对于新闻出版业实现科学发展意义重大。从总署党组自身看，主要存在以下五个方面的突出问题。

（一）思想不够解放，改革创新意识不够强

从深层次看，总署党组成员对科学发展观的科学内涵、精神实质和根本要求领会得还不够全面和深刻，特别是把科学发展观作为马

160

克思主义关于发展的世界观和方法论去深刻认识还有待进一步加强，贯彻落实科学发展观的自觉性和坚定性还要进一步强化；站在中国特色社会主义事业全局的高度认识和把握新闻出版工作规律还不到位，新的文化发展理念还未真正牢固树立起来；思想观念、思维模式和工作方式的创新未能紧跟形势发展、科技进步的要求，对新闻出版业出现的新情况新问题，以改革创新精神加以研究解决不够，还未能摆脱一些条条框框和陈旧观念的束缚。

（二）服务经济社会发展大局方面做得还不够

指导新闻出版行政管理部门和新闻出版单位履行社会管理职能和公共服务责任不够有力，配合大局的工作有时反应不够敏捷，行动不够迅速，为继续解放思想、坚持改革开放、推动科学发展、促进社会和谐提供精神动力、思想保证和舆论支持还不够系统和全面；增强社会主义意识形态的吸引力和凝聚力，用社会主义核心价值体系引领社会思潮的有效途径还需进一步拓展；组织出版积极应对经济社会发展新形势，特别是应对当前全球金融危机和国际经济衰退，推动经济、政治、文化、社会科学发展的理论新成果不够；及时有效地指导和推动新闻出版单位引导社会热点、化解社会矛盾、维护社会稳定方面，有时工作简单化，方法不够妥当。

（三）推动新闻出版产业科学发展还不够扎实有力

1. 坚持把发展作为第一要务、推动新闻出版业加快发展还不够有力。党的十六大对推进文化体制改革、发展文化产业作出了重要决策，但我们落实的力度还不够。指导和推动公益性新闻出版事业和经营性新闻出版产业两种性质准确定位、各自发展方面还缺乏强有力的工作措施；在推动新闻出版业壮大主体、做强主业方面，尚未形成一批有实力、有竞争力的骨干出版传媒企业和跨地区、跨媒体经营的战略投资者；版权产业底数不清，有效推动其健康快速发展的切入点还不多,以版权为抓手促进相关产业发展还亟待加强;构建覆盖全社会的新闻出版公共服务体系,发展公益性新闻出版事业的实践与全面建设小康社会的要求还不适应,重大出版工程、民族语言文字出版工程、农家书屋工程实施还需进一步加快速度、规范运作。对推动中央各部委(单位)在京经营性出版单位和部分地方出版单位转企改制的工作力度不够大,对一些已转企的出版单位机制创新指导不力,现代企业制度和法人治理结构不够完善,经营方式和管理模式尚未发生根本转变,难以成为真正意义上的市场主体;公益性出版单位改革的试点经验推广不够。推进新闻出版业创新力度不够,有时不能及时敏锐地发现和捕捉那些代表先进文化生产力发展方向的新闻、出版、传播新业态;在催生新的媒体形态、新的传播方式、新的阅读方式,集聚各领域最新创意理念和制造方法,有效地推动传统出版产业转型升级,构建传输快捷、覆盖广泛的新闻出版传播体系方面工作力度不够大;培育具有自主知识产权、有市场影响力的新闻出版品牌还需下大气力。

2. 围绕以人为本这个核心、为人民群众提供新闻出版产品和服务还不够丰富。贴近实际、贴近生活、贴近群众的新闻出版产品和服务体制机制还不完善,载体和形式多样的出版产品、便捷高效的出版服务供给不足,尤其是对低收入群体和特殊群体的基本文化权益保障不够;利用新媒体和高新技术手段,满足人民群众新型文化需求和多层次、多方面、多样化的精神文化需求工作成效还不明显;在坚持国家基本出版制度前提下,对社会资本以合理方式进入出版产业思考较多,具体工作举措较少,有的还停留在试验阶段;对各种社会组织从事出版选题策划、书稿创作和成稿转让、版权贸易等活动进行规范和引导还缺乏明确的政策。没有很好地把坚持正确导向和通达社情民意统一起来,对人民心声的反映不够及时有效,人民群众在文化建设中的主体作用还没有被有效地激发出来;对人民群众最关心最直接最现实的利益问题反应不敏锐,上面布置下来才认真去抓,责任意识不强,特别是对群众反映强烈的"有偿新闻、虚假新闻、低俗之风、不良广告"和"假报刊、假记者站、假记者、假新闻"等现象的管理,还未能从根本上建立起长效工作机制;处理突发公共事件和社会热点问题的快速反应和危机处理机制不健全。

3. 按照全面协调可持续的基本要求、妥善处理新闻出版业发展中的重大关系还不够全面。在文化建设与经济社会发展、社会效益与经济效益、弘扬主旋律与提倡多样化、促进繁荣与加强管理等诸多重大关系上,还研究得不够深刻、认识得不够透彻、把握得不够全面;科学制定并有效运用新闻出版业发展规划指导产业、事业发展还不够有力,实施重大出版产业项目引导发展的步伐还不快,新闻出版业发展方式转变缓慢;在新闻出版领域运用宏观调控手段鼓励改革、支持发展、淘汰落后的举措还不到位,有效的新闻出版业准入、退出机制还未最终形成,对出版资源进行存量盘活的政策规定和制度安排与市场经济体制的要求还不相适应;服务新闻出版业发展的行政保障体系还不健全,重审批轻监管,重管理轻服务,重行业规范轻产业发展,管理的科学化、制度化、精细化程度普遍不高。

4. 遵循统筹兼顾的根本方法、增强新闻出版业发展的协调性还不够到位。统筹规划新闻出版业城乡、区域发展,统筹出版产业区域布局,构建新闻出版公共服务体系,提高中西部地区、农村和民族地区文化发展水平的研究不深、实践不多、经验不足。出版产业各部门的协调发展不够,各部门内部、各部门之间诚信意识还不强;行业协会引导行业自律的作用还未发挥出来。在打破按部门、行政区划和行政级次分配出版资源,打破市场条块分割、地方保护的状况,鼓励支持跨地区经营、跨媒体发展,提高市场在出版资源配置中的基础性作用,构建统一、开放、竞争、有序、健康、繁荣的市场体系等方面,设想多,实践少,步子小;对涉及新闻出版业改革发展的国家财税、产业、投融资、价格等政策的制定协调力度不大;统筹协调行政管理、"扫黄打非"、版权管理和文化市场综合执法的能力不强;统筹国内国际两个大局,大力推动新闻出版"走出去"系统规划不够,具体措施针对性不强;统筹和推动各级新闻出版行政管理部门强化基础性建设力度不够,新闻出版领域还未建立起及时调查、准确评价和开展全行业统计等基础工作的有效机制,全行业服务社会的信息平台建设进展缓慢。

(四)在体制机制方面还存在影响和制约科学发展的障碍

目前,有的新闻出版法规和规章已不适应形势发展的要求,表现为鼓励和扶持新闻出版、版权产业发展的条文不够,有的规定还限制和约束了新闻出版、版权产业发展。对互联网出版、手机出版等新业态的管理在立法方面跟进不及时,对改革试点和基层单位在实践中创造的经验总结上升为法规的力度不够大。国际知识产权谈判应对能力尚待进一步提高。政府部门还未完全适应由管微观向管宏观转变、由主要面向出版单位到面向全社会转变;政企分开、管办分离之后,依靠行政权力和行政垄断扶持微观主体运营的情况仍较为普遍。建设文化生态、落实市场监管的措施不够有力;建设服务型、责任型政府的工作措施还不多,公共服务的能力还不够强;在落实行政管理责任,推动地(市)级以下新闻出版行政管理部门建立有效的监管和调控手段方面,工作力度还不够大。人才资源是第一资源的观念还未牢固树立,人才建设工作相对薄弱,行业领军人才、适应新媒体发展需要的人才和经营管理人才匮乏。

(五)党性、党风、党纪建设还不够深入扎实

总署党组成员在认识新形势新任务、把握新闻出版工作规律、研究解决新闻出版业新情况新问题上,还未能一切从实际出发,一以贯之地坚持解放思想、实事求是、与时俱进的思想路线,指导实践、推动工作有时缺乏求真务实、真抓实干的精神和作风。按照"一岗双责"要求落实"两手抓、四同步"还不够到位,将党风廉政建设融入党员

干部的思想、工作和生活不够，与新闻出版工作实际结合得不够紧密，抓好党性、党风、党纪建设促进新闻出版业科学发展的意识有待加强；对党风廉政建设责任制贯彻落实的具体指导和检查落实的力度还需进一步加大，对各级领导班子和党员干部教育、管理和监督的效果还不够理想，近年来在总署机关和直属单位仍有个别人因贪腐而受到查处；干部考核评价、选拔任用、竞争择优机制还不完善，在用人导向上还没有完全体现科学发展观的要求；反腐倡廉工作方法还不够丰富、创新不足，落实惩治和预防腐败制度体系还不够到位，监督的实效性还有待提高，纠治行业不正之风工作亟待加强。

存在上述问题，根本原因在于总署党组成员还没有将科学发展观切实内化为推动实践的世界观和方法论，没有切实转化为推动新闻出版业科学发展的坚强意志、政策措施和工作思路，特别是在推动新闻出版业科学发展的能力上，还存在以下五个方面的不适应：

一是理论联系实际的学习能力与科学发展观的要求不相适应。科学发展观是与时俱进的科学理论，要求我们必须大力弘扬马克思主义学风，切实加强学习能力建设。但从实际情况看，总署党组成员对贯穿于科学发展观的马克思主义立场、观点和方法掌握得还不够牢，理论武装不够，联系实际本领不强。在落实高举旗帜、围绕大局、服务人民、改革创新这一党对宣传思想文化工作的总要求方面，认识和实践水平还需要切实提高。理论素养和知识储备还不足，存在着"本领恐慌"。思想观念还未完全从计划经济的桎梏、传统的思维方式中解放出来，对面临的经济社会新形势、科技发展新趋势和新闻出版业改革发展新情况新问题认识上不到位、工作上方式方法不多，推动新闻出版业科学发展的思维模式、思想观念和工作方式还亟待进一步加强、改进、创新和提高。

二是对客观规律的把握能力与科学发展观的要求不相适应。科学发展观是求真务实的科学理论，要求我们必须一切从实际出发，正确认识形势，准确把握规律。但从目前情况看，总署党组成员从中国特色社会主义事业发展全局角度思考问题、把握规律的自觉意识还不强。以科学发展观统领新闻出版工作,践行新的文化发展理念,进一步推动新闻出版业改革发展实践的思想观念还未能完全在头脑中树立。对社会主义精神文明建设规律、市场经济运行规律、新闻出版(版权)自身发展规律的认识和把握还不够高,对新闻出版业改革发展中的一些重大问题缺乏战略性、前瞻性的调查研究。在认识和处理新闻出版意识形态属性和产业发展属性的关系,事业发展与产业发展的关系,加快发展、推动改革、强化管理的关系,数量与质量的关系等方面,全面协调可持续的基本要求落实得不够到位,统筹兼顾的根本方法还没有很好地掌握,各个方面各个环节间还经常出现"短板"现象,制约工作的整体推进。

三是科学民主的决策能力与科学发展观的要求不相适应。科学发展观是不断发展的科学理论体系,需要我们始终以科学的态度加以贯彻落实。但从目前工作情况看,总署党组成员以科学发展观为统领推动实践、科学决策的自觉性和主动性还不够强。在运用科学理论研究新情况新问题,深入进行调查研究方面做得还不够,难以真正了解人民群众对精神文化的迫切愿望和需求。有些决策针对性和操作性不够强,决策内容有时不够精准。在决策中统筹兼顾的根本方法掌握得还不够好,在准确判断形势,找准关键环节,破解发展难题,形成推动新闻出版业改革发展的强大合力方面,科学民主决策的能力还有待进一步提高。

四是依法办事的行政能力与科学发展观的要求不相适应。科学发展观的贯彻落实要以法治为根本保障,通过依法行政推动科学发展。但从目前总署党组成员思想实际看,行使社会管理和公共服务职能的理念还不够牢固。在运用思想政治、法律、经济、技术、市场等多种综合手段来应对新闻出版业改革发展中出现的新情况新问题方面还不熟练。行政服务意识还不够强,科学管理的能力还不够高,有时只重管理而轻视行业自身发展要求,只重罚而忽视市场发展规律,还未根本从审批型、权力型管理模式转变到服务与调控、监管并举的模式上来。在推动政风行风建设中,还未能建立权责明确、行为规范、监督有效、保障有力的行政执法体制。

五是狠抓落实的执行能力与贯彻科学发展观的要求不相适应。科学发展观最鲜明的特点在于实践,只有在实践中不断完善发展,才能彰显其生命力和真理性。但从当前总署党组成员执行能力角度看,在推动新闻出版领域党和国家各项决策、法律法规和方针政策的贯彻落实上,还存在着行政执行力不够强的问题。重规划轻落实,重号召轻指导,有些工作的决策、部署和措施都很好,也贯彻布置了,但督促检查不是很到位,行政问责制未能有效执行,奖罚机制难以及时跟进,机关行政人员的积极性、主动性、创造性受到影响。

三、推动新闻出版业科学发展的总体思路和主要方向

新闻出版工作当前和今后一个时期深入贯彻落实科学发展观的总体思路是:高举中国特色社会主义伟大旗帜,以邓小平理论、“三个代表”重要思想和科学发展观为指导,认真贯彻落实党的十七大和十七届三中全会精神,按照高举旗帜、围绕大局、服务人民、改革创新的总体要求,牢固树立新的文化发展理念,以解放思想、深化改革、推进新闻出版业科学发展为主线,做到“四个始终坚持”,努力构建“六个机制”,着力抓好六个方面工作,有力推进新闻出版业又好又快发展。

做到“四个始终坚持”:一是始终坚持把解放和发展新闻出版生产力作为第一要务,解放思想、改革创新,破除思想观念和体制机制障碍,推动发展方式、体制机制和政府职能转变,促进新闻出版业科学发展;二是始终坚持把以人为本作为新闻出版工作的核心,贴近实际、贴近生活、贴近群众,将服务人民作为新闻出版工作的根本宗旨,

把保障人民基本文化权益摆在首要位置,切实尊重人民在新闻出版工作中的主体地位和创造精神,不断满足人民群众日益增长的精神文化需求;三是始终坚持把全面协调可持续作为新闻出版工作的基本要求,强化新闻出版工作与其他领域工作的沟通协作,切实加强新闻出版工作各方面、各环节的协调配合,推动新闻出版业结构和布局更加科学,发展速度与质量效益更加协调,可持续发展的能力进一步增强;四是始终坚持把统筹兼顾作为新闻出版工作的根本方法,凝聚各方面力量,形成整体推进的良好格局。

努力构建"六个机制":

——努力构建以弘扬主旋律与提倡多样化相统一的导向机制。必须大力唱响坚持走中国特色社会主义道路、奋力实现中华民族的伟大复兴这一时代最鲜明的主旋律,必须适应人民群众精神文化需求多方面、多层次、多样化特征日益凸显的新形势,积极发展各种健康有益文化,形成弘扬主旋律、提倡多样化的良好氛围。

——努力构建以改革创新和科技进步促进发展的动力机制。在时代的高起点上促进体制机制、内容形式和传播手段的创新。建立以投入为保障、新闻出版企业为主体、创新平台为支撑、市场要求为导向、产学研相结合的新闻出版创新体系。

——努力构建以政府为主导、以公共文化服务体系为保障的服务机制。坚持公益性、基本性、均等性、便利性原则,以政府为主导,以公共财政为支撑,以公益性新闻出版机构、农家书屋、社区书屋、农村及民族地区发行网点等为骨干,以基层为重点,鼓励全社会积极参与,构建新闻出版公共服务体系,大力提高公益性新闻出版产品的生产供给能力。

——努力构建以市场为主配置资源与政府政策调节为辅的调控机制。充分发挥市场在出版资源配置上的基础性作用,打破出版资源传统分配体制,打破条块分割、地区封锁,推动生产要素在全国范围内有效流动。丰富宏观调控手段,控制总量,优化配置,协调建立与财税政策、产业政策等相配合的新闻出版业参与宏观调控的机制，增强宏观调控的针对性、有效性。

——努力构建以科学管理服务发展的行政机制。转变政府职能，履行好宏观调控、依法行政、公共服务和市场监管职能。明确管理职责，落实管理责任和考核指标。创新管理理念，强化服务意识，形成服务发展的法制保障、政策手段和执法环境。

——努力构建以统筹兼顾保障整体推进的协调机制。把握新闻出版业的本质属性和发展规律，统筹软硬两种实力，发挥好新闻出版工作在"四位一体"发展格局中的服务功能和作用。坚持一手抓公益性事业，一手抓经营性产业；一手抓国内市场，一手抓国外市场。坚持统筹城乡、区域发展，统筹国内、国际两个大局。

在新闻出版工作中贯彻落实科学发展观，构建保障科学发展新机制，在主要方向上努力推进六个方面的工作。

（一）坚定先进文化前进方向，牢牢把握新闻出版工作的主动权

一是高举中国特色社会主义伟大旗帜，把建设社会主义核心价值体系贯穿到新闻出版工作的各个方面，确保在指导思想、方针政策和重大原则问题上与党中央始终保持高度一致。二是组织出版马克思主义中国化最新理论成果，推出更多弘扬主旋律的精品力作。在社会热点和重大问题的新闻报道中，善用新媒体，占领新阵地，快速反应，及时引导，牢牢掌握话语权、主动权。三是贴近实际、贴近生活、贴近群众，积极组织和提供各种面向未成年人、农村、偏远地区、进城务工人员的出版产品和服务。

（二）深化新闻出版体制改革，进一步解放和发展新闻出版生产力

一是部署中央部门、地方、高校出版社改革工作，加快推进经营

性出版单位转企改制，着力培育合格的市场主体。二是深化公益性出版单位改革，明确公益性单位数量，公布公益性单位名单。加快推进党报、党刊等公益性事业单位经营、编辑业务分开。三是认真解决图书、报纸、期刊、音像制品、电子出版物、网络出版权分割问题。四是力争促成有实力的出版集团兼并一批出版单位，实现跨地区、跨媒体经营。五是推动完成转制的出版发行企业加快产权制度改革，完善法人治理结构和建立现代企业制度。

（三）坚持第一要务，继续深入实施"五大战略"，壮大新闻出版业总体实力

一是从选题规划、产品推广、国家政策扶持上继续推进精品战略。二是加快兼并重组、打破地区行业限制、积极参与国际竞争，深入实施集团化战略。三是推动以数字化和自主知识产权为核心的科技兴业战略的实施。制定鼓励应用高新技术推动传统出版传媒业向数字出版转型的措施，打造主流媒体在新闻出版多元传播格局中的强势地位。四是培养领军人才、高技术人才，以及优秀记者、编辑、出版家、出版商和文化名人、企业家，大力实施人才战略。五是有效实施"走出去"战略。在继续推动政府间文化交流的同时，着力打造一批具有国际竞争力的外向型出版传媒企业，打造具有重要影响力的国际文化交易平台，打造具有核心竞争力的知名文化品牌。鼓励国内出版企业进军国际市场。

（四）坚持以人为本，全面实施"五大工程"，构建新闻出版业公共服务体系

一是大力实施农家书屋工程，规范建设标准，完善出版物选、配、送、更新的工作机制。二是认真组织国家重点出版工程，用好管好国家出版基金，组织生产公益性精品力作。三是全力抓好以西藏、新疆等少数民族地区为主的新闻出版"东风工程"。四是深入组织和推

进全民阅读工程,形成与农家书屋建设等工程相互推动、促进的长效机制。五是大力开展文化环保工程,综合运用内容审读、舆情研判、案件查处、行业管理等工作载体,强化出版物市场监管。大力实施国家知识产权战略,提高版权保护水平,促进版权产业发展。深入持久地开展"扫黄打非"斗争,加强"扫黄打非"工作机构建设,整合规范举报受理中心,形成联防协作的组织框架和运行机制,打击侵权盗版,构建健康和谐的文化生态环境。

(五)继续推动"三大转变",增强新闻出版业的生机与活力

一是切实转变增长方式,推动产业升级,实现新闻出版业增长方式由粗放型、数量型、外延扩张型向集约型、质量型、内涵提升型转变。培育新闻出版新业态,形成新的增长点。培育新的流通业态,打造现代区域物流中心。二是切实转变体制机制,制定完善有利于保障和促进新闻出版业科学发展的法律法规、政策制度体系。建立符合市场经济要求的新闻出版业准入和退出机制,健全新闻出版业企业(法人)准入、市场准入、职业准入、岗位准入制度。充分发挥市场的基础性作用,盘活现有出版资源,扩大投融资渠道,建立和完善文化要素市场。三是切实转变政府职能,探索行政管理服务行业发展的有效途径,强化公共服务和市场监管两个薄弱环节,在服务新兴出版领域、依法保障内容创作和软件开发等版权及相关权益上下功夫。引导和规范社会资本投资的文化工作室、音像制作企业和互联网机构等积极参与文化创作、生产、流通与传播。

(六)切实改进行政管理,推动新闻出版业全面协调可持续发展

一是加强宏观调控,对全国新闻出版业总量、结构、布局提出科学调控的量化办法。二是积极落实总署新"三定"规定,进一步转变政府职能,加强部门间协调配合,完善运行机制,建立高效能政府。

三是建立绩效评估考核机制，提高行政执行力。四是发挥直属事业单位服务职能、行业协会引导行业自律的功能。五是创新管理手段和方法，推动单纯介质管理向介质管理与内容管理相结合的方向转变，全面推进书号管理改革，建立违法违纪新闻记者"黑名单"制度。六是继续深化行政审批制度改革，完善集中受理、集中办理的工作流程和工作机制，提高行政审批效率。七是健全对新媒体的内容监管和从业人员管理体系。八是加强出版信息化建设的基础性工作，构建有利于书号、条码、在版编目和统计、年检数据等行业信息资源集中管理、有效整合的运行平台和工作机制。九是建立健全行业诚信体系。

四、近期解决突出问题的主要措施和实施步骤

为使学习实践活动真正取得成效，在广泛征求听取意见基础上，总署党组列出近期能够整改的六个方面工作，实行边学边改、边查边改，并通过适当方式公布，请群众监督落实情况。

（一）抓好中央决策部署的贯彻落实，做好新闻出版扩大内需的相关工作

近期，把学习实践活动与学习贯彻胡锦涛同志在纪念党的十一届三中全会召开30周年大会上的重要讲话和中央经济工作会议精神紧密结合起来，继续做好纪念改革开放30周年重点出版物出版发行工作，引导广大人民群众进一步增强走中国特色社会主义道路的自觉性和坚定性；制定并组织实施新闻出版业应对当前严峻经济形势工作方案，提出新闻出版业扩大内需、刺激经济增长的政策建议，抓紧做好农村社区阅报栏、"少数民族地区新闻出版东风工程"等民生文化工程的申请立项工作。

（二）组织好有关重大主题和重点出版物的出版发行工作

近期，继续开展好四川汶川特大地震抗震救灾及灾后恢复重建宣传及重点出版物的出版发行工作。继续推动马克思恩格斯列宁文集、"复兴之路"、"改革开放"、"应对危机"四大主题出版的组织工作。继续组织、策划出版发行一批贯彻落实党的十七大、十七届三中全会精神和开展深入学习实践科学发展观活动的政治性读物，组织出版一批指导正确认识、积极应对当前严峻经济形势，确保经济平稳较快发展的出版物，谋划好 2009 年纪念新中国成立 60 周年重点出版主题，坚持唱响时代主旋律，营造继续解放思想、坚持改革开放、推动科学发展、促进社会和谐的良好氛围。

（三）通过多种手段促进新闻出版业科学发展

近期，完成新闻出版业"十一五"规划中期评估工作，同时做好"十一五"后期新闻出版业经济政策制定落实工作。做好对优秀原创动漫出版作品和版权创意产品的扶持和奖励工作。重点培育 3 至 5 家销售和资产"双百亿"的大型骨干出版传媒企业。加强"扫黄打非"工作机构建设，整合规范举报受理中心，形成联防协作的组织框架和运行机制。加快组织启动"数字复合出版系统"工程、"数字版权保护技术"研发工程，做好"国家知识资源数据库"工程、"中华字库"工程的立项协调工作。加快国家级数字出版、动漫出版、网络游戏、音乐原创等产业基地、产业集群建设。编制出台新闻出版"走出去"规划，办好法兰克福书展主宾国活动。

（四）加快公共文化服务体系建设

近期，制定《重点出版、民文出版、农家书屋等资金落实工作方案》，启动国家出版基金，规范民族文字出版专项资金项目申报，完成农家书屋工程资金分配。切实抓好农家书屋等工程项目的落实，开展监督检查,验收入网。研究完善国家出版基金等财政资金的使用管理制度。开展民族语言文字出版事业发展调研,研究制定出新闻出版公益性事业发展规划。

（五）制定并出台深化改革的政策文件,加快改革步伐

近期,制定并出台《新闻出版总署关于进一步推进新闻出版体制改革的指导意见》。参与制定出台《〈关于印发文化体制改革中经营性文化事业单位转制为企业和支持文化企业发展的意见〉实施细则》。参与起草《关于深化中央各部门（单位）出版社体制改革工作的意见》。制定经营性、公益性报刊分类标准。2010 年 12 月底前完成中央各部门（单位）出版社、高校出版社以及所有地方出版集团（单位）的转企改制任务。

（六）加强法制工作,完善规章制度,改进行政管理

积极推动《出版管理条例》、《音像制品管理条例》等行政法规的修订和《手机媒体管理条例》、《民间文学艺术作品著作权保护条例》等行政法规的制定;尽快起草《互联网游戏出版服务管理办法》、《中国标准书号使用管理办法》等规章,抓紧修改《内部资料性出版物管理办法》、《关于出版单位的主办单位和主管单位职责的暂行规定》等规章;落实中央领导同志指示精神,进一步完善《新闻记者证管理办法》和《报社记者站管理办法》,尽快出台国内新闻机构的记者采访有关规定;继续清理、废止规章、规范性文件。修改完善《新闻出版总署工作规则》、《新闻出版总署行政审批集中办理工作规程》、《新闻出版总署立法工作规定》,进一步规范办文、办会、办事程序和制度。在全行业全面推开书号网络实名申领。完成对经营性图书出版单位的等级评估工作。落实出版物质量监督管理、各类出版物样本送缴管理、总署展会管理、面向行业资金管理等事项的统一管理职能。完善版权集体管理组织建设。建立版权登记受理大厅。完善市

场交易规则,出台交易合同指导范本,设立出版发行企业诚信档案。

五、加强党组自身建设的大体安排和初步打算

总署党组清醒地认识到,深入贯彻落实科学发展观,确保新闻出版工作总体思路和工作措施的落实,必须坚持以党的执政能力建设和先进性建设为主线,着力提高总署党组领导水平,充分发挥总署党组的核心领导作用。

一是强化理论武装,增强贯彻落实科学发展观的自觉性和坚定性。把系统深入学习中国特色社会主义理论体系作为领导班子思想政治建设的首要任务,将科学发展观内化为马克思主义关于发展的世界观和方法论。进一步完善党组学习中心组学习和务虚研讨制度,举办专题讨论、报告会等多种形式,创建学习型组织和机关,抓好党的创新理论、现代金融、现代科技、现代管理和国际经济、法律法规知识的学习,把学习实践科学发展观与应对金融危机、保持经济平稳较快发展结合起来,进一步增强总署党组成员运用科学发展观分析和解决实际问题的能力。

二是坚持民主集中,提高依法科学民主决策水平。健全和完善总署党组议事和决策机制,规范总署党组会议、署务会议、署长办公会议事规则等一系列集体领导制度,提高贯彻民主集中制的水平。进一步解放思想、转变观念、开拓创新,强化围绕大局思考工作的政治意识,加强对新闻出版工作全局性、战略性等重大问题的研究,正确认识和处理新闻出版工作与经济社会发展的关系,社会效益与经济效益的关系,弘扬主旋律与提倡多样化的关系,促进繁荣与加强管理的关系,推动新闻出版领域各个方面、各个环节之间的协调统一和突出问题的解决,着力提高贯彻落实科学发展观、驾驭新闻出版工作全局、处理各种复杂利益关系的能力。

三是改进工作作风,提高执行能力和行政效能。坚持执政为民,面向基层、服务群众,善于总结基层和群众在实践中创造的新鲜经验,在以人为本、关注民生、落实"三贴近"、带着感情为民办实事上下功夫。围绕解决新闻出版改革发展的突出问题、人民群众普遍关心的难点问题以及阻碍新闻出版业发展的体制机制问题,深入开展调查研究,为新闻出版改革、发展、服务、管理提供政策指导和行政支持。完善督办督察制度、工作责任制和责任追究制度,提高决策执行力和工作效率,确保工作落实到位。

四是把握用人导向,建设高素质领导班子和干部队伍。抓好学习、教育、培训和实践锻炼等几个关键环节,不断提高党员干部依法行政、科学管理、服务行业发展、建设社会主义先进文化的能力。加大竞争性选拔干部的工作力度,健全完善基层党员和党支部参与干部任用评议推荐工作制度,开拓用人视野,放宽选拔范围,适时奖励锐意改革、大胆创新的干部,公开选拔知难而进、干事创业的干部,保护敢抓敢管的干部,形成体现科学发展观要求的干部考核评价任用体系。

五是抓好廉政建设,规范党员领导干部从政行为。严格执行党员领导干部述职述廉、重大事项报告和双重组织生活制度,每年在全国全行业征求对总署党组和新闻出版工作的意见,反馈给总署党组成员用以对照检查,认真开展批评和自我批评,及时解决在思想、工作、学习和作风等方面存在的问题。认真落实"一岗双责"和党风廉政建设责任制,加强对反腐倡廉建设的领导和指导,健全完善惩治和预防腐败体系,提高拒腐防变和抵御风险能力。

总之,我们有决心建设一个永葆先进性、富有战斗力,党中央满意、群众拥护,推动新闻出版业科学发展的党组领导班子。

中共新闻出版总署党组开展深入学习实践科学发展观活动整改落实方案

（2009 年 2 月 9 日）

根据《中共中央关于在全党开展深入学习实践科学发展观活动的意见》（中发〔2008〕14 号）精神,围绕《中共新闻出版总署党组贯彻落实科学发展观情况的分析检查报告》分析检查出的突出问题,按照党中央提出的明确整改落实项目、明确整改落实目标和时限要求、明确整改落实措施、明确整改落实责任,对整改落实作出公开承诺的"四明确一承诺"要求,制定《中共新闻出版总署党组开展深入学习实践科学发展观活动整改落实方案》。

一、整改落实的总体思路、目标和原则

（一）整改落实的总体思路

高举中国特色社会主义伟大旗帜,以邓小平理论、"三个代表"重要思想和科学发展观为指导,认真贯彻落实党的十七大和十七届三中全会精神,按照胡锦涛总书记高举旗帜、围绕大局、服务人民、改革创新的总要求,牢固树立科学的新闻出版发展理念,以总署党组分析检查报告为依据,制定目标明确、措施具体、责任到位的整改落实方案,以解放思想、深化改革、推进新闻出版业科学发展为主线,着力转变不适应、不符合科学发展观要求的思想观念,着力解决影响和制

约新闻出版业科学发展的突出问题以及党员干部党性、党风、党纪方面群众反映强烈的突出问题,着力构建有利于科学发展的体制机制和包括以弘扬主旋律与提倡多样化相统一的导向机制和以改革创新和科技进步促进发展的动力机制,以政府为主导、公共文化服务体系为保障的服务机制,以市场为主配置资源与政府政策调节为辅的调控机制,以科学管理服务发展的行政机制,以统筹兼顾保障整体推进的协调机制,推进新闻出版业又好又快发展。

（二）整改落实的原则

一是总体布局、全面推进。既抓思想观念的转变和执行力的提高,又抓实际工作中突出问题的解决;既抓近期问题的解决,又抓中长期工作的推进;既抓体制机制的建立健全,又抓不适宜制度的废止,切实把整改落实的成效体现在党员干部受教育、科学发展上水平、人民群众得实惠上。

二是结合实际、突出重点。紧密联系当前国际国内形势的发展变化,围绕服务经济社会改革发展稳定大局和推动新闻出版业科学发展,侧重解决宏观政策层面和本部门职能范围的突出问题,特别注意解决新闻出版业推动扩大内需、保持经济增长的突出问题。

三是多措并举、注重实效。对具备整改条件的问题,马上整改;对通过努力能够解决的问题,限期整改;对一时不能解决的问题,在向群众做好解释工作的同时,努力创造条件逐步整改。建立健全整改落实措施督促检查制度和责任追究机制,督促责任部门、责任人集中力量抓好整改落实。

四是实事求是、科学合理。坚持一切从实际出发,尽力而为、量力而行,既积极主动、奋发有为,又立足现实、实事求是;既防止畏难情绪、无所作为,又避免形式主义、短期行为和"政绩工程"。

（三）整改目标

一是贯彻落实科学发展观的自觉性和坚定性进一步增强。对科学发展观的本质、特征和要求有更深刻的理解，在事关科学发展全局的重大问题上把握得更加准确，思想观念和思维方式更加符合科学发展观的要求，推动新闻出版业科学发展的思路更加清晰、自觉性坚定性进一步增强。

二是影响和制约新闻出版业科学发展的突出问题得到有效解决。一批影响和制约新闻出版业科学发展的突出问题、党员干部党性、党风、党纪方面群众反映强烈的突出问题得到解决，以科学发展观统领新闻出版工作的意识和能力得以提高，人民群众的基本文化权益得到切实保障，新闻出版业步入平稳健康快速发展的轨道。

三是保障新闻出版业科学发展的体制机制逐步完善。转变政府职能，制定完善政策和法规，加大宏观调控和政策引导力度，建立起高效运行的行政管理体制机制；规范为民惠民工程的实施和管理，建立起覆盖全社会的新闻出版公共服务体系；加强党的建设、反腐倡廉建设、人才建设、行业精神文明建设和各项基础性建设，为科学发展提供可靠的政治、组织和制度保障。

四是推动新闻出版业科学发展的各项措施更加有力。切实把科学发展观的要求转化为推进新闻出版业科学发展的坚强意志、谋划科学发展的正确思路、领导科学发展的实际能力、促进科学发展的有效办法，切实兑现承诺，使人民群众感受到学习实践活动给新闻出版工作带来的新气象。

五是领导新闻出版业科学发展的能力明显提高。始终站在中国特色社会主义事业全局的高度认识和把握新闻出版工作规律，自觉坚持用科学发展观武装头脑、指导实践、推动工作，政治意识、大局意识和责任意识明显增强，科学决策的能力、驾驭全局的能力、改革创新的能力、构建和谐的能力、推动落实的能力明显提高。

二、整改落实措施

围绕调研和征求意见过程中反映出的影响和制约新闻出版业科学发展的重大问题、监管和服务中的疑难问题、关系人民群众文化权益的现实问题等,根据《中共新闻出版总署党组贯彻落实科学发展观情况的分析检查报告》提出的整改思路和努力方向,从新闻出版业服务经济社会发展大局、进一步解放和发展新闻出版生产力、推动新闻出版产业创新和发展、满足人民群众日益增长的精神文化需求、构建促进科学发展的体制机制等五个方面,结合当前新闻出版工作实际,提出整改落实措施。

（一）高举旗帜,围绕大局,服务经济社会科学发展

1. 2009 年 2 月底前完成的工作

（1）制定并组织实施新闻出版业应对当前严峻经济形势工作方案,提出新闻出版业扩大内需、保持经济平稳健康较快增长的政策建议,抓好新闻出版业扩大内需的各项工程。

责任领导:蒋建国;责任人:范卫平;责任部门:出版产业发展司。

（2）组织出版一批指导正确认识、积极应对当前严峻经济形势,服务经济平稳较快发展的出版物。

责任领导:邬书林;责任人:吴尚之;责任部门:出版管理司;配合部门:新闻报刊司、科技与数字出版司。

2. 近期完成的工作（2009 年 12 月底前）

（1）及早规划、组织和安排,认真谋划好纪念新中国成立 60 周年、"五四"运动 90 周年、西藏民主改革 50 周年、澳门回归 10 周年等重点出版主题活动。

责任领导:邬书林;责任人:吴尚之;责任部门:出版管理司;配合

部门:财务司、新闻报刊司、科技与数字出版司;完成时限:2009 年 6 月底前。

（2）抓紧做好"少数民族地区新闻出版东风工程"等民生文化工程的申请立项工作。

责任领导:蒋建国、邬书林;责任人:孙明;责任部门:财务司;完成时限:2009 年 6 月底前。

（3）继续组织好马克思恩格斯列宁文集的出版工作。抓好庆祝建国 60 周年辉煌历程重点书系暨 100 种重点图书、100 种音像出版物的出版发行和宣传工作。

责任领导:邬书林;责任人:吴尚之;责任部门:出版管理司;配合部门:财务司、新闻报刊司、印刷发行管理司、科技与数字出版司;完成时限:2009 年 12 月底前。

（4）开展好汶川地震抗震救灾及灾后恢复重建宣传和重点出版物的出版发行工作。

责任领导:邬书林;责任人:吴尚之;责任部门:出版管理司;配合部门:新闻报刊司、印刷发行管理司、科技与数字出版司;完成时限:2009 年 12 月底前。

（5）做好新闻舆论引导工作,建立重大事件新闻报道追踪监测制度。

责任领导:李东东;责任人:王国庆;责任部门:新闻报刊司;完成时限:2009 年 12 月底前。

（6）抓紧开展覆盖全国、与报纸和新闻性期刊出版周期同步更新的电子报刊库的立项工作。

责任领导:蒋建国、李东东;责任人:孙明;责任部门:财务司;配合部门:新闻报刊司、科技与数字出版司;完成时限:2009 年 12 月底前。

（7）落实中央对台工作统一部署,制定《新闻出版 2009—2012 年对台工作规划》,做好入岛出版物的组织出版工作。

责任领导:邬书林;责任人:张福海、谢爱伟;责任部门:对外交流与合作司(港澳台办公室);配合部门:办公厅、财务司、出版产业发展司、出版管理司、印刷发行管理司、人事司;完成时限:2009年12月底前。

(二)加大力度、加快进度,深化改革,进一步解放和发展新闻出版生产力

1. 2009年2月底前完成的工作

(1)出台《关于进一步推进新闻出版体制改革的指导意见》,配套出台可操作的具体工作流程,提出推动新闻出版体制改革的指导思想、原则要求和目标任务,明确体制改革的主攻方向及政策措施等。

责任领导:蒋建国;责任人:范卫平;责任部门:出版产业发展司;配合部门:新闻报刊司、出版管理司、印刷发行司。

(2)会同有关部门制定《国务院办公厅关于印发文化体制改革中经营性文化事业单位转制为企业和支持文化企业发展两个规定的通知》配套实施细则。

责任领导:蒋建国;责任人:范卫平;责任部门:出版产业发展司;配合部门:财务司。

(3)会同有关部门制定《关于深化中央各部门(单位)在京出版社体制改革工作的意见》。

责任领导:蒋建国、邬书林;责任人:范卫平、吴尚之;责任部门:出版产业发展司、出版管理司。

2. 近期完成的工作(2009年12月底前)

(1)研究制定、组织实施非时政类报刊转企方案。

责任领导:蒋建国、李东东;责任人:范卫平;责任部门:出版产业发展司;配合部门:新闻报刊司、出版管理司;完成时限:2009年6月底前。

（2）根据现有报刊出版事业单位的性质和功能,制定分类标准,确定公益性报刊出版单位名单。

责任领导:蒋建国、李东东;责任人:范卫平、王国庆;责任部门:出版产业发展司、新闻报刊司;完成时限:2009 年 12 月底前。

（3）会同中宣部联合组成新闻出版体制改革工作督导组,对各地改革工作进行面对面的指导和检查。

责任领导:蒋建国;责任人:范卫平;责任部门:出版产业发展司;完成时限:2009 年 12 月底前。

（4）完成地方出版集团和 103 家高校出版社转企任务,全面启动中央各部门在京出版单位改革。

责任领导:邬书林;责任人:吴尚之;责任部门:出版管理司;配合部门:出版产业发展司;完成时限:2009 年 12 月底前。

（5）研究解决民营文化工作室和发展通道的问题,把民营出版生产力纳入体制内。支持国有出版企业在确保国有资本主导地位前提下,与民营文化工作室进行资本、项目合作,探索国有民营联合运作模式,在北京试建出版产业园,集中发展,集中管理。

责任领导:蒋建国;责任人:范卫平;责任部门:出版产业发展司;配合部门:出版管理司、印刷发行管理司、科技与数字出版司;完成时限:2009 年 12 月底前。

3. 长期抓好的工作（党的十八大召开前完成）

（1）加大新闻出版单位转企改制力度,完成所有经营性出版社转制工作。

责任领导:邬书林;责任人:吴尚之;责任部门:出版管理司;配合部门:出版产业发展司、新闻报刊司;完成时限:2010 年 12 月底前。

（2）分三步走完成经营性报刊改革,在国有企事业单位主办的报刊完成改革的同时,逐步推动行业协会等社会团体主办的报刊、部委主办的报刊深化改革。

责任领导:蒋建国、李东东;责任人:王国庆、范卫平;责任部门:

出版产业发展司、新闻报刊司。

（3）加快推进党报、党刊等公益性事业单位宣传编辑、经营业务分开，探索改革党报党刊的传统发行模式，强化市场运作和营销，努力扩大市场份额。

责任领导：李东东；责任人：王国庆；责任部门：新闻报刊司；配合部门：印刷发行管理司。

（三）推进创新，加快发展，壮大新闻出版业总体实力

1. 2009 年 2 月底前完成的工作

做好"十一五"规划中期评估工作，对规划实施情况进行全面检查评估和调整，进一步调整产业结构和布局。

责任领导：蒋建国；责任人：范卫平；责任部门：出版产业发展司。

2. 近期完成的工作（2009 年 12 月底前）

（1）落实中华字库工程、国家知识资源数据库工程的立项和前期启动工作。

责任领导：孙寿山；责任人：张毅君；责任部门：科技与数字出版司；配合部门：财务司；完成时限：2009 年 10 月底前。

（2）出台产业布局、产业基地、产业集群建设的指导意见，加快产业整合，重点建设一批国家级数字出版、动漫出版、网络游戏、音乐原创等创意产业发展基地，建设长江三角洲、珠江三角洲和环渤海地区三大新闻出版产业带，发展有地方特色和民族文化特色的新闻出版产业群，在新闻出版产业中心城市建设国家级出版产业园区、版权产业示范区、印刷产业园区。

责任领导：蒋建国、阎晓宏、孙寿山；责任人：范卫平；责任部门：出版产业发展司；配合部门：新闻报刊司、出版管理司、印刷发行管理司、科技与数字出版司、版权管理司；完成时限：2009 年 12 月底前。

（3）举全力办好法兰克福国际书展主宾国活动。

责任领导：邬书林；责任人：张福海；责任部门：对外交流与合作

司;完成时限:2009 年 11 月底前。

(4)组织参加香港书展二十周年纪念活动。

责任领导:邬书林;责任人:张福海、谢爱伟;责任部门:对外交流与合作司(港澳台办公室);完成时限:2009 年 12 月底前。

(5)启动"十二五"新闻出版业重点工程规划研制工作。

责任领导:蒋建国;责任人:范卫平;责任部门:出版产业发展司;完成时限:2009 年 12 月底前。

3. 长期抓好的工作(党的十八大召开前)

(1)搭建新的发展平台,办好一批覆盖全国并具有国际影响的新闻出版业会展。

责任领导:蒋建国;责任人:范卫平;责任部门:出版产业发展司;配合部门:办公厅、印刷发行管理司、科技与数字出版司、对外交流与合作司。

(2)组织实施好国家数字复合出版系统工程和数字版权保护技术研发工程。

责任领导:孙寿山;责任人:张毅君;责任部门:科技与数字出版司;配合部门:财务司。

(3)重点培育出三至五家销售收入、资产双超百亿元的"双百亿"大型骨干出版传媒企业和战略投资者。

责任领导:蒋建国;责任人:范卫平;责任部门:出版产业发展司。

(4)培养领军人才、高技术人才和优秀记者、编辑、出版家、出版商和文化名人。

责任领导:孙寿山;责任人:孙文科;责任部门:人事司。

(5)着力打造一批具有国际竞争力的外向型出版传媒企业,打造具有重要影响力的国际文化交易平台,打造具有核心竞争力的知名文化品牌。按照有序开放、有效管理的原则,扩大新闻出版对外开放,规范进口秩序。鼓励国内出版企业进军国际市场。

责任领导:邬书林;责任人:张福海;责任部门:对外交流与合

作司。

（6）抓好"海峡两岸工程"出版项目的落实工作。

责任领导：邬书林；责任人：张福海、谢爱伟；责任部门：对外交流与合作司（港澳台办公室）。

（四）以人为本，服务民生，最大限度地满足人民群众的精神文化需求

1. 2009 年 2 月底前完成的工作

在制定《重点出版、民文出版、农家书屋等资金落实工作方案》的基础上，落实好农家书屋工程资金分配，启动国家出版基金，组织评审好 2008 年重点出版项目，规范民族文字出版专项资金项目申报。

责任领导：蒋建国、阎晓宏；责任人：孙明；责任部门：财务司；配合部门：出版管理司、新闻报刊司、印刷发行管理司、科技与数字出版司、驻总署纪检组监察局。

2. 近期完成的工作（2009 年 12 月底前）

（1）研究、完善国家出版基金等面向行业的财政资金的使用管理制度。

责任领导：蒋建国；责任人：孙明；责任部门：财务司；配合部门：出版产业发展司、新闻报刊司、出版管理司、印刷发行管理司、科技与数字出版司、对外交流与合作司；完成时限：2009 年 6 月底前。

（2）结合农家书屋工程等工程的实施，创新全民阅读活动方式，组织开展经验交流，奖励全民阅读活动的优秀组织者和阅读者。

责任领导：邬书林；责任人：吴尚之；责任部门：出版管理司；配合部门：印刷发行管理司、人事司；完成时限：2009 年 6 月底前。

（3）开展民族语言文字出版事业发展调研，启动新闻出版公益性事业发展规划研究制定工作。

责任领导：蒋建国、邬书林；责任人：孙明；责任部门：财务司；完

成时限:2009 年 12 月底前。

（4）组织实施《汶川地震灾区新闻出版业恢复重建对口支援实施意见》，尽快落实汶川地震灾区恢复重建和对口支援资金项目，抓紧恢复灾区新闻出版公共服务设施和新闻出版生产供给能力。

责任领导:蒋建国、孙寿山;责任人:孙明;责任部门:财务司;完成时限:2009 年 12 月底前。

3. 长期抓好的工作（党的十八大召开前）

（1）大力实施农家书屋工程，力争提前 5 年完成任务，切实抓好工程项目、进度、责任三落实，及时开展监督检查，抓好验收入网，进一步分类、规范建设标准，完善出版物选、配、送、管、用和长期更新、发展的工作机制。

责任领导:阎晓宏;责任人:王岩镔;责任部门:印刷发行管理司;配合部门:财务司;完成时限:2010 年 12 月前。

（2）全力抓好服务西藏、新疆等民族地区的"少数民族新闻出版东风工程"，组建民文出版协作体，规范民族文字出版专项资金项目管理，提高民族语言文字出版供应能力。

责任领导:蒋建国、邬书林;责任人:孙明;责任部门:财务司;配合部门:新闻报刊司、出版管理司、科技与数字出版司。

（五）坚持在服务中管理，创新思路和手段，构建保障和促进科学发展的体制机制

1. 2009 年 2 月底前完成的工作

（1）在 2008 年 11 月 24 日发布《新闻出版总署废止第三批规范性文件的决定》，废止 31 个规范性文件的基础上，对废止决定文件执行情况进行检查，确保废止决定落实到位。继续全面清理不符合科学发展观要求、与新闻出版业改革发展形势不相适应的规章和规范性文件。

责任领导:李东东;责任人:于慈珂;责任部门:法规司。

（2）完成《著作权行政处罚实施办法》、《复制管理办法》、《新闻出版总署立法程序规定》的起草修订工作。

责任领导：李东东；责任人：于慈珂；责任部门：法规司。

（3）修改完善《新闻出版总署工作规则》，规范办文、办会、办事程序和时限。

责任领导：蒋建国；责任人：刘建国；责任部门：办公厅。

（4）书号管理改革到位，全面推广书号网络实名申领。

责任领导：邬书林；责任人：吴尚之；责任部门：出版管理司。

（5）深入开展整治互联网低俗之风专项行动取得阶段性成果，净化文化环境，营造良好氛围。

责任领导：孙寿山；责任人：张毅君；责任部门：科技与数字出版司；配合部门：反非法和违禁出版物司。

（6）在2008年11月24日印发实施《新闻出版总署行政审批集中办理工作规程（试行）》的基础上，跟踪行政审批实行“集中受理、集中办理、统一回复”的工作管理模式和“规范流程、限时结办、一次告知”的便民服务模式情况，针对出现的问题进行修订完善。

责任领导：孙寿山；责任人：余昌祥；责任部门：综合业务司；配合部门：驻总署纪检组监察局。

2. 近期完成的工作（2009年12月底前）

（1）制定《新闻出版总署机关人事管理暂行办法》。

责任领导：孙寿山；责任人：孙文科；责任部门：人事司；完成时限：2009年12月底前。

（2）修订《互联网出版管理暂行办法》、起草《新闻采编人员从业资格管理规定》等规章。

责任领导：李东东；责任人：于慈珂；责任部门：法规司；配合部门：科技与数字出版司、人事司；完成时限：2009年12月底前。

（3）进一步落实总署新“三定”工作，在职能调整中明确事权、转变职能、责任到人，对确需多个部门管理的事项明确牵头部门、分清主次责任。落实出版物质量监督管理、各类出版物样本送缴管理、总署展会管理、面向行业资金管理等事项的统一管理职能。

责任领导:孙寿山;责任人:孙文科;责任部门:人事司;配合部门:办公厅、财务司、出版产业发展司、新闻报刊司、出版管理司、印刷发行管理司、科技与数字出版司;完成时限:2009年6月底前。

(4)建立版权登记受理大厅,完善版权集体管理组织建设。

责任领导:阎晓宏;责任人:王自强;责任部门:版权管理司;完成时限:2009年6月底前。

(5)完善市场交易规则,出台交易合同指导范本,建立出版发行企业诚信档案,形成以道德为支撑、产权为基础、法律为保障的新闻出版诚信体系。

责任领导:阎晓宏;责任人:王岩镔;责任部门:印刷发行管理司;完成时限:2009年10月底前。

(6)建立程序规范、审批透明、便捷高效、监管有力的行政审批运行机制,推动行政审批制度改革不断深化。

责任领导:孙寿山;责任人:余昌祥;责任部门:综合业务司;配合部门:驻总署纪检组监察局;完成时限:2009年12月底前。

(7)进一步完善《新闻记者证管理办法》和《报社记者站管理办法》,尽快出台国内新闻机构记者采访的有关规定。

责任领导:李东东;责任人:于慈珂;责任部门:法规司;配合部门:新闻报刊司;完成时限:2009年12月底前。

(8)完成《中国标准书号使用管理办法》、《关于出版单位的主办单位和主管单位职责的暂行规定》、《互联网游戏出版服务管理办法》、《国家出版产业基地管理办法》等规章、规范性文件的制定、修订工作。

责任领导:李东东;责任人:于慈珂;责任部门:法规司;配合部门:出版产业发展司、新闻报刊司、出版管理司、印刷发行管理司、科技与数字出版司、版权管理司;完成时限:2009年12月底前。

（9）积极推动《广播电台电视播放录音制品支付报酬办法》出台;制定《作品登记管理办法》,完善作品登记制度。

责任领导:李东东;责任人:于慈珂;责任部门:法规司;配合部门:版权管理司;完成时限:2009年12月底。

（10）配合财政部、国家税务总局制定"十一五"后期新闻出版业经济政策。

责任领导:蒋建国;责任人:孙明;责任部门:财务司;完成时限:2009年12月底前。

（11）全面实施出版单位的分类管理办法,建立出版单位正常退出机制。

责任领导:邬书林;责任人:吴尚之;责任部门:出版管理司;配合部门:新闻报刊司、科技与数字发展司;完成时限:2009年12月底前。

（12）加强对新闻采编从业人员的管理,建立违法违纪新闻记者不良记录建立长效工作机制。严肃查处新闻采编从业人员的违规活动,完善报刊从业人员准入退出制度。

责任领导:李东东;责任人:王国庆;责任部门:新闻报刊司;完成时限:2009年12月底前。

（13）分阶段实施以整治印刷复制、运输环节、出版环节、销售、进口环节和信息网络为切入点的"扫黄打非"集中整治行动。开展"护城河"工程、"珠峰"工程、"天山"工程、"南岭"工程。

责任领导:蒋建国;责任人:李宝中;责任部门:反非法和违禁出版物司;完成时限:2009年12月底前。

（14）扎实推进企业正版化工作,开展第二批"企业软件正版化示范单位"评选工作。

责任领导:阎晓宏;责任人:王自强;责任部门:版权管理司;完成时限:2009年12月底前。

（15）深入开展打击网络侵权盗版专项行动,完善机制,整合力量,与公安、工商等部门形成合力,加大打击力度;利用技术手段提高管理效率和执法效能,切实维护国家文化安全。

责任领导:阎晓宏;责任人:王自强;责任部门:版权管理司;完成时限:2009 年 12 月底前。

(16)加快作品登记制度建设,积极推动版权交易平台建设,努力实现版权贸易的常态化,促进版权产业发展。

责任领导:阎晓宏;责任人:王自强;责任部门:版权管理司;完成时限:2009 年 12 月底前。

(17)加强版权工作体系建设,稳步发展版权集体管理组织,推动建立中国版权调解委员会,面向社会公众和青少年深入开展版权宣传教育工作。

责任领导:阎晓宏;责任人:王自强;责任部门:版权管理司;完成时限:2009 年 12 月底前。

(18)妥善应对世界贸易组织(WTO)有关版权保护问题,配合国家有关部门做好 WTO 知识产权争端案应诉工作。

责任领导:阎晓宏;责任人:王自强;责任部门:版权管理司;完成时限:2009 年 12 月底前。

(19)完成与世界知识产权组织(WIPO)共同开展的"中国版权相关产业的经济贡献调研"、"WIPO 版权产业优秀案例示范点调研"两个合作项目。

责任领导:阎晓宏;责任人:王自强;责任部门:版权管理司;完成时限:2009 年 12 月底前。

3. **长期抓好的工作(党的十八大召开前)**

(1)不断加强法制建设,为新闻出版业的繁荣发展提供法律基础和制度保障。

一是抓紧就《中华人民共和国著作权法》实施中的有关法律问题深入调研,开展《著作权法》修订的调研准备工作。

责任领导:李东东;责任人:于慈珂;责任部门:法规司;配合部

门:版权管理司。

二是积极推动《出版管理条例》、《音像制品管理条例》的修订和《民间文学艺术作品著作权保护条例》的起草工作。

责任领导:李东东;责任人:于慈珂;责任部门:法规司;配合部门:出版管理司、版权管理司。

三是积极推动《手机媒体管理条例》和《手机媒体出版管理办法》、《内部资料性出版物管理办法》、《出版物市场管理规定》等法规规章的制定、修订。

责任领导:李东东;责任人:于慈珂;责任部门:法规司;配合部门:印刷发行管理司、科技与数字出版司。

（2）切实改进行政管理,推动新闻出版业全面协调可持续发展。

一是建立绩效评估考核机制,落实管理责任和考核指标,提高行政执行力。

责任领导:孙寿山;责任人:孙文科;责任部门:人事司。

二是加强基础性工作,构建有利于书号、条码、在版编目和统计、年检数据等行业信息资源集中管理、有效整合的运行平台和工作机制。

责任领导:孙寿山;责任人:孙文科;责任部门:人事司;配合部门:办公厅。

三是加快电子政务建设,推进"新闻出版行业监管和服务系统"工程建设。

责任领导:蒋建国;责任人:刘建国;责任部门:办公厅。

四是推动"网络出版监管系统"的研发实施。

责任领导:孙寿山;责任人:张毅君;责任部门:科技与数字出版司。

五是鼓励民营资本参与新媒体发展,建立健全互联网等新媒体出版监管长效机制。

责任领导:孙寿山;责任人:张毅君;责任部门:科技与数字出版

司;配合部门:人事司。

六是抓紧行业主要标准的制定,形成科学规范的新闻出版业技术标准化体系。

责任领导:孙寿山;责任人:张毅君;责任部门:科技与数字出版司。

三、党组自身建设的措施

1. 深化学习实践活动,构建贯彻落实科学发展观的长效机制。继续抓好学习实践科学发展观活动整改落实阶段各项工作,切实抓好各项整改措施的落实,着力构建推动新闻出版业科学发展的导向机制、动力机制、服务机制、调控机制、行政机制、协调机制,确保新闻出版业又好又快发展。

责任领导:柳斌杰、蒋建国、孙寿山;责任人:刘建国、李潞;责任部门:办公厅、直属机关党委。

2. 强化理论武装工作,完善和规范党组学习中心组理论学习制度。修订《中共新闻出版总署党组学习中心组学习管理办法》,严格执行党组学习中心组学习制度。特别是在今年,结合庆祝新中国成立60周年,抓好中国特色社会主义理论体系的学习,要求每位党组成员围绕"高举旗帜、坚定道路",精读几个著作、深思几个问题,在武装头脑、指导实践、推动工作上取得新成效。

责任领导:柳斌杰、孙寿山;责任人:李潞、刘建国;责任部门:直属机关党委、办公厅。

3. 严格坚持民主集中制等党内政治生活制度,切实加强党组思想政治建设。认真贯彻落实《中共中央办公厅转发〈关于进一步加强和改进领导班子思想政治建设的意见〉的通知》(中办发〔2008〕26号)精神,按照"两手抓、四同步"的工作思路和"一岗双责"的制度要求,严格执行民主集中制、民主生活会、廉洁自律等党内政治生活制度,促进党组成员切实提高思想政治素质。

责任领导:柳斌杰、孙寿山、宋明昌;责任人:李潞、侯正新;责任部门:直属机关党委、驻总署纪检组监察局。

4. 加强制度建设,健全党组领导体制和工作机制。按照科学执政、民主执政、依法执政的要求,修订完善《新闻出版总署党组工作规则》,明确和细化党组会议、署务会议、署长办公会议事规则等一系列集体领导制度,建立有利于新闻出版业科学发展的决策机制、协调机制、执行机制和纠错机制,推动新闻出版领域各个方面、各个环节之间的协调统一和突出问题的解决。

责任领导:柳斌杰;责任人:刘建国;责任部门:办公厅。

5. 加强队伍建设,为推动新闻出版改革发展提供干部人才保障。深化干部选拔任用监督各环节的制度改革,加大竞争性选拔干部工作力度,完善公开选拔、竞争上岗制度,探索差额选任办法。修订完善《新闻出版总署党组关于基层党员和党支部参与干部任用评议推荐工作的实施意见》,改进考察预告制和公示制,提高干部工作的透明度和公开性。改进考核办法,完善考核工作机制,形成有利于贯彻落实科学发展观和正确政绩观的干部评价考核体系。积极推行并强化行业职业准入和岗位准入制度,创新人才激励机制,完善人才流动机制,深入实施领军人才工程,努力建设一支适应形势发展要求的新闻出版工作队伍。

责任领导:柳斌杰、孙寿山;责任人:孙文科、李潞;责任部门:人事司、直属机关党委。

6. 改进工作作风,确保各项决策部署落实到位。贯彻落实《中共新闻出版总署党组关于加强和改进总署直属机关作风建设的实施意见》,把加强领导干部党性修养、树立和弘扬优良作风作为重大政治任务抓落实。坚持抓党风带政风促行风,加大纠风工作力度。建立健全督办督察制度、领导干部问责制度,提高决策执行力和工作效率。

责任领导:柳斌杰、孙寿山、宋明昌;责任人:李潞、侯正新;责任部门:直属机关党委、驻总署纪检组监察局。

7. 抓好党风廉政建设,规范党员领导干部从政行为。认真贯彻落实党中央印发的《建立健全惩治和预防腐败体系2008—2012年工作规划》和《中共新闻出版总署党组贯彻落实〈建立健全惩治和预防腐败体系2008—2012年工作规划〉的实施意见》,严格落实党风廉政建设责任制,严格执行党员领导干部述职述廉、重大事项报告和双重组织生活制度,进一步完善对党员领导干部进行廉政谈话、定期听取分管部门和单位党风廉政建设工作落实情况的汇报等工作制度,切实提高党组领导班子及其成员拒腐防变和抵御风险能力。

责任领导:柳斌杰、宋明昌;责任人:侯正新,责任部门:驻总署纪检组监察局、直属机关党委。

四、加强组织领导,确保整改措施扎实有效

认真制定和深入实施整改落实方案,是整改落实阶段的重要环节,也是学习实践活动能否取得成果和实效的关键步骤。要切实提高对整改落实工作重要性的认识,扎扎实实抓整改、办实事、解难题、促发展。

一是要继续深入学习,转变思想观念。要继续深化对科学发展观的学习,深入领会科学发展观的科学内涵、精神实质和根本要求,紧紧围绕"党员干部受教育、科学发展上水平、人民群众得实惠"的要求,将思想认识提高到党和国家对新闻出版工作的新要求上来,提高到人民群众对新闻出版工作的新期待上来。坚持解放思想、改革创新,推动思想观念、增长方式、体制机制和政府职能的转变,树立强烈的忧患意识,增强攻坚克难的信心和决心,把科学发展观转化为谋

划科学发展的正确思路、领导科学发展的实际能力、促进科学发展的政策措施,转化为增强党性修养、提高思想觉悟的自觉行动。

二是明确职责分工,加强组织协调。落实整改措施,关键是加强领导,明确职责。要把整改落实方案的实施同做好今年各项工作有机结合起来。形成党组统一领导,有关部门各司其责,中纪委驻总署纪检监察机构加强监督,密切配合、齐抓共管,狠抓整改措施落实的工作局面。党组成员要切实承担起整改措施实施的领导责任,柳斌杰同志负总责,蒋建国、李东东、邬书林、阎晓宏、孙寿山同志分别负责,宋明昌同志主要负责监督工作,各成员要认真组织,周密部署;各责任部门要将整改任务列入本部门的重要工作日程,确定工作联系人,结合工作、合理安排,确保各项工作有要求、有进展、能落实;各配合部门要密切配合、提供保障,形成强大的工作合力。有关党组成员每季度要召开一次工作会议,通报情况,研究问题,部署任务。

三是建立责任追究机制,强化督促检查。对整改落实方案明确需要解决的问题和整改落实的内容要公示,让群众了解。要采取挂牌督办、现场会办、限时办结等办法,推动问题得到有效解决。要在一定范围内开展整改成效群众满意度调查,把满意度作为考核领导班子和领导干部工作实绩的重要指标。总署将建立督促检查、绩效考评和责任追究机制,负责学习实践活动整改落实情况的督促检查,以及对近期无法完成的整改工作任务进行跟踪问效。对没有完成或者完成效果不理想的项目,要追究相关责任人的责任,确保学习实践活动结束后整改方案的落实。

附件： 新闻出版总署党组开展深入学习
实践科学发展观活动 2009 年 2 月
底前整改落实项目

一、有关新闻出版改革、发展、服务、
管理方面的工作（5 项）

1. 制定并组织实施新闻出版业应对当前严峻经济形势工作方案,提出新闻出版业扩大内需、保持经济平稳健康较快增长的政策建议,抓好新闻出版业扩大内需的各项工程。

责任领导:蒋建国;责任人:范卫平;责任部门:出版产业发展司。

2. 做好"十一五"规划中期评估工作,对规划实施情况进行全面检查评估和调整,进一步调整产业结构和布局。

责任领导:蒋建国;责任人:范卫平;责任部门:出版产业发展司。

3. 制定实施《重点出版、民文出版、农家书屋等资金落实工作方案》,启动国家出版基金,组织评审好 2008 年重点出版项目,规范民族文字出版专项资金项目申报,落实好农家书屋工程资金分配。

责任领导:蒋建国、邬书林、阎晓宏;责任人:孙明;责任部门:财务司;配合部门:出版管理司、新闻报刊司、印刷发行管理司、科技与数字出版司、驻总署纪检组监察局。

4. 书号管理改革到位,全面推广实施书号网络实名申领。

责任领导:邬书林;责任人:吴尚之;责任部门:出版管理司。

5. 深入开展整治互联网低俗之风专项行动取得初步成果,净化文化环境,营造良好氛围。

责任领导:孙寿山;责任人:张毅君;责任部门:科技与数字出版司。

二、规范性文件的废改立方面(10项)

(一)规范性文件废止方面

在 2008 年 11 月 24 日发布《新闻出版总署废止第三批规范性文件的决定》,废止 31 个规范性文件的基础上,对废止决定文件的执行情况进行检查。继续全面清理不符合科学发展观要求、与新闻出版业改革发展形势不相适应的规章和规范性文件。

责任领导:李东东;责任人:于慈珂;责任部门:法规司。

(二)规范性文件修订方面

1. 修改完善《新闻出版总署工作规则》,规范办文、办会、办事程序和时限。

责任领导:蒋建国;责任人:刘建国;责任部门:办公厅。

2. 在 2008 年 11 月 24 日印发实施《新闻出版总署行政审批集中办理工作规程(试行)》的基础上,跟踪行政审批实行"集中受理、集中办理、统一回复"的工作管理模式和"规范流程、限时结办、一次告知"的便民服务模式情况,针对出现的问题进行修订完善。

责任领导:孙寿山;责任人:余昌祥;责任部门:综合业务司;配合部门:驻总署纪检组监察局。

3. 修订《著作权行政处罚实施办法》、《复制管理办法》《新闻出版总署立法程序规定》。

责任领导:李东东、阎晓宏;责任人:于慈珂;责任部门:法规司;配合部门:版权管理司。

（三）规范性文件制定方面

1. 出台《关于进一步推进新闻出版体制改革的指导意见》，配套出台可操作的具体工作流程，提出推动新闻出版体制改革的指导思想、原则要求和目标任务，明确体制改革的主攻方向及政策措施等。

责任领导：蒋建国；责任人：范卫平；责任部门：出版产业发展司；配合部门：出版管理司、新闻报刊司、印刷发行司。

2. 会同有关部门制定《国务院办公厅关于印发文化体制改革中经营性文化事业单位转制为企业和支持文化企业发展两个规定的通知》配套实施细则。

责任领导：蒋建国；责任人：范卫平；责任部门：出版产业发展司。

3. 会同有关部门制定《关于深化中央各部门（单位）在京出版社体制改革工作的意见》。

责任领导：蒋建国；责任人：范卫平；责任部门：出版产业发展司。

4. 抓好图书入岛工作，制定并落实好《新闻出版总署2009—2012年对台工作规划》。

责任领导：邬书林；责任人：谢爱伟；责任部门：对外交流与合作司；配合部门：办公厅、财务司、出版产业发展司、印刷发行管理司、版权管理司、人事司。

5. 认真贯彻落实胡锦涛总书记在中央纪委十七届三次全会讲话精神，深入推动反腐倡廉工作，抓好制定《新闻出版总署党组〈建立健全惩治和预防腐败体系2008年—2010年工作规划〉的实施意见》的年度分解工作。

责任领导：宋明昌；责任人：侯正新；责任部门：驻总署纪检组监察局；配合部门：直属机关党委纪委。

6. 按照"两手抓、四同步"的要求，完成新闻出版总署2009年党风廉政建设责任书签订工作。

责任领导：孙寿山、宋明昌；责任人：李潞、侯正新；责任部门：直属机关党委纪委、驻总署纪检组监察局。

7. 进一步改进干部考核办法,规范扩大民主形式,实施《新闻出版总署党组关于基层党员和党支部参与干部任用评议推荐工作的实施意见》。

责任领导:孙寿山;责任人:孙文科;责任部门:人事司;配合部门:直属机关党委纪委、驻总署纪检组监察局。

关于学习贯彻李长春同志视察
新闻出版总署时重要讲话精神的意见

2009 年 1 月 16 日,中共中央政治局常委李长春,中共中央政治局委员、中央书记处书记、中宣部部长刘云山,中共中央政治局委员、国务委员刘延东等中央领导同志到新闻出版总署视察、指导工作,李长春同志发表了重要讲话。李长春同志讲话以科学发展观为统领,总揽全局,高屋建瓴,内涵丰富,思想深刻,大大提高和丰富了我们对新闻出版工作的认识,对做好当前和今后的新闻出版工作,推动新闻出版业大发展大繁荣具有十分重要的指导意义。

中央领导同志亲临视察、指导,特别是李长春同志的重要讲话,充分体现了党中央、国务院对新闻出版工作的高度重视和亲切关怀,极大地鼓舞了新闻出版系统的广大干部职工,同时也对新形势下如何做好新闻出版工作提出了新的更高要求,是中央领导同志用科学发展观指导新闻出版工作的一次具体体现。为了把中央领导同志的关怀和指导变为进一步做好工作的动力,总署要求各地新闻出版部门、总署机关及署直各单位在传达学习的基础上,结合实际认真研究,切实把李长春同志重要讲话精神贯彻落实到新闻出版实际工作中去,推动今年工作再上新台阶。为此,特提出如下贯彻落实意见:

一、按照中央的部署，继续认真抓好深入学习实践科学发展观活动，务求在推动工作上取得实效

充分发挥自身职能，服务全党开展深入学习实践科学发展观活动需要，组织出版一批通俗易懂、深入浅出地宣传科学发展观的理论读物，坚持用科学发展观武装全党，教育人民。进一步抓好总署机关和直属单位深入学习实践科学发展观活动。特别是要坚持边学边改，在建设文化民生工程项目、完善行政审批制度改革、清理废止不符合科学发展的规章规定等方面已经取得阶段性成果的基础上，目前抓好三件事：一是按照中央关于开展学习实践活动的要求，继续认真抓好学习实践活动整改落实阶段的各项工作，同时开展"回头看"工作，确保学习实践活动各项任务的落实。二是认真落实《中共新闻出版总署党组学习实践科学发展观活动整改落实方案》，明确整改项目、明确整改目标、明确时限要求、明确整改措施、明确整改责任，对整改落实作出公开承诺，在2月底前先完成16项整改任务，对近期和中长期整改项目按照责任制要求逐项抓好落实。三是总结学习实践活动经验，看准了的事情全部制度化，努力形成科学发展的长效机制，把科学发展落实到日常工作中。要进一步解放思想、改革创新，着力转变不适应、不符合科学发展观的思想观念，进一步解决存在的突出问题，建立和完善体制机制，切实提高科学发展的能力和水平，使整个行业走上科学发展的轨道，实现又好又快发展。

二、始终围绕大局，坚持正确出版导向，推出更多更好的优秀精神产品，服务和满足人民群众的文化需求

进一步增强新闻出版工作是党的意识形态的重要阵地的意识，肩负起建设社会主义核心价值体系的重要职责。把坚持正确导向作为新闻出版工作的灵魂，牢牢把握、毫不放松；把建设社会主义核心价值体系贯穿到新闻出版工作的各个方面，出版更多振奋民族精神、凝聚党心民心的精神文化产品。一是加大力度，进一步引导出版企业推出更多弘扬主旋律的优秀出版物。继续抓好马克思主义经典著作出版；组织出版一批深入贯彻落实党的十七大、十七届三中全会精神和服务2009年"两会"的出版物；组织推出一批宣传中国特色社会主义理论和建设社会主义核心价值体系的出版物。二是认真谋划、全力做好庆祝新中国成立60周年重点主题出版工作。要以出版为载体，用新中国成立60年特别是改革开放以来的事实深刻阐明历史和人民是怎样选择了马克思主义、选择了中国共产党、选择了社会主义、选择了改革开放，营造继续解放思想、坚持改革开放、推动科学发展、促进社会和谐的良好氛围。三是进一步抓好传承中华民族文化的重大出版工程，通过一批无愧于时代的优秀出版物，记录当今盛世，在中华文化宝库中增添当代人的智慧和成果，为传承中华文明作出积极贡献。

三、加大改革力度、加快改革步伐，打一场新闻出版体制改革攻坚战

进一步增强改革意识，坚定改革信心，用改革的办法，破解文化

发展难题,转变文化发展方式,冲破一切妨碍和束缚文化发展的观念、做法和体制,不断解放和发展文化生产力。要将2009年作为改革攻坚年,打几场硬仗:一是按照中央确定的"时间表"和"路线图",加快经营性出版单位转企改制步伐。103家大学出版社和所有地方出版单位要在2009年年底前全部完成转制任务;148家中央各部门在京出版单位要全面启动转制工作。二是积极推进非时政类报刊的改革,公布时政类报刊名单,分步骤抓好大型国有企业、行业协会和部委主办的非时政类报刊体制改革;加快推进党报、党刊等时政类报刊的机制改革,党报、党刊在实行经营、编辑业务两分开基础上,其中经营性部分实行转企改制;所有报刊社都要深化内部人事、收入分配和社会保障制度改革,建立新的运行机制,进一步增强活力,提高舆论引导能力。三是加快培育市场主体,打造战略投资者,进一步加大对改革到位、实力较强的出版企业的支持力度,在出版资源配置上向其倾斜;积极支持有条件的出版企业上市融资,实现低成本扩张;支持跨地区、跨所有制、跨媒体兼并重组,尽快做大做强,成为合格的战略投资者;打破地区限制、条块分割,构建全国统一的大流通、大市场,为培育更多大型骨干出版传媒企业创造良好市场和外部条件。四是进一步转变政府职能,继续推进新闻出版管理体制改革,创新管理思想、方法和手段。

四、抓住机遇,化危为机,推动新闻出版产业继续保持增长,实现持续发展

　　面对全球金融危机带来的严峻挑战,要在克服困难保增长、保发展、保稳定上下功夫,今年做到保持传统产业增长不减速,发展新兴传媒产业有突破,尽全力形成产业持续发展的好局面。一是继续大力实施"五大战略",增强新闻出版业发展的生机与活力。推进精品

战略,生产一批名牌产品和传世之作;实施集团化战略,打造世界一流出版传媒集团;落实科技兴业战略,争取拥有一批数字出版、新媒体领域的自主知识产权和核心技术;大力实施人才战略,遴选和培养领军人才、高技术人才和优秀记者、编辑、出版企业家、出版商以及文化名人;有效实施"走出去"战略,尽快完成"走出去"的国际布局和通道建设。二是落实"十一五"文化发展纲要,抓好重大工程项目建设。切实把已经上马的国家数字复合出版系统工程、数字版权保护技术研发工程组织实施好,抓紧落实中华字库工程、国家知识资源数据库工程的立项、建设工作。三是积极鼓励和推动技术创新,构建覆盖广泛、传输快捷的新闻出版传播体系。制定支持和鼓励应用高新技术推动传统出版传媒业向数字出版转型的措施,通过对优秀原创游戏出版作品和版权创意产品等的扶持和奖励,引导新闻出版业加快内容形式、传播手段创新。四是调整产业结构、优化产业布局。再建5至8家国家级数字出版、动漫出版、网络游戏出版、音乐原创、版权创意等产业基地,积极发展有地方特色和民族文化特色的新闻出版产业群,提高现有基地的水平。以改造传统出版产业、发展新兴出版产业为基础,抢占多媒体、网络数字等新的出版阵地,拓展新的传播渠道。

五、进一步加强和改进行政管理,创新管理手段和 方法,不断提高依法行政的能力和水平

要坚持与时俱进,积极探索做好新形势下的新闻出版管理工作,进一步转变政府职能,创新服务发展的行政管理方式和手段。一是全面实施新闻出版企业(法人)准入、产品准入、职业准入、岗位准入等"四大准入"制度;全面实施出版单位的分类管理,以等级评估为基础建立退出机制;全面实施书号网上实名申领,以强化管理,服务

基层,有效杜绝买卖书号问题;进一步改革行政审批制度,健全"集中办理"工作机制,实现阳光政务。二是按照中办发〔2008〕27 号文件精神,进一步健全报刊管理制度,特别是针对小报小刊小、散、滥的现象,努力克服工作中存在的失之于宽、失之于软的问题,采取切实有力措施来加强管理、优化结构,努力形成健康向上的报刊市场秩序。要加大力度规范新闻采访秩序,在重视和支持舆论监督的同时,进一步加强对"假报刊、假新闻、假记者站、假记者"和"有偿新闻、虚假新闻、低俗之风、不良广告"的整治,着力研究遏制假新闻的长效机制,探索建立报道假新闻的新闻单位要对造假作出更正,向社会公开道歉的制度以及对报道假新闻的记者记录在案的新闻采编人员惩戒机制。尽快完善并实施报刊准入和退出机制,形成优胜劣汰、违规出局的长效管理机制。三是进一步加大对涉及未成年人身心健康出版物的出版监管力度,努力防止不良出版物流入市场。继续坚持不懈开展"扫黄打非"斗争,不断建立和完善出版物市场监管的长效机制,把"扫黄打非"贯穿到现代化建设的全过程。

六、采取切实措施,加快"走出去"步伐,进一步提高 我国出版产业的国际竞争力和影响力

当前,新闻出版行业肩负的牢牢占领国内市场和"走出去"开拓国际市场的双重任务十分繁重,提高新闻出版产业国际竞争力的要求更加迫切。一是要制定实施新闻出版业"走出去"中长期规划,着力打造一批具有国际竞争力的外向型出版发行企业,开展国际合作和跨国经营,实现出版企业在国外的落地和本土化。二是要通过市场化运作的方式推动更多的出版产品"走出去",着力打造具有自主知识产权和核心竞争力的知名品牌,推动更多新闻出版产品参与国际文化市场竞争,努力扩大我国出版物产品在国际市场的份额,逐步

改变出版贸易逆差的局面。三是要认真谋划、精心准备,举全行业之力办好 2009 年法兰克福国际书展主宾国活动,用更多适合国外主流社会阅读的出版物,全面展示、有效推广中国文化,力争把这一活动办成国际文化交流和出版"走出去"的样板,进一步提高我国新闻出版业在国际出版市场的影响力和竞争力。

七、进一步加强自身建设,切实抓好党的建设、队伍建设和党风廉政建设工作,不断提高新闻出版队伍的凝聚力和战斗力

要认真组织学习贯彻胡锦涛总书记在十七届中央纪委第三次全会上的重要讲话精神,按照加强党性修养、树立和弘扬良好作风的要求,全面加强自身建设,通过进一步加强组织建设、政治建设、业务建设、作风建设、党风廉政建设,努力培养一支政治强、业务精、纪律严、作风硬的干部队伍,服务基层,服务人民。一是进一步加强党的建设。建立健全基层党组织抓党建工作机制,推动基层党组织活动内容和方式创新。二是以改革创新的精神建设高素质的队伍。进一步树立正确用人导向,落实民主、公开、竞争、择优选拔干部机制,加大竞争性选拔领导干部的力度;进一步建立有利于推动科学发展的领导班子和领导干部考核评价机制;进一步建设体现科学发展观要求的干部教育培训体系,建立健全干部交流制度;进一步加强干部选拔任用的监督检查;进一步深入实施领军人才工程,抓紧培养复合型、创新型等行业急需人才,造就新闻出版的名家、大家。三是扎实推进惩防体系建设,抓好廉政工作。坚持贯彻《中共新闻出版总署党组贯彻落实〈建立健全惩治和预防腐败体系 2008—2012 年工作规划〉的实施意见》,落实好"一岗双责"和党风廉政建设责任制,建立完善巡视工作制度,加强对执行党的政治纪律、贯彻落实科学发展观、领

导干部作风建设等情况的监督检查,加大对重大出版文化工程的监督力度。进一步扩大党内民主,推行党务公开和政务公开。四是切实增强服务意识,花大气力狠抓农家书屋工程、少数民族文字出版工程和全民阅读工程等基层民生文化建设,面向基层、面向群众开展服务。五是继续加强行业精神文明建设,以获得全国精神文明建设工作先进单位为契机,保持荣誉,再接再厉,不断开创新闻出版行业创建精神文明建设的新局面。

八、加强领导,明确责任,突出重点,狠抓落实

各地新闻出版部门、总署机关及署直各单位,要把贯彻落实好李长春同志重要讲话精神,作为当前工作的一项重要任务来抓。一是加强领导,认真组织学习,深刻领会讲话精神。各部门、各单位领导干部要带头学习讲话精神,将讲话精神及时向下传达贯彻,组织认真学习,通过学习领会讲话精神,提高认识,统一思想,做好实际工作。二是明确责任,突出重点,切实抓好落实。要把李长春同志对新闻出版工作的要求逐项研究细化,分解到相关部门,明确责任人,一项一项抓好落实。三是加强监督检查,确保重点工作抓出成效。总署将在年中对各部门、各单位贯彻讲话精神情况进行监督检查,各部门、各单位要在年底前就贯彻落实讲话精神情况写出报告,随后总署党组再根据情况研究制订继续贯彻落实的意见和措施。总之,要确保李长春同志重要讲话精神落到实处。

中共新闻出版总署党组关于新闻出版总署（国家版权局）开展深入学习实践科学发展观活动情况的总结报告

（2009 年 2 月 26 日）

按照党中央的统一部署,新闻出版总署（国家版权局）于 2008 年 10 月 13 日至 2009 年 2 月 26 日,集中开展了深入学习实践科学发展观活动。总署党组认真贯彻中央的精神,坚持把学习实践活动作为一项重大政治任务和推动新闻出版业科学发展的重要契机,加强领导,精心组织,周密安排,狠抓落实。在中央第十一指导检查组和中央国家机关工委的指导下,紧密联系新闻出版工作实际,明确了贯穿"一条主线"、推进"三大转变"、以"五大工程"为支撑的学习实践活动载体,扎实推进学习调研、分析检查、整改落实三个阶段十一个环节的工作。总署机关 16 个司（厅、办）、8 个直属事业单位共 62 个党支部、860 余名党员干部全身心投入学习实践活动,在学习科学理论,提高思想认识,深入分析检查,解决突出问题,增强活动实效,提高行政能力,推动科学发展等方面下功夫。通过学习实践活动,署直系统党员干部的思想观念有了新转变,工作作风有了新改进,执行能力有了新提高,制度机制建设有了新成果,各项工作有了新进展,实现了党员干部受教育、科学发展上水平、人民群众得实惠的目标。

中共中央政治局常委李长春同志,中共中央政治局委员、中央书记处书记、中宣部部长刘云山同志,中共中央政治局委员、国务委员刘延东同志于 2009 年 1 月 16 日来新闻出版总署检查指导工作时,充分肯定了总署开展深入学习实践科学发展观活动取得的成效。李长春同志指出,总署通过开展学习实践活动,"在解放思想、转变观念上取得了明显成效,在加强调查研究、深入查找问题上取得了明显成效,在制定整改措施、明确努力方向上取得了明显成效,受到了各方面的好评"。李长春同志在《中共新闻出版总署党组贯彻落实科学发展观情况的分析检查报告》上批示,"很好,望抓好落实,真正做到以科学发展观统领新闻出版业的改革创新,做到又好又快发展"。刘云山同志批示,"抓得认真,分析检查报告写得很好,希望认真抓好落实"。

中央第十一指导检查组、中央协调二组对总署学习实践活动的特色和亮点给予了高度评价,认为总署学习实践活动抓得认真,抓出了成效。中央学习实践活动领导小组两次专刊转发总署边学边改、边查边改,为群众办实事办好事的做法。中央各主流媒体播发总署学习实践活动报道 60 余篇,为新闻出版战线的学习实践活动营造了良好的舆论氛围。大家一致认为,新闻出版总署学习实践活动组织领导得力,部署得当,工作扎实,成效显著。群众满意度测评显示,满意的占 92.15%,满意和比较满意达到 100%。

一、学习实践活动的基本情况和主要做法

在学习实践活动中,我们始终紧扣主题,突出重点,密切结合新闻出版工作实际,创造性地开展工作,具体概括有五个方面:

(一)强化理论武装,在提高思想认识上下功夫

针对署直系统部分同志中存在的安于现状不思进取、畏首畏尾不敢改革、因循守旧不会创新的突出问题,我们在学习实践活动中首先着眼解决思想观念问题,切实强化理论武装工作。一是踏踏实实

学习领会中央精神和规定书目。组织各级党组织和广大党员认真学习党的十七大和十七届三中全会精神,学习胡锦涛总书记在纪念党的十一届三中全会召开 30 周年大会上的重要讲话和中央经济工作会议、全国宣传部长会议精神,学习党中央指定的"三本书"及中央领导同志有关重要讲话精神,学习李长春同志《深入学习实践科学发展观,推动社会主义文化大发展大繁荣》理论文章及其到总署指导检查工作时的重要讲话精神。对署直系统处级以上干部进行了全员轮训,分三期轮训党员干部 426 名,先后组织 4 次党组中心组理论学习扩大会、5 场专家学者专题报告会、3 场理论学习交流会,总署党组成员分别在全体公务员大会、理论学习扩大会、活动联系点座谈会上作理论辅导,34 名司局级领导干部作了大会主题发言。加强对学习情况的督促检查,在学习调研阶段,对各级党组织理论学习情况进行抽查;在春节期间,开展"读一读"、"访一访"、"想一想"活动;在活动收尾时全面查阅党员干部的读书笔记、学习体会文章,举办了署直系统理论学习成果展。二是深入推进解放思想大讨论。以"解放思想,深化改革,促进新闻出版业科学发展"为主题,组织总署党组成员、机关司局级领导干部、直属单位领导班子成员和处级以上党员干部,分 3 次开展解放思想大讨论,在解放思想中统一思想,在统一思想中深化科学发展意识。三是加强舆论宣传引导。认真做好全面阐释科学发展观理论读物和普及性读物的出版发行工作,积极为全党深入开展学习实践活动营造舆论氛围,提供思想理论阵地和文化条件。在总署门户网开设专题网站,在《中国新闻出版报》开辟系列专栏,及时反映学习实践活动情况。活动期间,刊载署直系统学习情况报道和心得体会文章 300 余篇,编发专题简报 117 期。

(二)找准突出问题,在深入分析检查上下功夫

找准问题、分析成因、明确整改方向是学习实践活动取得实效的关键所在。一是深入开展"十行百家"专题调研。总署党组成员分

别带队,从新闻出版系统报纸、期刊、图书、音像电子、网络、印刷、发行、工作室、进出口、行政版权等十个行业入手,深入300多个新闻出版基层单位开展调研。"十行百家"调研发出调查问卷两千余份,与240家不同类型、不同所有制新闻出版单位的干部职工进行座谈,基本覆盖了新闻出版的主要地区、主要行业和主要企业,形成了14篇、6万余字的调研报告专集。调研成果得到了中央第十一指导检查组和业内人士的充分肯定。二是广泛征求意见建议。坚持"走出去、请进来",依靠群众找差距,召开不同类型的座谈会80多个,通过调查问卷、网上专栏、征求意见函、请专家把脉等形式,征求到意见建议1000多条,合并整理为六个方面391条意见建议,并汇编成册。总署党组成员就全民阅读、文化环保、农家书屋、出版产业改革与发展、少数民族文字出版工作等,分别召集50多个单位的130多人座谈征求意见。在署直系统举办"我为新闻出版业科学发展建一言"有奖征文活动,对评选出的5个单位、36篇征文进行了表彰奖励。三是认真组织专题民主生活会。就总署党组专题民主生活会的学习内容、谈心交心、征求意见、发言准备等专门下发通知,明确了"谈体会要新、查问题要准、找原因要深、定措施要实、提建议要诚"的具体要求。每位党组成员会前与其他党组成员和分管联系点负责同志谈心交流、征求意见百余人次。总署党组专题民主生活会紧紧围绕贯彻落实科学发展观,认真总结党组工作和自身建设情况,既肯定成绩,又正视问题,针对查找出的思想还不够解放、改革创新的意识还不够强;服务经济社会发展大局做得还不够好;推动新闻出版业科学发展还不够扎实有力;在体制机制方面还存在着影响和制约新闻出版业科学发展的障碍;党性、党风、党纪建设还不够深入扎实等五个方面的问题,总署党组从理论联系实际的学习能力、对客观规律的把握能力、科学民主的决策能力、依法办事的行政能力、狠抓落实的执行能力等五个方面剖析了主客观原因特别是主观原因,形成了《中共新闻出版总署党组贯彻落实科学发展观情况的分析检查报告》,进一步明确了今后的工作思路和努力方向。署直系统各单位党支部也充分利用专题民主生活会这一有效形式,深入查找和分析班子和个人存在的突出问题,明确了整改目标和具体整改措施,取得很好效果。

（三）抓好整改落实,在解决突出问题上下功夫

针对总署直署系统工作存在的对新情况新问题及时跟进研究不够,创新管理意识不强,战略谋划较为薄弱和制度机制不健全等突出问题,总署党组旗帜鲜明地把构建符合科学发展观要求的体制机制作为学习实践活动的核心任务,认真解决突出问题,努力完善和创新新闻出版改革发展管理机制。一是科学制定整改落实方案。按照党中央"四明确、一承诺"要求,针对查找出的影响科学发展的五个方面突出问题,制定目标明确、时限清晰、责任到位、措施具体的整改落实方案。既抓突出问题的解决和体制机制的创新,又抓思想观念的转变和行政执行力的提高;既抓 2009 年 2 月底前能够完善的制度和解决的问题,也抓 2009 年 12 月底前和党的十八大召开前需要解决的中长期问题,对制定的整改落实措施,逐项明确负责的总署领导、责任单位和责任人、完成时限等,强化绩效考评机制和工作目标责任制,确保整改措施落实到位。二是坚持边学边改、边查边改。对看得准、具备解决条件的问题,总署党组及时制定出台《新闻出版总署深入学习实践科学发展观活动"边学习边整改、办实事办好事"工作方案》,切实加以整改。例如,在整顿新闻采访秩序工作中,将山西"封口费"问题查处结果通报全国,切实维护新闻采访工作正常秩序;修改完善《新闻出版总署行政审批集中办理工作规程》,明确行政审批"集中受理、集中办理、统一回复"的工作模式和"规范流程、限时结办、一次告知"的便民服务模式,进一步完善行政审批运行机制。三是抓好制度的立、改、废。围绕加强宏观调控、强化行政执法和维护群众文化权益等方面问题的解决,积极开展制度的立、改、废,推动《出版管理条例》、《音像制品管理条例》、《印刷业管理条例》等主体

制度的改革,对与相关部门配合制定、总署自己制定的规范性文件认真进行调研,学习实践活动期间,清理废止了41件不符合科学发展观要求的规章和规范性文件,并向社会公布,受到各界好评。四是切实为群众做好事办实事。学习实践活动开展期间,正值岁尾年初,总署领导和有关部门深入扶贫联系点访贫问苦、捐款捐物。总署切实为扶贫联系点山西平顺县、壶关县部分中小学解决读书读报难的突出问题;为离退休老同志和部分职工解决工作和生活方面的困难,使学习实践活动深入人心,温暖人心。

(四)创新形式载体,在增强活动实效上下功夫

坚持紧扣党的活动主题,突出部门特色,加强整体设计,把握关键环节,确保学习实践活动环环相扣,整体推进。一是找准定位,明确载体。立足早行动、早准备、早安排,在活动筹备期间,我们主动与中央国家机关工委沟通,赴江苏省新闻出版系统学习试点经验,对总署各级领导班子建设情况进行摸底分析,充分听取基层党组织的意见,提前筹划活动方案,确立了贯穿"一条主线"、推进"三大转变"、以"五大工程"为支撑的学习实践活动载体。活动载体突出了新闻出版工作"两方面光荣而艰巨的工作任务",找准了新闻出版工作和"四位一体"总体格局的结合点,达到了统一思想、凝聚人心,明确目标、振奋精神的效果。二是建立健全领导机构、组织构架和工作格局。明确党组、党委(支部)书记为第一责任人,分管领导为直接责任人,切实担负起活动开展的领导责任。党组成员按照职责分工和定点联系制度,以点带面,对学习实践活动进行全程指导。活动领导小组办公室建立总署机关、署直单位双向督导机制和联络员会议及联系报告制度,7次召开联络员会议,在活动的组织上做到责任明确,上下畅通,有序有效推进。三是搭建活动平台,力求形式创新。紧紧抓住署直系统工作特点,细化活动每个阶段的进度安排,既有原则要求,又有灵活掌握,着力在提高针对性和实效性上下功夫。例

如:创造性地开展"十行百家"专题调研,深入查找问题,深刻分析原因,明确整改思路;举办有奖征文、设立意见箱、在总署门户网站开设"网上评议台"、开辟报刊专栏等,提供建言献策平台,关注民意、倾听民声、汇聚民智;组织"学习讲坛"、交流研讨、工作座谈、参观抗震救灾展览等,丰富活动手段,延伸活动内容,扩大受众覆盖面,取得了良好效果。

（五）坚持两手抓,在推动科学发展上下功夫

坚持统筹兼顾的根本方法,以优质高效的业务工作推动学习实践活动,以扎实有效的学习实践活动促进业务工作,形成了二者相互促进、相互推动的良好互动局面。一是将学习实践活动与落实中央重大决策部署紧密结合。把学习实践活动与学习贯彻胡锦涛总书记在纪念党的十一届三中全会召开 30 周年大会上的重要讲话精神和谋划纪念新中国成立 60 周年重点出版主题紧密结合起来,营造继续解放思想、坚持改革开放、推动科学发展、促进社会和谐的良好氛围。贯彻落实中央经济工作会议精神以及中央进一步扩大内需、保持经济平稳较快发展的政策措施,制定并组织实施新闻出版业应对当前严峻经济形势工作方案,把新闻出版保增长、保民生、保稳定各项任务落到实处。落实了汶川地震灾后恢复重建对口支援工作,援建项目 4490 多个,资金已到位 14 亿多元。二是将学习实践活动与建立健全新闻出版工作机制紧密结合。在 2009 年 1 月 12 至 13 日召开的全国新闻出版局长会议上,总署党组明确 2009 年为新闻出版改革发展攻坚年,并部署了六个方面的 26 项工作任务。针对新闻出版工作存在的问题,总署党组以改革创新的精神,结合行业实际,着手健全推动行业改革发展的新机制:不断深化理论学习,围绕党员干部受教育,形成围绕大局、服务中心的导向机制;深入开展调查研究,围绕科学发展上水平,形成以改革创新促进发展的动力机制;认真听取群众意见,围绕人民群众得实惠,形成面向基层、服务人民的保障机制;

坚持边学边改,围绕职能转变见成效,形成以科学管理服务发展的管理机制。三是将学习实践活动与强化党性、党风、党纪建设紧密结合。深入贯彻落实胡锦涛总书记在中央纪委十七届第三次全会上的重要讲话精神,把加强领导干部党性修养、树立和弘扬优良作风作为党性、党风、党纪建设的重要任务,完善用权、用人、用钱等关键环节的监督制度,坚决纠正行业各种不正之风,努力拓展从源头上防治腐败的工作领域。

二、学习实践活动的新成效和新经验

经过署直系统上下共同努力,总署学习实践活动基本上达到了党中央提出的提高思想认识、解决突出问题、创新体制机制、促进科学发展的要求,获得了新认识,推动了新实践,取得了新成效,创造了新经验。

(一)在解放思想中转变观念,牢固确立科学的新闻出版发展理念

通过集中学习和大讨论,广大党员干部的思想受到了触动,认识有了新的提高。一是对新闻出版工作更好地服务科学发展的认识有了新提高。广大党员干部受到了一次深刻的中国特色社会主义理论体系的教育,进一步加深了对科学发展观的科学内涵、精神实质和根本要求的理解,增强了贯彻落实科学发展观的自觉性和坚定性。大家认识到,科学发展观不是看不见、摸不着的抽象概念,它是具体的、科学的行动指南,就在身边,就在鲜活的工作实践中,与我们的思想和工作息息相关,是需要实实在在付诸实施的思想革命和科学实践。特别是对于高举旗帜是新闻出版工作的灵魂和方向,围绕大局是新闻出版工作的首要任务,服务人民是新闻出版工作的根本宗旨,改革

创新是新闻出版工作的动力源泉这一党对宣传思想文化工作的总要求，署直系统广大党员干部统一了思想、形成了共识。二是发展意识和抢抓机遇的意识越来越强。在学习实践活动中，我们既看到了党的十六大以来贯彻落实科学发展观取得的显著成就，也认识到了当前国际国内政治经济发展新形势下新闻出版业改革发展面临的机遇和挑战，更深刻地认识到了新闻出版工作中存在的矛盾和突出问题。一心一意谋发展、围绕发展抓改革的理念深入人心；抢抓机遇、破解难题、推动科学发展的意识越来越强烈。三是进一步形成了以科学的新闻出版发展理念推动行业又好又快发展的共识。广大党员干部对科学的新闻出版发展理念认识上更加明确，实践上更加坚定。对科学的新闻出版发展理念的认识，概括起来就是"九个明确"：在新闻出版的地位和作用上，进一步明确是党的意识形态的重要阵地，是传承民族文化的重要载体，是文化产业发展的主力军，是中国特色社会主义事业总体布局的重要组成部分，在巩固舆论阵地、传承中华文明、培育民族精神、提高公民素质、促进经济增长、增强综合国力、参与国际文化竞争、推动社会全面进步等方面具有基础性、战略性作用。在新闻出版的发展方向上，进一步明确必须始终坚持马克思主义在意识形态领域的指导地位，坚持社会主义先进文化前进方向，建设面向现代化、面向人民大众的社会主义新闻出版业，更加自觉、更加主动地推动社会主义文化大发展大繁荣。在新闻出版的发展目的上，进一步明确要坚持以人为本，贴近实际、贴近生活、贴近群众，不断满足人民群众日益增长的精神文化需求，保障人民群众基本文化权益。在新闻出版的发展动力上，进一步明确改革创新和科技进步是根本动力，坚决破除制约发展的体制机制障碍，坚持改革开放，推动技术进步，不断解放和发展新闻出版生产力。在新闻出版的发展思路上，进一步明确要落实两个"两手抓"，即一手抓公益性新闻出版事业，一手抓经营性出版产业，建立惠及全民的新闻出版公共服务体系，提高我国新闻出版的整体实力；坚持一手抓繁荣、一手抓管理，切实加强监管与服务,保证新闻出版业全面协调健康发展。在新闻出版发展格局上,进一步明确要形成以公有制为主体、多种经济成分共同发展的新闻出版产业格局和以民族文化为主体、吸收外来有益文化、推动中华文化走向世界的新闻出版开放格局,走中国特色社会主义新闻出版发展之路。在新闻出版发展战略上,进一步明确要通过深入实施新闻出版业精品战略、集约化战略、科技兴业战略、人才战略和"走出去"战略,大力提升党的舆论引导能力、国家文化软实力和行业科学发展能力,努力扩大中国出版文化的国际影响力。在新闻出版的领导上,进一步明确要始终坚持党对新闻出版工作的领导,切实加强各级党组织、各级领导班子和队伍建设,确保党对新闻出版工作的宏观控制力。在新闻出版发展保障上,进一步明确要通过推动思想观念、体制机制、增长方式、政府职能等方面的转变,完善规章制度,推动人才队伍建设,最大限度地调动人民群众的创造精神和发挥新闻出版工作者的积极性、主动性、创造性。

(二)把发展作为第一要务,实施"五大发展战略",有力推进新闻出版行业又好又快发展

坚持把推进新闻出版行业又好又快发展作为第一要务,破除思想观念和体制机制障碍,通过实施"五大发展战略"推动新闻出版行业增长方式的进一步转变,新闻出版业在文化软实力中的地位得以提高。一是继续推进精品战略。以名社、名品、名店为依托,下大力气培育具有自主知识产权、有市场影响力的新闻出版品牌,推动编辑出版了一批以《强国之路》书系为代表的社会主义核心价值体系通俗化、大众化读物和弘扬主旋律的精品力作。二是深入实施集团化战略。加大行业兼并重组力度,打破地区行业限制,鼓励做强做大,打造了以海南凤凰新华发行有限责任公司、深圳出版发行集团公司为代表的多家跨地区跨行业经营市场主体。三是抓好科技兴业战略的实施。充分利用传媒领域新技术、新载体,推动国家级数字出版、

动漫出版、网络游戏出版、音乐原创、版权创意等产业基地和产业集群建设,推动产业升级和增长方式的转变,一个传输快捷、覆盖广泛的新闻出版传播体系正在建设中。启动"数字复合出版工程"、"数字版权保护技术工程"等数字出版工程,完成了15项国家标准和14项行业标准的修订,互联网出版主阵地建设和传统出版物数字化转型不断加快,强化了主流媒体在新闻出版多元传播格局中的强势地位。四是人才战略初见成效。结合年检完成了6000多名骨干的培训任务,通过培养领军人才、高技术人才和优秀记者、编辑、出版家、出版商带动行业发展。五是大力实施"走出去"战略。在继续推动政府间文化交流的同时,着力打造一批具有国际竞争力的外向型出版传媒企业,扩大了中国出版物和中华文化的国际影响力。通过首尔国际书展中国主宾国活动和法兰克福书展共输出版权1427项,第15届北京国际图书博览会达成版权贸易意向和签订协议11451项,我国出版物已进入190多个国家和地区,中国网络游戏出口超过1亿美元,进入40多个国家和地区。

(三)围绕以人为本这个核心,实施"五大惠民工程",切实保障人民群众基本文化权益

坚持以人为本,把贴近实际、贴近生活、贴近群众,面向基层、服务人民作为新闻出版工作的根本宗旨,努力构建新闻出版业公共服务体系和保障机制。一是加快农家书屋工程实施进度。截至2008年年底,全国已建成农家书屋51657家。随着2008年度中央财政6亿多元专项资金和地方政府13亿元配套资金的到位,预计2009年一季度末,全国建成农家书屋的数量将达到9万家左右。农家书屋工程项目、进度、责任得到进一步落实,监督检查、验收入网等保障工作机制正在完善。二是国家重点出版工程建设全面展开。加大重点出版工程的建设力度,《马克思恩格斯全集》、《列宁文集》、《中华大典》、《二十四史》修订版、《清史稿》、《大辞海》等一批具有重要文

献、文化传承价值、体现时代精神的重大出版项目顺利实施。三是"少数民族新闻出版东风工程"推动工作取得实效，新疆、西藏的有关工程进展顺利。"东风工程"正在向整个少数民族地区、30个民族自治州推进，加大民文出版支持力度，切实保障少数民族群众的基本文化权益，巩固边疆地区文化安全。四是全民阅读工程长效机制逐步建立。将全民阅读工程与农家书屋建设工程相结合，带动社区书屋、职工书屋、民工书屋的建设，形成了相互推动、相互促进的长效机制，在全社会形成了良好的读书风气。五是文化环保工程全面开展。通过加大对涉及未成年人身心健康出版物的审读、审看监管力度，以"扫黄打非"和反侵权盗版为载体，开展天天反盗版、整治互联网低俗之风等专项行动，净化文化环境。2008年，共收缴各类非法出版物8383.7万件，取缔关闭印刷复制企业1420家、非法网站601家、店档摊点4万多个，查办刑事案件328起、行政处罚案件25056起，营造了有利于未成年人健康成长的良好社会文化环境和舆论氛围。

（四）加大力度推动新闻出版体制改革，创新新闻出版业科学发展的体制机制

坚持改革开放的总方针，按中央部署加大力度推进改革，在体制机制创新方面取得重要进展。一是全方位推进新闻出版体制改革。两批85家高校出版单位完成或即将完成体制改革工作，占高校出版社的83%，中央党政部门出版社转制重组工作已经启动，地方70多家出版社实现转企改制，246家图书出版社、上千种经营性报刊成为独立的市场主体。组建了24个出版企业集团公司，30个省级新华书店系统完成转企，49家党报党刊集团实现了宣传编辑和经营生产两分开，培育了一大批合格的文化市场主体。二是进一步探索民营文化工作室的引导、规范、管理机制。长期以来，民营文化工作室一直处于"行业内、体制外"的状况，其在社会主义文化大发展大繁荣中的地位、作用未得到充分展现。通过深入调研，总署党组认为，作

为一种新兴文化生产力,民营文化工作室的作用发挥与否,直接关系到人民群众在文化繁荣发展中的主体地位问题。因此,将通过进一步的制度安排,切实解决民营文化工作室的发展通道问题。三是推动新闻出版业壮大市场主体,做大做强主业。推动形成了一批有实力、有竞争力的骨干出版传媒企业和跨地区、跨媒体经营的战略投资者:江苏凤凰出版传媒集团、四川新华文轩公司、辽宁出版传媒公司、安徽时代出版传媒公司等一批具有较强实力和竞争力的骨干文化企业异军突起;江苏新华发行集团公司在海南、四川新华文轩公司在贵州、辽宁出版传媒公司在内蒙古开展跨地区合作取得实质性进展。出版、发行、报业、印刷、新媒体上市公司达到 27 家,极大地拓展了融资渠道。诚信体系和市场环境建设进一步加强,一个统一开放、竞争有序、健康繁荣的现代出版市场体系正在形成中。

(五)遵循统筹兼顾的根本方法,转变职能,依法行政,不断加强和改善对全行业的服务和管理

坚持把统筹兼顾作为新闻出版工作的根本方法,创新管理机制,形成强大合力,履行政府职能的能力不断加强。一是进一步转变政府职能,依法行政水平得到提高。继续深化行政审批制度改革,取消和下放行政许可事项 30 多项,不断推动新闻出版行政机关由权力型、审批型政府向责任型、法治型、服务型政府转变。二是创新管理手段和方法,新闻出版行政管理创新取得新突破。在完善党委领导、政府管理、行业自律、企事业单位依法运营的宏观管理体制基础上,努力探索新闻出版行政管理的新机制,通过全面实施网上书号实名申领、经营性出版单位等级评估,整合书号、条码、在版编目和取消行政性收费、换发新记者证等措施,探索运用法律、经济、技术、思想政治、市场等多种综合手段应对新闻出版业改革发展管理中出现的新情况新问题,进一步健全服务新闻出版业科学发展的行政保障体系。

（六）以提高领导科学发展的能力为重点，认真抓好领导班子和干部队伍建设

大力弘扬求真务实精神，大兴求真务实之风，牢固树立正确的政绩观，践行全心全意为人民服务的宗旨，署直系统各级党组织坚持科学发展观的党性原则，推进党的建设取得新进展。一是各级领导班子思想政治建设成效显著。坚持不懈地抓好中国特色社会主义理论体系的学习，总署党组班子和广大党员干部马克思主义理论水平和运用科学理论解决新闻出版工作实际问题的能力进一步提高。按照科学执政、民主执政、依法执政的要求，修订完善《新闻出版总署党组工作规则》，健全总署党组议事和决策机制，进一步明确总署党组会议、署务会议、署长办公会议事规则等一系列集体领导制度，提高了总署党组的民主决策水平和工作效率。二是党员干部党性、党风、党纪意识不断提高。坚持把贯彻落实科学发展观和推进惩防体系建设紧密结合起来，坚持把贯彻落实科学发展观和加强党性修养、树立和弘扬优良作风紧密结合起来，按照胡锦涛总书记在中纪委十七届第三次全会上的重要讲话精神，贯彻《中共新闻出版总署党组关于加强和改进总署直属机关作风建设的实施意见》，大力弘扬求真务实、艰苦奋斗精神，切实加强各级党员领导干部的党性修养，着力在署直系统各单位形成强化五个方面作风建设、树立八个方面良好风气的浓厚氛围。坚持抓党风带政风促行风，深入开展创先争优活动，总署机关再次被评为全国精神文明建设先进单位、中央国家机关精神文明建设标兵。三是基层党组织的凝聚力和战斗力得到进一步增强。按照"两手抓、四同步"的工作思路，坚持"一岗双责"制度，形成了加强领导班子和干部队伍思想政治建设与推进各项事业发展的合力。健全完善总署加强机关党建工作机制、党员经常性教育机制、听取群众意见和整改提高机制，落实总署党组《关于建立党建工作联系制度的意见》、《总署机关党支部绩效考核办法》等有关规定，确保署直系统各级领导班子思想政治建设有章可循，长期坚持，富有成

效。四是机关作风建设效果明显。坚持高标准、严要求、快节奏的共识大大提高,工作责任心和主动性不断增强。修改完善《新闻出版总署工作规则》,探索建立与科学发展观要求相符合的新闻出版行政绩效与考评机制,切实提高机关效率和行政执行能力,政府的行政执行力和公信力得以提高。学习实践活动开展期间,恰逢总署机关办公地址搬迁。总署党组抓住契机,结合搬迁及新办公楼的启用,进一步推进署直机关精神文明创建工作,营造积极向上、和谐发展的机关文明环境。不少同志在学中干,在干中学,努力提高自身业务素质。重点工作扭住不放,一抓到底;工作质量精益求精,务求成效的观念深入人心。

回顾总结总署开展学习实践活动的情况,我们感到,有以下六个方面的经验:

(一)提高思想认识、加强组织领导,是学习实践活动取得实效的重要基础

只有在思想上真正对科学发展观的科学内涵、精神实质和根本要求提高了认识,才能充分认识到在全党开展深入学习实践科学发展观活动的重要性、必要性和紧迫性,增强贯彻落实科学发展观的自觉性和坚定性,才能进一步把科学发展观转化为推进科学发展的坚强意志、谋划科学发展的正确思路、领导科学发展的实际能力、促进科学发展的政策措施,切实解决好新闻出版业发展中的不平衡、不协调、不可持续的问题,切实解决好新闻出版业服务民生的问题,使新闻出版工作更加符合科学发展观的要求,新闻出版业走上科学发展的轨道,实现又好又快发展。

(二)继续解放思想、推动观念创新,是学习实践活动取得实效的根本前提

贯彻落实科学发展观的过程就是不断解放思想、改革创新的过

程。发展观念的更新、发展思路的转变、发展难题的破解、发展模式的转型以及体制机制的建立健全,都离不开解放思想,离不开改革创新。要坚持实践探索,努力在实践中尝试,在实践中闯,这样才能从旧的不适应科学发展的思想窠臼中解放出来,从根本上解决影响和制约科学发展的突出问题。要坚持大胆创新,使大量在实际工作中形成的好的做法规范化,从思想层面走到实践层面,形成可操作的制度政策和具体举措,真正实现新闻出版业科学健康发展。

（三）突出实践特色、解决突出问题,是学习实践活动取得实效的根本途径

学习实践科学发展观就要知行合一、理论联系实际。我们注重突出实践特色,着力探索实践、推动实践、总结实践。探索实践就是主动对群众反映强烈、影响新闻出版业科学发展的突出问题进行深入调研,切实解决难题;推动实践就是通过多项政策措施的出台及时推动各项工作;总结实践就是及时总结和提炼实践中的有效做法和成功经验。同时,突出新闻出版行业特色,增强针对性和实效性,着力推进署直系统各单位的制度创新、机制创新,确保建立长效机制,推动学习实践活动取得实实在在的成果。

（四）坚持领导带头、发挥表率作用,是学习实践活动取得实效的关键环节

开展学习实践活动,关键在领导,责任在班子。总署党组对开展学习实践活动高度重视,党组多次召开会议反复研讨,设计方案、明确载体、建立机构、全程指导,推动活动的深入开展。总署党组同志、机关司局级领导干部和署直各单位领导班子成员带头学习,带头讨论,带头解放思想,带头撰写心得体会,带头调研,带头撰写分析检查报告,带头接受群众评议,做学习实践科学发展观的先行者、组织者、推动者。离退休党员干部积极参加活动,围绕促进科学发展,构建新

体制机制建言献策,做学习实践活动的支持者、参与者、实践者。我们充分调动处级党员干部的积极性,重点安排他们进行调研,听取他们的意见建议。推动署直系统广大团员青年积极参加活动,接受教育,贡献力量,成为学习实践活动的生力军和突击队。由于充分调动了多层面干部的积极性,扩大了活动的参与面和覆盖面,提高了学习实践活动的影响力和辐射力。

(五)坚持群众路线、充分发扬民主,是学习实践活动取得实效的重要保证

群众路线是党的根本工作路线。学习实践活动要紧紧依靠群众、充分相信群众、广泛发动群众,才能找准影响行业科学发展的突出问题和党性、党风、党纪问题,制定出切实可行、操作性强的整改落实方案。总署学习实践活动在制定活动目标、确定活动方案、开展"十行百家"调研、解放思想大讨论、请各界进行评议、开展满意度测评等各个环节,都广泛深入听取群众意见,充分尊重群众的参与权,接受群众的监督,把群众满意程度作为衡量活动成效的重要依据和准绳。实践证明,只有坚持群众路线,切实解决群众反映强烈的突出问题,努力创新面向基层、服务群众的体制机制,切实为人民群众办实事办好事,才能得到群众的拥护。

(六)加强舆论引导、营造健康氛围,是学习实践活动取得实效的重要条件

按照党中央的统一部署,总署党组一方面突出行业特色和部门特点,深入开展好署直系统各单位自身的学习实践活动;另一方面,充分发挥新闻出版行业图书、报刊、广播、电视、互联网等传播媒体的重要作用,采取多种形式大力宣传科学发展观,宣传开展学习实践活动的重大意义,宣传学习实践科学发展观的先进典型,及时总结和推广学习实践活动中的好做法、好经验,报道学习实践活动取得的成

效,在推动新闻出版行业学习实践活动深入开展的同时,为全党深入开展学习实践活动营造了良好的氛围。

应该看到,总署学习实践活动虽然取得了明显的成效,但与党中央的要求和人民群众的期待相比,还存在一些不足和问题,主要是存在着三个"不平衡":一是在深化理论学习上,存在着党员干部思想认识水平不平衡的问题;二是在解决突出问题上,存在着署直系统单位间边学边改、边查边改进展不平衡的问题;三是在业务工作与学习实践活动的统筹安排上,存在着学习实践活动开展深入程度不平衡的问题。对这些问题,总署党组高度重视,将在整改落实和"回头看"工作中,通过建立健全学习实践科学发展观的长效机制和对突出问题的整改,认真研究解决,确保学习实践活动取得实效。

三、巩固扩大学习实践活动成果的主要措施

学习实践科学发展观是一项长期战略任务,具有长期性、艰巨性和复杂性,必须持之以恒、常抓不懈,建立健全长效机制。我们将按照党中央的统一部署,根据新形势新要求,巩固和扩大整改成果,扎实工作,努力实现新闻出版业全面协调和健康快速可持续发展。主要方向是:高举中国特色社会主义伟大旗帜,以邓小平理论、"三个代表"重要思想和科学发展观为指导,认真贯彻落实党的十七大和十七届三中全会精神,认真学习胡锦涛总书记在纪念党的十一届三中全会召开30周年大会上的重要讲话,深入贯彻落实中央经济工作会议和全国宣传部长会议精神,高举旗帜、围绕大局、服务人民、改革创新,牢固树立科学的新闻出版发展理念,进一步巩固和深化学习实践活动成果,以解放思想、深化改革、推进新闻出版业科学发展为主线,深化"三个着力",构建"六个机制",实现"三个转变",切实抓好整改方案的落实,推动新闻出版业又好又快发展。当前和今后一个

时期,重点抓好以下几个方面的工作:

（一）加强领导,进一步把整改方案落实到位

一是明确职责分工,加强组织协调。要把整改落实方案的实施同做好今年乃至今后一段时期内新闻出版各项工作有机地结合起来,形成党组统一领导,有关部门各司其责、密切配合,齐抓共管、狠抓落实的工作局面。有关党组成员每季度要召开一次工作会议,通报情况,研究问题,部署任务。二是明确责任单位,加强督促检查。对整改落实方案明确需要解决的问题和已整改落实的内容要公示,接受群众监督。要采取挂牌督办、现场会办、限时办结等办法,推动突出问题得到有效解决。总署办公厅作为整改落实方案落实情况的督察单位,将针对各单位整改落实项目落实情况,开展专项督察。按照总署工作绩效考评的有关规定,对没有完成或者完成效果不理想的项目,切实追究相关责任单位、责任人的责任,确保学习实践活动整改方案的落实。三是坚持实事求是,务求取得实效。要坚持从实际出发,扎扎实实抓整改、办实事、解难题、促发展。既要防止畏难情绪、无所作为,又要避免搞形式主义、短期行为和"花架子"。

（二）固化学习实践活动成果,建立健全促进新闻出版业科学发展的制度机制

要总结发扬学习实践活动取得的有益经验,通过建立健全制度措施推动新闻出版业又好又快发展。一是健全理论学习制度。继续推进学习型党支部、学习型机关创建活动,深入探索和创新有效的学习形式和载体,要带着新情况新问题和新任务探索性地学,在贯彻落实科学发展观的实践中创造性地学,通过学习架起一座主观世界与客观世界相联系、知与行相统一的桥梁,真正使科学理论内化为党员干部的世界观和方法论,指导实践和工作,推动新闻出版业的科学发展。二是建立健全推动新闻出版业科学发展的新制度新措施。围绕

新闻出版业改革发展服务管理等诸项工作任务,梳理现有规章和规范性文件,总结和提炼实践中的有效做法和成功经验,着力推进署直系统的制度创新、机制创新,完善新闻出版工作服务经济社会科学发展、推进新闻出版业繁荣发展的导向机制、调控机制、动力机制、服务机制、行政机制和协调机制,努力在继续解放思想上迈出新步伐,在坚持改革开放上实现新突破,在推动科学发展上取得新进展,在促进社会和谐上见到新成效。三是加强机关制度建设。进一步贯彻落实《中共新闻出版总署党组关于加强和改进总署直属机关作风建设的实施意见》,完善《新闻出版总署工作规则》,鼓励机关同志树立与时俱进的思想观念、昂扬奋进的精神状态和雷厉风行的工作作风,通过健全完善干部的培训、考核、任用、巡视和监督制度,为干部的学习进步创造机会、搭建平台,形成鼓励勤于学习思考、勇于开拓创新、善于真抓实干的导向,为贯彻落实科学发展观提供思想、组织和人才保障。

(三)加强改进和创新党的建设,努力增强党员干部推动新闻出版业科学发展的坚强意志和实际能力

坚持以党的执政能力建设和先进性建设为主线,推动各级党组织和广大党员干部在学习和实践中,不断提高推动新闻出版业科学发展、促进社会和谐发展的能力。一是切实加强领导班子建设。按照"两手抓、四同步"的工作思路和"一岗双责"的制度要求,从增强班子合力、提高决策能力、贯彻执行民主集中制等党内政治生活制度等方面,加强思想理论、根本宗旨、民主集中制、道德品质和廉洁从政建设,切实提高总署各级领导班子及其成员的思想政治素质,把总署各级领导班子建设成为政治坚定、团结实干、勤政廉洁、务实为民的坚强领导集体。二是进一步加强和改进署直系统作风建设。认真贯彻落实胡锦涛总书记在中纪委十七届第三次全会上的重要讲话精神,切实加强各级党员干部的党性修养,树立和弘扬优良作风,坚持

讲党性、重品行、做表率，提高拒腐防变和抵御风险能力。按照"对内形成好风气、对外树立好形象"的要求，切实改进领导作风和工作作风，确保各项决策部署落实到位。三是努力建设高素质干部人才队伍。加大竞争性选拔干部的工作力度，深化干部选拔任用监督各环节的制度改革，形成体现科学发展观要求的干部考核评价任用体系。抓好学习、教育、培训和实践锻炼等几个关键环节，不断提高党员干部依法行政、科学管理、服务行业发展、建设社会主义先进文化的能力。创新人才激励机制，完善人才流动机制，深入实施领军人才工程，努力建设一支适应形势发展要求的新闻出版工作队伍，为推动新闻出版业又好又快发展提供干部人才保障。

学习实践活动激发改革创新活力　新闻出版行业形成科学发展的新体制新机制

——新闻出版总署开展深入学习实践科学发展观活动的几点做法

新闻出版总署党组在深入开展学习实践科学发展观活动中，深刻认识到贯彻落实科学发展观，关键在于建立健全推动新闻出版行业科学发展的体制机制，提高领导新闻出版行业又好又快发展、促进经济社会科学发展的能力。在活动开展之初，总署党组确立了贯穿"一个主线"、推动"三大转变"、以"五大工程"为支撑的学习实践活动载体，边学边改、边查边改，在体制机制的改革创新方面取得了显著成效，受到李长春、刘云山、刘延东等中央领导同志的充分肯定。2009 年 1 月 16 日，李长春同志在总署调研时指出，总署通过开展学习实践活动，"在解放思想、转变观念上取得了明显成效，在加强调查研究、深入查找问题上取得了明显成效，在制定整改措施、明确努力方向上取得了明显成效，受到了各方面的好评"。他还对刚刚实施的网上书号实名申领等改革给予高度评价，认为这是对新闻出版行政管理体制重大的改革创新。

一、不断强化理论学习，围绕党员干部受教育，努力形成围绕中心、服务大局的新体制新机制

新闻出版总署党组认真组织科学发展观的理论学习活动，把理论学习作为学习实践活动的先导，贯穿始终。要求每个党员干部都必须通读"三本书"，做好学习笔记，撰写体会文章；与此同时，总署党组先后组织了5次主题报告会、3次学习讨论会和3次解放思想大讨论，层层推进，不断深入。全体党员干部受到了一次深刻的科学发展观教育，在事关大局的问题上进一步提高了认识，统一了思想，并在实践中建立和完善了围绕中心、服务大局的新体制新机制。

（一）自觉围绕中心工作，建立高举旗帜、引导舆论的新常态机制

新闻出版是党的意识形态的重要阵地，是传承民族文化的重要载体。通过学习实践活动，新闻出版总署自觉围绕党和国家的中心工作和重大部署，形成了用优秀的出版物弘扬社会主义核心价值体系、引导舆论、营造氛围的重大主题出版机制。在大事多、喜事多、难事多的2008年，围绕学习宣传贯彻落实党的十七大精神，纪念改革开放30周年、抗击南方部分地区低温雨雪冰冻灾害、北京奥运会和残奥会、"神七"飞天、抗击四川汶川特大地震等重大活动和重大事件，精心组织主题宣传和主题出版物生产，有力地配合了党和国家工作全局。为巩固党的舆论阵地服务，及时分析舆情，主动引导社会舆论，努力构建覆盖广泛、传输快捷的新闻传播体系，启动建设覆盖全国、与报纸和新闻性期刊出版周期同步更新的电子报刊库的立项工作，建立重大事件新闻报道追踪监测机制。为进一步

保护知识产权,打击侵权盗版,在国际上树立我国的良好形象,总署加大力度建立健全版权保护体系,将知识产权保护延伸到了互联网,在通过知识产权维护国家文化安全方面进行了积极探索,发挥了重要作用。

(二)密切关注时政舆情,建立维护稳定、保障和谐的应急新机制

针对不良出版物容易引发社会安定和文化安全事故的问题,新闻出版总署力求在制度层面解决问题,制定多项应对出版物突发事件的应急机制,力求把不良影响降到最低。2008年,在应对群众反映强烈的山西省霍宝干河煤矿"封口费"事件中,总署迅速、透明地依法查处,显示出应对新闻报道突发事件应急机制的威力和实效,受到社会广泛好评。针对个别民族宗教类出版物内容错误、极易引发民族事件的问题,总署及时启动应急防控措施,成功制止了两起群体性事件的发生和扩散。

(三)积极应对金融危机,构建扩大内需、"保增长"的新机制

面对金融危机下严峻的经济形势,新闻出版总署坚决贯彻中央关于当前经济工作的重要决策和部署。一方面结合行业实际,适时出台政策措施推动文化建设,确定了包括"国家知识资源数据库"等在内的9项重点工程,同时大力推广"全民阅读"工程拉动阅读需求;另一方面及时组织出版一批解读金融危机、发布中央相关政策的出版物和文章,帮助广大民众了解形势、抚慰心灵、树立信心。这些举措推动了2008年4季度以来新闻出版业的市场繁荣和快速增长。

二、深入开展调查研究,围绕科学发展上水平,
努力形成新闻出版业又好又快科学发展的
新体制新机制

新闻出版总署党组以深化改革为重点,以推动产业科学发展为目标,在学习实践活动中有针对性地开展了"十行百家"专题调研活动,召开了 62 个座谈会,实地考察了 104 家新闻出版单位,形成 11 个报告,提出了 5 个方面 13 项改革任务,逐项加以实施,体制机制的改革创新进一步深化。

(一)加大力度、加快进度,加大经营性新闻出版单位转企改制力度,建立与市场经济相适应的出版传媒业新体制和运营新机制

在学习实践活动中,新闻出版总署把推动新闻出版单位转制作为推动新闻出版行业科学发展的重要举措,加大改革力度,使新闻出版体制改革走在了文化领域体制改革的前列。出版社转企改制工作取得了突破性进展,非时政类报刊的转企改制取得了重要进展。目前已有近 50% 的出版社完成转企改制,其中 83.5% 的高校出版社完成转企改制。部委出版社转企改制的试点工作也取得了重要进展,一些部委出版社启动了改革进程,与部委出版社改革相配套的政策已经出台,关于进一步推动中央部门出版单位改革的意见已经上报中央,为全面推动改革奠定了坚实基础。

(二)进一步解放出版生产力,探索民营文化工作室的管理机制

民营文化工作室是我国出版业的一个特殊现象,一直处于"行业内、体制外"的尴尬地位。据估计,在教辅市场中,民营文化工作

室策划的图书约占 60% 的份额；在经管类图书市场中，畅销书排行榜上 70% 至 80% 的图书是民营文化工作室策划的。然而由于多方面原因，民营文化工作室的地位、作用得不到承认和客观的认识。通过学习实践活动，新闻出版总署认识到，民营文化工作室所代表的是一种新兴文化生产力，应抓紧解决其发展通道问题，把它们纳入体制之内。随后，拟定了《关于进一步推动新闻出版体制改革的指导意见》，提出了进一步解放和发展出版生产力的具体办法。

（三）深化发行体制改革，建立现代出版物市场体系

学习实践活动以来，新闻出版总署加大了出版物发行单位转企改制的推进力度。2008 年 10 月，天津新华发行有限责任公司正式揭牌，至此，全国各省级新华书店除西藏外已全部完成转企改制，这标志着全国文化体制改革又取得新突破。在此基础上，总署进一步推动江苏、四川等大型发行企业的跨地区发展，同时加大诚信体系和市场环境建设，努力构建统一开放、竞争有序、和谐诚信的现代出版物市场体系。

（四）继续推进"五大战略"，促进产业增长方式转变，探索建立推动产业健康快速发展的新机制

学习实践活动推动了新闻出版行业增长方式的进一步转变。新闻出版总署突出抓好"科技兴业"战略，充分利用传媒领域高新技术，全面改造传统出版业，通过出版的数字化带动出版的现代化，通过数字化带动出版产业升级和增长方式的转变，2008 年启动了"数字复合出版工程"、"数字版权保护技术研发"等数字出版工程，构建新的发展平台。同时，加快发展产业群、产业带、产业园区建设，培育新闻出版新业态和产业增长点，2008 年总署与上海市政府签署了共建上海张江国家数字出版产业基地的协议。此外，总署大力推动出版物"走出去"的步伐，在确保国内市场的基础上，开拓国际市场，扩

大中国出版物的出口和中华文化的国际影响力,取得突出成绩。目前我国出版物已进入190多个国家和地区,中国网络游戏出口超过1亿美元;利用国际书展等平台扩大版权输出,使我国引进版权与输出版权的比例由20世纪90年代的15:1缩小到现在的4:1。

三、认真听取群众意见,围绕人民群众得实惠,努力形成面向基层、服务人民的新体制新机制

新闻出版总署在学习实践活动中,突出强调以人为本,在学习实践活动期间深入基层倾听群众呼声,进书城,进学校,进工矿,进社区,进村舍,连续召开了农家书屋、少数民族文字出版等多个征求意见座谈会,提出各种意见建议400多条,根据群众意见认真整改,在面向基层、服务群众,努力构建新闻出版公共服务体系等方面取得了突出成效。

(一)努力建设服务型机关,形成适应新形势需要的新闻出版行政管理体制和运行机制

在学习实践活动中,新闻出版总署通过转变职能、理顺关系、优化结构、提高效能,不断推动新闻出版行政机关由审批型政府向服务型政府转变。总署在中央国家机关中率先建立了行政审批"集中受理、集中办理、统一回复"的工作管理模式和"规范流程、限时办结、一次告知"的便民服务模式。按照不同内容将审批项目分为快结审批件、一般审批件、重要审批件和重大审批件四类,并设定不同的审批时限和流程,提高了公开透明度和审批质量。其中,在一般审批件中,有5个审批项目由原90个工作日的办理时限缩短为60个工作日;在快结审批件中,有4个审批项目由原90个工作日的办理时限缩短为20个工作日,从而进一步提高了审批服务效率。按照"是否

阻碍科学发展","是否需要修改或废止"的要求,取消了33项审批事项、清理废止了231个法规规章和规范性文件,大大方便了人民群众,减轻了基层负担。

（二）以推动"五大工程"建设为基础,构建新闻出版公共服务体系,保障人民群众基本文化权益的长效机制建设取得新突破

在学习实践过程中,总署加快实施"五大工程",努力构建新闻出版公共服务体系和保障机制,在保障人民群众的基本文化权益方面迈出了坚实的步伐。加快"农家书屋"工程实施进度,目前6亿多元中央财政专项资金全部下拨,10亿多元地方政府资金多数已经到位,全国农家书屋、社区书屋建设工程正在加紧实施。着力抓好以国家出版基金为支撑的重大出版工程,目前国家出版基金正式启动,各项管理措施已经出台或正在制定,《中华大典》、《二十四史》修订版等一批具有文化传承价值或时代标志的重大出版项目顺利实施。继续组织实施面向整个少数民族地区、30个民族自治州的"东风工程",切实保障少数民族群众的文化权益,维护边疆地区民族文化安全。大力推广"全民阅读"工程,总结各地开展读书节、读书周、读书月的经验,创新全民阅读活动的组织方式和运行模式,形成全民读书的长效激励机制,培育全社会良好的阅读风气。在抓好上述工程的同时,以"扫黄打非"和反侵权盗版行动为载体,大力开展保护未成年人健康成长的文化环保工程。

（三）切实解决关系群众切身利益的突出问题,维护人民群众的合法权益

为切实解决群众反映强烈的"有偿新闻、虚假新闻、低俗之风、不良广告",以及"假报刊、假新闻、假记者、假记者站"等问题,新闻出版总署加强对新闻采编从业人员的管理,建立违法违纪新闻记者"黑名单"制度,严肃查处新闻采编从业人员的违规活动,努力使新

闻采访秩序根本好转。为切实解决音像出版行业反映强烈的政府部门统一提供音像制品防伪标识的问题,总署在接管音像市场管理职能后,果断发布公告取消弊大于利的实施 10 年之久的政府统一提供的音像制品防伪标识,每年减轻音像企业的负担 2000 多万元。

四、始终坚持边学边改,围绕转变职能见成效,努力形成依法行政、科学管理的新体制新机制

新闻出版总署在学习实践活动中密切联系出版管理实际,边学习边调研边整改,既敢抓敢管,又不断改革创新,在创新科学管理的模式和机制方面取得突破性进展。

(一)努力构建推动新闻出版业科学发展的行政管理体系和运行机制

新闻出版总署围绕推动新闻出版业的科学发展,立足改革创新,坚持依法管理、科学管理、综合管理,综合运用市场、法律、行政等手段,逐步建立了以企业准入、市场准入、职业准入、岗位准入"四大准入"和科学有效的退出机制为基础的行业管理新体系。通过完善党委领导、政府管理、行业自律、企事业单位依法运营的宏观管理体制,努力探索党委部门和政府部门相配合、主管部门与协管部门相协调、行业管理与属地管理相衔接的新闻出版管理新机制。

(二)创新管理手段,新闻出版行政管理体制改革取得新突破

全面实施网上书号实名申领,运用现代网络和信息技术手段,实施网上远程申报、书号即时申领、书号核发和条码制作一网联通,实现行业信息共享。此项改革大大提高了出版生产效率,过去需要跑3 个部门,花 1 个月甚至 2 个月时间办完的事情,现在只需上网申

领、三五分钟就可完成;同时也极大促进了出版管理,有效避免了"买卖书号"、"一号多用"等行业痼疾。在深入调查、论证的基础上,完成了出版单位评估体系,创造性地提出了分类评估、排队分级、中介实施的科学评估办法,首次经营性出版单位等级评估工作基本完成。专家和业界普遍认为,出版单位等级评估工作反映了科学发展观的新成果,有利于优化资源配置,推动骨干文化企业的培育和发展。

(三)注重管理效果,"扫黄打非"工作机制进一步完善

按照科学发展观的要求,新闻出版总署准确把握党和国家对"扫黄打非"工作的新要求,形成了党委统一领导、党政群齐抓共管、各级"扫黄打非"工作领导小组办公室和党委宣传部门组织协调、有关部门各负其责、各地区联防协作、社会各方面积极参与的领导体制和立体化工作机制,推动了"扫黄打非"工作更加科学地开展。2008年"扫黄打非"战线坚决贯彻中央决策部署,不间断地开展集中行动和专项治理,持续强化日常监管,举全战线之力,打了一连串的攻坚战,在封堵政治性非法出版物、清除淫秽色情文化垃圾、打击侵权盗版、取缔非法报刊等方面取得了新的成绩,有力地配合了党和国家全局工作,受到刘云山等中央领导同志的充分肯定。

第三部分 "十行百家"专题调查研究报告

坚持发展是第一要务
在解放思想中树立新的文化发展观

柳斌杰

（2008 年 11 月 15 日）

按照中央关于深入学习实践科学发展观活动的要求和部署,新闻出版总署于 10 月下旬至 11 月中旬集中开展了"十行百家"及市场环境建设专题调研活动,深入了解人民群众反映最强烈最直接最关心的突出问题,查找影响和制约新闻出版业科学发展的主要问题,全面梳理新闻出版业改革发展中出现的新情况、新问题,进一步解放思想,创新思路,使以推动新闻出版体制机制、增长方式、政府职能"三大转变",构建符合科学发展观要求的新闻出版公共服务体系为载体的学习实践活动真正取得理论成果、实践成果和制度成果,从而实现新闻出版业大发展大繁荣。

一、调研的基本情况

"十行百家"专题调研活动是总署开展深入学习实践科学发展观活动的一项重要内容,也是确保学习实践活动深入开展并取得实效的关键环节。"十行"是指报纸、期刊、图书、音像电子、网络、印刷、发行、文化工作室、进出口、行政版权管理(包括市场环境建设)等十个方面,"百家"是指被调研对象不少于 100 个新闻出版单位。

专题调研活动共分为 10 个组,每个组有一名党组成员带队,由相关司人员参加,主要采取实地调研、问卷调研、召开座谈会等方式。本次调研范围遍及 13 个省、区、市,覆盖华北、东北、西北、西南、华东、中南等各大区,总署及直属单位参与调研的人数有 80 人(次),共召开了 62 个座谈会,实地考察了 104 家单位,240 家不同行业、不同类型、不同所有制的单位参与了座谈。这次调研范围广、内容涉及新闻出版行业的方方面面,是多年以来新闻出版行业规模最大、调研最深入、影响最大的一次集中调研活动。

这次涉及全行业的调研活动在行业内外均产生了积极而深刻的影响,调研的效果正在逐步显现,并将对新闻出版业的科学发展产生深远的影响。一方面,此次调研使我们对新闻出版行业的现状有了更加全面的认识,对影响和制约新闻出版产业科学发展的主要问题有了更加深入的了解,对推动新闻出版业科学发展的对策有了更加开阔的思路。参与调研的全体同志受到了一次深刻而鲜活的行情教育和发展观教育。另一方面,这也是一次科学发展观学习实践的宣传活动,新闻出版管理部门和新闻出版单位大范围、面对面的交流和讨论,引发了全行业对解放思想、改革创新、实现新闻出版业科学发展的重视,推动了全国新闻出版行业学习实践科学发展观活动的深入开展。

二、新闻出版业学习实践科学发展观,推动新闻 出版业又好又快发展的主要做法和经验

党的十六大以来,党中央、国务院高度重视新闻出版工作,对推动新闻出版业的繁荣和发展做出了一系列重大部署,为做好新闻出版工作指明了方向。新闻出版总署及整个新闻出版行业按照中央要求,认真学习实践科学发展观,不断解放思想,创新思路,推进新闻出

版业全面协调可持续发展,通过在全行业全面深化体制改革,大力发展出版产业,构建新闻出版公共服务体系,强化行政管理,实施中国出版"走出去"战略等措施,有力地促进了新闻出版业的快速健康发展。

（一）坚持正确的政治方向和舆论导向,坚持先进文化的前进方向,为党和国家各项事业的稳步推进创造了良好的舆论环境

党的十六大以来,新闻出版业始终坚持高举中国特色社会主义伟大旗帜,坚持社会主义先进文化的前进方向,坚持用发展着的马克思主义理论武装领导干部,把学习和传播马克思主义中国化的最新成果作为新闻出版业的重要职责。六年来组织出版了一大批学习贯彻"三个代表"重要思想、深入宣传科学发展观以及党的十六大以来党中央提出的一系列重大战略思想和建设社会主义和谐文化的重点图书、音像制品和电子出版物,发表了一批主题鲜明的理论文章,扩大了主流文化的影响。有力地弘扬了主旋律,为建立社会主义核心价值体系做出了积极的贡献。

（二）全面深化新闻出版体制改革,解放新闻出版生产力,为新闻出版业的科学发展开辟了道路

党的十六大以后,文化体制改革的步伐明显加快。2003 年,文化体制改革试点正式启动,在所确定的 35 个文化体制改革试点单位中,新闻出版单位就有 21 家,占了近 2/3。新闻出版业从体制创新入手,全面完成了出版、发行、报业改革试点任务。2005 年,新闻出版总署进一步明确出版发行体制改革的总体思路,重点抓了一批地方出版集团、中央部委出版社、高校出版社、经营性报刊以及发行集团转企改制、公司化和股份制改造,推动已转制的有条件的企业上市融资。目前,新闻出版领域已经有 9 家企业成功上市,市值 2000 多亿,实际融资 180 多亿元,大大增强了新闻出版产业的核心竞争力和

发展实力。

（三）加大文化创新力度，提高出版物的文化影响力和社会影响力，以丰富多彩的出版物，满足了人民群众日益增长的多层次、多方面的精神文化需求

党的十六大以来，新闻出版业大力推动文化创新，加大原创内容开发、新形态产品开发，提高出版物质量，推出一大批国家级文化项目和精品工程。围绕毛泽东、邓小平等诞辰纪念活动和长征、抗战、建军、奥运等重大节庆活动，策划出版了大批精品力作和主旋律作品。坚持以满足人民群众精神文化需求作为工作目标，先后组织出版了一大批面向"三农"、面向未成年人、面向大众的群众喜闻乐见的优秀读物。2004 年以来，每年"六一"前夕都组织开展向未成年人推荐 100 种优秀图书、音像制品和电子出版物活动。开展"三个一百"原创出版工程，推动原创作品出版。2007 年正式实施了网络游戏防沉迷系统，净化互动游戏出版市场，引导网络出版导向。

六年来，出版物市场发生了重要变化，出版物品种极大丰富。据统计，我国年出版的图书品种已由 2002 年的 170962 种增长到 2007 年的 274376 种，总册数达到 66 亿册；期刊品种和印数由 2002 年的 9029 种、29.51 亿册到 2007 年的 9363 种、29 亿册；报纸品种和印数由 2002 年的 2137 种、367.83 亿份到 2007 年 2081 种、438 亿份；音像制品和电子出版物发展迅速，到 2007 年我国出版音像制品发行总金额为 31.46 亿元。数字内容产品日益丰富，其中电子图书已有 40 多万种上市，通过数字化和互联网传输的报刊已有 3 万多种。

（四）新闻出版产业规模不断扩大，产业实力日益提高，产业影响力快速提升，已经成为国民经济中的重要产业

目前，整个新闻出版业的产值超过 8000 亿元，成为国民经济的一个重要产业。到 2007 年，全国书报刊和音像出版物定价总金额达

244

到 1185 亿元,全国新华书店系统、出版社自办发行单位出版物总销售 161.19 亿册、1366.67 亿元。印刷业快速发展,印刷企业数量发展到 102043 家,印刷工业总产值发展到 2007 年的 4900 多亿元,占国内生产总值 2.02%,中国成为世界第三大印刷基地。在光盘复制业,目前中国光盘产量约占全球总产量的四分之一。

在公有经济主体地位不断巩固的同时,非公有经济也快速成长。目前民营发行企业达到 11 万余家。仅北京地区,涉及出版的民营文化工作室就有 5000 余家;全国民营文化工作室策划图书 4 万多种,占市场渠道销售的 40%—50%。外商投资书报刊发行企业的力度加大,目前已有中外合资、合作或外商投资企业 57 家,其中具有批发资质的 21 家。外资分别来自于十几个国家和地区。

(五)新闻出版公共服务体系初步形成,在保障人民群众的基本文化权益方面迈出了坚实的步伐

党的十六大以来,新闻出版业大力加强新闻出版业公共服务体系建设,以满足人民群众的基本文化需求。启动农家书屋建设工程,"十一五"期间在全国 20 万个行政村建立农家书屋,以解决农民群众看书难、看报难的问题,目前已建成各类农家书屋 2 万余家、社区书屋 4 万余个;启动"东风工程"解决好少数民族地区人民群众看书难、看报难的问题;设立国家出版基金,支持重点出版物出版,2006 年、2007 年中央财政共安排国家重大出版工程专项资金 1.6 亿;开展国民阅读活动,每年在全国各地轮流举办全国书市,促进国民图书消费,大力开展全国性和地区性"读书节"活动,促进全民阅读。

(六)推进文化环保工程建设,创新新闻出版行政管理体制,转变政府职能,朝着法治政府、责任政府、阳光政府、服务型政府的目标迈进

党的十六大以来,为了进一步适应文化体制改革的要求,新闻出

版行政部门大力推动政府职能转变,在全国实行了政企分开、政事分开、管办分离,使政府逐渐从办出版转向管出版,把审批型政府变成服务型政府。在改革行政审批制度中,新闻出版总署累计取消和下放行政许可 33 项。各级新闻出版行政机关相继设立行政审批受理中心,推行行政执法责任制,为全面推进依法行政、实现政务公开奠定了坚实基础。

六年来,我国全面加强了知识产权保护和出版物市场净化。按照"履行承诺、适应国情、完善制度、积极保护"的总体思路,推进版权立法工作,强化行政执法与监管,持续开展网络侵权盗版等专项治理行动,版权保护力度不断加强。大力推进软件正版化工作,为我国在国际活动中赢得了主动。深入开展"扫黄打非"斗争,坚决整治买卖书号、刊号行为,不断净化出版物市场。切实加强行业诚信体系建设,营造良好的产业发展环境。

与此同时,随着新闻出版法律制度建设的逐步完善,建立起以《中华人民共和国著作权法》、《出版管理条例》等为主要框架的"一法七条例"体系。

(七)不断推动科技创新,新技术广泛应用于新闻出版业,为新闻出版业的发展提供了强大的助推力

党的十六大以来,我们始终把加快新闻出版业的技术进步作为重要的战略之一,通过制订科技规划和推动重点科技项目建设等措施,鼓励和支持新闻出版企业在印刷技术、排版技术、数字技术、网络出版、数字印刷和电子商务等方面进行自主研发,拓展新的发展空间。培育和创新新闻出版业态,对新闻出版内容资源进行全方位、深层次的开发利用,使各种传播手段与优势内容资源相结合,推动新闻出版业实现从传统方式向现代多种媒体融合共进的方向转变。

为了培育和推动新的出版业态,新闻出版总署着手实施"中华字库"、"国家知识资源数据库"、"国家数字复合出版系统"、"数字

版权保护技术研发工程"、"国家动漫振兴工程"等一批国家重点工程,大力推进电子书、手机报刊、数字出版等新兴业态的发展,加快了传统新闻出版产业向现代内容产业跨时代的跨越。2007 年,我国数字出版产业整体收入超过 360 亿元,比 2006 年的 200 亿元增长了70. 15%。2008 年预计达 530 亿元。

(八)"走出去"成效显著,新闻出版业在对外开放中获得更大的机遇和空间

党的十六大以来,与中国改革开放的大趋势相适应,我国出版领域的对外开放也呈现出逐步加大的态势。我们兑现了加入 WTO 承诺,整个书报刊分销市场都已经向世界开放,在印刷、发行等各个环节,不断加大引进外资的力度,中外合资、合作的印刷、发行企业达2500 多家。六年来,我们实现了由"引进来"向"走出去"的突破,"走出去"的渠道日渐多元化;版权贸易结构逐年改善,引进输出比例由 10 年前的 15∶1 缩小到 2007 年的 5∶1;实物出口总量逐年增加。2005 年以来,国家相继出台 8 项鼓励"走出去"相关政策,"对外图书推广计划"已经推出 1400 多种中国精品图书在 40 多个国家和地区翻译出版,受到西方主流社会的欢迎。

(九)党的建设、党风廉政建设以及人才队伍建设不断加强,为新闻出版业全面协调和可持续发展提供了组织和队伍保障

党的十六大以来,新闻出版业把党的建设和队伍建设提高到战略地位,切实加强和改进党的建设,大力实施人才兴业战略。在党的建设方面,坚持以改革创新精神加强党的建设,全面落实党建工作的部署和要求,建立健全党建工作制度和机制,改革创新党建工作方式和方法,研究解决党建工作面临的新矛盾新问题,推动党建不断深入开展。党的十六大以来,新闻出版行业各级党组织坚持围绕新闻出版体制机制创新和新闻出版事业繁荣发展的客观要求,自觉把党的

建设、党风建设放到新闻出版工作大局中去思考,去谋划,以深入开展理论学习和反腐倡廉为基础,着力提高党员干部的思想政治素质;以建立完善制度机制为抓手,着力推进党风建设规范化、制度化;以推进民主集中制建设和强化监督制约为途径,着力规范权力正确行使,加大从源头上防治腐败力度;以切实纠正损害群众利益和开展诚信体系建设为契机,着力营造良好市场环境,深入推进政风行风建设;把"抓党建、促党风、带队伍、促发展"融入新闻出版各项改革发展任务之中,全面加强思想作风、工作作风、领导作风、干部生活作风建设,深入推进惩防体系建设,筑牢拒腐防变的思想道德防线,在全行业形成团结进取、积极向上的浓厚氛围,始终保持党员队伍的先进性和纯洁性。在人才队伍建设中,坚持党管人才和德才兼备、群众公认的原则,按照民主、公开、竞争、择优的要求,健全人才评价、选拔和激励保障机制,营造人才辈出、人尽其才的环境;为加强人才队伍建设,新闻出版总署明确提出实施素质工程、领军人才工程、高技能人才工程三大人才工程。加强人才工作基础建设,建立了以总署和各省(区、市)新闻出版局培训中心、高校新闻出版高级人才和紧缺人才培养(研究)基地为主体的人才培养网络,大规模培训干部,提高干部队伍素质。

党的十六大以来,我们在开创中国特色新闻出版业之路的进程中,逐步深化了对新闻出版工作特点和规律的认识,努力在解放思想中树立新的文化发展观,积累了一些宝贵的经验。第一,必须坚持以科学发展观为指导,必须高举中国特色社会主义伟大旗帜,必须始终坚持正确的政治方向,这是做好新闻出版工作之本。第二,必须坚持以发展为第一要务,以内容创新为持续发展的源泉,努力保持一定的发展速度、保持一定的发展规模,适应我国政治经济文化发展的要求,满足人民群众日益增长的精神文化需求。第三,必须坚持解放思想、改革创新,为开创新闻出版工作新局面提供强大的思想动力。思想解放没有止境,改革创新没有终点,只有改革创新才能使新闻出版业始终保持旺盛的生机与活力。第四,必须坚持以人为本、服务群众,让人民共同参与文化创造,共享文化发展成果,促进人的全面发展,新闻出版工作既要为人民群众参与文化创造提供途径,也要为人民群众享受精神文化食粮提供保障,新闻出版工作应在服务人民群众中求发展。第五,必须坚持依法行政、科学管理,为新闻出版领域改革和产业发展提供有力保障,营造良好环境。第六,必须坚持扩大开放,在世界出版大市场竞争的浪潮中发展壮大我国的新闻出版业。

这些宝贵经验,继承和发展了新闻出版工作的优良传统,反映了新闻出版工作的内在规律,对于做好当前和今后一个时期的新闻出版工作具有长远的指导意义,必须始终不渝地坚持下去、发扬开来,并在实践中不断加以丰富和发展。

三、制约新闻出版业科学发展的突出问题

通过这次集中调研,我们发现虽然通过深化改革,解决了不少制约新闻出版业科学发展的问题,但是随着改革的深入,新的问题、新的情况也在不断出现,这些问题既有主观因素所致,也有客观环境使然。归纳起来,目前制约新闻出版业科学发展的突出问题主要有以下几个方面:

(一)思想观念同科学发展观的要求不适应

新闻出版业思想观念的不适应表现:有的思想观念和与时俱进的出版实践相脱节,思维方式仍然停留在计划经济时代,与社会主义市场经济要求不适应,在管理上习惯用行政的而非市场的手段,在发展上仍然有"等、靠、要"的想法,缺乏积极进取的态度;有的总是习惯于把自身置身于改革之外,与改革开放的时代不适应,空谈改革可以,谈改革别人、别的单位可以,涉及自身的改革则步履蹒跚;有的在

理论上讲科学发展,在实际工作中却是片面的发展,忽视新闻出版工作的意识形态属性和文化属性的协调统一,只注重短期的利益,忽视长期的、可持续的发展能力等等。

(二)新闻出版业的发展模式同科学发展观的要求不适应

总体上看,新闻出版业的发展速度、发展水平和发展质量与国民经济其他行业相比,还有着一定的差距,发展的潜力还远没有得到充分的发挥,与科学发展观要求的全面持续可协调发展的要求还有诸多的不适应。

1. 新闻出版产业的运作机制与社会主义市场经济体制的要求不相适应。由于历史的原因,新闻出版业的市场化程度依然比较低,许多出版单位还不是独立的市场主体,许多出版资源配置还依靠行政的手段,整个新闻出版业还处在半市场化或准市场化阶段。

2. 出版物的内容、结构、数量、质量,出版服务方式等与人民群众日趋增长的精神文化需求不相适应,与社会主义民主法制建设不相适应。我国正处于全面建设小康社会的重要时期,处在人民群众精神文化需求高涨期、多样期,而目前出版服务方式不能满足人民群众的要求,出版物的品种、数量、质量也与人民群众日益增长的需求存在距离。

3. 新闻出版产业的业态创新与高新技术的突飞猛进不相适应。高新技术对新闻出版各个方面所带来的影响都是革命性的,不仅极大地提高了出版生产力,而且在催生新的媒体形态、新的传播方式、新的阅读方式等,但相当一部分新闻出版单位对新技术反应迟钝,在发展高新技术、推动产业升级方面缺乏动力。

4. 新闻出版产品的国际竞争力与世界各种文化相互激荡和国际文化市场激烈竞争的新形势不相适应。国际间的竞争已经从产品竞争走向产业竞争,从经济竞争发展到文化竞争。我们的新闻出版业创新能力不足,产品结构单一,产业链"条块"分割严重,产业的整体竞争力难以适应国际竞争的要求。

5.新闻出版业的市场格局和行业秩序与科学发展的要求不相适应。科学发展要求全面协调可持续,但是新闻出版业市场条块分割、地方保护的状况长期没有得到根本性改变,甚至一些地方行政推动的集团化建设在一定程度上强化了地区的垄断与封锁,统一、开放、竞争、有序的出版物大市场还没有完全形成。同时,区域之间的不平衡、产业部门之间的不协调现象也很突出,出版、印刷、发行之间不和谐的因素还很多,行业秩序有待规范,诚信建设任重道远。

(三)新闻出版体制机制同科学发展观的要求不适应

出版管理体制上,虽然多数地方已经完成了政企分开、局社分离,但是,政府主管主办出版、政企不分的现象仍然相当普遍。在出版体制上,出版单位事业性质企业化管理的问题依然没有解决,出版单位的市场主体地位没有确立起来。在出版单位的经营机制上,很多出版单位没有按照现代企业制度的要求进行机制再造,管理方式粗放。在投融资体制上,新闻出版单位的投融资渠道单一,新闻出版领域战略投资者没有形成,新闻出版吸纳社会资本,特别是非国有资本的限制很多。

同时,符合社会主义市场经济要求的新闻出版单位准入退出机制尚未形成,许多有条件、有实力的单位想进入新闻出版领域,由于严格的审批不能进入,一些在市场上已经存在了多年的"报刊"由于迟迟拿不到"准生证"而处于"非法"状态,还有一些早已退出市场多年的报刊还在占着"编制"。

(四)新闻出版行政管理同科学发展观的要求不适应

1.机构和队伍与新形势新任务不相适应。按照中央的要求,新闻出版行政管理的任务在不断增加,管理的要求在不断提高,但全国省级新闻出版行政部门普遍面临"人少事多"的矛盾,本轮机构改革后,新闻出版总署的职能得到加强,内部机构作了较大调整,省局落实总署的工作任务势必相应加重,但目前的人员力量和机构设置将难以胜任工作的需要。如浙江省局行政编制仅39人,青海省局仅有编制20人,这样的人员力量与所承担的工作任务极不相称。同时,全国绝大部分市县基层新闻出版行政机构不健全,队伍较薄弱,与繁重的工作任务不相适应。地市一级文化、广电、新闻出版"三局合一"后,涉及新闻出版管理的内设机构、编制没有明确规定。"扫黄打非"、版权行政管理和执法"有机构、无队伍、无经费"的局面没有得到改善,特别是执法机构管理方式的统一,新闻出版部门工作布置难,任务落实难,执法效果较差,这些直接影响了新闻出版、版权管理职能的有效发挥。

2. 各级新闻出版、版权管理部门的职能定位有待进一步明确。近年来形成了总署(国家版权局)、省级新闻出版局(版权局)和地市级新闻出版局(版权局)"三级行政管理架构",部分省延伸至县形成了"四级行政管理架构",为加强和改进新闻出版、版权管理工作提供了重要的组织保证。但是,省、市一级管理部门的权限和职责的划分还不够明晰,有些关系还没有真正理顺。目前行政审批和行政处罚权限过于集中在中央、省一级,委托授权方式又不符合行政许可法的规定,使得基层行政管理部门缺乏有效的管理手段。

3. 行政管理职能转变还没有到位,行政管理能力亟待提高。部分省局在政企分开之后,感到无所适从。习惯于办出版,不习惯管出版;习惯于管脚下,不习惯管天下;习惯于抓审批,不习惯促发展。

4. 公共文化服务体系建设工作尚待加强。在公共文化服务体系建设上,缺乏宏观规划,缺乏激励和约束机制,缺乏经费投入保障机制。公共服务的财政投入与新形势新任务不相适应。各级管理部门对农家书屋工程、民族文字出版工作等方面认识上有差距,城乡之间、东西部之间的文化权益保障和文化资源分配不平衡现象仍旧突出。

5. 新闻出版业的市场秩序和市场环境亟须规范。目前,报刊同质化现象普遍,恶性竞争、无序竞争、"潜规则"等带来行业的混乱和国有资产的严重流失问题还没有根本解决。出版业侵权盗版的情况依然严峻,这不仅严重扰乱了市场经济秩序,更损害了民族创新精神,败坏了国家形象。政治性非法出版物案件在一些地区呈多发趋势,有害卡通画册和淫秽"口袋本"图书传播范围正在扩大,借用境外刊号非法出版期刊现象有所蔓延,利用互联网和互联网上网服务营业场所传播不良信息和从事有害活动的情况相当严重,非法出版物的印刷、运输、批发、销售活动向团伙化、网络化、规模化和专业化发展,手段更加隐蔽。

(五)现行的新闻出版法律法规同科学发展观的要求不适应

新闻出版领域现行的法律法规中限制性、约束性的比较多,鼓励性、扶持性的比较少;法规的修订落后于新闻出版业的实践;有些法规片面强调管理而忽视了发展;互联网出版、手机出版等新媒体快速发展,但相关立法没有及时跟上,不仅给行政管理带来困难,也制约了产业发展。

(六)新闻出版业的人才队伍同科学发展观的要求不适应

近十年来我国新闻出版业从业人员数量增长很快,然而新闻出版业人才结构却存在较为突出的缺陷:一是缺少懂经营、善管理的经营型人才;二是缺少既懂出版专业知识,又熟练掌握现代高科技知识和技能的复合型人才;三是缺乏通晓数字出版技术的专业人才;四是缺少懂得出版生产规律和资本市场运作的金融人才。

四、促进新闻出版业科学发展的思路与举措

通过专题调研,我们对新闻出版业的现状有了更加清醒的认识,对如何推动新闻出版业科学发展有了进一步的思考。我们要以科学发展观为指导,用科学发展观统领新闻出版工作全局,解放思想,抓住机遇,深化改革,优化结构,壮大规模,加快发展,转变职能,服务社会。

科学发展观的第一要义是发展。促进新闻出版业科学发展总的思路是:推动三大转变,抓好五大工程,推进五大战略,构建三大体系,形成两个格局的整体工作思路。三大转变即大力推动新闻出版业增长方式转变,大力推动体制机制转变,大力推动政府职能转变。五大工程即大力实施农家书屋工程,认真组织重点出版工程,全力抓好少数民族文字出版工程,组织推进全民阅读工程,努力开展文化环境保护工程。五大战略即发展上实施精品战略、集约经营战略、科技兴业战略、"走出去"战略和人才战略。三大体系是构建宏观调控、依法管理的行政体系,构建统一开放、竞争有序的市场体系,构建覆盖全面、传输快捷的传媒体系。形成一个以公有制为主体、多种所有制共同发展的新闻出版产业格局和一个以民族文化为主体、吸收外来有益文化的新闻出版市场格局。具体举措有:

(一)进一步解放思想,转变观念

按照学习实践科学发展观的要求,进一步解放思想、转变观念,深刻领会科学发展观的精髓,坚决冲破一切妨碍科学发展的思想观念,坚决改变一切束缚科学发展的做法和规定,坚决革除一切影响科学发展的体制弊端和机制障碍。要充分认识新闻出版业科学发展的重大战略意义,充分认识新闻出版体制改革的重要意义,充分认识我

国新闻出版业赖以生存的经济基础、社会条件和文化环境已经发生深刻变化,树立与社会主义市场经济体制相适应的新的文化发展观,实现思想上的新提高、认识上的新飞跃。

(二)进一步深化新闻出版体制改革

新闻出版体制改革要按中央制定的路线图和时间表,加大力度,加快进度,在面上推开,向纵深发展。通过改革,加快推进新闻出版领域国有经营性单位的转企改制,着力解决新闻出版业市场主体问题,建立现代企业制度和法人治理结构,加快产权制度改革,在确保新闻出版单位国有资本主导地位的前提下,推动股份制改造,实行投资主体多元化,通过并购、兼并、融资、上市等方式,做强做大一批大型骨干集团。通过深化改革,重点培育一批主业突出、实力雄厚、具有广泛社会影响力和较强竞争力的跨地域、跨行业、跨媒体、跨所有制的大型传媒集团,形成一批富有活力的“专、精、特”专业出版单位,形成一批拥有自主品牌、积极参与国际竞争的战略投资者。

(三)进一步提高新闻出版业发展的速度和质量

努力推动新闻出版产业的大发展大繁荣,既要求速度,又要求质量,统筹兼顾,实现质量和速度的协调。推动新闻出版业的科学发展,要在以下几个方面取得突破:

1. 用足用好现有的经济政策,争取更加优惠的经济政策。一方面,要学习好、理解好、用足用好党和国家给予新闻出版单位转企改制和支持文化企业发展的经济政策。另一方面,与有关部门协商为新闻出版业争取产业全覆盖,特别是农村地区出版物发行和少数民族地区出版发行的税收优惠政策,同时争取解决部分出版企业诸如增值税倒挂等问题。

2. 制定推动产业发展的出版政策、科学合理配置出版资源。研究图书、报纸、期刊、音像、网络等出版权的合理配置问题,解决各种出版权利分割所带来的问题,可以考虑对改革试点单位给予综合出版权的试点。对全国新闻出版业总量、结构、布局进行科学调控,调整品种结构和资源布局,合理配置出版资源,充分鼓励跨媒体出版,提高出版资源配置质量和利用效率。通过资源配置,激励、鼓励目前的出版单位积极采用先进适用技术和现代生产方式,借助高科技手段,推动新闻出版的网络化、数字化,努力构建行业信息资源平台,通过开发多层次、多形态的内容产品和增值服务,开拓新闻出版业新的发展空间,推动产业升级。

3. 引导民营文化工作室发展,解放新兴出版生产力。按照"正面引导,划类管理,择优整合,规范运作"的思路,引导、规范、整合以民营工作室为代表的社会出版资源,促进出版产业发展。要坚持以人为本,尊重以"民营工作室"为代表的各类民营文化机构作为文化创造者的主体地位,肯定他们对满足群众精神文化需求、促进出版生产力发展所发挥的积极作用,进一步激发他们投身先进文化建设和出版产业发展的积极性、主动性和创造性。鼓励转企改制的出版单位,在确保国有资本的主导地位的前提下,与民营工作室进行资本合作、项目合作;可考虑在适当时机开展创新出版服务运作方式的试点工作,即:在出版行政部门指定的出版资源配置平台上,设立专门的内容三审机构,集中运作经过优中选优确定的若干出版服务企业的服务业务,其出版选题限定在指定范围;研究民营工作室出版权的试点问题,对于规模大、实力强、导向正确的工作室,考虑给予有限出版权(指定范围、有限时间)的试点。

4. 调整产业结构和增长方式。要根据新闻出版业科学发展的要求,完善新闻出版业中长期产业发展规划,积极研究新技术、新业态,顺应数字化、网络化的发展趋势,变介质管理为内容管理。研究新技术条件下的产业政策,加快相关标准的制订,培育新业态,促进新闻出版业升级转型。同时,加强和完善"走出去"配套工程建设(如设立出版物海外推广中心、实施翻译人才库工程等),着手协调解决困扰企业的出口退税等现实问题,通过加强政策引导,鼓励企业"走出去"和"多元化",提高中华文化的竞争力和影响力。

(四)进一步推进公共文化服务体系建设

加快农家书屋、社区书屋以及农村阅报栏建设步伐,切实抓好这一利国惠民工程。建立少数民族地区出版文化发展专项基金,扶持少数民族地区出版文化发展重点项目建设和未成年人出版物基地建设,加大对少数民族文字书报刊、"三农"类书报刊等公益性出版单位或出版物的扶持力度,改善现有民文出版的基础条件。建议设立全民阅读奖励基金,推动全民阅读活动的开展。充分利用好国家出版基金,做好国家精品文化工程。

(五)进一步提高新闻出版行政管理的水平

1. 加快相关法律法规的制定和修订。按照科学发展观的要求对现行的法规制度进行梳理,及时修订不符合科学发展观要求的法规、规章。对《出版管理条例》、《音像制品管理条例》、《期刊管理规定》、《报纸管理规定》等事关产业发展的法规,加紧修订。对构建中国特色社会主义新闻出版体系、代表新闻出版业发展趋势的法规,要加紧调研和制定,如有关法人准入、产品准入、职业准入、岗位准入的法规,有关互联网出版服务、手机出版等新媒体的法规要加紧研究制定。

2. 继续深化行政审批制度改革。着力建立新型行政管理体制和机制,合理划分层级职责,管理重点下移,提高中心城市和省会城市的市场管控能力。在此基础上,认真清理和取消不必要的新闻出版项目审批,调整、清理一批审批项目流程,建立规范、快捷、高效的审批规程,减少审批环节,简化审批手续,对各类性质投资主体进入新闻出版领域,除国家规定必须报批的以外,逐步实行登记备案制度。要改革办事程序,大力推广电子政务,实行"集中受理,集中办理",缩短办理时间,提高行政效能。

3. 加强对新媒体发展的扶持。加强对新媒体扶持力度,推动新媒体快速发展。同时要加强对网络文学、网络书刊和手机书刊、手机文学等的内容环节的监管。要加强对新媒体出版产业的调查研究,制定相关规定和政策,在规范新媒体发展的基础上,推进产业健康发展。对手机报、电子报等新兴出版、电子新媒体应积极给予政策回应或支持,出台相应产业发展指导意见和管理措施,以确保在新媒体管理上不缺位。

(六)进一步实施文化环保工程

用生态的观点和系统的观点看待新闻出版产业的健康发展,统筹兼顾,努力构建统一、开放、竞争、有序的市场格局和健康、和谐、有序、诚信的文化生态环境。加强行业监管,规范市场秩序,为新闻出版业科学发展、做强做大营造健康有序的市场秩序和行业规范。建立健全高效新闻出版(版权)执法体系,继续深入持久开展"扫黄打非",打击侵权盗版。要根据新闻出版业不同领域的特点,调整监管重点与方式,建立健全长效动态监管机制,要将内容审读、舆情研判、案件查处、行业管理、协会建设等工作进行全面规划,统筹安排。要加强版权保护的力度,保护原创作品,保护版权所有者的权益和积极性,保护文化创新精神。采取有效措施遏制当前的恶性竞争趋势,打击不正当竞争行为。

(七)进一步加强党的领导,加大人才培养力度

1. 加强和改善党的领导,确保新闻出版产业发展方向。在促进新闻出版业科学发展过程中,要切实加强党的领导,以确保新闻出版业真正实现又好又快发展。要坚持把从严治党方针贯穿于党的思想建设、组织建设、作风建设、制度建设和反腐倡廉建设之中,体现到新闻出版各项改革、发展和管理工作中去,认真贯彻落实党中央、国务

院的决策部署,全面加强党的建设和反腐倡廉建设,认真履行党章赋予的职责和任务,努力为新闻出版改革发展提供坚强保证。

2. 加大人才培养力度,为新闻出版业提供合格的各类人才。继续按照《新闻出版 2005—2010 年人才纲要》的要求,大力实施素质工程、领军人才工程和高技能人才工程,在新闻出版领域培养一批既懂经营又懂出版、能够进行跨媒体经营的复合型、外向型人才。要加强人才培养和培训工作,制定详细的人才培养和培训计划,积极开展包括对行政人员在内的各类培训,提高新闻出版所有从业人员推动产业发展的能力。继续做好宣传文化系统"四个一批"人才推荐,以实现新闻出版(版权)人才队伍建设与新闻出版(版权)事业繁荣和产业发展相互适应。

当前我国报业发展情况的调研报告

李东东

（2008 年 11 月 10 日）

按照《新闻出版总署深入学习实践科学发展观活动实施方案》的安排,在学习调研阶段,由我负责、新闻报刊司王国庆司长任组长的"十行百家"调研报纸专题调研组,2008 年 10 月 29 日—11 月 4 日,在北京、云南、浙江三地就报业如何贯彻落实科学发展观问题进行调研。调研组召开了 8 个座谈会,30 多家中央和地方各主要门类具有代表性的报社和报业集团社长、总编辑作了专题发言。调研组还到 5 家报业集团(报社)实地调研,全面了解报业改革发展基本情况、面临的突出问题以及对推进科学发展的政策建议。

一、报业发展基本情况和经验

（一）浙江等沿海发达地区报业发展走出具有自身特色的路子,改革发展愿望强烈

近年来,浙江报业在全国报业增长趋缓的大背景下,实现了快速发展,整体实力居于全国报业前列。该省目前已有浙江日报报业集团、杭州日报报业集团、宁波日报报业集团、温州日报报业集团等四大报业集团,另外湖州日报、绍兴日报等地市级报业发展也比较迅猛。各报经济运行质量不断提高,产业规模不断壮大。2007 年,浙

报集团营业总收入21亿元,利润超过3亿元。杭报集团总收入突破10亿元,利润1.22亿元。温州日报报业集团总收入5.7亿元,广告3亿多元。浙江报业体制机制改革也向纵深发展,基本完成了经营部门的公司化改造,在资产管理、经营活动、用工分配上实现了企业化运作。当前,这些报社改革发展的愿望非常强烈,迫切希望能实现跨越式发展,成为文化产业的战略投资者。目前浙江报业正加快实现从传统事业单位向以资产和业务为纽带的现代企业化管理转变,从单一的纸质媒体向兼具报纸、数字电视、互联网、图书出版、数字报纸等多元媒体转变,从城市媒体向区域性媒体集团转变,从单纯依赖量的增长向质的提高和效益增长的发展模式转变。

(二)云南等西部地区报业改革发展与东部地区相比有较大差距,仍存在"等靠要"的心理

云南报业整体实力与东部相比差距很大。大部分报社仍在温饱线上下徘徊,体制机制改革比较滞后,对于改革仍存在"等靠要"的心理。例如,《云南日报》近五年累计实现收入3亿元,支出却达到3.5亿元,累计亏损5222万元。云南日报报业集团除了《云南日报》、《春城晚报》年发行量达到10万份、20万份,其他报刊有的三四万份,有的甚至未到一万份,报刊散而小的状况比较突出。昆明日报社仍处于经费紧张、入不敷出的窘境,在管理体制上实行的仍然是23年前的编委会负责制。云南民族类报刊也很落后,全省共出版民文期刊3种、民文报纸7种几乎全部亏损。

(三)大多数中央行业类企业类报刊有日趋边缘化的趋势,少量的企业类报刊通过体制机制改革呈现快速发展势头,都市报对外扩张的冲动明显

在京的主要类别报纸中具有代表性的报纸出版单位改革发展情况差别非常大。《工人日报》、《农民日报》等传统报纸在报业改革发

展的大潮中已经落在了后边,经营情况逐年恶化,发行量萎缩。《工人日报》今年发行二三十万份,广告收入为1500万元。《农民日报》发行量22万份,如果没有财政补贴,则报社处于亏损状态。《中国财经报》等大多数行业类报刊发展陷入困境,连生存都成了问题。在经济上,中央部委所办机关报面临办报、经营的双重压力,处境艰难。在地位上,机关报面临新闻宣传和部委系统内部被双重边缘化的趋势,成为无足轻重的部门。在职能定位上也比较模糊,既要靠系统,又要走市场,财政拨付已经没了,发行也受到各种限制。在新闻报道上,机关报面临双重局限性,时效性上没法与主流大报比,敏感的东西不敢刊登。总体来说,机关报行政优势目前已几乎全部丧失,办报人感觉到风雨飘摇。《中国汽车报》、《中国石油报》等企业类报纸经过不断改革创新,已经形成快速发展的势头,目前正规划整体转制,并在条件成熟时改制为股份制企业或上市融资。《北京青年报》等具有代表性的都市报,体制机制改革走在报业前列,目前正寻求对外扩张。

综上所述,从浙江、云南、北京三地30多家报社的调研、座谈情况看,报业科学发展离不开报纸出版单位自身的体制机制改革、新闻出版管理部门的有效科学管理和国家的政策扶持。

1. 报业只有不断创新发展理念、体制机制和产品格局,才能实现快速发展。浙江等发达地区的报业之所以取得快速发展,与坚持不断改革、创新密不可分。他们坚持"传媒控制资本、资本壮大传媒"的先进发展理念。例如,浙江日报报业集团利用自有资金进行资本运作,进入资本市场和房地产市场,已累计收益4亿多元,非报业经营盈利超过总利润的一半以上。他们注重用现代企业制度解决集团母体、微观主体的基本制度问题,通过制度创新,积极推进公司制建设。同时不断创新产业格局。据浙江调查,按照传统办报模式报业平均利润只有10%,为此他们"以报为本、多元发展",产业链的拓展具有连续性,产业的多元化具有文化的关联性,走出了具有浙江特色的传媒发展路子。

2. 新闻出版行政部门科学有效管理,维护正常市场秩序,是报业科学发展的必要保障。浙江新闻出版管理部门不断加强报刊管理,维持良好的市场秩序,促进了报业的良性竞争与科学发展。浙江省新闻出版局提出的办报规范和奖惩制度,浙江省工商总局的广告信用监督、管理都非常有效。这使得浙江报业市场秩序比较规范,各报之间实现良性竞争。与之形成鲜明对比的是昆明地区生活类报纸,在2006年打起了报业发行大战,造成严重内耗,另外,都市报医疗卫生保健品等违规广告偏多,现在国家加强对医疗药品广告管理,这使得今年昆明的都市报经营面临巨大压力。

3. 国家出台的各种政策对报业改革发展极其重要,在今后的改革中要不断加大政策扶持力度。中央和总署出台的扶持报业改革发展的各种政策,包括税收减免、财政扶持、新闻出版资源倾斜等,受到了报纸出版单位的一致欢迎。目前114号文件已经出台,调研小组在调研和座谈中发现,基层报社大都还不知道114号文件。

二、当前制约报业科学发展的主要问题及困难

(一)发达地区报业改革在机制完善方面基本调整到位,严重束缚报业发展的体制改革却举步维艰

发达地区的报纸出版单位在改革中感觉社会氛围不足,中央及地方关于文化体制改革的力度有待加强。改革缺乏配套政策,操作性不强。浙江有些报业集团反映:"文化体制改革的社会氛围不足,感觉自己是在单兵突进。虽然中央领导讲话都强调要推进文化体制改革,但是原则性的讲话居多,真正能让基层单位感觉必须去做的力度不够。报纸出版单位改革缺少借力的地方。"另外,报业改革的根

本问题,比如报业集团中事业企业都有怎样两分开、采编和经营如何两分开等关键问题在实践中很难操作。

(二)有些行业管理体制和政策阻碍报业科学发展

部分报社反映,文化体制管理的条块分割阻碍了报业的发展。传媒产业发展的趋势是报刊、广电、网络融合的全媒体,这是产业发展的必然规律,也是国际上大的传媒集团的通行做法。目前浙江有些报业集团做户外电子屏,就遭遇广电行政部门的政策障碍。另外,关于报纸地方版的问题,虽然政策不允许但是有些报社已在悄悄地做了。浙报集团、杭报集团认为,目前中央党报对省市的影响力弱化,省级党报对基层的影响也在减弱,报纸地方版是做强做大一批党报集团的需要。

(三)增值税"倒挂"问题严重,矛盾越来越突出,不仅影响到报业的发展,也阻碍了报社的转企改制

全国主要报社(报业集团)都有增值税留抵额,截至 2008 年 7 月 31 日,浙江四大主要报业集团增值税留抵额有 15790 万元,如果将全国整个报业增值税留抵额数汇总,那将是一个巨大的数字。按照现行规定,这部分增值税留抵额可以在以后逐月、逐年抵扣。但事实上报业是不可能的,主要有四个原因:第一,报纸定价低,成本远远大于收入。根据税法,增值税应纳税额等于当期销项税额减去当期进项税额。但是报纸的发行定价大都低于成本,都市类报纸一份印制成本都要两三元钱,零售大都不超过一元。第二,报业的增值税进项税率比销项税率要高出四个百分点。根据税法有关规定,国家对报业实行优惠扶持政策,报刊发行实际缴纳的增值税等于发行收入乘以 13% 销项增值税率减去原材料成本费用乘以 17% 进项增值税率。进项增值税额远大于销项增值税额,形成增值税留抵额,即增值税"倒挂"。第三,文化体制改革发行、印务业务剥离后,集团增值税

原留抵额无法由新成立公司抵扣。这就造成了一方面集团(事业性质)将发行业务独立出来成立独立公司(企业性质),集团销项增值税额越来越小,根本无法销抵留存的巨大进项留抵额;另一方面,改制成立的发行、印刷等新公司,由于进项增值税不够而需要缴纳增值税。对报业集团整体来说,一边是巨大的增值税"倒挂",而另一边却要缴纳增值税。据了解,全国有些报业集团就是因为不愿承担额外的改制成本——经营业务剥离引起增值税多缴,而选择让发行、印刷作为集团一个内部机构,而不是剥离成为一个独立法人。第四,随着新闻纸等原材料大幅涨价,"倒挂"数将会越来越大。根据上述原因分析,报业增值税"倒挂"数额只会越滚越大,根本不可能抵扣完。国家对报业的优惠政策无法落实,只是一个挂账的政策,客观上已经严重影响到报业的资金周转、事业发展以及改革的推进。

(四)刊号资源没有实现宏观调控,造成一方面市场上难以生存的报刊靠买卖刊号和版面维持,另一方面有办报能力的报社和集团却苦于没有刊号

目前,实力强的报业集团、没有晚报的地市党报、少数民族报刊对刊号的需求比较强烈,但是由于实行总量控制,它们无法申请到刊号,通过市场兼并又很难,于是就私自出版。地方新闻出版行政部门对此睁一只眼闭一只眼,造成"孩子已经几岁了至今还没有户口"的现象大量存在。例如,浙江衢州的《农家报》、《衢州晚报》已经办了10年了,仍旧没有刊号,其中《农家报》发行量已经达到9万份。再比如,云南的迪庆日报社藏文报已办了13年,至今还没有刊号,挂靠汉文报刊号出版发行。不少报业集团和报社反映,总署提出报刊退出机制,对办得不好的报刊要停掉,但是目前真正能退出并进行调剂的不多,要加紧出台相关政策。目前有能力的报纸出版单位只有采用并购或者合作调剂刊号,但是成本很高,不利于报业

的科学发展。

(五)少数民族报纸发展面临困境,对于加强民族团结和维护边疆稳定极为不利

少数民族报业对于维护边疆稳定、抵御民族分裂和敌对势力具有重要作用。但是,云南的少数民族文字报刊却普遍面临困境,报社收入少、发行量小、内容缺乏可读性,无法满足少数民族群众的需求。例如,傣族、傈僳族、景颇族、藏族集中的西双版纳、德宏、迪庆、怒江四个自治州,报刊读者覆盖面非常小,当地少数民族的人口与民文报刊的发行量比率仅为 100∶1.384。民文期刊的期发量只维持在1000 册左右。以这样的报刊实力和报刊发行量,根本无法满足少数民族的信息传播和文化消费的需要。

调研组了解,阻碍民族地区民文报刊发展的原因包括四个方面:第一,资金不足。民文报刊没有任何广告收入,地处经济落后地区,地方政府财政扶持十分有限,民文报纸连基本人员工资都无法保障,更难以维持正常的报刊出版。现在德宏州的《勇罕(傣文)》、《文蚌(景颇文)》杂志因经费短缺只能将季刊改为每年两期;《迪庆日报(藏文版)》由于无办报经费建不起印刷厂,只能到五六百公里远的大理和昆明印刷。第二,人才严重匮乏。在云南 13 种民文、外文报刊出版工作中,直接从事采编工作的只有 66 人,且年龄偏大,致使新闻采访工作无法独立延伸,只能做翻译、摘编工作。第三,民文的使用人群缩减,民文读者日趋减少,报刊大多在宗教场所免费赠阅,可持续发展变得脆弱。第四,交通不便制约报刊发行。邮政部门为降低成本,取消了边远、零星分散地区的投递工作,大大收缩了民文报刊发行范围。

三、促进报业科学发展的对策与建议

（一）进一步深化报业改革，不改革没有出路

对地方报纸的改革也应该分类指导。总署应该区分不同区域和对象进行试点，例如在地方党报改革与实现科学发展观方面，选择部分报业集团或报社进行试点。出台配套政策，解决报业改革中面临的问题与困难。科技体制改革有一系列文件和政策，文化的改革要全面借鉴科技体制的政策和优惠，例如老同志的退休金等由财政拨款支付，彻底解决人的问题。加大改革力度，解决报社市场主体问题，让报业在经营方面放开手脚。

（二）加大对少数民族文字报刊、"三农"类报刊等公益性报刊的扶持力度

对少数民族文字报刊加大扶持力度。建议总署与有关部门申请专项经费，同时出台相关文件，要求各级政府加大对民文报刊经费的支持力度，改善现有民文出版的基础条件；要坚持民族文化公益性事业的发展方向，建立完善公益性民文报刊出版的体制和机制，全面提升民文报刊的出版能力，确保其与汉文报刊同步发展；要扶持和发展民文报刊出版人才队伍，尤其是培养本土民文出版的高端人才，力促民文报刊出版的跨越式发展。建议在职称评定方面把外语考核改为民族语言文字的考核，在培训方面，国家加大对少数民族报业办报经营人才的培养；改善民文报刊发行现状。在邮发无力覆盖的区域，要结合农家书屋、党员之家、农村图书发行网点建设，办好民文报刊自办发行的网络，提高发行效果。

（三）与财政部、国家税务总局协调，降低报社税收负担

目前，报业增值税倒挂问题，涉及整个报业行业，希望总署向财政部、国家税务总局反映，全额返还增值税"倒挂"额。增值税留抵额实际上是报业集团多缴付了税款（在购买原材料时）。如果大量的增值税留抵额仍旧只挂在账面上，这与国家扶持文化产业的初衷相违背，增值税低税率政策也将形同虚设。另外，对列入中央文化体制改革试点单位的报业集团，实行增值税合并缴纳。即不管采编经营如何分离，只要是报业集团控股的子公司全部纳入合并缴纳。

（四）调整不适应报业科学发展的法规和管理制度，鼓励报业跨媒体、跨地域发展

建议与有关部门协调，鼓励报业跨媒体发展，允许报业进入图书出版、数字电视、户外媒体等；统一行业标准，目前报纸出版单位对于数字报纸各自投入，分散研发，造成标准不统一。总署要吸取广播电视 IPTV 标准不统一的教训，在关键技术方面进行研发并制定国家标准；加强版权保护，新媒体发展中涉及对报业版权的保护问题，希望总署出台政策性的指导意见；对新媒体切实加强管理，现在手机报、电子报等新媒体发展规模越来越大，如何管理还不明确，总署要积极介入。同时，建议打破目前按行政级次配置传媒出版资源的模式，鼓励媒体从行政壁垒中解放出来，按照市场规律跨地域发展，成为一个公众的社会传媒集团公司，在统一开放、竞争有序的市场中参与市场竞争。

深入学习实践科学发展观
推动出版业又好又快发展

邬书林

（2008 年 11 月 10 日）

科学发展观作为中国特色社会主义理论体系的重要组成部分，是我国经济社会发展的重要指导方针，是发展中国特色社会主义必须坚持和贯彻的重大战略思想。图书出版界必须深刻认识学习实践科学发展观的重大现实意义和紧迫性，按照科学发展观的要求，着力把握发展规律、创新发展理念、转变发展方式、破解发展难题，研究新情况、应对新挑战、探索新思路、推动出版业又好又快发展。

一、科学分析我国图书出版业面临的态势，进一步 增强贯彻落实科学发展观的自觉性和坚定性

改革开放 30 年来，我国出版业规模不断壮大，经济实力不断增强，为下一步更大发展提供了物质基础和有利条件。在新的形势下，要使出版业有一个新的发展，就必须自觉贯彻落实科学发展观，促进出版业又好又快地发展。

1. 贯彻落实科学发展观是我国图书出版业在改革开放 30 年快速发展后持续发展的必然选择。纵观 1978—2007 年我国出版业的

发展历程,我国图书出版业经过改革开放 30 年的快速发展,取得了重要成就。一是图书品种和产业规模迅速扩张。从 1978 年到 2007 年,图书品种由 14987 种增长到 248283 种、总印数由 37.74 亿册(张)增长到 62.93 亿册(张)、总印张由 135.43 亿印张增长到 486.51 亿印张。同时,出版业的产业规模不断扩大,折合用纸量、定价总金额分别从 1978 年的 31.83 万吨、1985 年的 39.5 亿元增长到 2007 年的 114.41 万吨和 676.72 亿元。二是图书出版质量有了显著提高。出版了以《中国大百科全书》、《辞海》、《辞源》、《中国美术全集》、《中国美术分类全集》、《汉语大词典》、《汉语大字典》、《机械工业手册》等为代表的一大批基础性工具书和学术著作,基本反映了我国经济、科技、文化、教育发展的状况。近年来,改革开放后诞生的出版集团相继推出了一批有重要影响的品牌书,如中国出版集团的"中国文库"、上海世纪出版集团的"世纪人文系列丛书"、江苏凤凰出版传媒集团的"凤凰文库"、中原出版传媒集团的《中原文化大典》等,服务经济社会发展的水平不断提高。三是出版的技术装备和物质条件有了很大改善。书报刊印刷根本改变了生产能力严重不足的状况,印刷周期由原来的 300 多天发展到现在十几天就能印刷成书,汉字激光照排等先进技术在世界上处于领先地位,重振了印刷文明故乡的雄风。全国建成了一批图书大卖场,经营面积在万米以上的书城已有二十多家,成为许多大中城市重要的文化设施。四是出版管理体制和微观运行机制改革取得积极进展。随着出版体制改革不断深化,符合社会主义精神文明建设要求,适应社会主义市场经济体制,反映出版规律的出版管理体制和运行机制正在深入探索之中。五是出版对外交流不断扩大。我国出版界积极参加法兰克福等国际书展,北京国际图书博览会在世界上已有一定的知名度。我国图书的进出口业务逐步扩大,版权贸易不断扩展,中国与世界出版业的联系大为增强。

在快速发展的同时要清醒地看到,与我国经济社会发展的总体水平相比,与人民群众日益增长的精神文化需求相比,与日益提升的国际地位相比,我国图书出版业仍然存在一些不可忽视的问题,呈现出一些新的阶段性特征,面临着新的挑战和机遇。

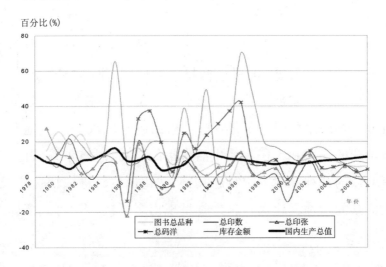

图1   1978—2007年我国图书出版业主要指标增长率

资料来源:《中国出版年鉴》(1979—2008年),中国出版年鉴社;国家统计局网站。

就出版业的增长率而言,与我国GDP比较平稳的10%上下的增长率相比,我国图书产业的总体发展速度还不高,特别是体现出版业实物形态的总印数、总印张和体现出版业价值形态的总码洋,三者都低于我国GDP的增长速度,个别年份还出现负增长。体现出版业资产优劣状态的库存金额,增长幅度和变化波动较大,表明出版业的发展质量不高(见图1)。就出版业的市场发育状况而言,我国出版单位的市场竞争主体地位还没有完全确定,区域市场分割现象仍较严重,出版产品结构仍不尽合理,产业集中度不高、资本整合力度仍不大,产业链条之间的商业诚信缺失等等。这些问题的存在,表明改革开放以来我国图书出版业的发展很大程度上仍是计划经济体制下的粗放型发展模式,影响和制约出版业又好又快发展的因素和问题仍然突出地存在。面对社会主义市场经济体制日益完善的新形势,图书出版业必须站在新的历史起点上,深入学习实践科学发展观,提高发展质量和效益,实现又好又快地发展。

2. 贯彻落实科学发展观是我国图书出版业不断满足人民群众日益增长的精神文化需求的客观要求。根据国际经验,人均 GDP 超过 1000 美元时,人民基本生活需求已经得到满足,人民生活由温饱型向消费型转变,消费结构将向发展型、享受型转变,文化娱乐消费呈现加速发展之势。表 1 显示了部分国家在重要发展阶段时百万人均图书的种数,我国与之相比还有较大差距。随着我国经济社会的发展和人民物质生活水平的提高、恩格尔系数的下降,人民群众的精神文化需求日趋旺盛,文化消费已进入快速增长期,人民群众的精神文化需求越来越呈现出多层次、多方面、多样性的特征。

表1 部分国家经济发展与图书业发展的关系

国家	人均 GDP1000 美元时的年份	百万人均图书品种(种)	人均 GDP3000 美元时的年份	百万人均图书品种(种)
美国	1942	58	1962	117
英国	1956	372	1973	630
法国	1953	235	1971	436
德国	1957	324	1970	747
日本	1967	301	1973	331
韩国	1978	444	1987	1052
中国	2003	147		

资料来源:据联合国统计年鉴 1950—2001 年整理,转引自《走在"小康"路上的出版业》,载《中国新闻出版报》2007 年 12 月 12 日。

与之相对应,我国图书出版业的发展存在着较大的空间。一方面,人民群众的基本精神文化需求需要切实保障,出版业发展成果惠及全体人民的任务仍很重。特别是农民看书难、借书难的问题仍未从根本上解决,少数民族文字的出版存在较多困难,这些都是出版业发展需要下大力气解决的问题。另一方面,越来越多的人们不仅需要丰富充足的一般文化产品和服务,还希望高品位、高质量、个性化的文化消费,出版业的内容创新亟须走上新的台阶。特别是随着我国建设创新型国家、学习型社会的深入,专业出版还没有形成良好的运行机制,学术著作标准不严、质量不高,专业出版盈利模式没有形成;大众出版品位不高、低俗跟风现象还较严重,等等。这就要求我们要坚持以人为本,激励广大出版工作者编辑出版满足不同层次需求的精品力作,以优秀的出版产品和良好的服务,实现好、维护好、发展好人民的基本文化权益。

3. 贯彻落实科学发展观是我国图书出版业增强国际竞争力的迫切需要。随着经济全球化深入发展和我国对外开放程度不断提高,当代中国同世界的关系更加密切,出版业之间的交流更加频繁,竞争日趋激烈。但是与发达国家的出版产业相比,我国出版业的国际竞争力还不强,自主创新能力和国际营销能力还有待进一步提高,出版业的总体实力与我国的国际地位还不相适应。表2显示近两年来国际主要出版集团的销售总额,最高的达到70多亿美元。与之相比,我国销售收入最大的凤凰出版集团2007年销售收入约有90亿元人民币(约合11.8亿美元),最大的单体出版社高等教育出版社2007年只有23亿元人民币(约合3亿美元)。

表2　2006、2005年国际出版机构销售总额

集团名称	总部所在国家	2006年销售总额(亿美元)	2005年销售总额(亿美元)
里德·爱思唯尔 Reed Elsevier	英、荷、美	76.06	72.17
培生 Pearson	英	73.01	68.07

集团名称	总部所在国家	2006 年销售总额（亿美元）	2005 年销售总额（亿美元）
汤姆森 Thomson	美	66.41	61.73
贝塔斯曼 Bertelsman	德	59.95	54.75
威科 Wolters Kluwer	荷	48.00	43.86
阿歇特 Hachette Livre	法	25.68	21.37
麦格劳-希尔 McGraw-Hill	美	25.24	26.72
哈伯·珂林斯 Harper Collins	美	13.12	13.27
施普林格 Springer	德	12.01	10.88
讲谈社 Kodansha	日	11.80	12.53
约翰·威立 John Wiley & sons	美	11.04	9.74

资料来源：美国《出版商周刊》等专业杂志共同完成。转引自《谁是全球最大出版商》，载《中华读书报》2007 年 8 月 15 日；参见欧宏《2006 年全球出版业排名新鲜出炉》，载《出版商务周刊》2007 年 8 月 5 日。

值得特别注意的是，自 20 世纪 90 年代开始至今的跨国公司并购浪潮，使得全球出版传媒集团的实力对比不断发生变化。出版集团兼并规模之宏大、涉及面之宽广、时间之集中、交易金额之高，都日益凸显文化产业在经济发展中的重要地位。表 3 简单列举了自 2007 年至今发生在国际出版业中的并购实例。尽管我国出版企业近年也有在国外设立出版企业的实践甚至有并购国外企业的探索，但是面对动辄几十亿美元的并购金额，中国出版企业还有很长的路要走。以上事实表明，变出版资源大国为出版产业强国，做强做大我国出版业，进一步增强国际竞争力，是我国出版业面临的一项十分紧迫的任务。我国图书出版业必须进一步贯彻落实科学发展观，树立世界眼光，统筹国内国际两个大局，善于从国际形势发展变化中把握发展机遇，努力提高我国出版业的国际竞争力和影响力。

表 3　2007 年至今国际出版业重要并购案例

收购方	收购对象	收购价格（亿美元）
汤姆森集团 Thomson	路透社 Reuters	177
阿帕克斯 & 奥默斯合伙人公司 Apax Partners & OMERS Capital Partners	汤姆森学习出版集团 Thomson Learning	77.5
新闻集团 News Co.	道·琼斯公司 Dow Jones	50
里德·爱思唯尔 Reed Elsevier-Choice Point41Bredgepoint	威科教育 Week Nelson Thrones	10
培生集团 Pearson	里德·爱思唯尔所属哈考特测评/国际公司 Reed Elsevier	9.5
圣智集团 Cengage	霍顿·米芙林大学出版集团 Houghton Mifflin	7.5

资料来源:根据相关报道汇总。

4. 贯彻落实科学发展观是我国图书出版业积极应对高新科技挑战的有效措施。以美国为代表的西方国家自 19 世纪末开始至今经历的五次企业并购浪潮,每次都是以技术革命为推动力,从传统产业向新兴产业转移,实现了产业发展从"价值发现"到"价值发掘",再到"价值再造"的转变。出版产业同样是这样。随着信息技术和数字技术的高速发展,以数字出版为代表的新兴出版业态呈现出快速发展的态势,成为出版业发展不可阻挡的国际潮流。在数字技术条件下,"读者"的概念已经转换成"用户"的概念,资金的回收方式也从售出结款变成了预付订阅,传统出版的业务流程、盈利模式都将发生革命性转变。表 4 显示,出版数字化在国外主要出版集团已经不是认识的问题,而是正在成为现实,并且其利润贡献率不断提高。前述所列汤姆森集团出售其学习集团转而并购路透集团,新闻集团收购道·琼斯公司,都有这方面的考虑。

表4　国外部分出版集团近年来的主要数字化成就

集团名称	主要出版领域	近年重要数字化成就
汤姆森	法律、财税、金融、科学、健康	1. 2007 年将其学习集团售出,使其数字化收入所占比例由 69% 增长到 80%,专注于专业出版领域。 2. 2007 年收购路透社,成为全球最大金融新闻和数据提供商。
里德·爱思唯尔	科学、医药、法律、教育、商务	2007 年美国 95% 的医学院校和全球 1700 多家医疗机构采用其在线全文医学平台 MD Consult。
培生	教育、商务、大众图书	其家庭作业在线及评估体系 MyLab 2007 年扩大到高校 38 个学科,使用人数比 2006 年增长 30%,在有效提高教学效果方面得到公认。
约翰·威立	专业出版	2007 年的期刊收入中有 70% 来自于在线期刊。2006 年开始在中国拓展在线会员,已有中国科学院等主要科研机构成为会员。
新闻集团	新闻、大众图书	1. 2006 年收购有庞大互联网用户的 MySpace。 2. 所属哈伯·珂林斯出版社 2006 年建立数字仓库 Brwse Inside,容纳 2 万种图书,可以快速、准确地将图书内容改变成需要的格式。 3. 2007 年收购道·琼斯公司。

资料来源:根据相关资料汇总。

在我国,虽然一些出版单位在数字出版方面正在积极探索,但总的来看,出版业的数字化水平还处于初始阶段,与发达国家相比还有较大差距。面对日新月异的高新科技和国外率先实践的数字化进程,我国图书出版业必须进一步贯彻落实科学发展观,以时不我待的使命感和更加开阔的思路、更加务实的措施,推动我国出版的科技应用水平得到极大提高。

二、准确把握科学发展观的科学内涵和精神实质,积极推动我国图书出版业实现大发展大繁荣

《中共中央关于在全党开展深入学习实践科学发展观活动的意

见》明确提出了学习实践科学发展观的指导思想、主要原则和目标要求。新闻出版总署党组在学习实践科学发展观教育活动中提出，要推动"三大转变"，即转变政府职能、转变制约行业发展的体制机制、转变增长方式，落实"五大战略"，即大力实施精品战略、大力实施集团化战略、大力实施科技兴业战略、大力实施人才战略、大力实施走出去战略。图书出版界要以此为重点，认真学习、准确把握科学发展的科学内涵和精神实质，突出实践特色，自觉地用科学发展观分析和查找发展中存在的突出问题，把科学发展观的要求转化为图书出版业发展的科学思路、政策措施和体制机制，推进图书出版业更好更快地发展。

1. 按照第一要义是发展的要求，深化出版领域体制改革，增强出版工作活力，大力促进出版产业快速发展。发展是我们党执政兴国的第一要务。出版领域的体制改革经过几年来的努力取得了一定成绩，但离科学发展观的要求还有很大差距。要按照科学发展观的要求，着力解决发展思路不清、发展信心不足、发展方式落后、发展质量不高、发展后劲不足等问题。按照中央的部署，出版领域改革近期重点要在以下三个方面取得新的进展、新的突破。一是在推进经营性出版单位转企改制方面要有新进展。要按照"区别对待、分类指导，循序渐进、逐步推开"的要求，实现从试点转入面上推开的关键性跨越，争取在"十一五"期间基本完成转企改制的任务。在继续推进地方出版单位转企改制的基础上，要加快推进一批中央在京出版单位进行转企改制，推进第二批高校出版单位的改革。二是在加快培育出版领域战略投资者方面要有新突破。要加大对完成转企改制的出版企业的扶持力度，在出版资源配置、跨地区经营等方面予以政策倾斜。要推动出版企业进一步拓宽融资渠道，吸引国有大型企业和业外国有资本投资出版领域。鼓励和支持现有出版集团通过兼并、重组、收购和股份制改造、上市融资等，做强做大，形成战略投资者，培育几个百亿元级的出版传媒集团。三是在形成一批有核心竞争力的新型市场主体方面要有新目标。要在深化改革的基础上,着眼于产业发展的长远目标,在重塑市场主体上狠下工夫,力争经过3到5年的努力,形成一批主业突出、实力雄厚、具有较强竞争力的大型出版集团,形成一批书报刊音像电子互动、具有广泛社会影响力的多媒体文化企业集团,形成一批跨地区经营、具有较强区域辐射力的大型发行集团,形成一批富有活力的"专、精、特"专业出版单位,形成一批拥有自主品牌、积极参与国际竞争的中国出版企业。

2. 按照核心是以人为本的要求,积极编辑出版满足人民群众日益增长的精神文化需求的优秀作品。以人为本是科学发展观的本质和核心,是构建社会主义和谐社会的出发点和立足点,是做好我国出版工作的根本要求。一是要加大公益性出版物的生产和供给,满足人民群众的基本文化需求。继续做好马列著作、党和国家重要文献的出版工作,巩固和拓展社会主义先进文化传播的主渠道和主阵地。加强和改进中小学教材教辅读物的出版管理工作,确保教育图书市场有序发展和青少年身心健康。加强和改进农家书屋必备图书的出版和评审工作,推动农家书屋建设工程深入开展。支持一批以服务"三农"为主的出版单位,出版更多基层群众买得起、看得懂、用得上、留得住的图书,为农民提供更多更好的信息服务。资助出版一批民族文字重点出版物,推动少数民族文字出版事业的发展。二是要大力实施原创出版工程,以精品力作占领文化市场。要调动出版单位的原创积极性,提高出版单位的创新能力,把我国学术科研和文艺创作领域的优秀成果以出版的形式及时反映出来。一方面,要积极推动那些真正对国计民生有贡献,对知识的增量积累有益的原创科研成果和丰富人民群众精神文化需求的原创文艺作品能够及时出版;另一方面,要有效遏制那些低水平重复、跟风炒作,甚至粗制滥造的所谓"科研成果"和"文艺作品"的出版,避免社会资源的浪费。要通过实施原创出版工程,努力改善出版物的市场结构,引导广大人民群众不断提高阅读的深度和品位,让人民群众在阅读中真正提高科学文化素养,提高思想道德水准。

3. 按照全面协调可持续的基本要求,推动出版事业和出版产业协调发展。全面协调可持续发展是科学发展观的基本要求。一手抓经营性出版单位的转企改制工作,一手抓公益性出版单位的内部改革;一手抓出版产业,一手抓出版事业,是社会主义市场经济条件下推动出版业发展的必然选择。一要加强出版公共服务体系建设,促进公益性出版事业健康发展。要抓紧研究制定公益性出版单位的具体分类标准和运作模式,重新确定实行事业体制的出版单位的出版任务和业务范围。按照国家关于分类推进事业单位改革的总体要求,积极开展公益性出版单位改革。加强民族文字出版工作,促进少数民族地区新闻出版业的发展。以政府为主导,鼓励全社会积极参与,坚持把出版公共服务体系建设的重心放在农村和基层,大力实施农家书屋工程和社区书屋工程,建立健全出版公共服务体系,切实保障人民群众特别是基层和农村人民群众的基本文化权益。二要加快出版产业发展方式转变,推动出版产业结构优化升级。要大力推进出版产业的所有制结构调整,坚持以公有制为主体,积极探索公有制的多种有效实现形式。要大力推进出版业的产品结构调整,巩固教育出版的基础地位,提升大众出版的品位,努力提高专业出版的比重。要进一步制定和完善出版产业发展战略,推动出版产业持续快速发展,提升出版产业在我国文化产业中的份额,提高出版产业对国民经济的贡献率。要通过战略调整,努力实现我国出版业发展从数量规模扩张向质量效益提高转变,从依靠传统出版手段为主向更多依靠科技进步的现代出版业转变,从主要依靠行政手段调节向更多运用市场机制调节转变。三要深入开展全民阅读活动,促进出版业可持续发展。围绕年度主题,在世界读书日、全国图书交易博览会和重大节庆前后,积极倡导和支持各地开展形式多样、内容丰富的主题阅读活动。不断创新全民阅读活动的组织方式和运行模式,探索形成全民阅读活动的长效机制,为出版业的可持续发展提供保障。

4. 按照根本方法是统筹兼顾的要求,统筹出版业区域发展和国内国际两个市场。统筹兼顾是科学发展的根本方法,也是图书出版业健康发展的必要途径。一是要统筹出版业区域发展,推动区域出版业协调发展。要大力推进出版业的区域布局结构调整,实施重大出版产业项目带动战略,加快出版产业基地和区域特色出版产业群建设,提高产业集中度。支持中西部、民族地区发掘地方特色和民族文化资源优势,努力形成东中西部优势互补、良性互动的区域产业协调发展新格局,推动区域产业协调发展。二是要统筹国内国际两个市场,大力实施出版"走出去"战略。要抓住世界关注中国的有利时机,鼓励中国出版企业运用国内国际两种资源、开拓国内国际两个市场,推动出版企业积极参与国际竞争。要以周边国家和地区、世界汉文化圈和西方主流文化市场为重点,有层次、有针对性地推动出版产品走出去、版权贸易走出去、出版业务走出去和资本走出去;以抓好国际书展工作为重点,充分利用法兰克福国际书展、北京国际图书博览会等平台,不断拓展出版"走出去"的有效渠道;以鼓励出版企业到境外兴办实体企业为重点,采取独资、合资、合作或重组、并购等形式,建立健全出版"走出去"的长效机制。

三、认真落实出版业发展的保障措施,务求图书出版业的科学发展取得实效

学习实践科学发展观是我国图书出版业的一项长期而艰巨的任务。要着力建立健全保障和促进出版业科学发展的体制机制,为科学发展观的贯彻落实营造良好的政策制度环境,务求图书出版业的科学发展取得实效。

1. 要高举中国特色社会主义伟大旗帜,始终坚持先进文化的前进方向。出版战线在意识形态领域处于十分重要的位置,必须坚持

中国特色社会主义道路不动摇，坚持中国特色社会主义理论体系不动摇。要妥善处理意识形态属性和产业属性的关系，在认真贯彻落实科学发展观的过程中，一刻也不能放松对导向和方向的把握。出版导向是出版工作的生命，把握正确的出版导向这一条无论什么时候都不能改变。越是科学发展，越是要牢牢绷紧出版导向这根弦。出版单位不管是企业体制，还是事业体制，都是社会主义思想文化阵地，都要牢牢把握社会主义先进文化的前进方向，努力为构建社会主义核心价值体系服务，都要始终把社会效益放在首位，实现社会效益和经济效益的有机统一。要进一步巩固马克思主义在图书出版领域的指导地位，更好地满足人民群众日益增长的多方面、多层次、多样性的精神文化需求。

2. 要提高宏观管理水平，为出版业的科学发展提供良好环境。要不断创新宏观管理体制，坚持依法管理、科学管理、综合管理，切实提高行政管理水平。要完善党委领导、政府管理、行业自律、企事业单位依法运营的宏观管理体制，努力走出一条党委部门和政府部门相配合、主管部门与协管部门相协调、行业管理与属地管理相衔接的出版管理新路子。要适应建设社会主义法治国家的要求，继续完善出版领域的法律法规，加大执法力度，加强综合执法，充分发挥制度对出版业科学发展的保障和促进作用。要不断推进政府行政部门自身改革，强化社会管理和公共服务职能，真正做到政事分开、政企分开、管办分离。要继续深化行政审批制度改革，规范审批程序，提高审批效能，推动阳光政府建设。要加强总体规划，科学指导产业发展，发挥国家出版基金和重大出版工程的引导和调节作用。

3. 要做好相关基础性工作，为出版业的科学发展提供基础保障。第一，制定好产业规划和产业政策，引导好产业发展方向，努力争取财政、税收和有关经济部门的理解和支持，继续执行实践证明行之有效的文化经济政策，进一步落实和完善有关财政税收政策，为出版业科学发展提供良好的经济政策；第二，加快出版诚信体系建设，建立出版企业信用档案和市场信用制度,整顿和规范各类出版物的发行秩序,为出版业科学发展营造公平竞争的市场环境;第三,加强和改进统计工作,完善统计网络直报系统,实现包括各种所有制经济、各类产业的全行业有效统计,为出版业科学发展提供科学的产业统计制度;第四,认真开展出版单位评估体系的试点工作,综合运用市场、法律、行政等手段,建立以企业准入、市场准入、职业准入、岗位准入"四大准入"为基础的行业管理体系,实现优胜劣汰,形成科学有效的准入和退出机制;第五,积极推进书号实名申领的改革试点工作,改进书号管理办法,切实解决买卖书号问题。

4. 要切实加强出版人才队伍建设,为出版业的科学发展提供人才保证。要高度重视出版单位的领导班子建设,把那些政治清醒坚定、熟悉出版工作、富有改革创新精神的优秀干部选拔到各级领导岗位上来,确保出版业的领导权掌握在忠于党忠于人民的人手里。要着力培养出版大家和出版专门人才,按照中央"四个一批"人才培养工程的工作部署,以培养出版领军人才为目标,统筹抓好出版行政管理人才、企业经营管理人才和专业技术人才队伍建设,发挥中国出版政府奖等评选表彰制度的激励作用,为出版业的科学发展提供强有力的人才保证。

我国版权工作有关情况的调研报告

阎晓宏

（2008 年 11 月 10 日）

一、新时期我国版权工作的新进展

（一）版权法律体系日趋完备

党的十六大以来,我国积极推动版权法律体系建设,依照 2001
年修订后的著作权法,国务院相继颁布了《著作权集体管理条例》、
《信息网络传播权保护条例》。经全国人大审议批准,加入了《世界
知识产权组织版权条约》、《世界知识产权组织表演和录音制品条
约》两个新条约,符合中国国情又与国际规则接轨的版权法律体系
逐步完善,基本解决了我国著作权立法方面面临的迫切问题。

（二）版权保护双轨制进一步加强

基于我国的基本国情,我国建立了司法保护与行政执法并行的
版权保护双轨体系,这一制度设计,既符合我国当前社会主义市场经
济尚不完善的实际,又有利于发挥中国特色社会主义制度的优越性。
党的十六大以来,版权保护双轨制度得到进一步巩固与加强,版权刑
事门槛降低,打击力度加大,民事诉讼渠道更为畅通,各地法院纷纷
建立了调节民事纠纷的知识产权庭,版权行政执法发挥了便捷、高
效、低成本等优势,对侵犯公共利益的各类侵权盗版行为进行了有效

治理。

（三）打击侵权盗版取得重大成效，执法水平与能力进一步增强

近年来，各级版权部门在加强日常监管的同时，针对某一领域侵权盗版的突出问题，相继开展了反盗版百日行动、打击教材侵权盗版、打击网络侵权盗版、打击软件侵权盗版等多项行动，取得明显效果。如自 2005 年以来，各级版权部门会同公安、信息产业等部门连续四年开展打击网络侵权盗版专项行动，共查办网络侵权案件 2140 件，关闭非法网站 810 个，移送司法机关案件 65 起，在社会上引起较大反响。在北京奥运会期间，国家版权局会同有关部门建立了快速反应机制，对奥运赛事及相关活动的转播实施 24 小时监控，共处理投诉 200 起，对 97 家违法网站进行了处理，高效的工作赢得了国际奥委会的高度评价和国际社会的广泛赞誉。

（四）软件正版化工作取得实质性进展

软件产业是国民经济发展的基础性和战略性产业，是信息化建设的关键环节，党中央、国务院高度重视软件产业发展和软件知识产权保护工作。从 2001 年开展中央政府部门软件正版化工作以来，经过各级政府的共同努力，中央、省、地市三级政府部门分别于 2002 年6 月、2005 年 3 月、2005 年 12 月完成了通用软件正版化工作。2007 年 2 月，经国务院批准，由国家版权局牵头，建立了由信息产业部、商务部等九部门组成的"推进企业使用正版软件工作部际联席会议制度"。在部际联席会议的积极推动下，企业软件正版化工作扎实推进，取得了显著成效，已有近 2000 家大型企业完成了软件正版化工作。

（五）版权公共服务和社会服务的框架基本确立

党的十六大以来，各级版权部门坚持为大局服务，在加强社会监管的同时，改进管理，优化服务，积极探索促进版权贸易和版权产业发展的新路径。总结推广江苏南通、福建德化有关通过版权保护促进地方经济发展的先进经验，得到世界知识产权组织的高度评价。与世界知识产权组织合作，正式启动了版权相关产业对经济贡献的调研项目。推动成立了中国音像著作权协会、中国文字著作权协会和中国摄影著作权协会，集体管理体系建设取得重大进展。目前，由版权协会、版权集体管理组织、作品登记机构、版权代理公司等构成的版权服务体系已经初具规模。

（六）社会版权意识逐步增强

党的十六大以来，各级版权部门通过多种渠道、开展了多种形式的版权知识普及活动。如"守望我们的精神家园——百名歌星反盗版演唱会"、大学生版权辩论赛、全国中学生版权主题教育等丰富多彩、形象生动的活动深入人心，使版权宣传普及工作逐步走入社会、走入学校、走入百姓生活，公众的版权意识有所提高，《全国国民阅读与购买倾向抽样调查报告》显示，已有超过60%的国民"知道"版权的概念，这是一个很大的进步。

（七）版权国际合作与交流不断加强

通过与知识产权国际组织和各有关国家在信息交流、宣传培训等方面开展合作，促进了版权多双边关系的发展。会同商务部等有关部门，顺利完成WTO与贸易有关的知识产权理事会对华审议，妥善应对美将我知识产权问题诉诸WTO案件。积极参加世界知识产权组织关于广播组织条约、民间文艺、发展议程以及执法等主题的会议，积极参与国际版权新规则的制定。在APEC、中美商贸联委会、中美战略经济对话、中欧知识产权对话等磋商和谈判工作中,坚持我国原则立场,抵制发达国家的不合理要求,最大程度维护国家利益。

二、当前存在的影响版权事业科学发展的一些突出问题

(一)认识问题

1. 社会公众的整体版权意识还不高。由于我国长期处于农业社会,缺乏无形产权的概念。有相当数量的人认为,打击侵权盗版是国家的事,与己无关,"侵权盗版无害论"在社会上还有相当的市场。企事业单位的版权意识普遍薄弱,没有建立起企业自身的版权管理和保护机制。

2. 对版权的内涵和外延认识不够,仅仅把版权当做"出版的版权",认为版权是新闻出版领域的专有权利,把版权的概念"窄化"了,没有认识到版权覆盖了"文学、科学和艺术领域内的一切成果",包括书报刊、音像电子、广播、影视、音乐、舞蹈、绘画、摄影以及计算机软件、实用艺术品、工程设计、建筑外观等等。

3. 没有认识到版权的经济属性,对版权制度在促进经济发展方面的积极作用认识不够。

4. 认为保护版权是应付外国人的需要,只是做做样子、摆摆形式,没有认识到保护版权是激励、创新、推进我国自身发展的紧迫需要。

(二)版权创新能力问题

当前,我国优秀的原创作品还不多,版权创新能力不强,质量不高,竞争能力较弱,还不能适应文化大发展大繁荣的要求。在电影、电视、图书、软件等领域,虽然每年制作、出产的数量很大,但是质量

普遍不高,内容雷同甚至抄袭、重复生产、跟风生产的现象大量存在,竞争力不强,受到广大观众(用户)喜爱的还很不够,在市场上占有重要地位的不多,相反,国外同类产品较多,有些领域的相关市场基本上被国外产品占领。如每年出版的图书品种数量很大,但能够产生重大影响的不多,能够输出到国外的很少,相反在畅销书排行榜上引进版图书所占的比例却较高;我国的软件开发公司很多,投入的研发资金不少,但是在市场上占有重要地位的不多,我们的专业软件、操作软件市场基本被国外软件占领。

(三)版权保护水平问题

现阶段,图书、音像、软件、网络等领域的侵权盗版现象非常严重,严重挫伤了民族创新精神,扰乱了市场经济秩序,严重阻碍了新闻出版、广播影视、文学艺术、文化娱乐、广告设计、工艺美术、计算机软件、信息网络等版权产业的进一步发展壮大。以软件盗版为例,据有关国际调查显示,我国的软件综合盗版率每增加 10 个百分点,软件销售额将减少 39.7 亿人民币,经济活动总量将减少 67.76 亿人民币,而销售额和经济活动总量的减少将直接和间接地损失 13170 个就业机会。音像、图书等盗版仍然很严重,音像制品盗版率在 70%以上,严重制约了产业发展。传统文化产品的盗版问题尚未解决,网络中的音乐、影视等侵权盗版问题又有发展蔓延之势。这些严重的侵权盗版行为既成为阻碍文化产业、网络产业发展的障碍,也成为发达国家对我经济制裁、政治施压的托辞和借口,成为影响国家经济安全的不稳定因素。

(四)版权执法体制机制问题

1. 版权行政执法体制方面,还需进一步理清职责、理顺关系。有地方同志反映,当前在版权行政执法领域实际存在的多头执法现象导致版权执法很难权责一致,多部门齐抓共管客观上没有形成合力。部分地方在建立文化市场综合执法机构以后,将版权执法全部纳入文化市场综合执法机构的职责,但因种种原因并未能加强版权执法工作,有些地方实际上合并职能之后,并没有去管去抓,出现版权执法空当;还有的地方反映,在市县级实行文化市场执法集中管理后,由于文化市场执法重点是解决意识形态问题,非意识形态的版权执法处于从属地位,对版权执法有精力就做、没精力就不做,版权行政管理有进一步弱化的趋势。

2. 版权执法队伍建设严重滞后,与其面临的形势和承担的任务、责任形成巨大的反差。在调研中发现,各级版权行政管理部门都存在人员严重缺乏的问题,不能适应其所承担的法定职责的需要。如全国省级版权局专职行政管理人员不超过 200 人,平均每个省(区、市)不超过 5 人;地市一级文化、广电、新闻出版"三局合一"后,涉及版权管理的内设机构、编制没有明确规定,版权行政管理和执法"有机构、无队伍、无经费"的局面没有得到改善;个别地方把版权管理职能划归知识产权局,削弱了版权行政管理和执法的力度。

3. 行政执法措施和手段不到位,对新技术条件下的执法还缺少有效快捷的监管手段,使有限的版权行政力量难以取得打击盗版的实际效果。

(五)版权公共服务和社会服务问题

我们在调研中发现,版权登记、代理、中介、咨询、评估、质押、交易、投资、信息等公共服务和社会服务体系发育不足,智力成果的运用及商品化、产业化和市场化程度不高。

1. 作品登记问题。由于登记的法律规定不具体,机构、人员、经费不到位,作品登记制度没有有效发挥作用,导致目前国内80%—90%的作品没有进行版权登记,作品和作品使用之间信息很不对称,对权利人的维权、版权产业的发展、司法和行政执法部门的执法都产生了一定的消极影响。

2. 智力成果交易的社会化、专业化机制还未形成,缺乏规范、快捷、低成本的、方便权利人和使用者双方进行交易的良性机制和贸易平台。

3. 版权集体管理组织、版权相关行业组织的作用未能得到有效发挥。到目前为止,我国已经正常运转的版权集体管理机构仅有中国音乐著作权协会和中国音像著作权协会,中国文字作品著作权协会和中国摄影作品著作权协会至今还没有开展正常的业务活动。集体管理机构不仅数量少,而且覆盖的领域也不够,不仅不利于维护广大版权所有人的合法权益,也不利于文学艺术和科学作品的广泛传播。

三、几点思考

(一)坚持科学发展观,准确定位版权工作

用科学发展观指导版权工作实践,首先要从中国版权保护的实际出发,做到准确定位。中国的版权保护时间短,起点低,在一定程度上存在着侵权盗版问题,这是中国处于现在这个发展阶段不可避免的。因此,当中国达到国际条约保护的基本门槛时,应当给中国一定的时间。要求中国现在就要达到发达国家的保护水平,这既不现实,也不可能。但我们决不能用自然主义的态度对待版权保护,决不能以发达国家经历了上百年的版权保护历程来为我们设定一个漫长的保护期限,这有两方面的原因:一是我们所处的国际环境已经发生了根本变化,改革开放30年,我们已完全走出封闭,按照国际规则与世界的发展融为一体;二是全面落实科学发展观、建设创新型国家,都要求我们必须进一步加大知识产权保护力度,以更好地激励全社会的创新精神和创造能力。我们必须准确定位,按照激励创造、有效运用、依法保护、科学管理的方针,大幅度提升版权的创造、运用、保

护和管理能力,为建设创新型国家和全面建设小康社会提供强有力支撑。

(二)着力提升全社会版权意识

提高全社会版权意识、培育健康的版权文化仍是当前版权工作的一个关键。当前,我国已建立了与国际规则相衔接、符合中国国情的法律体系,版权的学术研究与国际交流日益深入而广泛,版权执法力度不断增大,制约版权工作的最大问题是如何有效提升全民族尊重知识、尊重版权的国民意识。如果我们的立法、执法得不到社会公众的理解与支持,版权工作就难以取得突破性进展和取得质的飞跃。我们必须把提升全社会版权意识的工作放在首要和根本任务上思考,必须树立长远观念,以更大的毅力和决心坚持不懈地抓下去。

(三)有效整合行政资源,强化版权监管和执法

在当前的国际国内形势下,我们必须把加强版权监管工作放在更重要的位置来考察思考。在版权的创新、管理、使用环节,我们要充分发挥社会各界的主体作用,特别是企业、科研单位在创新方面的主体作用;但在保护环节,政府要始终发挥主导的作用,要充分履行职责,创造良好环境。当前版权工作的主要矛盾都凸显在执法方面,我们的工作重点应当放在执法上。

一是在横向关系上理顺与相关执法部门的关系,充分整合行政执法资源,形成多部门合作打击侵权盗版的态势,共享信息资源和工作成果;在纵向关系上明确职责,形成三级四层的版权行政执法体系,特别是要充分利用当前市(地)县文广新三局合一的新一轮机构改革,在基层建立版权行政执法队伍,使版权行政执法和社会监管职能落到实处。二是坚持以软件、网络执法为重点,树立版权执法的权威。这一方面是行政资源配置不交叉,能够理清内部工作关系,同时能够充分发挥版权执法在打击网络、软件侵权中的优势。三是要充

分利用现代高新技术监管手段,提高打击侵权盗版活动的效能。

（四）转变版权行政管理职能,切实提高版权公共服务和社会服务水平

解放思想,改变传统的管理模式,构建版权公共服务体系,由管理型政府向服务型政府转变,既是学习实践科学发展观的需要,也是实施国家知识产权战略纲要的要求。一是要进一步完善作品登记制度,确保登记制度的统一性、权威性和严肃性,减少版权运用、管理和保护的成本,降低版权交易风险。二是要积极推进建立多个具备一定规模和社会影响力的版权商业交易平台,使我国的版权贸易常态化,保证智力成果的交易流转,促进智力成果的广泛运用。三是要健全使用作品的畅通渠道,加强文字、音乐、音像、电影、摄影等版权集体管理组织,促进文学、艺术和科学作品的广泛传播和运用。四是要建立版权价值评估体系、融资体系,建立规范科学的版权相关产业统计标准。

加强新闻出版业市场
环境建设的调研报告

王立英

（2008 年 11 月 10 日）

按照总署学习实践科学发展观活动的部署要求，在深入学习有关文件精神的基础上，总署组织调研组就新闻出版改革发展等方面问题进行了深入调研。根据党组的统一计划安排，我带领总署政策法规司、产业发展司和纪检组监察局有关同志组成的调研组，主要对"加强新闻出版业市场环境建设"问题，分别在北京、安徽等省市进行了专题调研，深入了解了当前新闻出版业市场环境建设的现状、存在的突出问题以及加强和改进市场环境建设的对策和建议，取得了较好的效果。

一、新闻出版业市场环境建设取得的主要进展

党的十六大以来，通过深化体制改革，完善法律法规，加大执法力度，加强诚信体系建设等，使新闻出版业市场环境进一步得到了改观，一个统一开放、竞争有序、健康繁荣的市场体系正在形成。主要体现在以下几个方面：

（一）市场规则逐步建立

2003年总署出台了《外商投资图书、报纸、期刊分销企业管理办法》和《出版物市场管理规定》。《外商投资图书、报纸、期刊分销企业管理办法》依据我国加入世界贸易组织时对出版物分销领域开放的有关承诺，对外资进入出版物分销领域的条件、时间表、审批程序等做了清晰而明确的规定。《出版物市场管理规定》则重点解决国内资本的市场准入平等问题，取消了长期困扰发行领域民营资本发展的所有制限制问题，允许民营资本进入总发和批发领域，并且准入条件和国有资本一样。这两个办法的出台，使出版物市场规则得到了确立。

（二）市场日趋开放

江西出版集团与中国和平出版社、吉林出版集团有限公司与中华工商联合出版社、江苏新华发行集团公司与海南新华书店股份有限公司等以资产为纽带实现了跨地区、跨部门、跨行业的并购重组，打破长期以来出版物市场条块分割、地域封锁、垄断经营的坚冰。运用连锁经营、物流配送和电子商务等现代流通方式，促进了出版物和生产要素的合理流动，初步建立了以大城市为中心、中小城市相配套、贯通城乡的图书发行网络。出版物全国连锁经营企业总部已达29家，23个省级新华书店实现了省内或跨省连锁经营。全国性民营连锁经营企业有8家，民营发行网点达10万个。出版物市场日趋开放，推动了出版产业的发展。

（三）市场监管更加有力

各级新闻出版管理部门不断完善监管体制和工作机制，通过治理出版发行环节过程中商业贿赂，规范报刊发行秩序，纠正新闻记者滥用采访权、强拉广告、欺上瞒下、敲诈勒索等现象，打击"四假"，反盗版百日行动、天天行动,整治出卖书号、版号、刊号、版面行为等举措,有效地维护出版市场的环境。

（四）市场信用意识有了一定程度的提高

各级新闻出版管理部门和出版单位采取会议、培训等多种形式,开展宣传、加强教育,提高了从业人员的诚信意识;组织选优评先活动,积极营造出了依法经营、违法必究、公平交易、诚实守信的浓郁氛围;通过调查研究,认真总结及时推广了市场诚信体系建设方面的有益经验;建立了诚信档案,探索建立从市场进入、经营管理、市场竞争到收入分配规范的约束机制。

二、新闻出版业市场环境存在的突出问题

（一）市场封锁,行业和地方保护仍然严重

市场经济首先是竞争经济,一个产业的健康发展必须建立在充分竞争的基础上。然而,长期以来由于出版物市场行业和地方保护,使不同的市场竞争主体没有获得平等的竞争机会。如,目前的出版发行集团大多不是以资本为纽带,优势互补、强强联合、整合资源为基础组建而成的,而是仅局限于本区域,由地方政府采取行政手段对原有的出版社、新华书店进行的形式上的组合,其利益与主管者的利益息息相关,因而管理者往往利用手中的权力提供政策性保护。又如,外版中小学新课标教材进入某地市场,必须要承诺由地方出版社租型教材的前提条件,将最大的出版利润出让给省内的承租出版单位,租型费用仅1%,这使原创出版单位经济再投入积极性受限。再如,有的省市地方政府部门对本地域的整个教材市场进行硬性分割,其中大部分市场份额留给本地版教材或某些规模较大的被租型版教材。而在报刊的发行上邮局常年独家发行所形成的一家独大,致使

报刊发行的准入门槛更高,市场竞争度更低。邮政局对报刊发行是有其历史和现实作用的,但实施政企分开改革后,作为企业的邮政局仍然进行垄断经营,而且费率太高,书报刊的本埠发行费20%,外埠高达40%。

(二)侵权盗版行为屡禁不止

侵权盗版行为不仅严重扰乱了市场经济秩序,更为严重的是损害了民族创新精神,败坏了国家形象。目前出版物的易复制、复制成本低,正版、盗版之间的价格差以及对犯罪分子缺乏震慑力、全社会的版权法律意识还不强等原因使得侵权盗版现象十分严重,盗版活动猖獗,已经成为名副其实的社会公害。如,安徽出版集团开发了一套幼儿图书,春季发行了几百万套,可到秋季开学订数急速下滑,盗版几乎占领了全部市场。有些不法印刷企业运用更改印刷委托书等手段应付检查,实施盗版盗印。有出版单位反映,印刷委托书四联单全部送交印刷厂这种管理方法不科学,容易让不法分子钻空子。非法经营者为了逃避打击,往往采用异地印刷、异地仓储的策略,由于地域管辖权的分割,没有形成全国统一的整治网络,异地打击难度大、费用高,执法部门即使发现非法出版物经营,多数处理仅仅就是现场没收、罚款,很难深究挖根、找源头。

(三)市场价格秩序紊乱

在市场经济条件下,任何商品在流通领域的折扣都可以灵活多变,随行就市,但也有约定俗成的折扣底线。目前图书市场除中小学教材的发行折扣有明确规定外,对教材教辅和一般图书则没有硬性规定,图书发行折扣千变万化,有的甚至已经突破了常规的折扣底线。目前教材实行"一纲多本",这无疑促进了教材内容质量的提高,但同时也加剧了发行市场恶性竞争。根据财政部《电影、出版企业财务制度》规定,出版单位可按不超过出版物定价的10%支付宣传推广费。对发行单位而言,国家虽不统一规定,但大部分省份都出台过相应的规定,可在教材发行中支付一定的宣传推广费。但问题是出版发行单位往往超标准列支,而费用并未用于实质性的宣传推广活动。教辅发行市场更加混乱。自2000年教育减负,实施"一费制"以来,教辅市场已经完全放开,新华书店统一征订的模式已被打破,民营书商大举进入教辅市场,多渠道、多形式争抢教辅发行。教辅的折扣完全靠"市场"来调控。但是这种教辅市场竞争,并非真正按市场经济规律的法则来运行,并不是客观、公平、公正的市场竞争。有些地区的教育局为了谋取利益,采取购买书号,一号多用的方法,自编、自印、自发教辅。有的书商甚至操作盗版书,直销到学校,直接返利给教师,低价销售,高额返扣。这些行为扰乱了教材教辅市场,构成了商业贿赂。

(四)市场信用体系尚未建立起来

现代市场经济是信用经济,普遍的守信行为是交易进行、经济运转的前提。但在目前的出版物流通领域,作者、出版单位、发行单位、印刷企业各环节之间互不信任。有些基层新华书店长期占用出版社的书款不予支付,少则几十万,多则上百万。其中有些经营困难的书店无限期赖账。只要出版社一提出结账,就大批退货,平均退货率高达40%以上。还有的报刊仍然以赠送物品的方式把竞争对手赶出局,进而垄断市场。

(五)行业协会未起到市场中介组织应有的作用

中介组织是保证现代市场经济能够运转的支持系统,是市场组织化程度提高、行业自律能力增强的客观反映。完善发达的中介组织体系的存在,可以有效地解决行业的自我服务问题,舒缓政府的监管压力,减少政府的不必要干预。目前,全国性和地方性各类新闻出版行业协会已达几百家,由于行业协会的性质和地位不明确,只能依附行政机关,官办组织,人员官配、财务官支、职能官定、业务官审,无论是行业的服务意识还是行业的服务能力或是行业的约束能力都不尽如人意,没有起到政府与市场之间的桥梁和纽带作用,无法满足行业的需求。

(六)行业信息标准亟须规范

信息技术已在发行业普遍使用,但行业的信息标准一直未能有效确立,特别是关于图书和经营单位的初始信息,至今未建立起统一的采集和输出的标准格式,致使各经营单位采录的初始信息五花八门,以此为依据建立起来的信息管理系统各成体系,互不兼容,形成巨大的人力、物力浪费和贸易壁垒。目前全国出版发行业使用的信息管理软件系统主要有六个,但软件设计各自为政,执行标准互不相通,不同信息系统之间发货、收货、结算还需要进行人工信息录入和检索,同时出版发行的上游也很难准确掌握市场信息、全面监控销售网络、调剂市场余缺。还有出版发行企业反映,中图法编目分类方法已经落后于当前市场发展需求,也是市场信息沟通不畅、管理成本高、系统效率低下的一个重要原因。

三、加强新闻出版业市场环境建设的建议

(一)进一步完善市场规则

尽快推动《出版物市场管理规定》上升为《出版物市场管理条例》。由于《出版物市场管理规定》只是一个部门规章,力度有限。特别是《行政许可法》出台后,其地位和作用都将受到挑战。目前出版、印刷等都有国务院条例作为依据,但对出版物市场的监管地位和监管措施尚未被从更高的法律地位上予以确立,因此,应尽快推动《出版物市场管理规定》上升为《出版物市场管理条例》。同时,加快

修改现行出版物市场规章,强化其针对性和操作性。加强市场法制建设,完善市场规则,应注意统筹兼顾。我国经济社会发展不平衡,东部、中部、西部差距很大,城乡之间情况不同,各地具体情况也有很大区别,应注重综合平衡、区别对待。

(二)继续推动市场的开放

要进一步打破条块分割、地区封锁、城乡分离的市场格局,促进出版物和资本、人才、技术等生产要素在更大范围内合理流动。继续支持非公有资本以多种形式进入政策许可的出版产业领域。实行新型代理配送制度,促进连锁经营、物流配送和电子商务等现代流通组织形式与经营业态的繁荣发展。要通过优化信息管理环境,尽快实现全国新闻出版领域信息管理软件的标准化,实现管理软件的通用化,实现信息资源共享,搭建全国统一的数据库。对出版物分类标准进行科研开发,设计统一的先进分类管理方法,使出版物分类符合市场发展趋势。

(三)市场监管要常抓不懈

继续保持对侵权盗版行为高压态势,加强对重点地区、重点领域和重点环节的监管,把网络侵权和软件盗版作为执法重点,坚持日常监管和专项治理相结合,完善行政执法中的举报、协查、通报、统计和备案等制度。通过严守入境渠道、严防境内翻印、严密清查市场、严禁网络传播、严查大案要案、严明工作纪律、严格报告制度等,坚决堵截、查缴和严厉打击政治性非法出版物出版、贩运、销售活动,严厉查处各类淫秽色情出版物。要利用"扫黄打非"领导小组所构建的协调面更宽、协调力度更大的平台,联合工商、城管、公检法一起加强市场监管执法。

（四）加强行业诚信体系建设

要在近两年来开展的出版发行领域和图书出版领域诚信体系建设的基础上，进一步加大行业诚信体系建设的力度。要把诚信教育作为市场环境建设的重要内容，在全行业开展诚信宣传教育，努力培育从业人员的诚信意识，提高信用风险防范和自我保护的能力。贯彻执行以企业（法人）准入、市场准入、职业准入、岗位准入为基础的出版业市场准入制度，提高整个行业信用资质。研究制定信用信息管理办法、信用评估管理等办法，加快信用服务行业标准化建设，探索建立市场诚信记录信息库，构建市场信用信息公开共享平台。利用大众传媒对产业链条的各个环节进行信息披露和信誉监督，为受害方提供投诉、起诉的方便，加大加害人的赔偿责任和背信成本。

（五）充分发挥行业组织的作用

高度重视各类出版发行行业协会联系广大出版工作者的桥梁和纽带作用，加强对行业协会的组织和指导，帮助各类协会改变行政化倾向，按照市场化要求进行改革，实现从挂靠政府部门向社会自主发展转变，从政府部门主导设立向企业自主设立转变，从对全员企业的政府指导型向对会员企业的市场服务型转变，从政府部门的附属组织向市场经济的独立主体转变，在维护会员权益、规划行业发展、制定行业标准、开展专业资质认证、组织行业交流等方面发挥应有的作用，为新闻出版市场环境建设服务。

推进数字出版产业发展的调研报告

孙寿山

（2008 年 11 月 10 日）

根据总署党组关于学习实践科学发展观活动的总体部署及"十行百家"调研方案的安排，我带领网络组到部分省市就如何推进数字出版产业发展进行了专题调研，科技与数字出版司、财务司以及中国出版科学研究所相关人员随同参加调研。本次调研主要是针对制约数字出版发展的体制性、政策性障碍进行了解，摸清数字出版从业单位在发展中所面临的实际困难，总结发展经验，研究新情况新问题，提出推进数字出版产业发展的具体工作措施。9 月下旬，科技与数字出版司已就相关课题先期在北京、上海、江苏、广东、四川、重庆、甘肃及青海进行了调研。现将有关情况汇总如下：

一、调查了解的基本情况

在调研过程中可以明显感到，伴随信息技术、网络技术的不断发展，数字出版产业发展的环境日臻成熟，产业形态初步显现，从著作权人到数字出版商、到技术提供商、到渠道供应商再到消费者的产业链在部分出版门类中已初步形成，数字出版产品消费者数量日益庞大，数字出版产业发展迅猛，潜力巨大，关注数字出版产业发展，积极参与数字出版活动，将数字出版视做出版业发展的未来越来越成为业界的共识。与此同时,网络出版监管工作在探索中有序开展,净化网络环境,营造良好舆论氛围的工作也取得一定成效。

（一）我国相关技术和网络硬环境迅速进步为数字出版产业的发展奠定了良好基础

数字出版主要是运用最新的数字和网络技术,将原有和原创内容以新的形态呈现,其发展高度依赖技术的进步和网络的普及。从目前技术条件看,我国数字内容的传输和展现技术、数据挖掘技术、知识表示与检索技术、数字版权保护技术(DRM)、数据库技术以及电子书技术、WEB2.0 技术、电子纸技术的发展和应用都达到了一定高度。从市场条件看,截至 2008 年 6 月,我国网民总数达到 2.53 亿人,比上年同期增长了 9100 万人,跃居世界第一位。互联网普及率提高至 19.1%。其中宽带网民 2.14 亿人,手机网民 7305 万人,相当多的党政机关、企事业单位和个人已经具备完全的网络条件。同时,2007 年我国国民网络阅读率为 44.9%,以网络阅读为主的数字化阅读的持续走高,反映出国民阅读方式正在向网络和数字化转移。技术的发展、网络环境的逐步完善、消费和阅读习惯的转变,这三者的有机结合为数字出版产业的发展奠定了良好基础,也意味着数字出版已具备了快速发展的客观条件。

（二）各地对数字出版的重视程度日益提高,业界普遍对数字出版前景表示乐观

经过 30 年改革开放,伴随经济和社会的持续快速发展,我国文化得到了空前发展和繁荣,出版业更是受益于此。但值得注意的是,伴随"80 后"、"90 后"一代逐渐成为市场消费主体,我国传统出版业发展的鼎盛期即将过去,整体下滑趋势难以遏制。能否及时认清形势,把握住数字出版发展的机遇,缩小与发达国家的差距,继续为社会发展和经济建设服务,为人民群众的文化需求提供健康丰富的精

神产品是业界必须高度关注的问题。可喜的是,在调研中发现,各地尤其是经济和传统出版相对发达地区,无论党委政府,还是出版行政管理机关和出版单位,以及众多的技术开发商、渠道供应商,都主动将发展数字出版置于重要位置。从政府层面来看,上海市与总署通过"部市合作"方式率先推动建立国家级数字出版基地;江苏省每年从宣传文化发展资金中安排数千万元用于支持数字出版项目;广东省局设立了全国第一个数字出版处,还联合宣传部、信息产业厅共同下发了推进数字出版产业发展的指导意见,并选定多个试点单位开展出版流程再造试点工作;许多传统出版单位都设立了数字媒体事业部或其他专门从事数字出版的工作部门,并拟定了数字出版发展规划;技术开发商和渠道供应商依靠强大的技术能力和资金实力纷纷涉足数字出版领域,有些已经形成知名品牌效应;以新浪、搜狐、网易、起点中文、红网、长江网等为代表的网络发布平台持续加大投入,分别在网络游戏、原创文学、博客出版及电子期刊等方面取得突出业绩。上述充分反映,数字出版正在发生从认识层面向实践层面的可喜转化。

对于数字出版的前景,业界普遍表示乐观。首先,从中央、总署到地方各级政府和出版行政管理机关对此高度重视,大力倡导发展数字出版产业,积极探讨研究推进数字出版发展的各种举措,给从业者以极大的信心;其次,技术的发展和网络的普及不断为数字出版的发展清除障碍,创造条件;第三,积极从事数字出版的单位分别发挥出各自在内容资源、处理技术、传播渠道等方面拥有的优势;第四,数字阅读人口快速增长,年龄跨度进一步扩展,消费者阅读习惯的转化给发展数字出版提供了广阔的市场和无限商机;第五,数字出版本身具有传统出版所不可比拟的优势,其方便快捷和绿色环保代表了出版业未来的发展趋势和潮流,因而势将成为出版业未来最强劲的经济增长点。

（三）数字出版产业形态逐渐清晰，合作共赢逐渐成为发展主流

从所调研的省区看，数字出版产业形态经过多年的摸索和沉淀，正逐渐走向清晰，部分从事数字出版的单位发挥优势，找到了符合企业自身特点的市场定位。盛大、九城、网易、腾讯等公司的网络游戏；起点中文网、逐浪网的网络原创文学；北大方正、超星、中文在线、书生、通力公司的电子图书；万众传媒、博看网、龙源期刊网的电子杂志；新浪、搜狐、长江网的博客出版；《解放日报》、《广州日报》、《南方日报》、中国移动的《手机报》；文新集团、南京日报报业集团的数字报；商务印书馆的在线工具书；上海世纪出版集团、江苏凤凰出版集团的在线与远程教育出版；清华同方的专业学术期刊数据库群（网）；知识产权出版社的数码印刷；《广州日报》、《烟台日报》、红网的报网互动等，虽然其商业模式还不够成熟，但新业态的形成已经毋庸置疑，并且可以预期，一旦找到持续稳定的盈利模式，数字出版将可迅速进入良性发展轨道。

在数字出版的产业链条上，著作权人—内容提供商—数字出版商—技术提供商—终端设备提供商—网络运营商—金融服务提供商—网络传播者—消费者顺次出现，要在数字出版上有所作为，必须依靠著作权人与出版商的结合、内容与技术的结合、产品与渠道的结合才能得以实现。江苏凤凰出版集团在电子书开发上，将出版内容提供给方正阿帕比公司；目前最大规模的手机报是由多家报业集团与中国移动进行合作；湖北博看网电子杂志的发行则是通过中国邮政渠道销售点卡；腾讯、起点中文网等也毫无例外地通过中国电信或中国移动来实现在线支付。市场竞争的结果告诉我们，只有通过合作，出版单位、新兴媒体和技术公司才有可能实现共同发展并赢得市场。

（四）多方有利因素形成合力，推动数字出版业的快速发展

首先，目前我国数字出版正处于高速发展的黄金时期，除政府重视以外，多方面有利因素正在聚合并不断形成合力，推动着数字出版产业的发展。譬如在阅读习惯和消费习惯上，在线阅读的年龄下限已经从 16 岁下探到 5 岁左右，上限从 50 岁延展到 75 岁左右。由于阅读人口年龄的泛化，其市场容量已经远远高于平面媒体，在线阅读势必成为 21 世纪国民汲取文化知识的最重要方式。

其次，内容资源数据库日益普及，通过高新技术和深度加工将各种数字资源进行有机整合，并在此基础上开发出提供多种增值服务的数据库产品，使机构用户和读者群迅速扩大。

第三，由于盈利模式的逐渐成熟，如网络游戏的点卡支付、内容资源数据库产品的整体销售、原创文学作品在线阅读和电子书的付费下载模式渐为市场所接受，都将对数字出版产业的快速发展产生重要的助推作用。

（五）网络出版监管工作有序开展，协调机制正在形成

一手抓发展，一手抓管理，为数字出版业繁荣发展营造良好环境在业内也有了高度共识。2007 年青岛会议后，各地按照总署的工作部署，稳步推进网络出版监管工作。北京、四川、重庆等地会后分别向省委省政府分管领导做了汇报，三地都将网络出版监管列为年度重点工作。在机构队伍、技术手段建设方面也呈现明显进步。北京局加快网络出版监管系统建设步伐，增加了网络出版监管人员。上海、江苏、广东等地都已经规划建设本地网络出版监管系统，有的已经获得地方财政的立项支持。四川、重庆两地在网络出版监管基础数据库建设方面，分别与省通信管理局建立了联系，其中四川省局已从省通信管理局取得了相关数据，正在开展分析工作。各地在网络出版违法违规数据查处方面加大了查处力度，查处了一批网络出版

案件,与当地公安、外宣、通信等部门的协调机制正在建设并发挥作用,属地网络出版监管工作已经启动。由总署监管系统发现并下发通知要求查处的违法违规案件都能及时得到办理,基本上做到发现一起,查处一起。

二、目前存在的突出问题

尽管数字出版业发展迅猛,监管工作也在稳步推进,但作为新兴产业,其发展仍面临着不少现实困难和突出问题。

（一）传统出版单位在转型中存在的主要问题

一是动力问题。相当部分传统出版单位尚缺乏主动研发和实现转型的紧迫感,缺乏求新、求变、求突破的创新意识和内在动力;甚至有的认为发展数字出版物会抑制传统出版物的当前收益,得不偿失。

二是体制问题。在现行体制下,传统出版单位负责人大多是上级主管单位任命,既有任期问题,也有国有资产保值增值等各项考核指标的压力,将收益投入到难以立竿见影的项目上既无法应对上级,也难以应对群众。

三是资金问题。数字出版是高新技术与传统出版相结合的产物,具有"高投入、高风险"特性,对于仅能应付过日子的多数出版单位来说的确力不从心。

四是人才问题。数字出版不仅需要优秀的编辑人才,更需要专业的技术人才、市场开拓和营销等复合型人才,这些都是一般传统出版单位所不具备的。

五是技术问题。数字出版技术涉及的电子商务技术、数据库技术、应用程序开发技术、服务器技术、数字内容管理技术等,具有较强的专业性,这些都是传统出版单位的短板。标准和规范的不统一,也是普遍存在的技术性障碍。

六是商业模式问题。虽然数字出版方兴未艾，但真正成熟的商业模式还不多见，能够持续有效的盈利模式更是凤毛麟角。这也进一步加剧了传统出版单位等待观望、止步不前的状态。

七是产业链问题。由于大多数传统出版单位在数字出版产业链中主要以内容提供商的单一身份出现，所受制约较多，话语权微弱。

八是法律法规问题。数字出版的发展是以网络和数字技术的发展为基础的，我国在这一领域的相关的立法明显滞后，难以依法对数字出版进行有效监管。这也导致传统出版单位不敢轻易进入数字出版领域。

九是版权保护问题。由于缺乏法律依据和有效监管手段，加之数字出版本身的特点导致侵权盗版成本低廉，抑制了传统出版单位的积极性。

十是资质问题。虽然目前从事数字出版活动的机构非常多，但绝大多数并未取得相应的资质，未取得资质的传统出版单位一般不肯冒险跨越"红线"。

（二）相关企业在发展中存在的主要问题

首先是出版资质问题。这在大量民营新媒体企业中表现最为典型。截至 2007 年年底全国已拥有近 200 万家网站，其中 20% 左右在从事种类繁多的互联网出版活动，的确存在良莠不齐的状况。但对许多发展良好、影响力大、已经形成品牌的民营企业来说，无法取得网络出版许可资质已然成为"心病"。起点中文网、博看网、博览财经、万方数据等许多单位对此反映都极为强烈。相形之下许多获得资质的传统出版单位在数字和网络出版上却鲜有实质性进展，基本用于搞"副业"，或"撑门面"。自《互联网出版管理暂行规定》发布六年多来，总署批准授予互联网出版资质仅 141 家，与互联网出版现状形成了巨大反差。许多企业在座谈中批评政府主管部门缺乏自信,只关注了"健康",却忽视了发展和服务。

其次是产业标准问题。以电子书格式为例,就有方正的 CEB、超星的 OEB、同方的 CAJ 以及 ADOBE 公司的 PDF 等多个标准。每个企业的产品都需要不同的软件和硬件来支持,由于互不兼容,客观上极大地制约了相关产业的快速发展。

第三是垄断竞争问题。部分拥有垄断资源的国有电信企业进入数字出版领域,不断挤压传统出版单位发展数字出版的有限空间,使得以"内容为王"的传统出版企业逐渐丧失话语权,客观上制约了其数字转型的步伐。以手机报为例,目前国家移动通讯公司已经绕过传统出版单位直接开办手机报。这种渠道供应商直接插手内容产业的状况,显然背离了我国新闻出版管理制度,未来对出版产业会带来怎样的冲击值得高度关注。

(三)网络出版监管中的突出问题

1. 现行的网络出版法规规定比较原则,缺乏可操作性。按现行《互联网信息服务管理办法》(国务院 292 号令)要求,所有从事网络出版活动的网站均需要新闻出版行政管理部门前置审批,未经批准的网站,一律不得从事网络出版活动。目前各省辖区内成千上万各种经济成分的网站都在从事不同种类的网络出版活动。如果将这些网站都纳入管理,一一审批资质,无疑存在极大的困难。此外政府部门职责之间的交叉重合也给管理对象造成很大困惑。根据 292 号令,新闻出版总署应负责互联网新闻出版管理,但现实状况是国新办也在管理网络时政新闻的出版,而这部规章的修改版由于信息产业部门的机构改革而迟迟未能出台。

2. 网络出版管理力量薄弱的状况尚未得到根本扭转,"三缺"现象普遍存在。首先是网络出版监管工作专职机构上下不够贯通,北京、四川是由音像电子和网络出版管理处办理,重庆是由图书音像电子出版管理处管理。其次是受限于编制,人手严重缺乏,许多地方只能安排 1 人甚或无专人负责网络出版监管工作,基本上处于应付上级下达查处任务的局面,难以自主开展工作。第三是缺乏专项资金,无力借助社会力量进行内容审读,内容审读和舆情研判制度建设基本处于停滞状态。第四是缺乏有效监管手段,全国仅有少数地区建设了网络出版监管系统,充分发挥属地监管作用存在很大困难。

3. 基础信息管理数据库建设进展缓慢,家底不清的现象严重存在。四川省新闻出版局 2008 年 6 月与当地省通信管理部门联系,刚刚开始建设辖区内网络出版重点网站的信息数据库;重庆市由于人手不足,仅能管理辖区内现有的 7 家网络出版单位以及在该局登记申请拟从事网络出版业务的 60 多家大型网站,只能掌握上述约 70 家网络出版单位的相关数据;北京也只建立了包括人民网、千龙网、新华网、新浪、搜狐等在内的 240 家较有规模的网络出版企业管理数据库。这些监管工作开展较好的省市尚且如此,其他单位的监管基础工作水平已经可想而知。

4. 有关部门间有效监管协调机制建设差距明显。各地基础管理数据库与当地通信管理部门尚未在数据交换、技术支持、信息沟通等方面建立有效合作机制;通过内部联动开展查处工作的局面远未形成;在具体案件查办工作中,公安、执法、外宣、电信等部门基本处于各自为政的松散状态。

三、改进和加强工作的若干建议

在开展学习实践科学发展观活动中,总署党组明确指出,学习是为了统一思想,提高认识;调研是为了了解情况,分析问题,这些只是开展好科学发展观活动的基础。重点要放在实践上,要把解决新闻出版业发展和管理中存在的突出问题作为最主要的任务。根据对目前数字出版产业发展和网络出版监管存在诸多问题的梳理和研究,网络组拟提出以下工作建议：

1. 适当调整数字出版企业资质审批工作思路。在数字出版领域，目前仅互联网出版建立了准入制度，已有141家单位据此获得互联网出版资质，其中只有少数几家民营企业或其他所有制企业获得准入。事实上开展互联网出版的企业已经不下数十万家，继续坚持原有工作思路，对现状熟视无睹显然是不可取的。因此建议在资质审批工作中，适当调整对所有制属性门槛的限制。

首先应当制定科学的审批标准，严格实施备案和准入退出制度。对众多事实上已在从事互联网出版的企业，要鼓励其主动到当地新闻出版行政管理部门进行备案，并将是否备案作为申请资质的必备条件之一。对于申请资质的企业，要求必须在诸如资金、人员、场地、经营规模、是否备案等各方面符合审批标准的要求；对于未能实质性开展资质许可活动和严重违法违规的企业，也应按照相应的标准取消资质。切实通过准入和退出机制的建立推动互联网出版的良性发展。

其次区分不同性质，实施分类管理。例如部分互联网期刊发布平台，完全是将获得授权的纸介质杂志扫描后在网络上原貌呈现，并不涉及内容生产和加工，只要达到审批标准的要求，可考虑授予互联网发行或传播许可类资质；那些对内容进行的挖掘、加工和深度开发，则需要获得互联网出版许可。同时，对于互联网上的大众出版和专业出版，在政策上也可以有所区别。

上述工作在法律法规尚不完善的情况下，可先行在由总署批准的互联网和数字出版基地、产业聚集区内开展试点。待条件成熟后，通过修改相关条例或发布部门规章全面解决这一问题。

2. 加快相关法律法规制定和修订步伐。当前产业发展中的许多问题都源于行政管理部门无法可依，企业单位无章可循。例如出版单位利用原有内容资源进行数字出版活动而引起的法律纠纷日渐增多。目前亟须制定和完善的法律法规包括数字版权、数字版权保护、互联网出版管理等多个方面，与之相关上位法——《出版管理条例》的修订也属当务之急。

3. 加大推动出版单位体制改革的力度。传统出版单位的转企改制将为其向数字出版转型提供有力的体制和机制保障，为此应将数字转型的规模和程度作为体制改革的重要内容之一进行考核，用量化标准方式加快其数字转型的步伐。

4. 加快制定中长期产业发展规划和相关扶持政策。要同财政部、发改委、工信部、科技部、国家标委会等相关职能部门保持密切联系，加强相关工作的沟通和联系，争取更多的财税政策、项目、资金支持，将数字出版产业的发展规划纳入国家总体发展规划之中，在内容开发、传播渠道、监管手段等具体工作中争取得到各方面更加充分的理解和支持。

5. 各地方应加强机构建设，实施不均衡发展策略。各地行政管理部门要争取地方政府对数字出版产业发展更多的政策支持，推动形成全国数字出版大发展的良好环境。总署也应根据各地发展条件不同的实际情况，进行分类管理和指导。对东部等沿海发达地区有实力的出版单位和企业，扶持其尽快做强做大，发挥示范效应、参与国际竞争；对中西部欠发达地区，则引导其发挥各自优势，走专业化、精品化、特色化发展道路，避免一哄而上形成资源浪费。

6. 加强人才培养和培训工作，搭建全国数字出版交流合作平台。应制定详细的人才培养和培训计划，积极开展数字出版业务、法律法规、编辑加工能力、市场开拓、数字版权开发和保护等方面的骨干培训工作；支持办好隔年交替进行的数字出版年会和数字出版博览会，搭建好全国性的数字出版交流合作平台。

7. 实施重大科技工程项目带动战略。对于《国家数字复合出版系统工程》和《数字版权保护技术研发工程》两个项目，应尽快确定总体组织承担单位，加快启动步伐；对于《中华字库》和《国家知识资源数据库》两个项目，则应尽早研究项目属性的变更事宜，争取早日立项实施。

8. 积极开展产业标准体系建设。重点应解决涉及内容生产、交换和版权保护等方面的标准。其他环节可以鼓励或联合相关部门共同参与,充分发挥业界有实力企业和新闻出版信息标准化技术委员会的作用,尽快完成《数字出版标准体系表》研制工作,着手制定亟须的基础性标准,尽快解决数字出版产业标准工作滞后的问题。

9. 充分利用现有手段和资源,积极探索网络出版监管的有效方式。继续发挥总署小型试验系统的作用,加快总署"网络出版监管系统一期工程"建设步伐,推动有条件的省区市建立辖区网络出版监管系统。总署应在已有监测站基础上,继续发展壮大监测队伍,建立通讯员联络制度,强化透明举报机制。各省局必须创新管理思路,创新管理手段,创新管理模式。

10. 进一步提高对属地网络出版监管工作重要性的认识。应引导各地将监管重点从传统出版介质的管理逐步向网络出版监管方面转移。监管工作重心的战略转移,不仅体现在思想认识上,更应体现在具体的工作部署上,尤其要在各地的机构设置、人员配备、手段建设、部门协调等方面都有具体体现,切实为属地内网络出版监管工作创造必要的工作条件和工作保障。

11. 认真抓好网络出版监管基础信息数据库的建设。网络出版监管基础信息数据库是开展监管工作的基础,各省局应将辖区内从事网络出版网站的域名数据库、IP 地址数据库、类别数据库、从业人员数据库建设好,动态跟踪管理好,切实做到家底清楚,心中有数,管理有对象,行动有目标。

12. 强化动态管理的长效监管机制建设。应将内容审读、舆情研判、案件查处、行业管理、协会建设等工作进行全面规划,统筹安排。加强属地内外宣、公安、通信等部门的沟通和信息共享机制,增强各地网络出版中突发事件的发现能力、处理能力,提高监管工作的预见性、针对性、时效性,全面提升辖区内属地管理的科学监管能力和水平。

优化期刊结构　科学配置资源
促进期刊产业发展调研报告

期刊组

（2008 年 11 月 10 日）

为了进一步贯彻落实科学发展观，深入了解期刊出版基本状况，切实解决制约期刊发展的实际问题，期刊专题调研组在四川、湖北两省和北京开展了调研活动。从 10 月 29 日至 11 月 6 日期间，我组先后深入到四川出版集团报刊中心、四川党建期刊集团、成都传媒集团先锋传媒公司、四川大学学报编辑部，湖北的今古传奇期刊集团、湖北教育报刊社、武汉大学期刊社、特别关注杂志社、知音传媒集团，北京的中国人民大学书报资料中心进行调研，同时与四川、湖北两省新闻出版局和近 20 家中小期刊出版单位进行座谈，实地了解了三地期刊出版单位情况以及它们在办刊中遇到的问题、对改进期刊出版管理的建议和意见。这次调研活动使我们实实在在地深入到期刊出版一线查实情、听真话、找问题、听意见，真正了解到期刊出版遇到的问题，进一步增强了推进新闻出版领域改革、优化期刊结构、科学配置资源、推动期刊业健康可持续发展的紧迫感，进一步增强了加快政府职能转变、提高依法行政和科学执政水平、构建符合科学发展观要求的新闻出版公共服务体系的紧迫感，并为进一步推动期刊出版的可持续发展思路的形成提供了极大帮助。

以下是本次调研情况汇报。

一、期刊出版基本状况

近年来,我国期刊业发展呈现出整体质量上升、品种不断丰富、品牌开始形成、数量增长平稳的总体特点。

（一）品种丰富、覆盖面广

据统计,2007 年我国已有正式出版的期刊 9468 种,其中,自然科学、技术类期刊 4713 种,占期刊总品种 49.78%,下面依次是哲学、社会科学类（2339 种）、文化、教育类（1175 种）、文学、艺术类（613 种）、综合类（479 种）、少儿读物类（98 种）、画刊类（51 种）。涉及面涵盖了社会科学、自然科学、文化艺术、生活时尚、国际时政等方方面面。目前共有中外期刊版权合作 52 项,走出去期刊 28 种,涉及 100 个国家和地区。

从调研的两省来看:目前,四川省共出版期刊 335 种,期刊年总发行量 7928 万册,年总收入 38937 万元,年发行收入 20627 万元,年广告总收入 17732 万元,年利税 3287 万元,较 2006 年的 3184 万元增加了 103 万元,增长了 3.23%。湖北省共有期刊 404 种,其中社会科学类 185 种,自然科学类 219 种。2007 年平均期刊印数 1019 万册,总印数 19144 万册,总印张 723812 千张,人均消费 3.2 册。年销售总额 6.08 亿元,利税 6832 万元。

（二）增长方式发生转变

针对期刊数量过多、品种重复、质量不高的问题,1996 年开展期刊治散治滥工作,对全国期刊进行数量上的宏观调控,结构上的合理调整,对一些门类的期刊实施税收优惠政策,对面向农村和少数民族地区的期刊进行扶持,对优秀期刊进行了多方面的鼓励和支持。通过这些调整、改造和结构优化,期刊的增长方式已经开始由数量增长型向质量效益型转变。

(三)品种定位不断调整

期刊的种类遍及各种学科、行业及社会活动领域,其专业分工之细、社会覆盖面之广,超过了其他种类的传媒,期刊发展逐步成熟,由大众化向小众化转变,刊物的定位更加准确,分工更加明确。特别是生活消费类期刊,从内容到形式都进行了不断的改革,期刊纸张和装帧质量得到较大提高,期刊的装帧设计迈上一个新的台阶;学术类期刊的编排更加规范、严谨,更加注重提高学术水平。

(四)国际交流不断加强

通过实施"走出去,引进来"政策,国内期刊业正在同国际接轨,融入期刊出版全球化的潮流。目前,国内期刊发行到世界 100 多个国家;越来越多的期刊同国外期刊建立了正式的版权合作关系;每年在中国举办的中外期刊交流会多达上百次,国内办刊人员赴国外学习和考察先进的管理模式和办刊经验的现象也很普遍;学术期刊在国际上的学术影响力也在扩大,被各种检索评价系统收录的种数连年增加,影响因子也在提高。

(五)转企改革逐步迈进

随着出版发行体制改革的推进,期刊界加快了改革的步伐,不同类别、不同管理模式的期刊都在积极探索、实施改革。一些期刊已经迈出了可喜的一步,在内部管理机制、人员聘用、分配机制等方面进行了改革创新,有效地增强了自身活力。一些品牌期刊已经形成了系列化发展的规模,在集团化方面进行了有益的探索。民营资本已经介入期刊的广告、经营。四川、湖北两省都组建了具有一定规模的期刊集团,努力推进期刊业做强做大。

（六）数字技术得到运用

数字技术发展大大提高了传统期刊出版水平，期刊的数字化成为当前发展趋势之一。网络媒体、电子媒体的出现给传统纸质期刊带来了挑战和机遇，传统纸质期刊内部管理、期刊采编、印制、发行推广等方面都因新技术的应用而发生了根本性的变化，很多期刊已经开始尝试推出自己的网页、电子版、手机版。

经过多年的调整和优化，我国期刊总体数量趋于稳定，主要种类结构基本成型，一批优秀的期刊脱颖而出，期刊出版产业渐成规模，社会影响不断扩大。随着期刊出版单位体制机制改革的逐步推进，随着新型传播技术、传播载体和经营手段在期刊领域的推广应用，以及对外交流合作的广泛开展，我国期刊业的整体实力和影响不断增强和扩大。

二、期刊出版存在的主要问题

我国虽然已经成为世界期刊出版大国，但还远未成为期刊出版强国，制约期刊出版业发展的一些深层次矛盾依然存在：

（一）期刊结构不够合理，缺乏准入退出机制

一是面向市场的期刊少。当前我国期刊数量比较多，品种比较丰富，但真正面向社会、市场化运作的期刊大约只占20%。二是期刊同质现象突出。学术类、专业技术类期刊多，纯学术类期刊约占45%。这些期刊由于长期以来的部门分割，期刊布局不够合理，一定程度存在低水平重复办刊现象。如医药卫生类期刊仅四川一省就达42种，占四川期刊数量的14%。而这些期刊，均为专业性较强的学术刊物。虽然部分期刊如《华西口腔医学杂志》、《中国修复重建外

科杂志》的学术水平较高,社会影响较大,但大部分期刊刊载的内容和栏目设置雷同,刊物的同质化现象突出,缺少面向大众的卫生保健方面的刊物。三是高校期刊布局不尽合理。四川省高校学报达67种,占四川省期刊数量的近20%。湖北省高校学报就有91种,占全省期刊的23%。因为高校调整的原因,有的学校甚至有8种学报,还有10多种学报的调整没有落实。这些期刊刊载的内容和栏目设置大同小异,发行量小,许多仅发行几百册,在经营和质量上难有突破。

发展产业离不开产品,产品是产业的核心。目前有较大比例的期刊不是真正的市场产品,市场属性先天不足,脱离读者,远离市场,生存困难。但是因为没有退出机制,使得这些期刊得不到调整和淘汰,同时因为准入制度不落实,新的适应市场需求的刊物无法进入,事实上造成了"只生不死、不生不死、规模小散、重复建设"的结构性问题。缺乏准入退出机制除带来买卖刊号、一号多刊等问题外,非法出版的假期刊、滥收版面费等问题也与刊号资源紧缺紧密相关。科学有效的准入退出机制长期不建立,期刊出版资源紧缺与资源闲置浪费的矛盾就会日益突出。在两省的调研中了解到,像《知音漫客》、《今古传奇》等具有一定市场基础和发展潜力的期刊都提出想要在现有的发展规模基础上拓展成为面向细分市场的期刊集群,但是很难取得新的刊号,希望能够通过结构性调整,调剂期刊资源解决这个问题。

(二)期刊集约化程度不高,缺乏规模效益

绝大多数中小期刊出版单位处于相对独立状态,集约化程度不高,难以形成规模效益。湖北省在改革发展过程中逐步形成了知音、今古传奇等集团,四川成立党建期刊集团、成都传媒集团组建先锋公司集中经营办期刊。这些期刊出版集团和具有集团性质的出版单位有较丰富的期刊品牌资源和较完善的经营机制,反映了四川、湖北两省期刊一定的集约化程度,在产业发展中起到了"龙头"的作用。但是还有相当数量的中小期刊出版单位还处于游离分散的状态,也没有向专精特新方向发展,难以取得更大的社会和市场效益。而这些集团和带集团性质的期刊出版单位还有一些深层次的问题尚未解决,集约化程度依然不高,规模效应并未得到充分发挥。这其中原因很多,例如这些集团和带集团性质的期刊出版单位中的期刊有的是由于行政隶属关系或者通过行政捏合走到一起的,并非市场行为,也很少有核心品牌衍生出的系列子刊,同时这些期刊大多是分散经营,无法形成合力。

(三)期刊出版缺乏活力,缺少社会影响大的品牌

引领全国期刊发展潮流,面向市场的大众品牌期刊很少。四川虽然拥有一定数量的社会影响较大、读者认知度较高、荣获国家期刊奖的品牌期刊,如《科幻世界》、《龙门阵》、《少年时代》等,但是真正引领全国期刊发展潮流,面向市场的大众消费期刊品牌和不以市场化为目的的学术性期刊品牌尚不到10种,在某一领域被公认为权威的期刊不多,仅有《科幻世界》、《华西口腔医学杂志》、《汽车杂志》等,而期发量上百万的期刊至今没有一种。学术期刊中能在国内产生重大影响并在国际上产生影响的期刊更是凤毛麟角。

(四)期刊单位不是市场主体,影响期刊推进改革

目前,大多数期刊出版单位或是出版社的一个编辑部门(有的还依附在编辑部门),或是科研单位、高等院校的一个期刊出版部门,期刊编辑人员不完全了解期刊的发行和经营情况,缺乏积极性。同时,还有不少期刊仍囿于计划经济的管理体制,缺少竞争和危机感,在人财物方面没有多少后顾之忧,靠主办单位补贴或财政拨款过日子。四川54%的期刊出版单位不具备法人资格,具备法人资格的也绝大多数是事业法人,期刊出版单位独立运作的体制、机制尚未完

全建立起来。四川省靠主办单位补贴或财政拨款过日子的期刊共有180种,占全省期刊的54%。出版改革最主要的是要建立完善的市场主体,要求市场主体自身法律关系明确,产权明晰,对市场主体的管理以法律和市场手段为主,才有可能形成规范而富有活力的运营机制。不具法人登记资格的期刊出版单位无法成为市场主体,不利于期刊出版改革整体推进。即便已实行企业法人登记的期刊单位,也因资本结构单一,资本规模小,仍未完全建立企业运作机制。

(五)非法出版和不公平竞争干扰市场秩序,期刊市场亟待规范

近年,期刊出版管理行政执法工作已经取得了明显成效,但非法期刊、同业间的恶性不公平竞争和垄断现象仍存在,期刊市场秩序需要进一步治理整顿。非法出版期刊主要表现在:利用工商发放的固定印刷品广告许可证违规出版期刊;利用在境外如香港注册的刊号在境内非法出版发行期刊等,抢占了正规期刊的市场。恶性竞争主要表现在滥发赠品等方面,而垄断则表现在进入某些地区零售市场需要向市场占有率高的发行机构缴纳高额入场费,这些行为都影响了期刊出版业的发展。

(六)面临新兴媒体的冲击,跨媒体出版迫在眉睫

网络的兴起对期刊造成一定的影响。2007年年底中国的网络杂志用户达到6000万,广告市场规模达到2亿元人民币,传统纸质期刊的用户开始向网络期刊用户转变,尤其是学术期刊,在国际上开放获取的潮流影响下,越来越多的期刊开始免费提供内容。还有网络数据库,如万方网上的数字化期刊、清华大学光盘版期刊包括了国内公开出版的绝大部分期刊全文,数据的完整性高达98%。它们完全保持了纸质期刊的内容与风格,又有强大的检索功能,并能及时向用户传递信息,对学术期刊影响较大。新兴媒体对期刊的影响将是

长期而巨大的,面对这些冲击和影响,期刊的跨媒体出版已经迫在眉睫。

(七)缺乏期刊出版领军人才,高管人才培养亟待加强

目前,四川省共有期刊从业人员3437人,其中大专以上学历的3107人,副高以上人员1050人。从学历和职称上看,四川省期刊人才队伍水平较高。但期刊是非常个性化的产品,需要正确的编辑方针和理念,需要总编和社长去引领实现,这也是期刊成功的关键。具有政治家头脑、企业家本领和出版家境界的期刊当家人堪称期刊领军人才,而这样的领军人才极少,这是期刊出版难有大发展的一个重要原因。另外,期刊从业人员中虽然大专以上学历和高级职称占了相当大的比例,但真正具有实践经验、富有工作激情和创造力的专业人才不多,适应市场经济需要应运而生的新岗位如美术、经营、广告、品牌推广等人才缺乏。

总体上看,我国期刊业共性的问题是:结构不合理,集约化程度低,办刊的机制不活,品牌期刊不多,较多期刊低水平运作、规模小、发展慢,人才缺乏,市场秩序不够规范等。究其原因,主要是:束缚期刊业健康发展的体制弊端和机制障碍仍然存在;期刊分散、弱小的局面和结构布局不合理的状况尚未改善;期刊业的增长方式由数量型、粗放型向质量型、效益型、结构型的转变还没实现;在全国期刊业有较大影响的品牌期刊需进一步打造;培养期刊业高级经营人才、提高队伍整体素质的机制还没有真正建立等等。

三、期刊出版单位对发展提出的建议

在调研过程中,期刊出版单位结合自身发展的实际,向调研组提出了许多推进期刊产业发展的建议和意见。

（一）管理问题

1. 完善管理制度。及时修订不适应期刊科学发展要求的管理规章,建议对《期刊出版管理规定》等相关法规规章进行适时修改。

2. 深化审批制度改革。提高行政效能,转移部分行政审批项目到省局,解决审批滞后于市场发展的问题。

3. 加强期刊监管。加强面向市场期刊的监管,建立有序的期刊市场,尤其要加强 DM 广告非法出刊问题的治理。

4. 规范发行秩序。规范期刊定价标准,加强期刊定价指导,消除购刊送礼品等不正当竞争行为。

5. 规范内部资料。目前内部资料在各地存在的数量大于正式出版的刊物,尽快制定统一的规定,规范内部资料的审批和管理工作。

6. 规范版面费收取。针对学术性刊物普遍存在收取版面费的问题要进行规范,维护学术刊物的良好形象。

（二）改革问题

1. 支持期刊改革。对期刊转企改制提供具体指导,联合有关部门出台设立期刊出版单位的具体办法,对税收等方面政策予以倾斜。

2. 鼓励期刊创新。鼓励期刊在体制机制上的创新,扩大期刊出版融资渠道,允许非公有资本进入意识形态属性不强的经营性期刊出版,增强期刊办刊活力。

3. 解决刊号需求。对当前市场份额较大的期刊增加刊号,对一号多刊问题的处理要具体情况具体分析。

4. 鼓励跨媒体出版。紧跟科技进步的步伐,鼓励期刊出版单位进行跨媒体出版,支持期刊出版单位拓展电子出版、互联网出版业务。

5. 建立评价机制。尽快建立期刊出版质量评价体系,进而建立期刊出版的进入和退出机制,盘活期刊出版资源。

6. 鼓励集约经营。针对当前期刊普遍比较松散、不能形成合力、不利于强大期刊主体形成的状况,鼓励合作、兼并、重组等集约经营形式,努力打造期刊集团或期刊集群。

(三)支持问题

1. 支持公益出版。根据学术、少数民族、面向"三农"类期刊的公益性特点,制定相关政策措施给予大力支持。

2. 支援西部出版。根据西部地区经济落后、少数民族聚集的实情,制定扶持西部期刊出版的政策,使农村、少数民族地区群众普遍受益。

3. 落实优惠政策。针对科技等类期刊增值税先征后返等政策普遍没有得到落实的情况,与相关部门进行沟通并督促落实。

4. 扶持动漫出版。扶持民族动漫出版应成为出版重点,在刊号及资源配置上多予以支持。

5. 支持品牌期刊。对市场具有一定品牌影响力的期刊给予政策支持,不断增强其核心竞争力。

6. 加快人才培养。加大期刊经营管理人才培养,为期刊转制步入市场,提供组织保障和人力支持。

四、优化期刊结构,科学配置出版资源

全面推进新闻出版领域改革,是今后一段时间工作的重点,期刊出版作为新闻出版领域的重要组成部分,也将按照要求有序推进。未来几年,将是期刊出版改革发展的关键期,期刊出版改革要贯彻落实科学发展观,坚持"控制总量、盘活存量、优化结构、合理布局、扶优汰劣、整合资源"的原则,充分发挥市场在资源配置中的基础性作用,对全国期刊出版业总量、结构、布局进行科学调控,调整期刊品种结构和资源布局,合理配置期刊出版资源,提高期刊出版资源配置质量和利用效率,满足群众文化需求和期刊发展需要。同时,要适应出版发行体制改革需要,推动期刊出版的集约化、规模化发展,努力打造期刊集团和优势期刊群,建立遵循社会主义精神文明建设特点和规律、适应社会主义市场经济发展要求的现代期刊出版体系。

结合本次调研所掌握的情况,就今后期刊业的改革和发展,特别是布局调整、资源配置问题,提出如下建议:

(一)规范期刊出版管理

建立服务期刊业改革的行政管理体制和机制。完善相关法规和规章,修订《期刊出版管理规定》,对《规定》中不适应期刊科学管理、不利于期刊改革要求的条款进行修订、补充和完善,推动期刊改革与发展走上快车道。同时修订 1997 年颁布的《内部资料性出版物管理办法》,加强内部资料的审批管理,改变连续性内部资料出版物审批存在的"来者不拒"状况,避免内部资料对正规期刊出版造成冲击。调整期刊审批政策,建立规范、快捷、高效的审批规程,减少地方新闻出版行政部门审核环节,减少申请单位申报材料,增加从第三方进行审核(如主管、主办法人登记证书、人员资格证书),做到简化申报手续、缩短办理时间。

(二)调整期刊结构

建立期刊"准入机制"和"退出机制"相结合的期刊出版调控机制,在控制总量的基础上,通过优化期刊结构和布局来盘活存量。要通过建立期刊出版质量综合评估制度,开展期刊出版活动全面评估,实施分类指导,以科学合理方式调整现有期刊资源结构,对不符合出版质量综合评估标准的期刊予以停刊,退出一批出版质量差、学术品位低的期刊,改变期刊低水平重复出版的状况,不再采取期刊审批中

"停一办一"简单处理的政策,不考虑各地期刊出版品种数量均衡问题。建立准入机制,科学设定期刊设立的条件,坚持因地制宜原则,加强期刊创办的可行性论证,建立结构科学、合理、有序的期刊出版新格局,彻底解决"一号多刊"问题。在期刊结构调整中,增加自费订阅期刊数量,压缩工作指导类刊物,鼓励学术刊物向专业化发展并向优势出版单位集中,使期刊出版的产业结构、产品结构和地区结构不断优化升级。要形成以党刊为核心、各类期刊共同发展的期刊品种发展格局;形成以传统纸介质期刊为基础,数字化、网络化内容产品和信息增值服务产品齐头并进的刊业内容产品发展格局;形成公益性期刊出版事业和经营性期刊出版产业协调发展的格局,满足人民群众多方面、多层次、多样性的期刊阅读需求。

(三)合理配置期刊资源

在科学配置期刊资源过程中,要优先发展服务社会主义"新农村"建设的"三农"类期刊;发展全国性行业类、产业类期刊;发展综合科技类期刊及科普类期刊,特别是面向"三农"的农业科技和科普期刊;发展满足群众生产、生活和精神文化需要、细分阅读市场需求的生活服务类期刊;扶持少数民族文字期刊,特别是重点扶持少数民族文字党刊;发展面向海外市场的期刊,支持期刊出版单位在境外出版发行外国文字期刊;限制发展主要服务于工商企业内部宣传教育、信息交流的企业类期刊;限制发展以应试教育为主要内容的教学辅导类期刊;限制发展高等学校学报类期刊。

(四)加快转企改制步伐

期刊出版单位进行体制转换,建立企业性质的出版单位是文化体制改革的重要内容。加快推进国有经营性期刊出版事业单位的转企改制,建立现代企业制度和法人治理结构,整合多种形式的媒介资源,通过并购、兼并等方式,做强做大一批期刊集团或跨媒体的传媒企业集团。转企改制的期刊出版单位要合理界定产权归属,坚持国有独资或国有绝对控股。转企改制后运行正常的期刊出版企业,要加快推进公司制改造,完善法人治理结构,加快产权制度改革,推动股份制改造,推进具备条件的期刊出版企业上市。

(五)实现期刊集约经营

推进期刊业发展模式由数量型、粗放型向质量型、效益型、集约型(规模化、集约化、专业化)的转变。推进期刊业经营模式由一元化期刊经营向多元化内容产品经营和信息增值服务的转变,重点培养发展一批实力雄厚、具有较强影响力和竞争力的国有大型综合性期刊(传媒)集团。支持中小期刊出版单位向专精特新方向发展、提高产品差异化程度、形成在本行业、本领域具有较强影响力和富有经营活力的优势期刊群。形成若干具有较强辐射能力的期刊出版产业集聚地区,培育一批文化领域的战略投资者。要形成以跨地区、跨行业、跨媒体经营的大型期刊(传媒)集团为龙头,地方性、行业性或专业特色鲜明的中小刊社共同发展的刊业发展格局。鼓励期刊集团以调整结构和兼并其他期刊等形式整合出版资源,扩大产业规模,实现集约化经营。推动服务于国民经济支柱产业的行业类期刊以及满足细分市场受众需求的专业类期刊重塑新型市场主体,走内涵式发展道路,通过垂直整合实现跨地区发展、跨媒体兼营,形成一批在行业领域或细分市场内具备一定资源集中度的、占据优势竞争地位的专业型传媒企业集团。

(六)扶持公益期刊出版

加快保留事业单位性质的公益性期刊出版单位的改革。党刊及时政类期刊出版单位实行事业体制,由国家重点扶持。对实行事业体制的期刊出版单位,按照公共服务体系的要求加大投入,并改进和完善服务方式,以项目投入为手段,提高资金使用效益,如少数民族文字刊物、三农刊物要作为重点予以扶持。加大中央和地方政府对少数民族文字期刊的财政支持,逐步实现少数民族农牧区民族文字党刊的免费赠阅。优化少数民族文字期刊的结构,适度提高非党刊类少数民族文字期刊比例,鼓励发展面向少数民族农牧区群众的农牧业科技、医疗卫生、文化教育类少数民族文字期刊,满足少数民族群众多样化的精神文化需求。实施新农村期刊出版促进计划,优先发展面向社会主义新农村建设的"三农"类农业科技和科普期刊,继续实行科普类期刊的财税优惠政策,提高农村期刊普及率,逐步解决农民"看刊难"问题。事业单位性质的期刊出版单位要将其广告、印刷、发行、传输网络等经营性资产和业务从事业体制中剥离出去,转制为企业,进行市场运作,为主业服务。

(七)打造民族品牌期刊

扶持走内涵式发展道路,鼓励其兼并期刊,打造品牌期刊,逐步向专、精、特、新方向发展,提高产品差异化程度,形成在本行业、本学科、本领域具有较强影响力、富有经营活力的优势报刊群。支持国家重大项目、重点科研领域,加强传统学科、新兴学科和交叉学科的建设,扶持对学科创新发展起关键性作用的选题,通过调整资源,创办具有自主知识产权,填补学科空白的专业期刊。支持对弘扬民族精神、传承民族文化有重大作用的研究项目,鼓励其积极参与国际文化竞争,开展对外文化交流,传播中华文化,更好地实施"走出去"战略,塑造具有国际影响的知名民族品牌期刊。

(八)鼓励跨媒体出版

提高期刊业创新能力,积极采用先进适用技术和现代生产方式,借助高科技手段,推动期刊出版的网络化、数字化,大力推进期刊出版产业升级。推动行业类期刊转变机关刊的行政化办刊倾向和经营方式,向真正意义上的行业媒体转型,为所在行业的新闻资讯、广告宣传和增值服务需求服务，与所在行业共同发展。实施"行业信息资源平台"发展计划。引导行业类期刊树立"资源中心观"，努力构建行业信息资源平台，通过开发多层次、多形态的内容产品和增值服务，广泛深入地介入所在行业或产业的各个领域，成为产业链中不可或缺的环节，开拓行业媒体新的发展空间。

加快培育大型骨干出版企业
推动出版业做强做大调研报告

图书组

（2008 年 11 月 10 日）

为贯彻落实党的十七大关于培育文化产业骨干企业的战略部署，迅速做强做大出版产业，夯实出版业发展基础，根据《新闻出版总署深入学习实践科学发展观，"十行百家"专题调研方案》的安排，出版管理司会同财务司就"加快培育大型骨干出版企业，推动出版业做强做大"的课题进行专项调研。调研通过对相关出版经营数据分析和实地调研两种方式进行。调研组由吴尚之任组长，成员包括王英利、丛伊建、王志成、于青、彭斌、洪勇刚、章隆江。专题调研分两组进行：10 月 29 日至 11 月 1 日，吴尚之、丛伊建、王志成、彭斌一行先后赴上海、安徽对上海世纪出版股份有限公司、上海文艺出版总社、上海新华发行集团有限公司、上海新汇文化娱乐集团、安徽芜湖"方特欢乐世界"（动漫产业园）、安徽出版集团有限公司进行调研考察。10 月 30 日下午，王英利、洪勇刚、章隆江在科学出版集团组织召开了专题调研座谈会。调研具体情况报告如下：

一、出版业现状与特点

从整体上看，我国出版产业仍处在起步阶段，资源分散，地域封锁、垄断经营,产业集中度低的问题仍然突出,企业规模小、实力弱,竞争力不强,在一定程度上制约了出版业的持续发展。从 2006 年全国 539 家出版社(32 家非独立经营副牌社并入主牌、2 家不作统计的除外)和 24 家出版集团的经营数据对以上特点分析如下:

1. 发展规模小且发展不平衡。2006 年,全国图书出版业的净资产为 344. 31 亿元,平均每家图书出版单位的净资产为 6364. 33 万元。各图书出版单位的净资产额差别很大:净资产超过 5 亿元的有 9 家,净资产小于 1000 万元的有 205 家,占图书出版单位总数的 37. 89%。净资产小于 100 万元的有 34 家,有 15 家图书出版单位的净资产为负值。净资产为 1000 万—5000 万元的图书出版单位有 184 家,约占图书出版单位总数的 34%。其中净资产规模最大的高等教育出版社(190920. 49 万元)是规模最小的光明日报出版社(23. 40 万元)的 8159 倍。与国外比,排在世界前几位的图书传媒集团销售规模都在数百亿美元,图书方面也有 60 亿—70 亿美元,远远高于国内图书业情况。这说明了国内图书出版业发展规模较小且发展很不平衡。

2. 资源分散不合理。由于出版业旧有的管理体制、机制的历史遗留问题,目前大部分出版单位仍然是各自占有所依托单位的出版资源而生存,整个出版业资源分配分散现象严重且极不合理。在 2006 年净资产排名前 50 位的图书出版单位中,教育类有 16 家,社科类有 13 家,大学类有 8 家,科技类有 9 家。高等教育出版社、人民教育出版社更是依托教育部,占有高等教育、基础教育教材出版资源,独占鳌头。

3. 出版行业产业集中度低。在全国 539 出版社中,年销售收入位居前 4 位的分别是高等教育出版社、人民教育出版社、江苏教育出版社和外语教学与研究出版社。按照贝恩分类法,产业集中度 CR4 为 12. 55%(<30%),属于竞争型行业,出版社单体实力不强。在 24 家出版集团中,总资产超过 50 亿元的只有 6 家,净资产超过 25 亿元

的有 8 家。资产规模最大的江苏凤凰出版集团,总资产为 89.89 亿元,净资产为 53.94 亿元;而资产规模最小的读者出版集团,总资产规模为 6.26 亿元,净资产为 5.58 亿元。从销售规模看,24 家集团中,江苏凤凰出版集团,总销售收入达到 84.04 亿元,而读者出版集团,总销售收入只有 3.74 亿元。

4. 出版集团主营业务不突出。作为出版集团,主业应是出版,而出版物的销售收入应是其主营业务收入。而不少出版集团的出版物销售收入占总销售收入比重偏低。在总销售收入超过 20 亿元的出版集团中,其出版物销售收入在总销售收入中所占比重,最高为中国出版集团(30.17%),最低为河南出版集团(12.83%)。

产生上述问题的主要原因还是与出版资源配置有关。有的出版集团不仅有出版社,还包含了发行、印刷、物流、房地产、广告等产业。由于配置的资源不同,使得一些出版集团不得不多元化发展,造成主营业务并不突出。

二、调研反映存在的问题

我国图书出版业之所以表现出资源分散、企业规模小、产业集中度低、出版集团主业不突出等问题,通过调研分析存在以下问题和原因:

1. 思想解放的程度不够。在做强做大出版业过程中,有些地方、有些同志在促进文化大繁荣大发展方面思想还不够解放,步子迈得不大,思想上有不少顾虑,对于一些束缚文化生产力发展的体制机制障碍,不敢突破和创新,期待上级给思路、给政策的现象还广泛存在。另一方面,在出版单位传统发展模式遇到瓶颈、增长空间不大时,一些负责同志视野不够开放,创新发展思路不多。问题的根源还在于对社会主义市场经济的认识不全、不深,需要加强这方面的思想认识,更加深刻认识促进文化大发展大繁荣的重要意义,开拓创新、与时俱进,为出版业做强做大打好思想基础。

2. 市场体制、机制还远未完善。目前成立的24家出版集团,大部分属于行政推动而建立,在资源配置、发展模式、发展速度和规模、所处地域与发展环境等方面均存在不同,彼此差异性较大,资源配置市场化还未能真正在出版业形成,出版业在市场竞争中所需的资源、技术、人才在全国范围内的有效流动还不够,绝大部分出版单位还未能真正建立起有利于企业做强做大的现代企业制度,这是制约出版业做强做大的重要原因,出版业市场主体的状况与社会主义市场经济体制的要求还有不小差距,统一开放的国内市场还未形成,条块分割、地方保护主义盛行。据统计,美、英、日等发达国家的出版利润中,教材的比重都没有超过30%,大众读物的产值贡献率在美国多年来都是超过60%,专业出版、教材两项也只有35%左右,英国大众读物的产值占到50%,日本则高达80%。相比之下,我国图书市场中教材的产值比重一直超过50%,教辅图书又占相当比例,教育出版的利润在整个出版中的比例更高。而且出版业的跟风、同质化现象,盗版、伪书现象非常严重。而这样不合理的出版结构是不符合出版业市场化标准的。因此打破行业、地区间的壁垒,放开搞活国内市场是当务之急。

3. 市场竞争环境有待改善。经济利益的驱使、法制的不健全及信用体系的不完善,让我们出版业的市场环境很不尽如人意。目前大家反映强烈的影响出版市场不公平竞争环境的主要问题有:一是各地纷纷组建出版集团,其中不少出版集团把出版和发行融为一体,这种状况造成了销售壁垒,形成了区域垄断;二是行政资源的垄断,不少出版单位是依托上级部门的强大行政资源来取得竞争优势,这种竞争优势很难形成真正的市场竞争力;三是中小学教材政府采购中,教育行政管理部门不合理地要求出版发行环节让利,有失公平。另一方面,出版市场竞争秩序也需要进一步规范。比如:网上书店非

330

理性打折倾销;跟风、盗版、伪书、不回款等问题长期困扰出版界;民营书商出版行为存在的不规范现象等。出现这些问题,跟社会大环境有关系,也跟目前出版业条块分割的管理现实有密切的关系,要促进出版业大发展大繁荣,必须破除这种垄断经营、条块分割、地区封锁市场环境,形成统一开放、竞争有序的大市场。

4. 产业政策支持力度还要加大。为促进出版业做强做大,不少出版单位希望有相关的出版政策给予支持,比如在跨媒体、跨地区发展方面,出版单位希望管理部门能解放思想,加大政策支持力度,能够给予出版单位异地分支机构图书出版权,给予一些音像出版社的图书出版权或扩大盘配书试点工作,在申请成立出版社和期刊方面的政策上能够更多支持。当前国际形势发生巨大变化,总体经济领域面临困境。而出版界存在的同质化现象严重、回款率低、原材料涨价等因素,使得出版业生存环境越来越严峻,培育大型骨干文化企业的任务非常紧迫,做强做大出版产业还需要管理部门给予进一步指导和推动。

5. 改革力度有待加强。近年来,中央连续在文化体制改革方面作出重大部署,有力地推动了文化体制改革深入发展。新闻出版领域的改革任务占到文化体制改革任务的三分之二,任务非常艰巨,必须要下工夫切实加以推进,不断取得新突破。深化改革,既有明确的路线图,也有具体的时间表。改革是推动新闻出版业发展的巨大动力,也应该是出版业做强做大的巨大动力。目前,文化体制改革和出版发行体制已经取得重大突破,但从总体上看还未完全转变旧有的发展方式、管理模式和运行态式,改革开放任重道远,必须要加大力度,加快进度,贯彻落实科学发展观,全面推进出版领域体制、机制改革,进一步推动出版业做强做大。

6. 出版人才不足。出版业的竞争,归根到底是人才的竞争。出版业是一项智力型产业,随着中国出版业的进一步发展,人才的需求将会越来越大,对人才的素质要求将越来越高,对人才的知识结构和专业技能的要求将会更加多元化。而现在的出版业的从业人员的素质远远不能适应出版业做强做大的需要。据悉，近十年来我国新闻出版业从业人员增长很快，然而我国出版业人才结构缺陷突出，一是缺少懂经济、会经营、善管理的人才；二是缺少既懂出版专业知识，又熟练掌握现代高科技知识和技能的复合型人才。这包括：领导人才、编辑人才、双语创作翻译型人才、版权贸易人才、出版经纪人、优秀的作者资源等。遗憾的是，中国出版界能适应未来发展需要的人才极为有限。当前正是中国出版业发展急需人才的时候，国外大的出版集团也瞄准了中国的出版人才市场。他们知道，要想在中国这样有悠久文化传统的国家发展，光靠外来和尚念经是不够的。文化背景上的巨大差异，使得外来的大公司不得不培养本土的人才，为他们的跨国公司服务。贝塔斯曼在美国挑选中国留学生接受贝塔斯曼的培训，就很能代表跨国公司跨入中国时的人才战略。这种状况，无疑会使中国出版人才市场雪上加霜。

三、政策建议

培育骨干出版企业要立足于改革，立足于产业发展，培育形成一批有核心竞争力的新型市场主体。

1. 要充分认识培育骨干出版企业的战略意义。

培育骨干出版企业是按照中央的部署，推动文化大发展大繁荣、提升国家文化软实力的重要举措；是不断满足人民群众精神文化需求的需要；是做强做大出版产业的需要；是维护国家文化安全、推动中华文化"走出去"的需要。因此，要按照学习实践科学发展观的要求，行政管理部门和出版企业都要进一步解放思想、转变观念，深化出版单位改革，培育出骨干出版企业群，促进出版产业的大发展。

2. 明确培育骨干出版企业的原则、条件和思路。

培育骨干出版企业要坚持的原则是：按照"有所为有所不为"的原则，做好规划布局，明确目标任务，确定培育对象，加强调控引导；市场动作与行政推动相结合，遵循优胜劣汰的市场法则，以资本为纽带推动重组、并购及强强联合，地方和部门要在资源配置、政策扶持等方面发挥积极作用、给予充分保障；对企业培育对象实施动态管理，切实加强指导，并根据发展情况和目标任务及时调整和补充。

选择和确定骨干出版企业的主要条件是：坚持社会效益与经济效益相统一，导向正确，引领先进文化建设方向；完成转企改制，法人治理结构健全，对维护国家文化安全做出特殊制度安排；主业突出、行业领先，市场占有率、净资产收益等项经济指标的综合排名位居行业前列。

通过重点培育，一是形成一批主业突出、实力雄厚、具有较强竞争力的大型出版集团，二是形成一批书报刊、音像、电子互动，具有广泛社会影响力的多媒体传媒集团，三是形成一批跨地区经营、具有较强区域辐射力的大型发行集团，四是形成一批富有活力的"专、精、特"专业出版单位，五是形成一批拥有自主品牌、积极参与国际竞争的战略投资者。

3. 对培育骨干出版企业实施政策保障措施。

（1）鼓励骨干企业利用资本市场做强做大。凡列为培育对象的，优先推荐上市融资。

（2）凡列为培育对象的，可以跨媒体、跨行业发展，允许突破现行管理体制实行分业管理的局限，经批准给予政策支持。如在出版权限、总发权限、书号资源、重大出版项目工程、出版基金、品牌宣传等方面加大支持的力度。

（3）跨地区、跨行业重组和并购，投资开发战略性、先导性文化项目，培育新的文化业态，可获得利率优惠的贷款支持，优先推荐发行企业债券，中央和地方财政给予一定的贴息。

（4）为加快资源调整和整合，鼓励骨干企业之间相互持股；对符合国家战略方向的兼并和重组,可采取划拨国有资产的方式;鼓励骨干企业树立大文化概念,积极寻求国内外合作伙伴,吸引优质、高科技资产或技术,实现传统出版与新媒体的整合;引导骨干企业积极走出去,在项目资金、配套服务等方面给予支持。

(5)建立健康有序的市场秩序和环境。加强出版环节和发行市场的诚信环境建设,完善发行市场的公平交易规则,坚决根除"发货无合同、退货无商量、回款无期限"现象,严厉打击买卖书号等行为,加大版权保护的力度,打击侵权盗版,建立出版单位退出机制,切实维护正常的出版秩序和环境,建立起统一开放、竞争有序的市场体系。

(6)加大人才培养的力度。我国新闻出版(版权)人才队伍的总量、质量和结构等虽然已发生了很大的变化,但是现有人才队伍和工作机制都还远不能适应形势发展的需要。特别是高层次行政管理、经营管理、专业技术和技能型人才紧缺,既懂经营又懂出版、能够进行跨媒体经营的复合型人才紧缺,既善于掌握市场又了解国际惯例的外向型人才紧缺。要继续按照《新闻出版 2005—2010 年人才纲要》,大力实施素质工程、领军人才工程和高技能人才工程,继续做好宣传文化系统"四个一批"人才推荐,以实现新闻出版(版权)人才队伍建设与新闻出版(版权)事业繁荣和产业发展相互适应。

(7)加大宣传力度。培育大型骨干出版企业不仅仅是出版行业自己的事情,应放开思路,拓展视野,充分利用好国内和国外两个市场,发挥新闻出版的宣传优势,推动骨干出版企业做强做大。

4. 加强组织领导。

(1)培育大型骨干出版企业是培育文化产业骨干企业的重要一环,出版系统各地各部门要高度重视,要把培育骨干出版企业列入重要议事日程,将其纳入大文化范畴协调相关部门认真组织实施。出版系统各地各部门积极配合党委宣传部门充分发挥应有的协调指导作用,切实发挥行政职责,协调有关部门采取有效措施,确保各项任务落到实处。

（2）培育骨干出版企业政治性、政策性强，要严肃工作纪律，重大问题及时请示报告。按照中央培育文化产业骨干企业的思路，切实引导和规范培育骨干出版企业的融资行为，在选择战略投资者时，优先考虑拥有境内外渠道资源的国内企业，优先考虑掌握传播新技术、文化新业态的国内企业，优先考虑能够助推骨干出版企业进军境外市场的国内投资者；在股权设置上，优先考虑国内战略合作方的利益诉求，对各类非国有性质尤其是有外资背景的投资基金参股出版企业，需严格审核；骨干出版企业凡引入的投资者涉及民营资本、境外资本的，必须按现行政策履行报批手续；在改制重组过程中涉及国有资产变动的，配合党委宣传部门审查把关，涉及跨地区、跨行业国有资产变动，须上报新闻出版总署和中宣部履行报批手续；凡涉及管理层及职工持股的，要严格按照国家政策规定，报有关部门批准。

（3）出版系统各地各部门推荐骨干出版企业培育对象，要报新闻出版总署审定后公布，新闻出版总署根据实际进展情况作出必要的调整和补充。

音像电子行业调研报告

音像电子组

（2008 年 11 月 10 日）

一、调研概况

根据总署"十行百家"专项调研的总体安排,财务司、出版管理司组成调研组于 10 月 29 日至 11 月 8 日对国内音像电子出版行业进行了集中调研。此次调研的目的就是学习实践科学发展观,弄清制约音像电子出版业发展的突出问题,研究如何进一步丰富国产音像电子出版物生产,繁荣文化市场。此次调研,音像电子组共走访了17 家音像电子单位,召开了 3 次座谈会,全面了解了音像电子出版业的基本情况,调研达到预期目的。

（一）调研人员

调研组共由 6 人组成,财务司司长孙明任组长,出版管理司副司长朱启会任副组长,成员包括出版管理司音像电子处副处长许正明、财务司干部刘阳、中国音像协会常务副会长王炬以及中国新闻出版报记者孙海悦。

（二）调研形式和单位

10 月 28 日,调研组召开会议,研究确定调研思路、调研重点和调研单位,进行调研内容设计和具体行程安排。在调研形式上,为了解真实情况,掌握第一手资料,确定以实地走访为主。在调研对象上,选择了一些有代表性的单位。北京和广东是音像电子单位较集中的地方,特别是广东民营音像企业十分活跃,此次调研以北京和广东为重点。

10月29日—31日,调研组在北京先后走访了7家音像单位,包括中国唱片总公司、中国录音录像出版总社、北京电视艺术中心音像出版社、北京太合麦田音乐文化发展有限公司、北京俏佳人文化传播有限公司、北京鸟人艺术推广有限责任公司和巨鲸音乐网。7家单位包括3家传统国有音像出版单位,3家民营音像单位和1家民营音乐网站。10月31日下午在高等教育出版社召开了由在京12家音像电子出版、制作单位(包括6家音像出版单位和6家民营音像企业)负责人参加的座谈会。

11月1日—5日,调研组在广东先后走访了10家音像电子单位,包括太平洋影音公司、广东音像出版社、深圳书城电子出版有限责任公司、好家庭音像制作公司、广东花仙子文化传播有限公司、广东东方红影音有限公司、广东泰盛文化传播有限公司、广东飞仕影音有限公司、汕头南美集团,并实地走访了广东音像城。10家单位包括2家传统国有音像出版单位、1家国有音像电子网络出版单位、1家国有音像制作单位、4家民营音像制作单位、1家民营音像复制单位和1家音像批发单位。在调研期间,于11月3日上午召开了由10家主要音像电子出版、制作、发行单位参加的座谈会。

11月7日—8日,调研组在郑州召开了2008年全国电子出版年会,43家电子出版单位到会,10家电子出版单位在年会上就电子出版行业的现状、问题及发展趋势作了发言。此外,还召开了座谈会就电子出版的相关问题进行了深入探讨。通过这种年会的形式,在较短时间内集中了解到了电子出版的发展状况。

二、音像电子出版业发展状况

(一)音像电子出版业基本情况

我国音像业从1904年在上海出版第一张唱片算起,已经有百年的历史。在1978年前,中国仅有中国唱片总公司1家音像出版单位。改革开放30年来,中国音像电子出版业快速发展,已经形成了完整的制作、编辑、复制、发行的产业体系。

我国现有音像出版单位370家,电子出版单位236家。370家音像出版单位中,包括广播影视系统51家、文化系统24家、新闻出版系统78家、教育系统77家、军队系统10家,共241家,约占总量的65%,独立音像出版单位约150家。236家电子出版单位中,包括独立电子出版社22家、占总数的9.32%,音像电子出版单位64家、占总数的27.12%,图书电子出版单位150家、占总数的63.56%。

根据总署的统计,2007年全国共出版音像制品33170种,出版数量5.29亿盒(张),发行数量4.41亿盒(张),发行总金额31.18亿元。录音制品、录像制品无论从出版品种,还是出版数量、发行数量、发行总金额看,与上年相比都有所下降。目前我国音乐类、影视类、教育类音像制品发行数量占总量的80%以上。2007年全国共出版电子出版物7207种,发行16035.72万张。与上年相比,品种增长了17.15%,数量增长了14.47%。目前电子出版物以配合书刊出版光盘、数据库、工具软件、图文光盘以及教育软件、单机版游戏为主要出版形式。

不过,根据全国新华书店上报的统计,2007年共发行音像制品2.10亿盒张,发行金额达25.42亿元,与上年相比数量增长4.1%,金额却下降0.72%。2007年共发行电子出版物0.28亿张,发行金额达5.9亿元,与上年相比数量增长12.75%、金额增长43.84%。

从新华书店统计上来的数据看,我国的音像和电子出版物的发行金额要远高于通过音像电子出版单位渠道上报的数字。

与音像电子出版业相关联的是复制业,据了解,我国现有各类光盘复制和生产(只读和可录)企业达到 126 家,只读类光盘年生产能力近 50 亿片,可录类光盘生产线 600 条,可录类光盘年生产能力达到 40 亿片;磁介质复制企业达到 153 家,年生产能力 10 亿余盒。光盘复制业的产能已占到全球的 20%。我国目前有 DVD 等播放设备(含功放等配套设备)1.5 亿台,每套设备按 800 元计算,价值达 1200 亿元。

(二)对音像电子出版业的基本判断

1. 介质的变化非常明显。在音像制品方面,录像带已基本退出市场,录音带除用于教学领域外,发行量也大为减少,DVD 光盘比重大幅增加,VCD 光盘呈下降趋势,新一代大容量、高品质的 BD(蓝光光盘)开始出现。在电子出版物方面,除 CD—ROM 和 DVD—ROM 外,大量电子出版物同时开发基于光盘和网络两种形式。

2. 音像和电子出版业现处于向数字化转型的关口。近两年网络发展迅猛,大量网络非法下载使传统光盘的销售减少了 80% 的市场份额,音乐、影视类光盘销售数量几乎降至 10 年来的最低点。无论音像业还是电子出版业都面临向网络转型的关口,目前有不少音像企业从手机彩铃和网络增值服务中获利。

3. 国有音像电子出版单位普遍规模小,底子薄,经营困难,多数单位丧失了原创能力。音像电子出版单位一方面由于成立时间短、积累较少,另一方面由于音像电子出版物资金投入大、市场环境差,出现"多投多赔、少投少赔、不投不赔"的现象,音像电子单位失去了投资制作原创节目的积极性。

4. 民营音像电子企业渐成为市场的主体。我国目前有一定规模的音像制作单位近 1000 家,其中北京约 200 家(经当地新闻出版局批准登记的为 49 家),广东近 300 家(经当地新闻出版局批准登记的为 47 家),音像制作单位多为民营企业,目前掌握着国内发行的音乐节目和影视节目近 90% 的版权。国内目前有一定规模的电子出版物制作单位 200 家,提供国内电子出版物 60% 以上的节目资源。

5. 外资以不同方式进入了音像业。我国目前新的外商投资指导目录把音像制品制作列为"禁止类",但实际上早在 1992 年我署就批准设立了 10 家合资音像制作企业,2001 年批准上海声像出版社与索尼音乐成立"新索音乐"制作公司。自我国加入 WTO 后,音像制品的分销向外资开放,根据文化部和商务部颁布的《中外合作音像制品分销企业管理办法》,两部门已批准包括华纳、EMI、索尼及多家香港企业在境内设立分销企业。

6. 音像制品和电子出版物的功能和定位发生了变化。目前音像制品中音乐、影视类作品是主体,是大众娱乐产品,无论其载体形式怎么变,音乐、影视剧作为单独门类必将长期存在,网络的发展为音像作品多了一种传输渠道。而电子出版物由于存贮技术和网络技术的发展,其作为一个独立产业的地位必将受到挑战。

三、主要问题和原因

(一)体制和机制问题极大地制约了生产力的发展

体制和机制问题是当前制约音像产业生产力发展的主要障碍之一。国有音像出版单位由于体制的束缚,不能解放自己的生产力,不能进行诸如融资,吸纳资本,改造人事、财务、管理、经营模式等机制,也不能兼并收购或被兼并收购,没有能力按照市场经济的法则,在经营效益好的时候扩展企业,壮大实力,在市场不好之时,几乎没有抗风险能力,坐以待毙。

经调查,90%到95%的音像出版社,自1998年之后因退货、欠款、呆死账等原因,陷入低谷,由于缺少资金,不能维持新产品的开发,逐渐被挤出市场,而且普遍缺乏自救能力和信心。许多出版社主要依靠出版资源(版号、引进权等)坐吃山空。很多单位没有改革的紧迫感,许多人流露出希望回到"过去"的心态,不思进取,牢骚满腹。

而民营企业自1998年之后,充分利用国有音像出版下滑的机遇,发挥了机制灵活、经营手段多样和能吸纳到社会资本的优势,进入市场并很快成为正版音像制品的主力军。民营企业在经营管理方面也有很多缺点,诸如做盗版、假版、打擦边球、偷逃税等行为,但是,从整体上看,近10年来,民营企业对音像产业的发展、对繁荣音像市场所作的贡献还是相当大的。由于他们长期被排除在现行管理体制之外,虽然已经成为事实上的市场主力军,但由于没有出版权,没有取得相应的资质,在企业扩展、融资、优化股份、兼并收购等方面受到极大的制约,在当前市场极度萎缩的情况下,他们的生存和发展也遇到了很大的困难。

体制问题从两面制约了整个行业的生存和发展,在音像行业形成明显的悖论:有资质的没能力,有能力的却没有资质;有资质的希望保住资质的垄断性,而没有资质的则希望通过改革,获得发展。

(二)盗版问题一直是阻碍音像电子出版业发展的顽疾

盗版,现在仍然是音像产业遇到的主要问题。盗版现象自20世纪90年代后期以来,变得越发严重,盗版的手段也越来越多样化。音像制品和电子出版物由于复制方便,复制成本低,一直是盗版的重灾区。据统计,2007年全国共收缴各类非法出版物1.49亿件,其中盗版音像制品1.04亿件,盗版软件及电子出版物1254.5万件。盗版对正版的直接冲击、对市场秩序、对消费者心理、对整个产业各个环节、对诚信体系都产生了极大的危害。

盗版原指有形载体的非法出版、生产和销售,自 2005 年之后,网络盗版日益猖獗,非法下载现象在网络上几乎是公开的、大规模的和无人制止的(每天音乐、影视作品的下载量超过亿次),网络盗版对音像制品的销售产生了极为直接和恶劣的影响,不仅严重扰乱了音像制品实体销售市场,还对消费者的心态产生了极为负面的、长久的影响。

(三)传统音像电子出版业向数字化转型面临诸多问题

新媒体对音像产业影响最大的主要是音视频流媒体在有线或无线网络上的传播,有线网络主要是互联网、局域网和小区闭路电视系统,无线则主要是通过移动网络至手机终端客户。目前,中国的互联网用户已经超过美国,成为世界上最大的互联网大国。互联网上的盗版行为主要是由不法网站提供或网民个人上传未经授权的音乐供免费下载造成的。网络盗版不仅在中国,而且在全世界都是普遍现象,到目前为止,世界各国都没有找到更好的办法来制止。目前手机、互联网出版的商业模式和营利模式还不清晰,网络标准还没有建立,网络非法下载不能得到控制,网上支付手段还不完备,诸多问题都将阻碍音像电子出版业的发展。

(四)传统音像制品销售的链条出现断裂

自 2004 年 11 月压缩碟出现后,传统音像制品的销售终端纷纷关闭。据了解,2007 年以来,关闭的音像零售店约在 70%—80%。音像销售商(包括批发商、连锁店和小型零售店。2002 年文化部统计全国约为 16 万家,在 2005 年约为 10 万家)如果按此比例推算,现在约有 2 万—3 万家仍在维持。广州在 2006 年时约有音像制品经销商 3000 多家,到 2007 年年底约有 200 余家。北京音像大厦在 2006 年时约有近百家经销商,现在不足 10 家。广东音像城经销商最多时曾达到 300 多家,现在不足 40 家。

零售店的大量倒闭(关闭)直接影响批发商的经营,货发不下去,钱收不上来,自己的库存已经超过承受能力,大量向出版单位和制作单位退货,整个产业链、资金流都开始断裂。

虽然起因是消费者减少,但事实上,整个消费市场还是存在,由于产业链的断裂,因此出现产品无法进入终端,消费者即使想买也买不到的局面。

四、发展的基本思路和建议

(一)解决制约音像电子出版业发展的体制、机制问题

主要包括:(1)加快国有音像电子出版单位的体制改革,使之成为真正意义上的市场主体。即通过转企改制激活一批单位,通过退出机制的建立削减一批没有竞争力的单位,通过跨地区、跨行业、跨媒体的重组,培育几家专业的音像集团公司。(2)允许音像电子出版业向业外国有资本开放。(3)国有音像电子出版单位在保证国有控股的前提下,允许吸纳非公资本,鼓励在技术、人才方面与社会企业合作。(4)在意识形态相对较弱的音乐领域,允许国有相对控股。(5)选择部分优秀民营音像制作企业进行赋予音像出版权的试点。

(二)下大力气解决盗版问题

由于盗版已经成为当前制约、阻碍音像业发展的主要矛盾,必须采取得力措施,打击侵权盗版,遏制蔓延势头。建议:(1)加快完善立法,充分利用法律武器严厉打击盗版行为;在不能很快修改完善法律的情况下,应尽快出台有关的司法解释,在现有法律的框架下,尽可能作出有利于知识产权保护的司法解释,有利于在司法实践中作出最大限度的保护和打击判决。(2)抓典型,严厉打击盗版者,起到震慑作用。从实体盗版和网络盗版两个方面同时着手。在实体盗版方面,充分发挥行业协会和经销商自身的积极性,联合所有正版经销

商从自己做起,不经销盗版、检举揭发利用正版渠道作盗版的不法行为,识别举报利用市场监管松动时期在市场上流通的假正版、擦边球和对正版造成危害的不法行为。积极调查、了解情况,在盗版比较集中的地方和场所,抓住几家胆大妄为的、规模较大的盗版商,抄仓库、查流通、打击窝点、肃清经销门店、缩小盗版游商,重树正版市场的形象,重树经销商的信心,重树消费者的信心。(3)对网络盗版,采取切实行动,动员合法权利人,对网络的侵权行为开展大面积的监督、取证和提起诉讼,行政管理部门在取得大量证据后应果断采取行政处罚措施,关闭、处罚一批盗版行为明显和恶劣的网站(包括提供搜索的网站),行政处罚、法律诉讼同时并举,并可依靠行业组织,实行"黑名单"制,利用舆论和民情向违规违法者施加压力,造成一个有利于正版的氛围。(4)利用新技术手段,打击盗版和非法下载行为。如,利用音视频拦截过滤技术(中科院声学所已经研发出来),遏制非法上传和下载。政府支持行业协会维权,行业协会可以为权利人采取较为直接和有效的技术手段,遏制无法无天的盗版行为。(5)研究制定产业政策,采取切实可行的方法鼓励、保护和促进原创,推动出版活动(重点是网络出版)的规范化,防止市场垄断行为。(6)加快修订 ISRC(中国标准音像作品编码),利用新修订的 ISRC,重新规定音像制品版号的发放、管理和使用,充分利用新修订的 ISRC 为每个单独的音像作品(包括录制的音乐作品和音乐录像作品)发放独立 ISRC 的时机,对音乐作品实行"身份管理"。并鼓励支持行业协会运用国际通行的科技手段(如浮水印技术等)进行数字音像节目的登记和管理,有利于未来音像节目在有线和无线网络上的数字发行和版权保护。

(三)积极研究新技术、新业态,顺应数字化、网络化的发展趋势,变介质管理为内容管理

媒体的相互融合是大势所趋,现阶段对音像电子单位要进行分

类管理(音乐与手机、网络、卡拉 OK、传统 CD 光盘等结合密切,影视类与 BD 光盘、网络、IPTV、传统 VCD、DVD 光盘等结合密切,教育类与远程教育网络、图书等结合密切),模糊载体的概念,允许音像电子出版单位配合本版出版物出版图书。要研究网络条件下的音像电子出版产业政策,加快相关标准的制订,规范出版活动,培育新业态,促进音像电子出版单位的转型。由于音像电子出版物本身就是数字化内容,建议赋予音像电子出版单位网络出版权。

(四)拓宽音像制品的销售渠道

音像销售终端的缩减,使我们遇到一次重新洗牌的机会,应按照科学发展观的要求研究市场动向,寻找更加适合我国音像制品发行销售的渠道和方式。要充分利用新华书店集团改革的成果,发挥新华书店主渠道的作用,对新华书店的营销方式加以改进,消除弊端,开拓市场。对已经失败了的音像专营店模式进行认真总结,针对市场细化、消费群分化,传播和销售渠道多元化,以及对产品需求的更加"专业"和高品质等特点,参考国际音像市场发展新趋势,开拓新的渠道。如不再下力气设立音像制品专营店,而鼓励在更多的商业场所设立"音像专柜",像超市(沃尔玛、家乐福、7—11 等)、大型综合商场等,减低商业终端对音像产品单一的依赖,同时,针对音像制品"专业"化的趋势,允许加油站(发烧碟)、机场饭店旅游点(旅游产品)、服装、体育用品(时尚产品和体育产品)等销售音像制品。为了防止出现盗版和不法行为,可限制拓展的新渠道为只经销产品,不独立进货的连锁模式,鼓励几家大型连锁经销商进行区域、局域连锁销售,为超市和综合商场、加油站等供货,改造供销模式,重建诚信体系。

印刷业调研报告

印刷组

（2008 年 11 月 10 日）

在副署长阎晓宏同志领导下，印刷行业调研组李宝中、曹宏遂、毛士彤、王喜凯、路洲、任志强一行 6 人，用近 10 天时间，分别对河南、江苏、北京、甘肃、广东四省一市的印刷企业、行业协会、出版集团、新闻出版行政部门等 40 余个单位进行了调研。总的印象是：企业和地方政府部门对总署宏观管理和工作作风是比较满意的；按照科学发展观要求，他们对总署今后的工作正满怀喜悦的期待。简要汇报以下三点调研收获。

一、对印刷业的感情得到加深，思想观念 进一步解放转变

我国印刷业是我国新闻出版战线进入市场时间最早、市场化程度最高、对国家贡献最大的行业，也是 30 年间发展最快的行业。1979 年我国只有 11211 家，到 2007 年已发展到 102043 家，工业总产值 1979 年为 47.97 亿元，占国内生产总值 1.18%，2007 年超过 4600 亿元，占国内生产总值的 2.02%，30 年间增长了 102.94 倍。印刷业已成为我国国民经济中的一个重要产业，但是发展很不平衡，尤其是目前面临很多困难。调研中大家说，市场经济这只"无形的手"我们

自己去适应驾驭,政府这只"有形的手"该抓的要抓到位,不该抓的要放开五指,关键是解放思想、转变观念,主要是"三个坚持":一是坚持印刷企业的本质属性是企业的观念,不能过分强调印刷业的意识形态属性,政府应按照意识形态的要求,遵循市场经济规律,履行服务型政府的职责,而且要恪守政府有限责任的规则,还权于企业"经营企业",最大限度地减少因情况不明、政策不合实际给企业带来的企业"经营政府"的问题。要保持政策的连续性,防止政策链断裂。比如,有的地方就因前后政策相悖,使企业购进外国设备一台就损失上百万元。二是坚持发展是第一要务的观念。政府部门想问题、定政策、搞调控,首先想到的应是如何有利于企业的发展、产业群的壮大,要做足文章,切实发挥主导作用。比如企业准入问题,十几年都是全国"一刀切",造成散滥。广东同志说,中央政府部门制定政策,要给地方政府按照实际情况抓发展的余地,广东需要发展高科技印刷企业,以淘汰落后企业,尽快赶上国际水平,西部可能需要的标准就很低。所以,中央政府部门一定要区别政策,分类指导。三是坚持加强和改善市场监管的观念。我国庞大的印刷产业群,情况相当复杂,市场监管必须加强,切实发挥保卫国家文化安全、保障市场发展环境、保护企业权益的作用,建议总结、推广广东"政府主管、行业协管、企业自管、社会监管"的"四位一体"管理体系。

二、转变政府职能的眼界得到开阔,思路进一步变宽

我国印刷业发展存在的主要问题:一是区域发展不平衡的问题仍较为突出,整体上呈现出东强西弱、南强北弱的局面。以印刷业总产值计,"珠三角"、"长三角"、"环渤海"三大沿海印刷产业带在全国印刷市场的份额超过3/4,广东2007年印刷业总产值达到1254.3亿元,而我国中部五省安徽、江西、湖北、湖南、河南2007年的印刷业

总产值只有459.8亿元,不足广东的一半。二是大中型企业偏少,产业集中度不高。2007年美国3.8万家印刷企业创造了1721亿美元的总产值,每个企业平均约453万美元,我国10万余家印刷企业创造的总产值是4600亿元人民币,每个企业平均约469万元人民币,相当于美国的1/6。三是生产能力结构性过剩,出现恶性竞争苗头。我国大部分印刷企业创新能力不足,产品同质化严重,低端生产能力过剩的问题日渐突出。部分印刷企业不惜打价格战,导致印刷工价连年走低,企业利润空间受到挤压,恶性竞争的苗头开始出现。四是印刷企业整体管理水平不高,抗风险能力低。五是人才匮乏,印刷专业人才缺口很大。六是数字出版以及与内容产业、创意产业相关的一些印刷服务明显不够。

政府部门在推进印刷业繁荣发展上大有作为。第一,新闻出版总署作为中央政府主管部门,要增强战略意识,抓好规划,做好战略布局。目前我国已有"珠三角"、"长三角"、"环渤海"三个综合性印刷产业带,是否需要规划其他印刷产业带,还有各地印刷业园区如何布局和建设等,都需要很好地规划。抓好规划,印刷业的发展才能进入全国经济发展总体规划中去,在中央才有话语权,才能有政策权。第二,要引导产业转移,促进区域均衡发展。近年来,为了促进区域经济协调发展,国家先后实施了西部大开发、振兴东北老工业基地和中部崛起战略,中西部地区可以充分利用相关政策措施促进本地印刷业的发展。同时,制定相关政策措施,鼓励部分东部印刷生产能力向中西部转移,促进区域印刷业均衡发展。第三,要实施加快兼并重组、打破地区行业限制、积极参与国际竞争的"集团化战略"。行政部门可在现行的法律框架内继续创造条件,鼓励印刷企业通过兼并、重组,加快发展、壮大实力,进而提高印刷业的集中度,培育一批有较强国际竞争力的大型企业。第四,要加强对中小企业的引导和培训,提高其创新能力和管理水平。第五,要加强印刷人才的培养。第六,要加快用数字、网络技术为代表的高新技术改变印刷业的传统面貌。

三、转变作风的紧迫性得到增强，
整改目标进一步明确

在调研中各地提出近 40 条意见和建议，增强了我们整改的紧迫感。落实到具体问题，建议近期解决 3 个，要抓紧办理；中长期解决的问题 6 个，要摆上重要日程，专人负责，加快推进。

（一）近期抓紧解决的 3 个问题

（1）加强对承印境外出版物企业的管理，下发文件，重申和调整有关政策。原则是减少监管程序，提高审读质量和效率，缩短审批时间。（2）修订出版物跨省异地印刷备案制度，由双向备案改为单向备案，保留入省备案，取消出省备案，打破地方垄断，形成全国统一、规范、有序的印刷大市场。（3）制定并下发印刷企业"准入"、"退出"规定性文件，给地方以相宜的自主权，治理散滥，提升高科技含量，增强国际竞争力。

（二）中长期要解决的 6 个问题

（1）制定中长期印刷业科学发展规划。（2）制定印刷业年度核验制度，建立企业档案。（3）建立科学的、统一的、能真实精确反映情况的印刷业统计体系和数据库。（4）建设印刷委托书政府管理系统，利用电子政务技术，实现印刷委托书的电子核验、网上审批等功能，实行印刷产品和印刷程序的网上管理。（5）对《印刷业管理条例》进行修订。《音像制品管理条例》第二十三条可操作性不强，协调有关部门进行修订。（6）协调有关部门整合现有的中国印刷技术协会、中国印刷及设备器材工业协会、中国包装装潢协会等协会资源，建立一个统一的中国印刷业协会，协助政府，服务企业。

发行业调研报告

发行组

（2008 年 11 月 10 日）

根据学习实践科学发展观第一阶段的统一部署和总署"十行百家"专题调研要求，发行组在阎晓宏副署长的领导下，在时间紧、任务重的情况下，围绕"进一步加强发行体制改革，推动发行业跨地域发展"，完成了对北京、天津、四川三地发行业的调研。同时，利用出差、开会等工作机会，调研组组长王岩镔同志还与江苏、江西、青岛等地的新华书店负责同志进行了深入交流。此次调研，发行组累计召开座谈会 5 个，听取了 18 家出版发行单位的意见和建议，实地考察发行单位 12 家。行前，阎晓宏副署长就贯彻落实总署党组的要求对调研活动做了指示，进一步明确了调研的目的、重点和关键问题，特别强调，调研活动要掌握实情、找准问题，为下一步切实解决问题、破解难点打好基础。通过本次调研活动，加深了对我国出版物发行业的改革与发展中的关键性环节和突出问题的认识，并提出了解决这些问题的方向和思路。

一、正确认识发行业地位与作用是新闻出版业实践科学发展观的重要内容

科学发展观的基本要求是全面协调可持续，新闻出版业要又好

又快发展,必须坚持全面协调可持续的科学发展观。由于计划经济的影响,出版业过分强调出版的意识形态性,一定程度上忽略了出版物的商品属性。目前,席卷全球的金融危机再次证明了马克思指出的,商品销售环节是"惊险的一跳"的伟大论断。因为只有这一跳,才能实现上游生产环节的劳动价值,才能为上游环节的再生产回笼资金。在调研中,调研组深刻感受到要重新认识发行在出版发行链条中的作用,并以此来指导发行业的改革,处理好出版与发行的关系,实现出版与发行的科学发展。

在天津,由于发行单位改制较晚,其市场开拓能力差,年销售只有几个亿,严重影响了天津出版的发展。在江苏,正是因为发行集团的组建,极大地推动了出版集团的发展。目前江苏已经成为我国几乎与上海并列的出版中心。在四川,新华文轩的上市为其开拓全国市场创造了条件,吸纳了商务、华夏、海南等出版社与其合作,并于近期与四川出版集团进行实质性合作,成为推动四川出版发展的重要力量。可以说,在各地新华书店组建集团之后,发行环节的作用更加突出。

调研组认为,在整个出版发行链条中,发行业处于关键地位,起着关键性的作用。改革开放30年的历史也表明,发行业一直站在思想解放的前沿,一直站在改革开放的前沿,一直站在做强做大的前沿。第一个引入民营的是发行业,第一个放权承包的是发行业,第一个转企的是发行业,第一个组建集团的是发行业,第一个在资本市场上市的是发行业,第一个跨省整体合作的是发行业。调研组认为,在强调出版物的意识形态属性的同时,也不能忽视市场的作用。在确保意识形态安全的大前提下,发扬其产业属性,以市场的繁荣推动生产创作的繁荣。

二、对我国发行业改革与发展整体状况的判断

（一）改革取得了巨大成就，改革为发展提供了强大动力

在调研组赴天津之前的 10 月 25 日，由天津市新华书店、天津古籍书店和天津外文书店共同出资组建的天津新华发行有限责任公司正式揭牌。这标志着全国新华书店系统除西藏外，各省级新华书店的整体转企改制任务基本完成，新华书店系统的转企改制工作取得新突破。这一事件体现了改革已经深入人心，改革已经成为出版物发行业发展的强大动力。调研组所到之处，所听到的、看到的，都感受到了改革所激发出的蓬勃的活力。事实也证明，我国发行业具有巨大的发展潜力，改革为发展提供了强大的动力。哪里有改革，哪里的改革搞得好，哪里就会有大发展。江苏新华发行集团、浙江新华发行集团、四川新华发行集团的改革早，改革比较彻底，发展的成效也更明显。2007 年，江苏新华发行集团总资产 49 亿元，比 2003 年增长了 30%。销售额近 90 亿元。浙江新华发行集团 2007 年总资产 53 亿元，比 2003 年增长了一倍，销售额达 60 亿元。四川新华文轩于 2007 年 5 月在香港联合交易所主板挂牌上市，筹资 20 多亿元。这些数字表明，改革为发展提供了强大的动力。改革的大势不可逆转，发展的大势不可逆转。

（二）转变发展方式是实现科学发展的必由之路

通过这次调研，反映了发行业的一些问题，有些问题还比较突出。如天津的改革，仅仅迈出了第一步。即使改革较早的四川，也面临着跨区域发展的重大难题，面临着产品结构优化的重大难题。就全国范围而言，新华书店的转企改制还只是基本完成，一些市县级书店尚未转企，一些转企的书店尚未改制，一些改制的书店尚未形成发

展的成功模式。当前,在全球金融危机的影响下,我国出版物市场需求将会受到一定的影响,网络等新媒体的发展、纸张的涨价、劳动用工成本的上涨,使发行业的发展面临着严峻的挑战。面对这些问题和困难,发行业必须转变发展方式,从粗放型发展向质量效益型转变。既要看到大发展大繁荣的光明前景,也要看到发展机制乏力、市场需求增长滞缓、经营环境变换等现实问题。

三、当前亟须破解的突出问题

转变发展方式是一项长期的任务,不可能一蹴而就。深化改革是转变发展方式的关键,深化改革就是要针对发行业发展方式转变过程中需要解决的突出问题,有针对性地一一破解,以点的突破带动面的发展。在调研中,反映出的突出问题有:

1. 行业领军人物面临着新老交替,人才队伍建设任务加重。应该说,我国发行业改革开放以来培育了一批优秀的队伍,他们充满了改革的热情和激情,充满了迫切要求发展的欲望。目前,几家大的发行集团的领军人物都是从业几十年的老发行人,他们经验丰富、领导能力强,在他们的带领下,集团一步步发展壮大。但同时,由于几十年的管理惯性,已经形成了既定的模式,在这一批领军人物逐渐进入退休年龄之后,新的领军人物需要一段时间的磨合,才能形成新的团队。而目前恰恰处于发行业发展的关键时期,磨合将不可避免地出现一定程度的摩擦、消耗,从而影响改革和发展。

2. 对发行业领军人物的激励机制明显滞后。目前,发行集团,包括上市集团只是解决了发展的短期冲动,而尚未建立长效发展机制。经营者、员工与企业的利益尚未充分结合起来,现代企业制度中的"薪酬制度、股票增值权、期权、股权"等形式的激励机制尚未建立。这一制度的缺憾,严重影响了领军人物的积极性,也影响了部分市县书店转企改制的积极性,一定程度上制约了发行业的可持续发展。

3. 行政区划变为新的市场壁垒,阻碍了发行业的跨地域发展。目前,各省新华发行集团都是以行政区划来划定市场范围的,集团化建设和连锁经营更加剧了市场化进程。各省的发行集团无论以前的实力强弱,都要建自己的物流中心,造成了物流配送能力的严重过剩,很多物流中心的使用率不到设计能力的60%。

4. 零售市场需求不足,严重制约着产品结构转型和跨区域发展。由于大卖场时代的到来、城市地租的上涨、劳动用工成本的加大以及图书品种的巨大丰富,发行成本不断上升。调研显示,即使在超大城市中,出版物零售利润下滑,不少出版物卖场已经把经营文化电子产品作为重要的增长点。

5. 民营书业已经成为发行业发展的重要力量,但由于零售利润单薄,多年来,已经形成了一批既发行图书,又从事出版策划的书业"大户"。这些"大户"尚无合法的身份,影响了他们的可持续发展。

6. 老少边穷地区的发行网点建设严重不足,已有网点经营困难,由于没有必要的扶持措施,这些网点面临着被转做他用、资本实际上流出行业的倾向。

四、以思想的新解放推动改革与发展的新突破

上述问题大多是长期以来就已经存在的,有着深刻的历史原因和现实原因,解决起来需要一个过程。我们要站在新的历史起点上,以科学发展观为指导,以思想的新解放推动改革与发展的新突破。

(一)在构建大型发行集团和实现跨区域发展过程中总署应综合运用行政、政策等手段有效介入

建设超大型的发行集团是实现跨区域发展、建立全国出版物大

市场的关键问题。当前,我国仍处于社会主义初级阶段,出版物发行业还没有形成成熟的市场机制,仅仅通过市场之手,难于调控行业的发展。面对地区壁垒,靠企业自身的力量无法突破。多年来,总署通过下文件、政策引导等多种途径,鼓励各地的发行集团合作、鼓励并购和异地投资,但收效甚微。究其原因,还是地区利益和部门利益的障碍。只要各省发行集团在资产监管、人事安排依然归各省掌控,地区壁垒就不可能打破,跨区域经营就是一句空话。

我国发行集团组建的过程就是在地方政府的行政推动下实现的,这是转型期中国的特色。同样,在建设超大型的业务覆盖全国的发行集团的过程中,也离不开行政的推动。就全国而言,组建超大型发行集团可以分步骤实施。对西部欠发达地区暂时不触动依然保持划省而治,对实力较强的优势企业,集中优势资源,组建中国发行集团,建立大型区域物流中心,形成基本辐射全国的发行网络布局。

(二)在出版集团和发行集团的隶属关系上遵循市场规律,以推动发展为最终落脚点

在出版发行业市场培育阶段,不鼓励本省发行集团与出版集团的联合,应恢复发行集团的独立集团地位,消除或弱化地域壁垒的产业体系。就大多数省而言,由于政企分开,行政壁垒已经基本弱化,市场壁垒和产业壁垒不断强化。发行集团归入出版集团或者出版集团归入发行集团都将强化产业壁垒,实际上以产业的名义重新复归到了政企合一时代。在调研中,许多发行集团充满了跨区域合作的意愿,但由于产业约束,难于实现跨区域的发展。

(三)对省以下新华书店的转企不能一刀切

县以上新华书店基本属于产业属性,乡镇网点基本认定为公益性单位,归入公共文化服务体系。乡镇是链接城市与乡村的节点,具有重要的作用,建议设立新闻出版公共文化建设基金,用于乡镇公益

性网点建设。

（四）针对批发市场良莠不齐的局面，建议整顿出版物批发市场，堵住盗版出版物流通的关口

加紧修改《出版物市场管理规定》，并争取通过法定程序上升到《出版物市场管理条例》。提高零售业准入门槛，淘汰一批零售商。包括修改《印刷业管理条例》提高印刷企业设立门槛。

（五）加大对发行业领军人物的培养，为其发展创造良好的环境

要建立和完善发行业的职业资格制度、经理人的持证上岗制度、发行员的职业准入制度。加强培养和职业资格鉴定工作。在调研中，我们发现，很多地方的领导干部、发行集团老总对于国家的政策，包括一些优惠政策不知道、不会用。要用好、用足国家有关政策，并把政策的培训纳入日常培训内容，提高领军人才的政治素质、政策能力和经营管理水平。

五、调研中反映的其他几个具体问题

在调研中，各地还反映了行业的一些其他问题，主要有：

1. 四川省新华书店灾后重建被列入保障项目，但没有具体对口支持的保障措施。建议总署在出台文件时重视新华书店灾后重建项目，在措施上予以保证。

2. 2009 年教材实行循环使用，地方执行难度较大。建议总署有关部门加快制订循环使用教材标准，妥善解决政策执行问题。

民营工作室调研报告

工作室组

（2008 年 11 月 10 日）

按照总署党组深入学习实践科学发展观"十行百家"专题调研活动的统一部署，由出版产业发展司、出版管理司、新闻报刊司有关人员组成的调研组，在孙寿山副署长带领下，对"民营工作室"进行了专题调研。

本次调研工作在原图书司完成的图书出版领域"民营文化工作室"调研的基础上，将调研范围扩展到包括从事图书、期刊、音像和电子出版物选题策划和营销发行的各类民营文化企业（简称"民营工作室"）。通过座谈会和实地考察等形式，调研组认真听取了北京读书人图书有限公司（图书）、北京金山软件有限公司（电子）、中凯文化传播有限公司（音像）、北京麦德姆医学期刊管理咨询中心（期刊）等近 20 家"民营工作室"负责人的情况汇报和意见建议；实地考察了在策划选题及数字出版方面处于领先地位的北京读图时代文化发展有限公司、在教辅领域形成产供销完整产业链的金星国际教育集团等具有代表性的公司。

通过调研，我们对民营资本介入出版领域的历史与现状、"民营工作室"在出版产业发展中的地位和作用、存在的管理问题和面临的发展困境等，有了比较客观全面的认识。按照学习实践科学发展观活动的要求，我们对引导、规范、整合社会出版资源的政策和制度安排问题做了初步的思考。现将调研情况和有关政策建议报告如下：

一、"民营工作室"介入出版领域的历史与现实

（一）"民营工作室"介入出版领域并不断壮大的原因

从 20 世纪 90 年代初起，"民营工作室"开始有规模地进入出版领域。"民营工作室"为何要进入出版领域？为何在没有"合法身份"的情况下依旧能够生存下来并不断发展壮大？通过调研，我们感到主要的原因在于新闻出版宏观管理体制和出版单位的微观运行机制不适应改革发展要求，难以满足人民群众不断增长的精神文化需求。具体有以下几点原因：

1. "民营工作室"进入出版领域是资本追逐更高利润的必然结果。随着改革开放的深入和市场经济的发展，人民群众的精神文化需求有了爆发性增长，日益呈现出多方面、多层次、多样化特点。出版业在满足群众需求的同时，自身也实现了巨大发展，在国家专营的体制条件下，出版行业的行业利润率一度长期高于社会平均利润水平。在这种情况下，必然有资本谋求进入出版行业，以获得更高的利润空间，这也是市场规律的必然结果。

2. "民营工作室"能够在各种严格的准入限制下获取"生存空间"，同没有建立起出版单位的退出机制有很大关系。目前的出版单位"有生无死"，不合格的新闻出版企事业单位无法被淘汰。只生不死的状态使书号、版号、刊号成为稀有资源。我国目前对出版单位的管理，多侧重在政治导向上。各出版单位只要不出政治问题，不严重违规，一般不会被吊销出版资质。因而，出版单位出于人员安置等种种原因，总要千方百计生存下去。要生存，就要寻求输血的渠道。这些"苟延残喘"的出版单位使得有资金、人才储备和项目资源的"民营工作室"有了进入和生存的空间。

3.“民营工作室”能够在出版行业不断发展壮大,同目前出版单位体制机制陈旧、结构不合理、有效供给不足、发展动力微弱有较强关系。我国的出版单位基本上是按行政级别、行政区划进行配置,且对出版范围和有关书号、版号、刊号的配发有限制。且长时间以来,多数出版单位为事业单位性质,市场意识薄弱,观念转变缓慢,人才储备缺乏,不能随着市场的变化而调整出版结构和出版内容。有些出版单位长期依靠渠道或者行政命令发行其出版物,根本没有随市场进行产品结构的主观意愿和动力。以上情况使得人民群众需要的出版产品有效供给面临较大缺口。而与此同时,“民营工作室”却以较强的敏感性,对市场需求的准确把握,使得自身的策划的产品更贴近市场,更符合人民群众的阅读需求,因此逐步发展壮大。

(二)“民营工作室”的主要类型

经调研,按介入出版领域的运作方式划分,“民营工作室”主要有两类:

一类是策划编撰型“民营工作室”。这类“民营工作室”主要业务只限于内容原创和制作,如选题策划、编撰、组稿、设计、制作等,不涉及出版权及出版环节问题,属单纯的上游型工作室。这类机构又可细分为几个层次:内容创作机构,即有自身的创作团队进行专题创作,其性质属于内容原创;内容增值服务商,即发现优秀的原创出版内容,并进行编辑加工,增加内容的附加价值,其性质属于策划服务;内容经纪商,作为作者和作品的代理人,在作者和出版商之间搭构平台,其性质属于经纪服务。

另一类是“准出版单位型”、“民营工作室”。所谓“准出版单位型”、“民营工作室”,指的是那些除了不具备出版单位的合法资格之外,实际上具有几乎全部出版单位特征的民营企业。其业务也几乎涵盖了出版单位业务的主要领域,包括选题策划、撰写编辑、出版印制复制和批发零售等,并相应设立了策划、编辑、出版、发行等部门。

由于不具备出版单位的合法资格,这些"准出版单位型"、"民营工作室"开展出版活动只能选择与有关出版单位合作。

二、"民营工作室"在出版产业发展中的地位、作用以及存在的问题

(一)"民营工作室"的市场地位

目前,介入出版领域的各类民营文化企业已经在出版产业中占据了相当一部分市场份额。

据估算,在教辅市场,"民营工作室"占有约60%的市场份额,按产值计算,民营教辅每年实现销售码洋约在150亿元以上;在少儿图书市场,"民营工作室"占据50%以上的份额,年销售额达30亿—40亿元;在经管类图书市场,畅销书排行榜上70%—80%的图书是由"民营工作室"策划的;在大众图书出版领域,有业界资深人士分析,由"民营工作室"策划和投资的图书比例可达60%左右;在音像和电子出版领域,民营公司策划和生产的产品更是长期占有绝大部分的市场份额,民营音像公司投资了几乎所有原创音乐的制作出版和90%以上的音像制品版权交易,中凯、俏佳人、金山软件等公司,已成为音像和电子出版物市场的"龙头"企业。

综合多方资料,总体上看,除去教材等政策性出版资源,民营图书公司策划的图书大体占到市场上在销图书的半数左右,民营音像公司生产了90%以上的在销音像制品。

(二)"民营工作室"在出版产业发展中的作用

"民营工作室"的出现,是市场经济发展的必然,它在客观上促进了出版生产力的发展,丰富了人民精神文化生活。其对出版产业发展所起的积极作用可归纳如下:

1. 促进出版生产力发展。与事业性质的出版单位不同,"民营工作室"具有与生俱来的市场主体性质,一些"民营工作室"以较先进的企业管理办法运行,具有较敏锐的市场意识和较强的策划能力,能够调动全方位的因素高效运转,成为积极主动的文化创造者和灵活有效的文化传播者,促进了出版行业生产力的发展。"民营工作室"的政策资源较少,他们策划的出版物绝大部分面向市场,因此更能根据市场需求进行文化产品的创造生产。"民营工作室"策划、编辑、出版的带有原创性质的出版物和出版单位的出版物一道,源源不断地投放市场,以满足人们的文化生产性需求和文化消费性需求,从而形成文化的力量,并转化为综合国力。

2. 促进就业,增加税收。在市场经济条件下,衡量一个行业对社会贡献的大小,其中两项重要的硬指标是,看该行业能为社会提供多少就业机会,能为国家提供多少税收额度。早在改革开放初期,在很多返城青年不能就业的情况下,民营及个体发行的开放,让相当一批人找到了就业机会,促进了社会的和谐稳定。同时,大多数"民营工作室"能够做到按照国家规定依法纳税,为国家税收做出了一定贡献。

3. 为出版社提供丰富的出版资源,促进其发展。随着市场上许多专门进行创作和组稿的"民营工作室"的出现,为出版社提供了策划组稿的多种渠道以及更多可资利用的丰富资源。同时,一些自我发展意识和创新能力较强的出版社,在选题调研、市场营销,甚至管理机制上,学习借鉴"民营工作室"灵活、高效、务实的管理方式及做事风格,促进了自身的发展壮大。

4. 促进产业进化与升级。"民营工作室"经过市场的优胜劣汰不断在市场细分中找到了自己的定位与特色,并在下游形成教辅、少儿、社科等专业分销渠道。同时,一部分实力强的"民营工作室"加强了自身的内部经营管理以适合市场竞争的需要,有些"民营工作室"规范化、制度化、信息化的水平甚至比一些出版社还要高。在数字网络出版方面,"民营工作室"也远远走在出版社前面。比如在数字出版和多媒体移动终端出版领域,民营企业占据绝大部分市场份额,并不断提高数字内容市场的规模水平。民营企业在文化产业各细分行业的融通整合方面扮演着非常积极的角色,促进了产业进化和升级。

5. 助推出版体制改革。"民营工作室"的出现和发展对出版体制改革客观上起到了一定的助推作用。格外看重市场作用是"民营工作室"的天赋秉性。"民营工作室"的出现,在出版市场中造成了"鲶鱼效应",在客观上迫使国有出版单位直面市场竞争,加快改革步伐,创新体制机制,提高市场竞争力。

6. 为出版产业培养了优秀策划人和企业家。出版业是文化创意产业,发展关键靠人才。"民营工作室"对产业发展的贡献除了出版物外,还造就了一批真正爱出版、懂出版的策划人和企业家。目前,形成规模实力的"民营工作室"负责人,大多是已从业10多年、积累了丰富的市场经营管理经验的企业家。民营文化企业中涌现出的优秀策划人与企业家,也是出版产业可持续发展的一支重要力量。

(三)"民营工作室"存在的突出问题

由于管理的原因,"民营工作室"一直游离在管理体制之外的灰色地带,因而在发展中也产生了一些问题。

1. 买卖书号造成不良影响。"民营工作室"介入图书出版活动,最初是以简单的买卖书号开始,并使得一些出版社只想坐享其成,形成依赖心理,创新意识逐渐丧失,选题策划能力、图书发行能力等日益萎缩,甚至有空壳化危险。另外,"民营工作室"从出版社买进书号后,为了节约成本,常出现一号多用的现象。一号多用使出版物信息不唯一,由此形成信息错误,造成征订与收获信息的不匹配,销售信息与库存信息不准,给结算对账带来相当大困难。

2. 存在着一定的偷税漏税现象和不规范出版问题。不少"民营工作室"以在税收问题上与国有出版社不在同一条起跑线上、没有享受到相应的退税或优惠政策等为由,想方设法逃税。同时,"民营工作室"为了降低自身的经营成本,存在克扣、降低和拖延支付作者稿费,以及拖欠印刷费,甚至盗版盗印等。

3. 一些"民营工作室"从事生产质量低劣、内容低俗甚至政治倾向错误的出版物,损害读者利益乃至毒害青少年读者,带来了较大的不良社会影响。

(四)用发展眼光审视"民营工作室"

长期以来,政府部门和出版行业对"民营工作室"的认识存在一定的误区,包括:认为"民营工作室"无法承担其社会责任,实际上商业经营和社会责任之间并不是冲突矛盾的,社会责任直接体现出一种社会需要,民营可以利用其更好的管理机制,创造出更好的文化产品,满足这种需要;认为"民营工作室"的存在影响国家意识形态安全,尽管资本是逐利的,但是大资本更注重长远和稳定的利益,国有出版社有政治责任,民营资本则有资本责任,即资本安全性的责任,"民营工作室"做大后,会承担更大的资本责任,将有更大的动力进行自律;认为"民营工作室"的存在影响出版社改革进程,有竞争才有压力,目前出版社改革进程缓慢,一个重要的原因是政府与出版社之间,"民营工作室"与出版社之间,养成了供养和寄生关系。一个内无动力,外无压力的产业环境,无法有效推动产业改革。正视"民营工作室"在解放文化生产力中所起到的历史地位和所发挥的作用,才能进一步推进国有出版单位的改革步伐。

改革开放30年以来,社会主义文化产业和文化事业取得了长足发展,市场空前繁荣。在此期间,"民营工作室"在文化创作、文化生产、文化推广等方面做出了很大贡献,中国出版业有今天的发展,同"民营工作室"的努力息息相关。"民营工作室"在市场竞争中,充分发挥自身在机制上灵活的优势,利用丰富的人才储备和先进的技术优势,创作了一大批人民群众喜闻乐见的出版产品,为满足人民群众日益增长的文化需求作出了较为突出的贡献,切实解放和发展了文化生产力。综合来说"民营工作室"是有价值的,而且应该获得鼓励的。

三、政策建议

"民营工作室"问题,归根结底是市场经济条件下需求与满足这对基本矛盾决定的。它的出现和艰难发展,既是对出版物市场日益增长的迫切需求的回应,也是对束缚出版生产力发展的陈旧体制的抗拒。虽然"民营工作室"良莠不齐、鱼龙混杂,不合规制,问题不少,亟待加强监管,但不能因此抹杀"民营工作室"对满足群众精神文化需求、促进出版生产力发展所发挥的积极作用。

党的十七大提出推动社会主义文化大繁荣大发展,要充分发挥广大人民群众在文化建设中的主体作用,组织和动员社会各界投身先进文化建设,最大限度地调动人民群众的积极性、主动性和创造性,最大限度地满足人民群众的精神文化需求。在新闻出版领域的改革发展中,进一步解放思想,更新观念,紧扣发展这一时代主题,不断解放和发展新闻出版生产力,要求我们结合实际,查找新闻出版管理部门不适合、不符合科学发展观的问题和行业反映突出的问题,调整和完善相关政策,促进新闻出版业科学发展。

现就如何引导、规范、整合以"民营工作室"为代表的社会出版资源,促进出版产业健康发展,提出以下政策建议:

(一)关于政策框架

建议以"正面引导,划类管理,择优整合,规范运作"作为政策框架,据此研究制定引导、规范、整合社会出版资源的政策措施和制度安排。

1. 正面引导。坚持以人为本,尊重以"民营工作室"为代表的各类民营文化机构作为文化创造者的主体地位,肯定它们对满足群众精神文化需求、促进出版生产力发展所发挥的积极作用,进一步激发它们投身先进文化建设和出版产业发展的积极性、主动性和创造性。

坚持以发展的办法解决发展过程中出现的问题,以发展的眼光全面、客观地评估社会出版资源对于促进出版产业改革发展的正面影响和所引发的管理问题,本着引导发展、兴利除弊的态度制订相关政策和监管措施。

2. 划类管理。没有合法身份是长期困扰"民营工作室"的突出问题,也是出版行政部门难以对这类机构的发展和管理出台相应政策和监管办法的主要原因之一。

为鼓励和引导民营机构积极参与出版产业发展,必须赋予其合法开展相关经营活动的身份。同时,合法身份的赋予不能突破中央确定的出版权管理的相关政策。为此,建议采取划类管理方式解决民营文化机构的身份问题。即在新闻出版产业门类下,增设出版相关服务产业(简称出版服务业)子类,与新闻业、出版业、印刷复制业、发行业等子类平行。

出版服务产业可定义为:为出版机构提供原创内容、选题策划、编撰组稿、图文交易、设计制作、出版经纪、营销推广、版权中介、印制代理、广告代理、数字内容管理与分销等相关服务的产业活动。与出版产业的市场主体出版企业(有出版权)相对应,出版服务产业的市场主体为出版服务企业(无处版权),可在工商登记机关以出版服务公司名目注册登记并载明相应经营范围。

出版服务企业可以多种形式为出版企业提供出版相关服务。对出版服务企业应设定一定的资质条件,体现优胜劣汰原则,清理整肃不法机构。资质认定可以行政许可以外的其他方式进行。同时,可规定出版企业不得与非出版服务企业合作开展出版相关业务。

从"二渠道"书商到"民营工作室",再到出版服务企业,称谓的变化表明管理部门一步步祛除对民营经济的歧视,赋予其为出版产业发展服务的合法身份,同时将其纳入监管体系,明确其权利义务和相关法律责任,有利于促进出版生产力发展,有利于规范出版秩序。

3. 择优整合。通过双向择优推进体制内外出版资源整合。一方面,鼓励有实力的出版集团、传媒集团以资本和业务为纽带兼并、整合优质出版服务企业。另一方面,引导优秀的出版服务企业与具有规模实力的出版企业建立长期稳定的服务关系。对于通过双向择优形成的强强联合,建议对出版企业的资源配置给予倾斜,为出版服务企业的选题策划等服务能力提供充分的发挥空间,使出版资源的整合转化为质量效益的增长。

双向择优整合有利于形成出版资源集聚效益,壮大出版企业实力,增强创新活力,提高竞争力;有利于优质出版服务企业立足长远、专注服务,更好发挥功能,实现企业价值;也有利于政府行业监管,最大限度地消除出版企业和出版服务企业间的短期行为可能导致的监管隐患。

4. 规范运作。对出版企业和出版服务企业之间资本、项目等多种形式的合作设定管理办法,提出规范运作的明确要求。重点是厘清规范运作与"买卖书号、刊号、版号"之间的界限,在规范运作中还"书号、刊号、版号"以本来面目,同时按合法的企业经营方式规范业务合作中涉及的各个经营环节,变不正常的体外循环为正常的体内循环,使出版服务企业光明正大地合法经营。

也可考虑在适当时机开展创新出版服务运作方式的试点工作:在出版行政部门指定的出版资源配置平台上,设立专门的内容三审机构,集中运作经过优中选优确定的若干出版服务企业的服务业务,

366

其出版选题限定在指定范围。

（二）关于产业政策

将出版服务业纳入新闻出版产业体系，使其从灰色地带整体浮出水面，是解放和发展出版生产力的重要举措。为加快出版服务产业发展，应将其作为新闻出版产业重要组成部分加以科学规划。为此，建议总署研究制定《关于支持和鼓励出版服务产业发展的若干意见》，明确提出促进出版服务产业健康繁荣发展的产业政策，落实国家支持鼓励非公资本进入文化产业和扶持文化产业发展的有关政策，并制订相应的产业规划。

完善产业统计制度，将出版服务业纳入新闻出版行业统计，编制科学合理的指标体系，改变行业统计结果不能全面、准确反映行业发展实际的状况。

（三）关于准入限制

建议对出版服务企业不做所有制限制，即允许公有经济和非公有经济在出版服务产业领域享有同等的准入条件。一是因为出版服务企业为出版企业提供相关出版服务，本身并无法定出版权，所经营业务属于不对非公有资本设限的文化产业领域。二是考虑到现有可归入出版服务产业的市场主体，绝大多数都是民营企业。总的考虑是，开放出版服务入口，充分激发来自全社会的内容创新活力；严把内容产品出口，确保正确的出版导向。

鼓励各种所有制资本投资出版服务产业。对于国有出版企业投资出版服务企业，现有政策要求出版单位必须绝对控股，就调研情况看，多数有实力的民营工作室认为不尽合理，影响其实施出版资源整合积极性，普遍建议放宽比例限制。该问题似可从有利发展入手认真研究。

（四）关于深化改革

新闻出版领域改革有明确的时间表、路线图,有阶段性的目标和任务,也是一个长期的、不断深化的历史进程,伴随着发展的始终。民营工作室既是发展中出现的问题,也是改革中必须面对和解决的问题。随着改革的不断深入,随着新的发展阶段提出的新的发展要求,民营工作室的功能、地位和作用也将在新的改革发展议程中不断涉及。

目前,整体上市的辽宁、安徽出版集团,其资本结构已经实现多元化,非公资本在二级市场收购股权,已经改变了出版企业的国有全资性质。随着出版单位转企改制和股份制改造的全面推进,资本结构多元化将是长期趋势,更多出版和传媒类上市公司将作为混合所有制企业运行。到2020年,我国将建成完善的社会主义市场经济体制,市场配置资源的基础作用将得到充分发挥。在不断深化出版体制改革的进程中,优质的民营出版服务企业能否参股国有出版企业,通过参与股份制改造合法进入出版产业的核心环节,从根本上解决市场主体的发展动力和依法运行问题,还需要我们认真思考,拿出符合科学发展观要求的政策措施。

出版物进出口贸易调研报告

进出口组

（2008 年 11 月 10 日）

根据总署学习实践科学发展观活动实施方案,进出口调研小组从 10 月 27 日至 11 月 7 日开展了调研活动。为了搞好这次调研活动,我们结合以往调研的经验,首先认真做好准备工作,组织调研小组成员学习有关学习实践科学发展观活动的文件和材料,特别是斌杰署长在动员大会上的讲话,使全体小组成员在思想上高度重视,目标明确,积极参与,取得实效。在对我国出版物进出口现状做了初步分析和讨论之后,考虑到调研时间很短,在不影响正常工作的情况下,调研组确定了以下调研活动内容:

1. 11 月 1 日至 3 日派一个 4 人调研小组赴浙江义乌,主要了解浙江民营企业出口文化产品,特别是出版物出口方面的情况。

2. 在京组织举办了 6 场座谈会,即在京大型出版物进出口公司负责人座谈会;地方部分出版外贸公司负责人座谈会;在京部分出版社负责人座谈会;在京部分国营、民营音像企业负责人座谈会;在京部分从事电子文献出口业务的企业代表座谈会;与中国出版科学研究所有关研究人员座谈会。

3. 在调研期间,调研小组部分成员参加了国务院新闻办三局来我署的调研活动,还参加了由人民大学国家版权贸易基地举办的第三期"版权人沙龙",与部分国外出版机构驻华代表、国内出版社和民营机构的代表,就版权贸易和 2008 年法兰克福书展和北京国际图书博览会等有关内容进行了座谈交流。

在一周的时间里,调研小组举办或参加了 10 场座谈会,与出版物进出口公司、图书出版社以及各类民营企业的代表,就出版物实物(包括图书、报纸、期刊、音像制品、电子出版物)进出口、电子文献网上进出口、图书版权贸易等方面的情况进行了座谈,取得了不小的收获。

一、我国出版业进出口基本情况

根据 2008 年 7 月公布的 2007 年全国新闻出版业基本情况数据,2007 年,全国图书、报纸、期刊累计出口 1027.83 万册(份)、3787.46 万美元;累计进口 2385.99 万册(份)、21105.44 万美元。全国音像制品、电子出版物累计出口 63.74 万盒(张)、180.51 万美元;累计进口 15.09 万盒(张)、4340.26 万美元。把上述数字相加,得到如下数据:2007 年全国图书、报纸、期刊、音像制品、电子出版物累计出口 1091.57 万册(份、盒、张)、3967.97 万美元;累计进口 2401.08 万册(份、盒、张)、25445.7 万美元。分析上述数据,我国进出口有以下几个主要特征:

（一）我国出版物实物进出口规模非常小

我国书报刊、音像制品、电子出版物进出口市场总体规模是 2.94 亿美元(折合人民币 20 亿元左右),数量是 3492.65 万件。对比约 1300 亿元的新闻出版业市场规模,进出口所占比例只有 0.015%,进出口数量在国内整个出版物产品数量中所占比例更加微乎其微。

（二）我国出版物实物进口总量大于出口总量

尽管我国的图书、CD、DVD—V、VCD 等出版物的出口数量大于进口数量，但是报纸、期刊、电子出版物的进口量远远大于出口量。总体而言，我国书报刊、音像制品、电子出版物出口数量与进口数量之比是 1 比 2.1，金额之比是 1 美元比 6.41 美元，贸易不平衡还是比较大的。

（三）我国纸本出版物实物进出口数量远远大于电子出版物

2007 年进出口书报刊是 3413.82 万册（份），进出口音像制品和电子出版物是 78.83 万盒（张），说明传统纸本出版物在进出口产品市场中占绝对主导地位。

二、我国出版物进出口呈现新趋势、新特点

（一）数字产品进出口业务发展迅速

在进口方面，随着国内需求的增多，境外电子文献进口量不断增大。这些产品集合了自然科学、人文和社会科学等方面的论文、报告、会议记录等，为国内从事相关学科研究的机构和学者提供了新型文献获取方式，并以其海量的内容、快速的传递及检索方式受到广大用户的欢迎。据统计，截至目前，全国共引进境外电子文献品种近400 种，这些电子文献产品涵盖多个领域，至少包括了 34964 份外文期刊、194874 种外文图书、15667 种会议记录、20 种外文报纸。这些电子文献大都通过高等教育文献保障系统（CALIS）、国家科技图书文献中心（NSTL）、中国科学院国家科学图书馆、中国社会科学院文献中心等机构进入国内。目前，世界大量优质信息源集中在少数外国出版公司手中，如爱思唯尔（Elsevier）、斯普林格（Springer）等。这

些出版公司通过多年的扩张积累对世界优秀科技、社科成果逐步形成垄断,并通过市场垄断提高信息库出口价位,使得国内电子文献产品购买费用日益昂贵。

在出口方面,由于国内出版社没有技术力量独自支撑网络产品的制作和销售,目前国内出版的数字化产品多掌握在几家有技术背景的公司手中,这些产品的出口业务也主要由它们经营,如清华同方、万方数据、维普公司、龙源期刊、北大方正阿帕比技术有限公司等。这些技术公司将国内出版资源(包括中文图书、报刊等)数字化,通过建立镜像站点、网络接入的方式向国外输送信息,年出口额达3000多万人民币。随着数字产品日益被大众所接受,数字产品的进出口业务也已发展成为一种全新的业态,并逐渐对传统出版物进出口市场产生冲击。

(二)民营企业成为出版物出口一支不可忽视的力量

随着出版“走出去”战略的深入实施,随着国家在出版物出口方面有关政策的逐步放开,出版物“走出去”主体多元化已成为必然趋势。

在音像制品出口方面,长期以来民营企业一直发挥着至关重要的作用。如三辰卡通集团有限公司推出的以蓝猫为形象的卡通节目,在不到5年的时间里,外销到韩国、印尼、以色列等13个国家,并成功进入美国市场,输出节目6.6万多分钟,版权收益高达213万美元。一些民营企业除致力于国产音像节目译制、配音和配字幕外,在建设海外销售网络方面也有可喜进展。

在图书出口方面,民营企业以其灵活多变、适应性强等优势成为近年来的一大亮点。为了解民营企业图书出口情况,调研组赴民营企业聚集地——浙江义乌进行了实地考察。义乌是全球最大的商品批发市场,人流、物流、资金流、信息流和市场辐射面等优势明显。义乌人口200万,其中流动人口110万,外国常住人口有11000。义乌得天独厚的商品市场优势以及人员结构为出版物出口提供了便利条件,一些出版物通过集装箱夹带的方式出口到世界各地。据了解,义乌目前共有书报刊批发商 27 家,零售商 224 家,年出版物出口额约达 2000 万码洋。出口图书多为工具书、少儿读物等,销售对象主要是在国外生活的华侨华人,而其他带有中国特色的文化产品如挂历、年画等年出口量则达上亿元。民营企业异军突起,成为出版物"走出去"一支不可忽视的力量。

（三）中外合作出版适销对路的外文版图书

合作出版就是中外出版社共同策划选题,在出版物的内容编排、装帧设计、印刷排版等方面均按照国际标准进行制作,借助海外合作方的发行渠道,按照合作方确定的订数及价格向全球发行。这种针对海外市场有的放矢开发产品的做法以其高效、对路越来越受到业界的关注与重视,成为国内出版社新的利润增长点。比如,浙江大学出版社与德国斯普林格公司（Springer）的合作,目前双方已经合作出版 8 种专著,年底将会再有 3 种专著面世,另有 26 种专著已经签署合同。这些专著在出版后还将以电子版形式进入斯普林格（Springer）数据库系统,纳入其全球网络销售体系。再如,高等教育出版社以同样的方式与斯普林格合作出版了 *Frontier in China* 全英文系列期刊,该期刊涉及科技、理工、人文、教育等专业的 24 个学科,创刊三年来,海外付费全文下载总量达 20 万篇。通过合作,国内出版社不仅成功地将学术著作出口到国际市场,扩大了传播范围,同时还提高了自己的出版水平,集聚了一大批包括作者在内的出版资源。

（四）"引进来"向精品化、本土化方向发展

经过多年的经验积累,国内一些出版社在引进版权方面不再盲目,而是更加有针对性,更加考虑国内读者的阅读需求和习惯,从重数量到重质量,从重规模到重效益,引进项目更加精品化,引进内容

更加本土化。比如，化学工业出版社本着"引进精品"的原则，引进了《希夫肝脏病学》，该书汇集了全世界上百位肝病学顶级专家的观点；高等教育出版社引进了《朗道物理》、《金融数学》等，这些著作收集了世界多个学科的理论精华和最新研究成果，弥补了国内相关领域的空白。在本土化方面，高教社将引进图书与国内教学相结合，对引进图书进行本土化改造，推出了《大学体验英语听说教程》、《体验商务英语》等均取得了显著的经济效益和社会效益。

三、进出口工作中存在的主要问题

（一）政府部门重内容监管轻产业发展

目前出版物进出口产业规模很小，多年来没有发展起来，其中的原因很多，但是长期以来政府部门偏重内容监管，没有把进出口作为一个产业来发展，是出版物进出口发展缓慢的一个重要原因。

（二）出版物进口市场恶性竞争严重

近几年，进口书报刊的主要购买者大学图书馆、科研机构等实行招投标制，造成进口书报刊的主要供应商国有大型出版物进出口公司之间相互压低价格，甚至低于成本价，恶性竞争愈演愈烈。有公司反映，国外内容提供商不断提高书报刊、电子数据库的价格，而国内进出口企业却由于招投标的原因，相互之间打价格战，损害了自己，影响了公司的发展。

另外，传统的纸本出版物进口市场已经受到新媒体的影响，通过互联网进口的数据库正在大量取代纸本出版物，在科技类进口期刊方面情况尤其明显，国内大学和科研机构对纸本出版物的需求在不断缩小，购买经费也在不断减少，造成以主要依赖纸本书报刊进口市场、以主要依靠政府政策保护为生的国有大型进出口公司相互之间打价格战,是导致恶性竞争的重要原因。

(三)人民币升值,出口商增多,出口竞争激烈,外商欠款严重,我国出版物出口发展缓慢

与 2006 年相比,2007 年书报刊出口种次下降了 22.36%,出口数量增长了 1.99%,金额增长了 4.3%;音像制品、电子出版物出口种次下降了 52.35%,数量下降了 39.49%,金额下降了 36.66%。出版物出口是实施"走出去"战略的重要手段之一,但是国有进出口公司的老总们反映,现在出口业务很难做,有些企业不敢做,有些是硬着头皮去做。2008 年上半年,国图公司因为人民币升值,损失收入近 1000 万元人民币。

在对外出口中,图书是主要出口品。2007 年,书报刊出口总额是 3787.75 万美元,其中图书出口是 3298.39 万美元,占书报刊出口总额的 87%。国内中文书报刊出口去向主要有两个,一是国外的图书馆,购买中文书报刊用于收藏;二是国外的中文书店,面向华人销售。由于近期金融危机的影响,国外一些中文书店经营状况不景气,拖欠款现象比较严重。从事出版物出口业务利润很低,造成国内国有出版物进出口公司出口增长乏力,缺乏开展出口业务的动力,一些公司是以进口养出口。

(四)我国出版物尚未进入海外主流渠道

出口到海外的出版物无论是纸介质的还是电子版的大都为中文出版物,出口对象为海外收藏中文图书的各类图书馆、研究机构和华人聚居区的中文书店等。由于我国出版物在文字语言、表达方式、思想内容等方面与西方国家的出版物有比较大的差异以及其他多种原因,我国的出版物目前还没有能够大量进入海外主流销售渠道。近年来,书刊出口、版权输出主要还是集中在港、澳、台地区和亚洲华文地区市场。

（五）缺少适合国际市场需求的产品

据俏佳人传媒公司介绍，目前，有 7500 家美国图书馆对中国文化内容的产品有订货需求，包括图书、音像制品等。但是，国内没有一家企业能提供充足货源。俏佳人公司只能四处化缘，从中国国际电视总公司、五洲出版社、语言出版社等单位拼凑产品，但即便如此，由于产品内容不够丰富、没有英文译文、有些制作水平不高，所以无法满足对方需求。目前，国际上掀起"中国热"，外国人开始关注中国，希望更多了解中国，出版物是他们了解中国最便利、最有效的途径。但是，目前缺少一大批创意新颖、内容丰富、翻译成外文的高质量产品，这是制约出版物出口增长的一个重要原因。

（六）出口企业缺乏出口拳头产品

国外一些大的出版机构专业分工比较明显，在自己擅长的专业出版领域里有比较优势。比如，爱思唯尔（Elsevier）的实力体现在医学科学领域，律商联讯（LexisNexis）是世界顶级法律和商业资讯服务商，而斯普林格（Springer）则在工程技术、自然科学方面独树一帜。这些公司出口的产品也达到了垄断国际市场的程度。与它们相比，我国出版企业出口的产品，特色不够明显，内容相近，缺乏创新，而且一些企业相互之间争夺同一资源，这种现象比较严重，造成出版资源一方面被过度滥用，相互之间竞争激烈，但是在国际市场上缺乏竞争力；另一方面很多出版资源又没有被充分地开发利用。

（七）新技术给进口监管带来新课题

电子信息技术在出版领域的广泛应用给政府监管工作带来新的挑战。以前，针对传统纸版出版物的进口，我们有一套比较成熟的监管体系和内容审查机制。但是，数字产品的出现使得政府监管出现真空。以电子文献产品进口为例，目前，国外出版商通过租用通信专

用信道将电子文献产品接入国内互联网或在国内建立镜像服务器接
入互联网的方式向国内用户提供服务,大量的信息通过网络链接就
能实现,使得传统监管模式无法起到监管的作用。如何在数字化时
代加强对进口产品的监管,成为摆在我们面前的一个急迫且棘手的
课题。

四、思考与建议

(一)要重视出版物进出口产业发展

发展出版物进出口产业,政府部门首先要解放思想,转变观念,
从产业发展的角度考虑出版物进出口工作,通过产业政策和资助扶
持推动国有进出口企业做强做大。国有出版物进出口企业在履行进
口出版物内容审查职责,把好第一道进口关方面发挥着不可替代的
重要作用。国有出版物进出口企业目前遇到了很多的问题和困难,
但是一直得不到有效解决,直接影响了企业的发展。我国出版物进
出口市场是以国有出版物进出口公司为主体,及时帮助国有企业解
决发展中的制约因素,保证国有企业可持续发展,是发展出版物进
出口产业的重要前提。

(二)加快国有进出口企业的改革步伐

现有大大小小国有进出口企业42家,但是大部分进出口业务主
要集中在几家大的进出口企业,很多地方国有进出口企业几乎不从
事出版物进出口业务或者进出口业务量很小。要推动进出口产业全
面协调可持续发展,需要对目前国有进出口企业的数量、布局以及在
体制机制方面的改革给予考虑。实际上,像中国有这么多的出版物
进出口公司在世界其他国家也是不多见的。

(三)重视发挥民营企业在出口方面的作用

我国出版物进口业务目前没有对外资企业开放,也没有对民营企业开放,但是民营企业可以从事出版物出口业务。事实上,在电子文献、音像制品、图书、挂历、年画等产品的出口方面,民营企业已经成为一支不断发展壮大的力量。民营企业的出版物出口应该成为我国出版物出口产业中的重要组成部分。因此,引导和扶持民营企业积极发展文化产品出口,发挥民营企业在对外推广文化产品方面的积极作用,注重帮助解决民营企业在发展中遇到的困难和问题,应当成为政府部门的一项重要工作。

(四)重视发展电子文献等新媒体的进出口

2007年,我国进口电子出版物金额达到4251万美元,其中主要是大学和科研机构使用的国外书报刊数据库。数据库已经成为我国每年进口的重要的电子文献产品。我国的电子文献产品出口也主要由几家有技术背景的公司从事,比如清华同方、北大方正等公司,它们每年的出口额达到几千万元。电子文献产品进出口构成了出版物进出口的重要组成部分,同时网络游戏出口也是我国出版业出口的新亮点。因此,在重视发展传统出版物进出口业务的同时,还应当重视大力发展新媒体的进出口业务。

(五)建立健全数字出版物进口管理制度

通过网上进口电子文献产品和其他内容的数字产品已经成为我国进口管理体制面临的新问题。对于传统的出版物实物进口,我们已经建立了一套比较完整的管理体系,制定了一整套包括《出版管理条例》《订户订购进口出版物管理办法》在内的法规体系。但是,对于通过网上进口的无形的境外出版物,海关是不监管的,在有关出版物进口管理规定中,也没有明确规定如何规范网上出版物进口行为,这是一个亟待解决的问题,当前,首先要在法规上做出明确的规定。

(六)积极开发适合国际市场销售的出版物产品

我国出版物出口由于受到语言等因素的限制,还是以中文书报刊为主,英文或其他外文出版物品种数量不多,在反映当代中国的外文作品中,真正能够在国际市场上产生影响力的确实不多。在国际市场上,中文出版物市场是有限的,英文出版物市场要比中文市场大的多。因此,要推动更多的中国出版物进入国际市场,采用外文特别是英文出版是非常重要的手段,同时在产品的国际营销方式上也应该符合国际通行的做法。

(七)在海外设立中国出版物对外推广机构

选择几个重点国家设立海外中国出版物对外推广机构应该成为我们重点研究的一个问题。外国出版集团在中国设立了很多办事处,专门负责向中国出版社和有关机构推销自己的产品。德国、法国等国家在中国设立了得到本国政府支持的"文化中心",并且在"文化中心"里专门设有推广本国图书的机构,如德国图书信息中心。上述这些机构,无论是商业的还是政府的,在推销本国图书版权和实物方面都十分活跃且效果显著。中国虽然在一些国家里已经设有文化中心,但是由于隶属于不同部门管理的原因,这些机构还没有担当起对外推广中国出版物的任务。如果我们能够选择几个重点国家,利用已经设立的中国文化中心,或者单独设立类似出版物对外推广的机构,派出专门人员负责推销中国出版物,帮助国内出版社推销版权和实物产品,这对于我国出版物"走出去"具有重要的推动作用。

新闻出版(版权)
行政管理体制情况调研报告

行政版权组

(2008 年 11 月 10 日)

为深入学习实践科学发展观,按总署"十行百家"专题调研工作部署,以柳斌杰为责任署长,由综合业务司、版权司和人事司共同组成的行政版权组通过召开座谈会、实地考察、发放问卷等形式对新闻出版(版权)行政体制情况调研,现将有关情况报告和建议如下:

一、基本情况

(一)基本行政架构

目前,我国新闻出版(版权)行政管理基本呈三级四层架构。

1. 中央级的国家新闻出版总署(国家版权局)。行使全国新闻出版和版权管理职能,共有内设机构 14 个,编制 196 名,下属事业单位 12 个(在中编办登记在册的),事业编制 835 名。

2. 省级新闻出版(版权)局。主要负责本省内各项新闻出版(版权)政策的落实,行使审批和监管职责。除港澳台地区外,共有31 个,绝大部分为省级政府直属机构。湖南省新闻出版局为省政府议事协调机构,浙江省局也尚未明确直属机构身份,海南省为文化、广电、新闻出版、体育四局合一,西藏自治区新闻出版局为副厅级单位。31个省级新闻出版局共有行政编制1571名,最多的为上海市局85名,最少的海南省局新闻出版行政人员编制仅11名。下属事业单位共140个,事业编制4657名。

3. 地县级新闻出版行政部门。可分为省会、中心城市和其他地县两个层次,主要职责是市场监管和执法,区县级局和部分受省局委托的地市级局有一些审批项目。省会、中心城市新闻出版部门的设置大致有两种模式:一是独立设局,比如南京、成都;二是多局合一,比如杭州文化广电新闻出版局(版权局)。其他地县新闻出版部门的设立情况则更加复杂,有单独设局的,有设派出局的(如江西),有设立大文化综合局的,有在其他部门加挂新闻出版局牌子的,也有无牌子无机构的。还有个别地区只设了新闻出版局或版权局一个部门。

(二)行政体制改革主要成效

近年来,总署及各地新闻出版部门不断深化行政体制改革,取得了积极成效。主要表现在以下几个方面:

1. 行政体制逐步理顺。新闻出版(版权)行政管理的层级架构更加清晰,各级政府部门职责和工作重心逐步明确。日前,总署积极贯彻落实国务院新三定规定,大规模调整了机构设置,使机关工作布局焕然一新,符合时代特征和上级要求、适应新形势下新闻出版改革发展需要的行政体制机制初步形成。从全国看,除新疆、西藏等地外,各省(区市)都较大程度地实现了政企分开和管办分离,实现了由管脚下到管天下,由办出版到管出版的根本性转变,为切实转变政府职能提供了前提条件。同时,各地省市县三级执法队伍逐步建立,市场监管和执法力量进一步增强。

2. 职能转变取得积极成效。近年来,总署及各地新闻出版部门围绕经济调节、社会管理、市场监管和公共服务,积极转变职能,取得了较好成效,一大批过时文件被清理,一大批行政许可项目被取消或下放,宏观调控、公共服务等过去被忽视的职能得到更多关注。总署在这次机构改革和职能调整中,首次设立了以抓改革促发展为主要任务的出版产业发展司,首次将手机出版、数字出版等新兴出版业态明确纳入管理范围,首次将公共服务写进了相关司的主要职责中,体现了职能转变的成效。各地新闻出版部门也积极开展相关工作,在产业发展方面,上海市局针对目前行政管理中把握导向能力不强、产业推动能力不足、创新手段不够等问题,提出在职能转变中提高规划引导能力,提高产业政策研究能力,提高协同能力,有序转移政府职能,节约行政资源,实现政府职能和产业发展方式的转变。在公共服务方面,各地将实施农家书屋工程作为加强公共服务和行政管理的"地气"工程积极推动。各省(区市)均成立了农家书屋工程建设组织领导机构,甘肃省新闻出版局在省编办的批准支持下,增设了正处级的农家书屋管理办公室,并配事业编制 5 名。一些地区还积极开展全民阅读活动,通过补助和举办书展等方式为企业搭台唱戏,为群众提供阅读服务。上海市新闻出版局专门设立了大型活动办公室,并在市政府支持下,每年拿出一部分资金用于举办书展。重庆为长久推动全民阅读活动的开展,准备在发行处加挂重庆读书月活动办公室的牌子。这些都体现了新闻出版公共服务能力的增强。

3. 服务意识和依法行政意识进一步增强。总署和各地新闻出版部门在改革中不断增强服务意识,总署率先在中央国家机关建立了行政审批集中办理的工作机制。除陕西、内蒙、青海等少数省份外,各地均设立了行政中心或入驻政府行政大厅,方便了基层单位和群众。成都市新闻出版局把版权登记工作站建在相关产业园区,实行靠前服务,受到企业欢迎。各地在市场管理中还普遍提高了依法行政意识,注重利用法律手段实施监管。一些地区为行政执法人员印制了《行政执法工作手册》,重庆等地新闻出版局准备在新一轮机构改革中,加强政策法规机构建设,由副牌、挂靠改为独立设置。

4. 版权管理工作取得了显著成效。各级版权行政管理部门进一步明确工作的方向和任务，加强版权行政执法和社会监管，积极探索推进版权创造、管理、保护和运用的新思路、新方式。辽宁、湖北等省局针对重点地区、重点领域和重点环节开展执法，江苏、河北等省局加强中心城市的版权工作，均取得了新的成绩。上海、北京、重庆、江苏、四川、广西等省（区市）版权局积极探索和构建版权公共服务和社会参与体系，大力推进版权贸易工作，扶持建立版权交易平台，提高了版权公共服务水平，开创了版权工作新的局面。

二、存在的主要问题

值得注意的是，随着经济发展和社会进步，随着新闻出版（版权）体制改革的不断深入，在旧的问题尚未根本解决的情况下，一些新的矛盾和问题又越来越突出，这些新老问题严重制约和影响了新闻出版（版权）业的健康发展。

（一）在机构建设上，还存在与新形势新任务不相适应的环节和方面

1. 基层管理力量薄弱。新闻出版（版权）行政管理机构"高位截瘫"的问题仍然严重。基层新闻出版（版权）行政力量薄弱，很多地方无机构无人员，严重影响了管理效率。全国副省级城市及330多个市地州盟中，共有61个独立设置了新闻出版局，仍有部分地市无牌子也无机构；2800多个区（县）中，仅有33个独立设立了新闻出版局，有1200多个县区未设新闻出版（版权）机构。即使有机构也处于严重缺编制缺经费状态。广东各市县文广新局一般只设1个新闻出版和版权科室，人员编制仅2至3名。这种组织架构和行政资

源配备不到位的情况,导致了面向基层、面向群众的新闻出版(版权)管理和服务严重缺位。特别是一些经济较发达的省会和中心城市如广州、杭州、南京、成都、长沙等,均是新闻出版、版权管理任务非常繁重的地方,在本轮机构改革中,有的已经"三局合一",有的面临合并,很大程度上削弱了历经多年积累起来的基层新闻出版(版权)行政管理力量。

2. 执法体系不健全。部分地方在建立文化市场综合执法机构以后,不能正确理解和把握中央精神,在处理新闻出版执法、版权执法、扫黄打非和文化综合执法的关系上不够慎重,在执法机构设置上缺乏科学合理考虑。有的地区将本属于新闻出版(版权)非市场和非文化领域的行政管理职责也交给了文化市场综合执法机构(如北京市)。新疆还没成立自治区"扫黄打非"工作领导小组办公室,重庆等一些地方"扫黄打非"职责和机构尚未回到新闻出版部门。个别地区还把版权管理职能划入知识产权部门。这种纵向管理关系不顺,横向协调关系错位的不健全执法体系会严重影响新闻出版(版权)法定职能的落实,影响了新闻出版(版权)社会监管和行政执法的效果与效率。

(二)在职能转变上,服务和推动新闻出版(版权)科学发展的能力和水平还有待提高

1. 推动产业发展的能力还较弱。很多新闻出版(版权)行政部门还没有将注意力放到推动产业发展上来,将相当大的精力和资源投到了新闻出版的传统职能——审批和管理上,忙于应付具体事务性工作,对产业发展、规划、调控无暇顾及。一些地方实行政企分开后,找不准工作定位,行政管理工作迷失方向,抱怨政府失去主导权,企业不再听招呼了,专项资金也没有了,认为调控缺乏手段,在抓发展上产生消极思想。一些地方抓产业发展的积极性很高,但对市场经济规律的认识不够,对产业政策的研究利用不够,不懂得、不擅长

使用政策和经济杠杆来进行宏观调控,最后又回到重管理轻服务的老路上。还有一些地方视野不够开阔,推动产业发展缺乏规划,没有方向。这都使得一些新闻出版行政部门在推动改革发展上缺位,并构成了影响和制约新闻出版业科学发展的现实障碍。

2. 公共服务职能还没有充分体现。当前,新闻出版领域通过实施农家书屋工程和开展全民阅读活动等拓展了行业功能和服务范围。但手段不多和平台不大依然是制约提供更多更好的新闻出版公共服务产品的瓶颈。一些地方服务意识不强,缺乏推动工程实施的知识和手段,导致农家书屋工程建设表面化、形式化,影响工程实施效果,不能满足广大群众的基本阅读需求。同时,版权代理、中介、咨询、评估、交易、投资、信息等社会服务体系发育不足,现行版权代理和社会服务不能满足市场的需要。这都反映出新生的新闻出版(版权)公共服务职能还没有得到充分发挥和体现,构建公共文化服务体系的能力还有待于继续提高。

3. 管理模式还相对落后。与不断变化的改革发展形势和飞速发展的新媒体技术相比,新闻出版(版权)管理模式显得相对落后。以前管理传统出版业的经验在新的市场形势和传播业态面前已很难有效地发挥作用,现行的管理手段也无法应付网络隐蔽和传播迅速的特点。然而,相当一些地区墨守成规,不研究问题,在管理上还没有转变观念,没有跳出旧体制的约束,仍用传统的观念认识新媒体,用传统的手段管理新媒体,管理手段落后单一、管理技术陈旧过时。还有一些地区对新媒体、新技术,对新兴业态不会管、不善管,采取回避态度,不敢纳入管理范围,使得对体制外出版活动和新的信息传播渠道的管理存在真空。

4. 对音像市场的管理缺乏准备。国务院新的三定方案中,将音像市场的管理职能划归地方新闻出版行政部门,但在调研中发现,一些地方由于对音像市场的陌生和管理人手的紧张,还明显对此缺乏研究和准备。

（三）在干部队伍建设上，还不能为推动科学发展提供更有力的人才支撑

新闻出版（版权）业既有产业属性，又有很强的意识形态属性，对行政工作人员的素质要求较高。然而，目前新闻出版（版权）行政管理队伍的整体素质还不高，适应改革发展需要和新媒体技术要求的懂专业、具有战略眼光的高层次行政管理人才比较缺乏，还有一些干部学历较低，知识储备不够，并且没有接受过与新闻出版（版权）有关的专业教育。行业整体行政能力与科学行政、依法行政的要求相比，还有不小的差距。主要表现在应对复杂局面、解决复杂矛盾的能力还不强，与其他部门和单位的协同能力还不强，产业推动能力和公共服务能力还不强。

（四）在法规建设上，还不能为科学发展提供更有效的法律保障

新闻出版法规建设上存在的一些问题为监管和执法带来障碍。一是法规体系混乱。现有新闻出版审批及管理工作的依据主要包括行政法规、部门规章、规范性文件及指导性红头文件，其中对某些事项的规定内容不一致甚至互相抵触，令执行者无所适从。二是法规建设滞后。新闻出版管理工作的主要依据《出版管理条例》、《印刷业管理条例》和《音像制品管理条例》，均是在2001年《行政许可法》实施之前颁布的，一些条款早已过时。《新闻出版行政处罚实施办法》等规章还是20世纪90年代制定的，与目前执法实践严重脱节。互联网出版、手机出版等新兴经济形式的快速发展，使得法规建设滞后的问题更加突出。三是内容不适宜。现有法规关于禁止、限制、处罚条款都比较明确，而保障权益、促进发展的内容较少，且表述模糊，不易执行。以上一些问题体现了在新闻出版业快速发展中法规建设方面的不适应和缺位，是当前新闻出版行政管理方面迫切需要解决

的问题。

（五）版权工作还需要大力加强

一是政府层面。版权产业的形态，业界已经有较深的认识，但是还没有得到政府的普遍认同，因此缺少国家层面上的版权产业规划和产业政策扶持，难以发挥版权行政管理部门在促进版权产业发展中的应有作用，同时一些地方政府部门对版权社会监管和行政执法理解片面狭隘，没有认识到版权执法不仅涉及文化领域，还涉及非文化的众多工业和经济领域，使得版权执法工作在有的地区和领域严重缺位。二是社会层面。公众版权意识淡薄，市场消费环境不成熟，企事业单位对版权的经营、管理和运用能力还不强，这为版权保护、打击盗版等带来一定障碍。三是版权工作层面。由于版权部门缺乏必要的强制性的行政执法手段，执法力量又严重不足，使得网络侵权盗版案件查处、侵权盗版鉴定主体的界定等问题已经成为执法工作中的难点。

三、调研中的一些体会

（一）行政体制改革成效是明显的，问题是多方面的

从总体看，近年来新闻出版（版权）行政体制改革取得了明显成效，为推动新闻出版（版权）业改革发展、建立良好新闻出版（版权）市场秩序提供了较好的行政保障。当前存在的问题也是多方面的，既有主观认识上的问题，也有改革发展过程中必然要出现的阶段性问题，要辩证地看。中国地域广阔，区域经济发展不均衡，各地所处发展阶段不同，所遇到的矛盾和问题也不同。在经济发达地区，新闻出版产业发展也较快，发展中的问题会较突出，为产业发展提供保障的任务也较重。在新兴经济快速成长地区，动漫出版、网络出版也较

频繁和发达,新的管理手段落后、管理经验不足等方面的问题也随之而来。在知识经济聚集的地区,版权服务的需求也会较大,版权服务能力不强等问题也会暴露出来。对于这些阶段性矛盾和问题,要客观分析、区别对待、分类指导,按经济社会发展规律,以科学的方法解决不同地区、不同阶段的问题。

(二)解放思想是推动职能转变的前提和基础

上海市局在推动职能转变中提出要审批流程再造,管理重心下移,分别转化、弱化和强化一部分职能,从观念到做法都体现出解放思想的积极成果。转变职能,就是要转变工作思路,转变工作方式,从实际出发对现有工作布局和行政结构进行改革和调整。目前,各地职能转变工作虽然有很大进展,但也有不小阻力。一些人在旧的思维框架下谈转变观念,在老体制内为职能做加法,导致职能越转变越多,该强化的职能被边缘化,该重视的工作反而无暇顾及,这都是思想不够解放的结果。推动职能转变,首先要摆脱旧思想、老习惯的束缚,主动接受新观念、适应新形势。只有思想解放了,职能才可能转变。从调研中也可以看出,越是经济发达、观念开放的地区,职能转变也越到位。

(三)加强服务是做好新闻出版(版权)工作的内在要求

江苏省局把以人为本、强化服务作为转变职能、提高效能的价值取向,在公共服务方面取得突出成效,在机关作风建设上也得到群众肯定。四川省震后迅速启动抗震救灾作品登记快速通道,深入一线、上门服务,实行免费著作权登记,取得极好社会效果。在新的历史时期,树立服务意识,增强服务能力,是做好新闻出版(版权)工作的内在要求。目前,一些人长期做行政工作,渐渐脱离了群众,养成了官气,把职能当资源,把手段当权力,已经影响了新闻出版(版权)工作正常开展。应进一步培养、强化服务意识,以提供服务的心态履行职能。宏观调控就是运用法律、行政和经济手段为产业服务,更大程度地发挥市场作用,更好地配置市场资源;市场监管是为打击不法,保护正当经营,为广大经营者和消费者提供服务;公共服务是为广大群众提供公共阅读产品,让广大群众享受均等化服务。做好这些服务工作必然要求新闻出版(版权)行政人员要具有较强的服务意识。越是基层部门,越要树立"权为民所用,利为民所谋,情为民所系"的爱民思想,越要主动学习掌握工作技能和服务手段,想办法为基层单位和群众办事提供方便,更快捷地履行工作职责。可以说,加强服务是做好新闻出版(版权)工作,打造服务型政府和阳光政府的内在要求。

(四)合理配置资源是构建科学的新闻出版(版权)行政服务体系的关键所在

构建科学的新闻出版(版权)行政服务体系,需要在各个行政环节和服务点上合理分布资源。要在各级行政机构间合理分布行政资源,明确各级政府的职责重点,进一步提高政府行政效能,形成科学有效的行政服务基本框架。要正确处理与文化、广电等部门的关系,准确划分公益性事业与经营性产业,转出不应由政府承担的职能,充分发挥直属单位、行业协会和中介组织的作用,各司其职,形成由行政服务、事业服务、社会化服务和市场化服务共同构成的新闻出版服务网络。由此构建成覆盖全社会,以各级新闻出版(版权)行政机构为基本服务框架,以直属单位、行业协会和中介组织为延伸线,以农家书屋工程、全民阅读工程、公益出版工程等为服务载体的新闻出版(版权)行政服务体系。

四、建立有利于科学发展的行政
管理体制的几点建议

（一）贯彻中央宣传文化口机构改革协调意见，完善三级四层行政管理架构

2009 年，全国省级机构改革工作即将全面铺开，这是进一步完善新闻出版（版权）行政管理体制的一次难得机会。应及早谋划，积极工作，按中央有关意见，指导地方新闻出版（版权）行政管理部门完善机构建设。

1. 加强省级新闻出版（版权）行政部门的机构建设，实现与总署的对接。积极贯彻中央宣传文化口机构改革协调意见，保持省局独立设置格局，并在内设机构上与总署实现对接。理顺"扫黄打非"工作体系，将机构设在省级新闻出版行政部门，并作为协调机构在文化综合执法方面发挥指导协调作用。同时继续维持版权局与新闻出版局一个机构两块牌子的行政构架，强化版权执法和版权服务职责。建议中央有关部门将中央宣传文化口的机构改革协调意见下发省编制部门。

2. 增强省会、中心城市的新闻出版（版权）管理力量，明确独立地位。省会、中心城市作为经济相对发达地区和人口聚居地区，是各种矛盾和问题比较集中的地区，也是新闻出版（版权）单位比较集中的地区，打击盗版、保护和发展文化产业、培育文明风尚等工作任务更为繁重，已成为新闻出版（版权）管理的中心环节和重点地区。在新一轮机构改革中，应进一步强化这一级新闻出版（版权）行政部门的地位和力量，明确其独立地位，在机构设置和执法体系建设上与中央和省级新闻出版（版权）行政部门相对接。

3. 完善县级机构，解决新闻出版（版权）监管与执法"高位截

瘫"问题。县(市县)级机构实行三局合一,建立大文化综合局是一种趋势,也符合当前基层新闻出版(版权)行政工作的实际需要。建议积极配合地方政府,推动在县(市县)级建立文化综合局的工作,采取有效措施提高地方政府对新闻出版(版权)工作关注度,在本次地方机构改革中,在机构、人员编制等方面争取更多支持,为新闻出版(版权)配置更多行政资源,解决新闻出版(版权)监管执法工作"高位截瘫"问题。

(二)明确管理层级和职责重点,构建科学的行政管理体系

按中央年初下发的《关于深化行政管理体制改革的意见》,中央政府要加强经济社会事务的宏观管理,进一步减少和下放具体管理事项,把更多的精力转到制订战略规划、政策法规和标准规范上,维护国家法制统一、政令统一和市场统一。地方政府要确保中央方针政策和国家法律法规的有效实施,加强对本地区经济社会事务的统筹协调,强化执行和执法监管职责,做好面向基层和群众的服务与管理,维护市场秩序和社会安定,促进经济和社会事业发展。据此,应合理划分责任,明确各级新闻出版行政部门的工作定位和职责重心。一是总署作为全国新闻出版(版权)管理的最高行政机关,应将工作重心放在制定法规政策和标准规范、进行宏观规划和指导、推动信息化基础建设等方面。进一步改善管理方式,取消或下放部分审批项目,减少具体干预,将举办会展、网络监控等事务性工作转出,做到不越位不缺位。二是省级新闻出版(版权)行政部门应在贯彻落实和组织实施上下工夫,加强纵向沟通和横向协调,合理划分本地区的行政职责和行政资源,并与总署相对应。三是省会和中心城市的新闻出版(版权)行政力量应进一步强化,在审批和监管上得到更多授权。四是区县级新闻出版(版权)行政部门应将工作重心放在市场监管和服务上。

（三）强化公共服务体系建设，努力提高公共服务水平

1. 建立健全新闻出版公共服务体系。一是各级新闻出版行政部门要制定规划，以政府为主导，以公益性出版单位为骨干，打造一批新闻出版公共服务主体。二是认真抓好一批新闻出版公共服务重大工程与项目，如农家书屋工程、重点出版工程、少数民族文字出版工程、全民阅读工程、文化环保工程等。三是着力构建完善的新闻出版公共服务保障体系，努力形成完备的生产经营、完善的资金投入和科学的运行评估机制，切实提升新闻出版公共服务的能力。

2. 进一步完善版权公共服务体系建设。一是积极配合相关部门创建数字出版基地、动漫创作基地、影视创作基地、软件开发园区等产业集群，使版权保护工作延伸到版权相关产业的具体领域，为版权产业的发展提供基础性服务。二是发挥版权公共服务功能，进一步完善版权质押、作品登记和转让合同备案制度，不断提高版权质押、作品登记和合同备案服务的质量和效率，确保登记备案制度的统一性、权威性和严肃性。三是积极推进版权贸易，完善市场交易机制，充分发挥中介组织在版权市场化中的作用，鼓励和支持政府部门和市场主体参与版权贸易基础建设。在全国范围内扶持和建立多个具备一定规模和社会影响力的版权商业交易平台，使我国的版权贸易常态化，保证智力成果的交易流转，促进智力成果的广泛运用。四是建立使用作品的畅通渠道，加强文字、音乐、音像、电影、摄影等版权集体管理组织，切实保护著作权人和作品使用者的正当权益，建立使用作品的合理有效机制，促进文学、艺术和科学作品的广泛传播和运用。五是积极创建版权创新与保护示范群体，充分发挥版权创新和保护示范单位的引导作用，形成一批规范守法有市场竞争力的版权创新和运用的市场主体，带动版权产业的整体发展。为做好以上工作，建议积极争取国家支持，在政策和资金等方面提供扶持。

（四）采取有效措施，为建立科学的行政体制提供保障

1. 完善法律法规制度，规范行政管理。适时修订《出版管理条例》、《出版物市场管理规定》等相关法规，合理划分层级职责，强化省级和地市级新闻出版部门的审批、审核和管理职能，提高省会城市和中心城市的市场管控能力，将新闻出版（版权）三级四层管理架构和职责分工通过法规确定下来，在法律上为建立科学合理的管理架构提供支持和保障。

2. 加大培训力度，增强行政能力。面对新形势、新任务和新要求，根据以往行业相对孤立的现实情况，应进一步加强教育和培训。一是会同组织部门开展对政府官员特别是分管新闻出版（版权）工作的领导的培训，提高政府领导对新闻出版（版权）工作的认识，争取更多支持和行政资源。二是加大对新闻出版（版权）行政人员的培训力度，科学制订培训科目，有计划，有目的地进行培训，提高新闻出版（版权）工作人员利用政策经济杠杆推动产业发展的能力，对新媒体、新业态的把握能力，统筹考虑、掌控全局的能力，以及沟通协调、协同作战的能力。同时，选择若干有影响的高等院校，合作建立新闻出版（版权）产业研究基地和发展基地，以扩大影响、培育人才，提高行业研发、创新的能力和水平。

第四部分　新闻出版总署机关各司（厅、局、办）和各直属单位深入学习实践科学发展观活动分析检查报告

办公厅深入学习实践科学发展观
活动分析检查报告

一、深入学习实践科学发展观的几点共识

1. 科学发展观是中国特色社会主义理论的最新成果和科学的世界观、方法论。新闻出版业是我国文化建设的重要组成部分，在我国经济社会发展的全局中占有重要位置。在新的历史起点上，进一步推动新闻出版业又好又快发展，要求我们必须进一步解放思想、提高认识，从世界观和方法论的角度深刻领会科学发展观的深刻内涵，树立新的文化发展理念，加大改革力度，着力推进"三大转变"，继续实施五大工程，落实五大战略，努力构建新闻出版工作的"一个体制、两个格局、三个体系"，实现新闻出版业自身繁荣健康发展。

2. 围绕中心，服务大局，推动总署机关和新闻出版业科学发展是办公厅工作的根本任务。作为总署党组的"左右手"、参谋部，办公厅工作的着眼点和落脚点要坚持放在服从服务于总署工作和行业发展的大局上来思考、来把握。办公厅贯彻落实科学发展观，就是要通过自身工作的科学发展，服务和推动总署工作全局和新闻出版行业的科学发展。新形势下，办公厅要实现自身工作的科学发展，最根本的就是要以科学发展观为统领，在继续坚持"服务、协调、组织、落

实、反馈"的职能定位的基础上,主动适应新闻出版业改革发展的新要求,主动适应总署机关、直属单位和整个行业的新变化,转变工作方式、创新工作手段,提高为党组服务、为大局服务、为行业服务的工作能力和水平。

3. 树立新的工作理念是办公厅工作深入贯彻落实科学发展观的关键。一是树立以人为本的理念。坚持尊重人、理解人、关心人,最大限度地调动和发挥干部职工干事创业、争创一流的积极性、主动性。二是树立发展理念。牢固树立发展是第一要务的理念,主动适应工作中不断变化的新形势、新任务,不断创新工作手段和工作方式,提高工作的能力和水平。三是树立协调理念。不论是为领导服务还是为部门服务、为行业服务,不论是政务服务还是事务服务,不论是业务工作还是内部建设,都要统筹兼顾、协调推进。四是树立效率理念。把"又好又快"作为办公厅工作的基本标准,以只争朝夕的精神、稳健快捷的节奏对待每一项工作,努力做到精益求精、优质高效。

二、近年来贯彻落实科学发展观取得的初步成效

1. 日常工作平稳有序。近年来,办公厅党支部深入学习贯彻党的十六大、十七大精神,贯彻落实科学发展观,用中国特色社会主义理论的最新成果武装党员干部头脑,使全体党员干部的理论素养、政策水平以及做好本职工作的积极性和主动性大大增强。通过开展保持共产党员先进性教育活动、"三项学习教育"活动、学习实践科学发展观活动等,不断增强党支部的凝聚力和战斗力,推动了办公厅整体政务水平和行政执行能力再上新台阶。通过大量扎实有效的工作,确保了总署公文运转安全高效有序,信息宣传工作平稳提升,署直报刊管理规范运行,信访保密工作取得新进展,行政事务保障有

力,机关财务工作严谨规范,秘书和值班工作认真细致,督察工作突出重点、狠抓落实,对全国人大建议、全国政协提案的回复、办理及时。同时,进一步加大总署对口帮扶、援建援助工作协调力度,在重大工程立项、行业标准制定、信息化系统的日常运行维护和技术支持等工作中,做出了积极贡献。

2. 重点工作稳步推进。一是建立健全各项制度。建立健全会议制度和制定领导干部工作守则;制定了《新闻出版总署公文运转规则》等;制定实施了《新闻出版总署新闻宣传管理办法》,按时制作宣传计划,建立健全总署报道宣传机制,有计划、有步骤、有节奏地开展宣传工作;制定了《新闻出版总署政府网站政府信息公开暂行办法》、政府信息公开指南、公开目录、依申请公开管理规定等,规范总署政府信息公开工作;规范了秘书工作,修订了值班工作制度,完善了党组会议议题征集办法和《要情摘报》行业信息采编报送机制,提高了党组会议效率和质量;进一步建立健全财务工作制度,加强财政经费管理,降低行政运行成本等。二是档案整理移交工作基本完成。在对我署1949—1987年库存档案进行清点的基础上,全力做好档案移交工作,目前整理工作已经结束,进入扫描和电子化处理阶段,确保尽快完成向中央档案馆移交档案工作。三是重大软课题项目申报、审议等管理工作深入开展。修订了《新闻出版总署重大课题项目管理实施办法》,进一步规范了总署重大课题项目的申报、评审、资金运用等过程,促进了总署重要软课题项目的深入开展和实施。四是新办公业务大楼的建设及搬迁工作稳步推进。五是协助完成总署大量重要文稿的起草工作及重要会议的筹备工作。

3. 创新工作有所突破。一是推进行政审批中心成立初期的良好运转。二是总署政府门户网站整合改版成功,实现了公文运转方式成功转轨。三是积极探索科研项目管理新体制,改革项目管理办法。四是创新服务方式,提高服务水平。在具体的服务工作中坚持以人为本,提高主动性,最大程度地方便服务对象。

三、贯彻落实科学发展观存在的问题及原因分析

在深入学习实践科学发展观活动过程中,通过学习调研和分析检查,深入行业及单位征求意见、开展调研活动,对照开展学习实践活动应达到的目标要求,我们认为,当前办公厅在工作中面临的一些矛盾和问题,尚未能从深层次上有效地加以解决,在以科学发展观为统领,围绕中心、服务大局方面,还存在差距。

一是在理论武装方面,深入研究理论和理论联系实际不够。办公厅党支部虽然一贯重视理论武装工作,但广大党员相对停留在学习层面,研究理论、思考问题不足,学习实践科学发展观的针对性和实效性需要进一步加强,运用科学发展观指导实践和推动办公厅工作科学发展的能力有待进一步增强,坚持运用马克思主义的立场观点分析问题、解决问题的能力有进一步提高。

二是在工作作风方面,深入基层和贴近实际不够。办公厅的同志经常陷于事务性工作,以自身工作服务和推动总署和行业发展的责任感和危机感有待加强,在具体的工作中,不同程度地存在"三多三少"的现象,即被动服务多、主动服务少,按惯例办事多、创新服务少,应用传统办公手段多、应用现代化办公手段少。对如何增强服务工作的针对性和有效性,深入调查研究不够。

三是在制度建设方面,系统性、配套性不够。一是制度的系统性不强,不同制度之间有时还有交叉、重复的现象,甚至有个别地方有冲突,影响形成工作合力;二是一些制度跟不上总署和行业工作发展的新形势和新需要,影响工作效率和质量;三是加强总署机关内部各司(办)之间工作协调、配合和落实责任制的有关制度需进一步建立健全;四是突发性工作的预警机制和可操作性预案有待制定和完善。

四、推动工作科学发展的思路和措施

办公厅贯彻落实总署党组开展深入学习实践科学发展观活动的要求,总体上讲,就是要坚持围绕中心、服务大局,以进一步提高政务事务服务能力为载体,以职能调整为契机,理清思路、明确职责,推动工作、促进发展,为新闻出版业的科学发展提供有力有效的服务。

1. 努力做到科学发展,围绕中心、服务大局,创造良好的行业发展环境。一是切实做好服务工作。办公厅的工作要充分发挥参谋助手作用,为总署党组科学决策提供参考意见和建议。办公厅政务事务繁杂,工作千头万绪,但每件事情都涉及为全局服务,这需要在繁杂的工作中分清轻重缓急,抓住关键、突出重点,主动服务、及时服务。在处理各项政务事务工作中,分别兼顾和处理好基础性工作、日常性工作、前瞻性工作、重点工作以及突发性工作的关系,妥善解决各种问题。二是抓好贯彻落实工作。办公厅是执行部门,要在工作中督办总署领导有关要求的落实、党组会议决策的落实、每年重点工作的落实,推动相应工作落实到位。现阶段,办公厅将大力督促检查改革发展政策的落实情况、深化改革的进展情况。

2. 努力做到以人为本,抓好党建、带好队伍,营造和谐的人文环境。一是切实加强支部建设。二是加强队伍建设。三是深入开展讲党性、重品行、做表率活动。

3. 努力做到统筹协调,沟通上下,协调左右,创造良好工作环境。一是牢固树立全局意识。要通过树立全局意识,了解工作大局,在此基础上合理安排办公厅工作,站在新闻出版全局工作的高度上综合协调各方面工作,确保总署党组决策顺利落实。二是认真做好沟通协调工作。办公厅作为信息和文件的集散地,要及时准确地做到上情下达、下情上报。三是抓好办公厅重点工作的落实。探索建立健全确保政务工作正常高效安全运转的长效机制;组织协调重大软课题研究工作,关注行业重点难点热点问题;进一步健全信息宣传工作制度,不断提高时效性和有效性;进一步加强秘书和应急值守工作,建立有效协同工作机制;等等。

4. 努力做到改革创新,解放思想,开拓思路,不断提升工作水平。一要克服被动工作方式,向主动工作方式转变。要切实把握党组的需求,超前考虑问题,超前制定工作预案,特别是对一个时期需要抓的重点工作,要超前谋划,及时提出意见和建议。要紧紧围绕党组的中心工作,围绕一个阶段亟待解决的重大问题,深入实际,开展调查研究,及时提出带有方向性的对策建议。二要克服粗放工作方式,向精细工作方式转变。要牢固树立精品意识,以严谨细致的态度对待每一项工作。要设立信息报送通报制度,实现有效的双向互动;要加强督察工作,对于每个督察事项,在办理之前列出详细条目提交承办单位,同时在内容上帮助承办单位拾遗补缺,确保全年督察事项按时限保质保量完成;要进一步加强财务预算和资金使用管理,建立资金使用跟踪评估制度,确保资金使用质量;等等。三要克服"简单重复"工作方式,向创新工作方式转变。要抓住会议多、文件多、活动多这些难点,用创新、改革的方法,切实抓好会议和文件的精简工作,确保领导同志腾出更多的时间,集中精力抓大事、议大事。四要克服封闭工作方式,向开放工作方式转变。要组织有关处室和人员深入机关有关部门、直属单位和行业内,了解他们的需求,掌握第一手资料,吸收新鲜经验,服务领导决策。要积极创造条件,尽可能安排更多的同志外出学习培训和考察,开阔眼界、增长见识。

五、解决存在突出问题的举措和步骤

办公厅准备通过以下工作,解决工作中存在的问题:一是全力做好新办公业务大楼搬迁维护工作和安全稳定工作。确保搬迁工作顺利进行、正常运转,让党组放心、让干部职工满意。同时,要高度重视特别时期的维护稳定工作,多策并举,确保管理到位、和谐安全。二是做好年终各项工作会议的筹备和服务工作。做好出版界纪念改革开放三十周年座谈会、全国新闻出版局长会议等重要会议的筹备工作,确保会议各项工作让领导满意、让机关满意、让行业满意。三是做好总署2008年度宣传报道总结工作。制作《新闻出版总署2008年宣传报道专辑》,全面、系统收集分析一年来各类媒体对新闻出版行业尤其是总署宣传报道情况,总结经验,分析问题,有针对性地谋划下一年宣传报道工作。四是做好各项重要工作的督察工作。以多种手段和形式督促检查总署2008年重点工作的落实,确保中央领导同志和总署领导批示件件有回复、事事有落实。五是加强保密检查。组织保密知识教育培训、保密制度考试,给各司局配备保密单机和相关设备,组织开展保密检查工作。

近期的整改措施有:一是加强制度建设。进行各项制度清理,编印办公厅工作制度汇编;进一步修改完善现有规章制度,使之更加符合新的形势和任务的需要;根据办公厅的工作内容的变化,适时建立新的制度;健全和完善行业舆情汇集研究、应急预警和处置等制度机制。同时要切实抓好各项制度落实,按照党组提出的"服务、协调、组织、落实、反馈"的目标定位,明确职责,落实责任,认真搞好各项制度执行情况的检查、考核。二是配合全国新闻出版局长会议的召开组织好系列宣传活动,总结2008年工作成绩,宣传取得突出成绩的先进典型,为局长会议的召开创造良好的社会舆论氛围。三是开展"提高公文质量,提升行政能力"系列活动,通过多种创新手段进一步提高总署机关的公文质量,提高新闻出版系统干部职工的行政能力。四是严格把关,进一步完善财务管理制度,加强财政经费管理,配合有关部门做好审计署审计工作,等等。五是要厉行节约,努力建设节约型机关。加强宣传,强化节约意识;细化措施,狠抓节约,制定明确规定,提出具体要求,真正从源头抓起、从现在做起、从点滴做起;深化改革,促进节约,坚持社会化和市场化的方向,通过分离服务职能、转变服务运行机制、引进社会服务、加强服务联合等一系列手段,积极稳妥地推进后勤改革,切实减少浪费,促进后勤资源的优化整合,提高后勤服务水平,促进节约型机关建设。

六、加强党支部自身建设的具体措施

一要加强思想政治建设,提高政治觉悟。按照总署党组和机关党委的统一部署,利用多种形式组织广大党员干部认真学习、深刻领会党的十七大精神,着力用马克思主义中国化最新理论成果武装广大党员。通过开展"讲党性、重品行、做表率"等多项学习实践活动,引导大家要继续解放思想、转变观念,认真查找思想认识方面存在的问题和不足,进一步增强服务意识、政治意识、大局意识、责任意识和创新意识。

二要加强业务建设,提高服务本领。继续带头创建学习型支部,做到"工作学习化、学习工作化",努力造就学习型、知识型的干部群体。完善学习机制,建立党支部集中学习与党小组分散学习相结合、个人自学与集中辅导相结合、个人撰写学习心得与全厅经验交流相结合、理论学习与业务学习相结合的多样化学习机制,建立健全学习检查制度,制订全年学习计划,把学习结果作为年终评奖评优的参考条件,鼓励大家加强学习,提高素质和能力,进一步增强办公厅的行政执行力。

三要加强作风建设,提高工作水平。大力弘扬爱岗敬业、开拓创新、求真务实、团结和谐的精神,充分调动和发挥每一个成员的积极性,以良好的精神状态投入各项工作,提高服务水平;坚持以人为本和正确用人导向,充分调动大家的积极性和主动性,形成干事创业的整体合力;切实解决党员干部实际困难,为提高工作效率、完成工作任务创造良好条件。

四要加强廉政建设,提高自律能力。认真贯彻落实《新闻出版总署党组关于进一步加强和改进总署直属机关作风建设的意见》及《〈建立健全教育、制度、监督并重的惩治和预防腐败体系实施纲要〉的具体意见》,在干部职工中深入开展反腐倡廉教育,引导党员干部牢记"两个务必",模范遵守党纪国法和机关守则,更加严格要求自己,真正做到自重、自省、自警、自励,淡泊名利、廉洁奉公,进一步加强制度建设,建立反腐倡廉的长效机制,确保在廉政方面不出问题,以实际行动维护党组和办公厅的良好形象。

五要加强精神文明建设,提供良好环境。认真贯彻总署党组《关于加强全国新闻出版行业社会主义精神文明建设工作的意见》,继续深入开展以"创建文明和谐机关、创建学习型党组织、创造一流工作业绩,促进新闻出版业繁荣发展"为内容的"三创一促进"活动,为总署创建精神文明先进单位做表率。以总署新办公楼的启用为契机,组织制定《总署办公楼使用管理办法》,全面做好后勤保障工作,为总署党员干部职工创造良好的工作环境。利用门户网站等载体和平台,加大宣传工作力度,努力营造谋事创业、团结健康、积极向上的良好氛围。

财务司深入学习实践科学发展观活动分析检查报告

按照总署党组的统一部署,在总署学习实践科学发展观活动领导小组办公室的指导下,财务司把深入学习实践科学发展观活动作为一项重大的政治任务,把查找分析突出问题、提高工作水平作为更好地服务新闻出版业科学发展的重要契机,紧紧围绕增强贯彻落实科学发展观的自觉性和坚定性这个主题,牢牢把握基本要求,紧密联系行业实际,扎实推进学习实践活动。

现将我司贯彻落实科学发展观分析检查情况报告如下:

一、深入学习实践科学发展观的认识和体会

(一)深刻认识树立辩证唯物主义世界观的重要性

科学发展观是辩证唯物主义、历史唯物主义的世界观、方法论,是中国特色社会主义事业繁荣发展的根本思想基础。学习科学发展观,就是要按照事物运动发展的客观规律,密切联系实际,用发展的眼光、一分为二的观点判断形势、分析问题、指导工作。历史证明,只要坚持正确的思想路线,党和国家的事业就蒸蒸日上,偏离了马克思主义世界观和方法论,就会遭受挫折和损失。

（二）树立新的文化发展理念，转变新闻出版管理工作思路

贯彻落实科学发展观，既是我国经济、社会发展大局的迫切需要，也是我们正确履行新闻出版基本社会职能的根本要求。要正确认识新闻出版业传播、发展、传承先进文化和为经济、政治、文化、社会的繁荣、发展和文明进步服务的基本社会职能，正确认识意识形态监管和发展先进文化的辩证关系，树立管理为了促进发展的正确理念。新闻出版行政管理部门履行监管职能，应服从和服务于繁荣发展先进文化这个总目标、总任务。现阶段繁荣发展社会主义先进文化的首要任务是解放和发展先进文化生产力。因此，要把繁荣发展社会主义先进文化作为新闻出版管理工作的最高目标要求和检验工作的基本标准，不能再把"不出事"、"帮忙不添乱"作为我们工作的指导思想和基本要求。

二、落实科学发展观的初步成效

2008年10月以来，我司在学习实践科学发展观活动中，按照"边学边查边改、工作学习两不误"的要求，认真开展各项工作，取得了初步成效。

1. 从世界观、方法论的高度研讨学习科学发展观的时代背景、历史地位、科学内涵、精神实质和根本要求，用科学发展观武装党员干部头脑。

2. 积极参加总署"十行百家"专题调研和"解放思想，深化改革，科学发展"大讨论，着力找准影响和制约新闻出版行业科学发展的突出问题。

3. 认真听取社会各界对民族文字出版事业发展的意见，向国家发改委正式提出了实施"少数民族新闻出版东风工程"的意见和

建议。

4. 研究起草了重点出版工程、民文出版工程、农家书屋工程等资金落实工作方案。

5. 全力做好汶川地震灾区恢复重建实地调研、规划编制和对口支援等各项工作,抓紧启动国家出版基金,做好预算、政府采购、国有资产管理和统计等服务,研究工作思路,制定、修订相关制度文件,以实际行动践行科学发展观。

三、贯彻落实科学发展观存在的主要问题及原因

综合各方面的意见建议,对照总署开展学习实践活动的目标要求,在我们的工作中还面临着一些突出矛盾和问题,尚需采取有效措施加以解决。

1. 研究制定政策与全面协调可持续发展的要求尚有差距。多年来,我们把研究制定经济政策过多地当做了为行业向国家争取尽可能多优惠政策的工具,扮演了行业利益代言人的角色,忽视了新闻出版业的发展是为了繁荣发展先进文化、更好地维护和代表人民群众根本利益的基本要求。

2. 对新闻出版行业融资、著作权价值评估、重大工程项目实施与管理、财政资金使用效益考核等重大问题缺乏系统思考与研究,使得政策难以配套,发展模式难以突破,实践理论难以创新,影响了新闻出版产业、事业的健康发展。

3. 对新闻出版公共服务体系建设重视不够,缺乏深入研究。多年来,关注出版产业发展较多,对新闻出版事业所肩负的社会公共文化服务职能认识不足,造成政策不到位,工作目标不清,措施不力,效果不明显,影响了新闻出版公共服务体系的建设和功能的发挥。

4. 财务管理、统计管理等工作亟待加强。目前,报销虚假经济

事项,逃避纳税义务;违规决策失误,造成国有资产重大损失;编报不实预算,浪费或结余占压大量财政资金;建设项目达不到设计要求,财政资金使用效益低下;全行业统计进展缓慢,统计效能难以发挥等问题时有发生。财务、统计、国有资产、政府采购管理等规章制度亟待完善。管理工作亟须尽快适应已经发展变化的新形势、新要求。

形成上述问题的主要原因是:

第一,对科学发展观的学习、掌握和应用不够,在实际工作中,容易受孤立、片面、静止的形而上学思想影响。

第二,对新闻出版经营性产业与公益性事业的双重属性理解不深,对公益性新闻出版事业在发展社会主义先进文化,保障人民群众基本文化权益,推动社会和谐发展、文明进步中的重要地位和作用认识不够。

第三,对经济政策的作用和规律认识不全面,忽略了政策的导向性和推动文化生产力发展的重要作用。

第四,没有正确认识和处理好监管与服务的关系。

四、深入贯彻落实科学发展观的工作思路和措施

1. 按照科学发展观的要求,正确认识新闻出版产业、事业发展的客观规律,深入研究促进产业、事业发展的经济政策体系和措施,推动新闻出版体制改革,为社会主义文化的大发展、大繁荣服务。

2. 尽快研究完善国家出版基金、民文出版专项资金、"走出去"专项资金、农家书屋工程专项资金等财政资金的使用管理制度,为新闻出版公共服务体系的建设发挥更大的作用。

3. 研究制订"十二五"新闻出版事业发展规划,加快民族文字新闻出版"东风工程"申请立项,全力推进农家书屋工程、"十一五"国家文化发展规划纲要重大工程、新闻出版"走出去"工程等项目的实

施,繁荣发展新闻出版事业和新闻出版产业。

4. 根据国家有关法律法规、新闻出版行政工作和事业产业发展的实际,进一步健全完善财务、国有资产管理等各类规章制度,积极探索新形势下加强财政资金管理、提高使用效益的规律和财政资金效益评估的方式方法,为我国新闻出版业的持续、健康、快速发展奠定扎实的基础,创造良好的条件。

5. 加强统计工作,尽快实施实现全行业统计,更好地发挥统计服务功能。

五、解决突出问题及主要措施

(一)采取措施,立即解决的问题

1. 积极做好"十一五"后期财税政策的制定落实工作。通过对现行财税政策的梳理分析,向财政部、国税总局等主管部门提出"十一五"后期完善落实财税政策的建议,为新闻出版事业产业发展提供良好的政策环境和条件。

2. 加快实施全行业统计。补充完善统计制度和统计指标体系,开展出版物发行、印刷业抽样调查统计,启动音像制品制作、网络出版和民营文化工作室统计工作,推动全行业统计工作取得实质性进展。

3. 配合做好国家出版基金启动工作。配合人教司筹建国家出版基金管理机构,召开国家出版基金管理委员会会议,建立、健全规章管理制度,加强完善国家出版基金管理。

(二)经过一定时间的努力,着力解决的问题

1. 解决财务、预算、国有资产和政府采购管理的问题。通过修订总署预算管理办法、机关委托项目管理办法、总署国有资产管理暂

行办法和总署政府采购管理暂行办法,推动总署机关和直属单位经常性业务项目经费管理办法的制定,完善预算管理、政府采购工作。

2. 解决对新闻出版公共服务重视不够、缺乏深入研究的问题。围绕农家书屋工程建设和中西部农村、社区阅报栏建设,合理安排专项资金,确保工程进度和建设质量。组织开展民文出版事业调研和少数民族文字出版事业发展规划课题研究,做好民文出版规划编制,做好少数民族东风出版工程立项,加快新闻出版公共服务体系建设。

3. 开展知识产权价值评估、财政资金使用效益考核等课题研究的问题,建立科学合理的著作权价值评估和财政资金效益考核体系。

4. 积极与财政部和国家发改委联系沟通,做好总署新业务楼概算调整、追加投资和人民出版社办公业务楼立项工作,启动出版博物馆建设的研究和立项工作。

六、加强党组织自身建设的具体措施

(一)加强学习

把学习科学发展观等党的重要思想理论,作为加强财务司党组织自身建设的基础工作常抓不懈,科学安排,形式多样,务见成效。

(二)加强思想教育

以树立马克思主义世界观、人生观、价值观和权力观、地位观、利益观为根本,以艰苦奋斗、廉洁奉公、遵纪守法、乐于奉献为主题,紧紧抓住权力观、服务观教育主题,在全司定期开展学习教育活动。

(三)加强制度建设

密切结合实际,加强和完善制度建设,做到以制度办事,以制度管人,经济运行到哪里,制度就建设到哪里。

（四）加强服务与监督

通过上下沟通、具体指导、共同研究探讨问题等多种服务方式，有效地履行国有资产管理、政府采购、经营绩效和工程建设项目、财政预算等监督管理职责。

法规司深入学习实践科学发展观
活动分析检查报告

一、学习实践科学发展观存在的问题及原因分析

在深入学习实践科学发展观活动过程中,通过学习、调研和分析检查,特别是通过参加总署"十行百家"调研、深入行业及单位征求意见、召开全国法规处长会、深入开展"解放思想、推动新闻出版法制建设"专题讨论活动,对照党中央和总署关于开展学习实践活动应达到的目标要求,我们认为当前新闻出版法制建设面临的一些突出矛盾和问题,尚未能从深层次上有效地加以解决,在以科学发展观为统领、实践新的文化发展理念方面,也还存在差距。

(一)推动科学发展的法制建设任务仍然艰巨

长期以来,由于计划经济思想影响和过于注重意识形态工作性质,再加上法律工作本身特点,使得新闻出版规章制度"立、改、废"工作相对滞后,研究制定新闻出版、版权法规规章制度时,提出鼓励、扶持新闻出版业、版权产业发展的条文较少,提出限制、约束、禁止性的规范较多。对一些已不适用的部门规章、政策措施及时进行修改和清理方面做得还不够,对互联网出版、手机出版等代表先进文化生产力发展方向的新出版业态的管理在立法方面跟进不是很及时。受各种条件制约,《中华人民共和国著作权法》、《出版管理条例》、《音

像制品管理条例》等法律法规的修订进展缓慢,影响了推动新闻出版业深化改革、加快发展的政策措施的及时出台。

(二)推动改革发展还不够有力

运用符合市场经济规则的宏观调控手段支持新闻出版业改革发展的胆略还不足,落实退出机制、淘汰落后新闻出版生产力的力度、措施还不到位,对建设新闻出版公共服务体系、发展新闻出版公益性事业方面研究不足,从法规角度有效推动新闻出版业健康快速发展的办法还不多。规范市场主体行为,加强新闻出版市场环境建设,提高市场在出版资源配置中的基础性作用,构建统一、开放、竞争、有序的市场体系等方面,有设想、有措施,但在法规实践中落实的步子仍然不大,转变观念和工作方法的任务仍很重。

(三)依法行政能力仍显不足

总署实施行政管理体制改革,提出建设服务型、责任型政府,我们在依法行政方面做了许多工作,但仍感觉远远不够,自身的职能角色仍然需要进一步转变,在准确把握职能定位、正确履行政府职能、推动依法行政方面还需加大工作力度。对如何在法规上对群众反映强烈的"有偿新闻、虚假新闻、低俗之风、不良广告"和"假报刊、假记者站、假记者"等现象进行管理遏制的研究还不够深入透彻,还未从根本上建立起长效的法律规范体系。在新闻出版、版权普法和执法方面,力量严重不足,虽然我们每年都在加大普法力度和执法培训力度,但仍存在较大差距。

(四)国际工作水平有待进一步提高

近年来美政府和业界愈来愈多地关注出版物市场准入问题,2007年4月12日美方正式就出版物市场准入问题诉诸WTO争端解决机制。该案经两轮正式磋商,未能解决争端,已按照WTO争端解决机制成立专家组审理案件。我司代表总署参加了我国"出版物市场准入问题部际协调工作组"，积极准备抗辩意见和证据材料。同时我司同志还承担了金融信息争端案和知识产权争端案应对小组的有关具体工作。在工作中，我们认识到，面对各种文化交流、交融、交锋，文化软实力较量日益激烈的新局面，面对国际知识产权纠纷频发和以美国为首的发达国家以知识产权问题向我施压的新形势，我们对国际形势的研判能力和国际谈判应对能力有待进一步提高。

导致上述问题的原因是多方面的，法规司党员干部从自身建设角度分析检查，认为主要有以下几方面：

一是理论联系实际的学习能力还需进一步提高。中国特色的新闻出版法制体系建设和新闻出版市场环境建设是理论性和实践性都很强的工作，要求在落实高举旗帜、围绕大局、服务人民、改革创新这一党对宣传思想文化工作的总要求方面不断地提高认识和实践水平。但由于工作思维惯性、对上级领导的依赖性以及经常自陷于事务性工作之中，对在学习与实践的相互促进、循环往复过程中加深对科学发展观的理解在思想上重视得还不够，理论素养和知识储备还不足，对科学发展观的科学内涵、精神实质和根本要求领会得还不够全面、深刻，导致理论联系实际的本领还不够强，对贯穿在科学发展观中的马克思主义立场、观点和方法不能够自如运用，对新形势、新的科技发展趋势和新闻出版业改革发展的新情况新问题认识上不够敏锐、工作上办法不多，思想观念、思维模式、工作方式还有待进一步创新、改进和提高。

二是思想解放不够，改革创新的意识不强。我们虽然认识到，进一步转变职能、深化改革，加强立法、加大执法指导力度，建立健全符合科学发展观要求的法律法规体系和管理制度，对于贯彻落实科学发展观十分重要，但实际工作中推进的决心和力度不够，存在一定的畏难情绪。主要是法律法规的修订工作涉及方方面面的利益关系，执行退出机制、加大依法行政力度，也需要有协调配套的政策措施，十分复杂,难度较大,弄不好就会成为各方面关注的矛盾焦点,担心步伐快了力度大了,不仅会影响当前新闻出版领域稳定和谐的局面,还会冲击地方、部门、企业和个人利益,可能带来一系列矛盾,造成难以承受的工作压力。因此,工作中存在过于求稳、满足现状的思想,改革创新的精神还不够。

三是调查研究不足,工作作风和工作方法需进一步改进。站在中国特色社会主义新闻出版事业全局的高度,认识和把握新闻出版工作规律性的自觉性和大局意识还不是很强。在运用科学理论研究新情况新问题,深入行业、深入实际、深入群众进行调查研究方面做得还不够,难以真正了解人民群众对精神文化的愿望和需求。以科学发展观统领新闻出版法规和调研工作、以新的文化发展理念推动新闻出版业改革发展实践的意识还未完全在头脑中树立。对市场经济运行规律、出版传媒和版权产业发展规律的认识和把握还不足;对新闻出版业改革发展中的一些重大问题还缺乏战略性、前瞻性的调查研究。面对新形势、新局面不断探索、总结发展规律,以新的文化发展理念推动法规实践的自觉性、主动性还不够强,起草的法规、政策文件针对性、操作性有时还不够强,内容有时不够精准。承上启下作用未完全发挥,反映了我们的工作作风和工作方法有待进一步改进,主动为地方、兄弟部门和群众服务的意识需要进一步增强。

四是依法行政的意识和能力需要进一步提高。作为法规司,应牢固树立权限法定的思想,依靠法治来行使社会管理和公共服务职能,善于运用法律、技术、思想政治、市场、经济等多种综合手段来应对新闻出版业改革发展中出现的新情况新问题。但由于思维模式的惰性和工作方式的惯性,思想转变、理论学习和调查研究不够到位,行政服务意识还不够强,科学管理的能力还不够高,在立法、执法、监督过程中,有时只重管理而忽视行业自身发展要求和市场发展规律,还未彻底从审批型、权力型管理思维模式转换到服务与调控、监管并举的思维模式上来。

对上述问题,我司党支部高度重视,对其逐一进行梳理、分类,通过学习、调研、讨论,提高党员干部学习实践科学发展观的认识水平和工作能力,认真研究和落实整改措施,能在学习实践活动中马上改正的,就边学边改;能在近期通过制定相应的工作措施进行整改的,就在近期认真改正,切实解决思想观念和实际工作中存在的一些问题。

二、以科学发展观推进工作的思路和措施

根据总署的工作目标和工作思路,以及面临的新形势新任务,法规司认真研究了本部门贯彻落实科学发展观的总体思路:认真贯彻落实党的十七大精神,继续深入学习实践科学发展观,紧紧围绕总署中心工作,解放思想,统筹兼顾,在法制建设、深入调研等方面狠下工夫,以健全和完善符合科学发展观要求的新闻出版法制体系为具体实践载体,为实现总署的改革和发展目标做好法规服务和保障工作。

据此工作思路,法规司要致力于推进以下几方面工作:

(一)深入学习,解放思想,坚定先进文化前进方向

切实转变思想观念,把科学发展观转变为实际的工作能力,进一步落实法规司有关新"三定"和机构调整、职能调整工作,转变职能,提高效能。高举中国特色社会主义伟大旗帜,把建设社会主义核心价值体系作为主线,贯穿到新闻出版法规工作的各个方面,确保指导思想、路线方针政策和重大原则问题与党中央始终保持高度一致。

(二)勇于实践,健全和完善符合科学发展观要求的新闻出版法规体系

在对现行规章制度进行初步审核和已经先期清理废止31件规

范性文件基础上,继续分批对规章规范性文件进行梳理,逐批向署党组报告废止名单,同时完善规范性文件发布、审查及备案制度。进一步明确《出版管理条例》、《音像制品管理条例》修订的基本思路和重点内容;积极推动《手机媒体管理条例》、《民间文学艺术作品著作权保护条例》和《作品自愿登记管理办法》等法规、规章的出台;着手起草制定《出版物鉴定办法》、《中国标准书号使用管理办法》、《侨刊乡讯管理办法》、《互联网游戏出版服务管理办法》、《数字印刷管理暂行办法》、《国家出版产业基地管理办法》等一系列行业呼声较高的立法项目;就《著作权法》相关制度实施中的有关法律问题深入调研,为法律修订做好准备工作。

(三)深入调研,促进新闻出版领域改革和市场环境建设

调研要贴近实际、贴近生活、贴近群众。近期,我们将深入开展新闻出版行政管理体制改革有关问题的调研、新闻出版领域在维护国家文化安全方面有关问题的调研、促进少数民族地区新闻出版事业发展的调研、新闻出版业国有资产监管有关问题的调研;研究图书、报纸、期刊、音像、网络等在出版权上的分割问题,把新形势下的出版权经营管理纳入法规研究范畴;进一步促进完善市场规则,推动市场开放、完善市场监管体系、加强行业诚信体系建设,从而加强出版物市场环境建设;深入了解新闻出版业经营管理情况,分析新闻出版领域违纪违法典型案例,研究相应的治理对策,为继续深化新闻出版领域体制改革保驾护航。

(四)深入普法,进一步向全社会普及新闻出版、著作权等相关法律知识

在成功举办了全国新闻出版系统学法用法知识大赛的基础上,根据总署法制工作安排和全国普法办、司法部等的要求,法规司将在全系统范围内开展推荐五五普法中期先进集体、先进个人评比活动。

同时,继续在《中国新闻出版报》上开办"新闻出版法规释义"专栏,就新发布的《图书出版管理规定》、《电子出版物出版管理规定》、《音像制品制作管理规定》、《出版专业技术人员职业资格管理规定》等规章释义,宣传总署最新立法精神,深入普及法律知识。

(五)依法行政,做好执法监督工作

一是要认真审核各有关部门行政处罚文书、非法出版物鉴定书等法律文件,把好总署执法监督工作关口。二是认真做好全国新闻出版行政执法队伍培训工作和执法证的核发工作。按照《新闻出版行政执法证管理办法》的规定,全国新闻出版行政执法证于 6 月 30 日到期。为了加强新闻出版执法队伍建设和做好执法证的核发工作,法规司精心制定了工作方案,加强调研,加紧培训,严格考核。目前全国已有 23 个省、自治区、直辖市的 17936 名执法人员经过培训和考核,新闻出版执法证核发工作正在积极进行中。三是做好政府信息公开的相关工作。法规司作为总署政府信息公开工作小组的主要成员单位,参与了政府信息公开的筹备及信息公开申请的法律咨询等工作。四是举办全国新闻出版行政复议、行政诉讼工作经验交流会。五是推动完善新闻出版业准入和退出机制,配合业务司局做好报刊、音像、电子等出版单位的退出工作,以盘活现有出版资源,扩大投融资渠道,建立和完善文化要素市场,推动资金、技术、人才在全国范围内有效流动。

(六)放眼国际,强化国际新闻出版、版权案件应对能力,为推动产业升级、鼓励国内出版企业进军国际市场做好服务和保障工作

配合有关部门继续做好中美出版物市场准入争端应诉工作及知识产权争端案和金融信息争端案等有关 WTO 争端的应对工作,做好《保护和促进文化表现形式多样性公约》的有关后续工作,认真研

究细则草案文本,积极提出修改意见,力争在实施细则中体现公平原则和我方利益诉求。同时,大力加强国际形势、行业趋势和相关业务知识的研究和学习,提高国际新闻出版、版权案件的研判能力和应对能力。

三、加强党支部自身建设和党员干部作风建设的主要措施

（一）以深化理论武装为中心,加强思想政治建设

深刻认识世情、国情,准确把握法规司职能,树立强烈的政治意识、大局意识、责任意识,进一步增强政治敏锐性和政治鉴别力。法规司将进一步落实科学发展观学习计划,完善学习制度,创新学习方式,注重学习效果,坚持学以致用,深入调查研究,理论联系实际,及时把学习研究成果转化为保障和促进新闻出版业科学发展的工作思路和具体措施,不断增强贯彻落实科学发展观的自觉性和坚定性。

（二）以提高党的执政能力水平为总要求,强化行政能力建设

要按照科学发展观的要求,把提高行政能力作为学习实践科学发展观的核心内容抓紧抓好。深刻认识和把握新闻出版工作规律,正确认识和妥善处理影响新闻出版工作开展和新闻出版业改革发展的各种关系问题,增强工作的前瞻性和预见性。不断完善党员干部知识结构,加强现代科技知识、经济知识、国际形势以及法律法规最新成果的研究和学习,以适应新闻出版事业和经济社会发展的需要。

（三）以造就高素质党员干部队伍为着力点,加强组织建设和作风建设

以党的执政能力建设和先进性建设为主线,深入开展学习实践

科学发展观活动,增强党建工作的针对性和实效性。大力弘扬胡锦涛总书记倡导的八个方面良好风气,不断加强思想作风、领导作风、学风、工作作风和领导干部生活作风建设。探索建立加强干部作风建设的长效机制。树立正确的权力观、地位观和利益观,做到为民、务实、清廉,自觉抵制腐败,保持清正廉洁。

综合业务司深入学习实践
科学发展观活动分析检查报告

综合业务司按照总署党组学习实践科学发展观活动的统一部署,在学习调研活动阶段,通过认真学习和深入思考,提高了对科学发展观的科学内涵、精神实质和根本要求的认识,加深了对总署党组贯彻落实科学发展观总体思路的理解和把握。联系本部门工作实际,增强了以科学发展观为统领、努力做好行政审批工作,推动新闻出版业又好又快发展的紧迫感和责任感;进入分析检查阶段以来,坚持依靠群众找差距,通过多种形式,广泛征求基层出版单位、省级新闻出版局和总署机关有关业务司的意见和建议,并进行了认真梳理。司内党员之间还进行了谈心活动,并于12月2日召开了支部全体党员民主生活会,对本部门工作中存在哪些与科学发展观不相适应的问题进行了认真查找,对存在的问题作了比较深入的反思,分析产生问题的原因,提出了本部门推动科学发展的思路和措施,取得了积极的思想成果和实践成果。

一、我司深入学习实践科学发展观的四点共识

通过学习调研和分析检查,进一步深化了对科学发展观的认识,联系本部门的实际,对深入贯彻落实科学发展观、推动行业科学发展形成了以下四点共识:

1. 要继续深化行政审批制度改革，切实转变政府职能，建立科学的行政审批体制机制，努力构建服务政府、法治政府、责任政府、廉洁政府；

2. 行政审批工作要解放思想，转变观念，以支持改革、服务发展为理念，统筹规划布局，科学配置资源，推进调整重组，优化产业结构，推动新闻出版业又好又快发展；

3. 行政审批工作要体现以人为本，改进审批服务方式，提高行政审批效能，努力为业界提供优质、高效、便捷的服务；

4. 行政审批工作要加强廉政建设，规范行为，依法行政，廉洁从政，自觉接受行政监督和社会监督。

二、我司贯彻落实科学发展观所取得的初步成效

一是加强政策法规和业务学习。深入学习、准确理解、熟练掌握《行政许可法》和新闻出版法规规章各项规定，积极创建学习型支部，努力提高司内工作人员政治素质和业务素质，提升依法行政、科学行政的能力和水平。

二是建立规章制度。制订了《总署行政审批集中办理工作规程》，对我署行政审批集中办理原则、工作模式、审批范围、审批事项分类及其审批权限和工作流程、审批效能监督等都作出了明确规定。该《工作规程》在署内试行以来，我司工作质量和行政效能有了很大提高。先后制定了司行政审批公文运转规则、工作人员守则等六个内部管理制度，努力做到用制度管人，按制度办事。

三是规范审批程序和审批行为。严格按照审批项目所设定的法律依据、申办条件、办理程序、法定时限受理申请。坚持审批工作的依法规范、公开透明，确保审批结果的客观公正和科学有效。坚持定期召开司务会，对有关重要、重大审批事项集体研究讨论，提出办理

意见;对需要进行现场勘查核验的审批项目,组织专家或委托省级新闻出版局实地考察论证,提出意见;与相关业务司建立了审批工作沟通协调机制,理顺工作关系,对有关重要、重大审批项目,及时征求意见,做到审批和监管既相互独立又有效衔接和良性互动。

四是强化审批服务意识。牢固树立"审批工作无小事"的理念,不断改进工作作风,强化服务意识,提高工作效率,把业界是否满意、行业是否发展作为检验行政审批工作好坏的重要标准,努力为行业提供热情周到、认真细致、便捷高效的服务。

五是加强党建工作和廉政建设。深入学习和掌握党建理论知识,牢记党章,加强宗旨教育,提高支部的凝聚力、创造力和战斗力;认真学习中央和总署党组关于加强党风廉政建设的方针政策和规章制度,加强反腐倡廉教育,树立依法行政、廉洁从政意识,正确行使手中的权力,自觉接受各方面监督。

三、对照科学发展观要求我司存在的
主要问题及原因分析

对照科学发展观的要求,结合总署党组关于新闻出版行业解放思想、深化改革、加快发展的目标任务和工作要求,我司在以下几个方面还存在问题:

一是转变观念还不到位,创新意识和能力还不够强。新闻出版行政审批工作具有重要的政策导向作用和调控功能,按照新闻出版业改革发展规划和目标任务,对如何统筹规划新闻出版单位总量结构布局,依照公益性事业和经营性企业单位不同特点,科学合理地配置资源,推动行业科学发展,观念还没有完全转变到位,实际工作中创新意识和能力还不够强。在具体的审批工作中,我司能够认真贯彻执行《行政许可法》,严格按照有关新闻出版法规规章和规范性文件做好行政审批工作，但还习惯于萧规曹随、循规蹈矩，照搬照套过去的章法办事。面对新媒体新业态大量涌现、行业日新月异不断发展变化的形势，如何建立起既符合科学发展观的要求、又能体现新闻出版性质特点（意识形态属性、产业属性）的准入机制，解放思想、转变观念不够，缺乏工作思路创新和工作手段创新。如对互联网出版、手机出版等新媒体新业态的准入还在沿用对传统出版单位的审批原则和审批方式，有求稳怕乱的思想顾虑，工作的前瞻性、主动性、创造性不够。

二是依法行政、科学行政的能力还有待增强。在实际工作中，我们的工作目标和标准距离党组的要求还有很大差距，依法行政、科学行政的能力和水平还需要进一步提高。表现在虽然很忙碌很辛苦，但也只是满足于完成好日常受理、办理工作任务。对有些新闻出版行政许可的政策文件的掌握执行还不够精确熟练，运用政策解决实际问题的能力还需要进一步提高，对一些不适应行政审批制度改革的政策法规未能及时提出清理、修改建议；深入基层调研不够，对行业改革发展的情况缺乏全面、深入的了解掌握，对当前新闻出版单位总量结构布局状况科学分析不够，对有些申请单位的了解还只是限于书面的申报材料，审批工作还存在一些盲区，这些都会影响我们科学、准确地作出许可决定，制约行政审批在管理工作中调控作用的发挥。

三是统筹规划、宏观调控能力还不强。表现在对整个行业的资源配置缺乏统筹科学规划和有效宏观调控，如对东、中、西部不同地区，公益性事业和经营性企业不同单位，出版产业发展程度不同的区域和单位有针对性地研究规划、制定政策、进行资源配置不够，对地方的行政审批工作和行政审批制度改革指导不够，把大量的时间和精力更多地用在具体的、微观的项目审批上，工作视野不够开阔，宏观思维能力和把握全局能力不强。

四是贯彻以人为本、为业界解难题办实事的自觉性还不强。行政审批涉及行业的方方面面,关系到申报单位及其从业人员的切身利益。我司作为总署的窗口部门,服务态度、服务水平的好坏直接影响到总署的对外形象和政府的公信力,关系到以人为本能否切实在行业得到落实体现。在实际工作中,我们能够注重把握申请事项受理、办理的政策和原则,但有时在工作忙乱、头绪繁多时对申请人的服务态度不够热情周到,有时遇到申请对象的不理解而心存委屈,有时对申请对象的挑剔指责沉不住气甚至不够冷静,服务态度、服务水平还需要进一步改进和提高。我们受理的每一件审批事项,都直接关系到申请人的切身利益,对申请人来说都是"大事",所以今后要不断强化"审批工作无小事"的意识,转变工作作风,强化服务意识,提高服务效率,真正做到便民高效,让服务对象高兴满意。

五是行政审批效能建设还有差距。主要表现在审批工作方式还比较落后,工作效率还有待提高。目前按照总署党组确定的行政审批集中办理工作机制开展工作已经三个多月了,经过全司同志的共同努力,总的来说起步很好,工作质量和效率都有了很大提高,受到了业界的普遍肯定和好评。但有些工作还没有开展起来,比如新闻出版从业单位和产品基础数据库、审批网络系统建设等还没有建起来。我们还停留在传统的审批工作方式上,尽管大家经常加班加点,非常辛苦,但因为工作手段比较传统落后,致使我们的工作成本和工作效能还不能完全成正比,有些审批项目还不能在规定的时限内办结,基层和申请单位对此也有意见。再有我们目前设定的一些审批事项申报材料目录比较繁琐、还没来得及规范简化,有些审批项目设置的法定依据、办理条件、办理过程和承诺时间不够明确,有些项目的法定办理时限较长等等,这些都给申请单位造成了不便,客观上也影响了申请单位的发展。

存在上述主要问题的原因是多方面的。除了我司成立时间比较短,基础工作还比较薄弱,实行行政审批集中办理工作机制刚刚起步、缺乏可借鉴的经验外,更多的是我们在主观上还存在许多与科学发展观要求不相适应的传统观念和陈旧思维,在学习领会科学发展观的科学内涵和精神实质方面还不够深刻准确和全面系统,理论学习和工作实践结合不够紧密,掌握运用科学发展观的最新理论成果提高能力、推动工作、创新发展的本领不强。

四、我司推动科学发展的思路和措施

(一)进一步加强理论政治学习,提高用科学发展观指导实践的能力和水平

制订完善司党支部学习制度,坚持理论联系实际,深入系统、全面准确地学习科学发展观的科学内涵、精神实质和根本要求,同时加强学习社会主义市场经济理论、现代行政管理、法律法规等方面知识,提高全司党员干部的理论修养和综合素质,进一步增强党性观念和大局观念,不断解放思想,更新观念,求真务实,开拓创新,更好地用科学发展观武装头脑、指导实践、解决问题、推动工作。

(二)继续深化行政审批制度改革,建立完善推动新闻出版业改革发展的行政审批体制机制

新闻出版行政审批工作对于推进改革、促进发展具有重要的作用,要牢固树立以审批支持改革、服务发展的理念,把推动新闻出版业改革和发展作为审批工作的出发点和落脚点。要不断深化行政审批制度改革,健全完善行政审批集中办理工作机制,解放和发展出版生产力,科学配置资源,调整产业结构,优化产业布局,为新闻出版业深化改革、加快发展创造条件。要按照总署党组的要求,切实增强大局意识、责任意识和服务意识,着力解决业界在行政审批服务方面反映的突出问题,建立起符合科学发展观要求、体现新闻出版性质特点的程序规范、审批透明、便捷高效、监管有力的行政审批运行机制,推

动新闻出版业又好又快发展。要深入基层开展调查研究,及时了解掌握行业改革发展情况和从业单位总量结构布局调整变化状况,不断研究新情况、解决新问题,提高行政审批工作的预见性、主动性和科学性。

（三）进一步转变思想和工作作风,强化服务意识,提高行政审批效能

做好行政审批工作,为行业和社会各界提供优质高效服务,直接关系到以人为本理念和全心全意为人民服务根本宗旨的落实体现。在具体的工作实践中,要进一步转变思想作风和工作作风,树立依法、规范、高效、廉洁的理念,强化服务意识,提高工作水平;要进一步清理、规范行政许可项目,简化一些繁琐的不必要的审批申报材料,进一步缩短一些项目的审批时限,继续下放一些可以下放的审批项目,实现由权力型、审批型政府向服务型政府的转变;要改变传统的审批方式,加快电子政务建设步伐,强化网上服务功能,尽快实现网上咨询、网上受理、网上审批、许可结果网上公开,以降低行政成本,提高审批工作效率,推进政务公开建设,自觉接受社会监督。

（四）进一步加强廉政建设,确保审批权力在阳光下运行

进一步加强反腐倡廉教育,要求全司党员干部牢固树立正确的世界观、人生观和价值观,正确行使手中的权力,增强拒腐防变的能力,自觉接受行政监督和社会监督,做到依法行政、廉洁从政。进一步加强制度建设,规范审批程序和审批行为,强化对审批权力运行的监控,确保审批权力在阳光下运行。

五、我司解决存在的突出问题的主要措施

1. 修订完善《新闻出版总署行政审批集中办理工作规程》,将该《工作规程》的修改稿提交法规司进一步修改并作合法性审查,建议以署长令形式印发各省级新闻出版局、各直属单位和机关各司厅并向社会公布(2009 年上半年)。

2. 协同法规司清理不适应深化行政审批制度改革的政策法规,探索建立以行政审批为基础的事业准入、企业准入管理制度(2009年)。

3. 进一步明确由我司承办的行政审批事项的审批内容、法律依据、办理条件、办理程序和承诺时限,规范行政审批项目申办指南和材料目录文本,并向社会公示公布,以提高审批工作透明度,接受行业监督(2009 年第一季度)。

4. 加快审批网络建设和基础数据库建设步伐,在总署机关 OA系统二期工程建设中,主动、及时地提出功能需求,配合科技与数字出版司尽快建立起行政审批网络系统,实现网上受理、审批、公告、查询等功能;尽快建立起较为完善的新闻出版从业单位数据库和新闻出版产品数据库,对现有单位和产品状况进行整理分析,发挥好行政审批的导向作用和调控功能,为科学地制定总量、结构、布局规划和资源配置奠定基础(依总署 OA 网二期工程进度而定)。

5. 继续加强与署内各有关部门的联系,完善行政审批沟通协调机制,科学地配置或调整资源,加强对资源配置的动态管理和事后跟踪监督,确保审批和监管既相对分离又有效衔接和良性互动。

6. 积极指导和推动新闻出版系统行政审批制度改革。通过召开全国新闻出版系统行政审批制度改革工作会议,组织专题调研、座谈等方式,交流各地新闻出版部门推进行政审批制度改革所取得的

成功经验,研究进一步深化改革的方式和具体措施,推动各地行政审批制度改革向纵深开展(2009 年)。

7. 进一步加强审批工作制度和司内管理制度建设,制订《行政审批专家考察论证制度》、《行政受理大厅工作人员守则》和《受理大厅安全管理办法》(2009 年第一季度)。

出版产业发展司深入学习
实践科学发展观活动分析检查报告

一、深入学习实践科学发展观的认识和体会

（一）发展需要科学理论指导

科学发展观，是党的三代中央领导集体关于发展的重要思想的继承和发展，是马克思主义关于发展的世界观和方法论的集中体现，是同马克思列宁主义、毛泽东思想、邓小平理论和"三个代表"重要思想既一脉相承又与时俱进的科学理论，是我国经济社会发展的重要指导方针，是发展中国特色社会主义必须坚持和贯彻的重大战略思想。显然，新闻出版业的发展离不开科学发展观的指导。新闻出版领域开展深入学习实践科学发展观活动，就是要用中国特色社会主义理论体系武装头脑，使广大新闻出版工作者自觉把科学发展观的要求转化为推进新闻出版业科学发展的坚强意志、谋划科学发展的正确思路、领导科学发展的实际能力、促进科学发展的政策措施，务求科学发展的新的成效。

（二）发展离不开改革开放

当前，新闻出版领域改革正处于在面上展开、向纵深发展的关键时期和攻坚阶段。如何解放思想、转变观念，如何克服体制性和机制性障碍，如何冲破重重阻力，如何按照中央要求，在2—3 年内完成包

括中央、地方、高校出版发行单位改革任务,这是摆在我们面前的一项光荣、艰巨而又紧迫的任务。我们应该按照中央要求,必须要有高度的责任心和强烈的使命感,必须要有攻坚克难的勇气、坚忍不拔的毅力和求真务实的作风,扎扎实实推动全行业改革开放。

(三)发展必须转变发展方式

新闻出版战线如何按照总书记的要求,深入学习实践科学发展观,着力把握自身发展规律、创新新闻出版发展理念、转变新闻出版发展方式、破解当前发展难题,着力构建充满活力、富有效率、更加开放、有利于新闻出版科学发展的体制机制,这是我们在新的历史起点上必须面对的重大问题。中国不仅要做世界出版大国,更重要的是要成为世界出版强国。这就要求我们以科学发展观为指导,努力转变发展方式,不断优化产业结构和产品结构,真正实现新闻出版业又好又快的科学发展。要通过改革着力推进四大转变:从速度型向效益速度型相统一的发展方式转变;从粗放型增长方式向集约型发展方式转变,从单纯经济效益型向社会效益、经济效益和环境效益相统一的发展方式转变;从相对分散、竞争无序发展向统一开放、竞争有序发展方式转变。

二、贯彻落实科学发展观存在的问题及原因分析

在深入学习实践科学发展观活动过程中,通过学习调研和分析检查,对照开展学习实践活动的目标要求,党支部认为,当前在新闻出版领域改革发展中面临的一些突出矛盾和问题,尚未能从深层次上有效地加以解决,在以科学发展观为统领,推动行业深化改革、促进产业发展方面,还存在差距。

（一）思想还不够解放，认识还不到位

长期以来，新闻出版业一方面作为我国文化事业的重要组成部分，发挥着为广大人民群众提供精神文化产品的重要作用，发挥着巩固社会主义宣传文化阵地的重要作用；另一方面，新闻出版业的产业属性并没有得到充分重视，新闻出版业的市场主体地位还未完全确立，新闻出版业的产业发展还相对滞后。对于新闻出版业长期存在的事业与产业、国有与民营、内资与外资、传统与新兴、统一与分割等需要认真研究的问题，思想还没有得到充分解放，开拓意识不强，推动产业发展方式、体制机制和管理方式创新等方面敏锐度不够、危机意识不强。

（二）支持产业发展措施还不够有力

科学制定并运用新闻出版业发展规划指导产业、事业发展还不够得力，运用符合市场经济规则的宏观调控手段鼓励出版发行领域改革、支持新闻出版业发展、淘汰落后新闻出版生产力还不到位，实施重大出版产业项目引导发展的进展还不快，还不能有效地统筹、协调和积极参与适用于新闻出版业改革发展的国家财税、产业、投融资、价格等政策的制定、实施，新闻出版业发展方式转变仍显缓慢。指导、推动新闻出版单位区分公益性事业和经营型产业两种性质准确定位谋发展方面还缺乏强有力的工作措施，在推动新闻出版业壮大主体、做强主业，形成一批有实力、有竞争力的骨干出版企业和跨地区、跨媒体经营的战略投资者方面工作力度还有待进一步加大。不能及时、敏锐地发现和捕捉那些代表先进文化生产力发展方向的新闻出版传播新业态，在催生新的媒体形态、新的传播方式、新的阅读方式，有效地推动传统出版传媒产业转型升级方面工作力度还不够大。

（三）推动行业改革力度不够坚决

推动中央在京经营性出版单位和部分地方出版单位转制的办法不够多、力度还不够大，对不少仍然作为党政机关附属单位实行事业性质企业化管理的经营性出版单位还未运用政策调整、强化出版资源配置等手段督促其加快改革。公益性出版单位改革的具体制度设计尚未破题，一些有改革积极性的公益性出版单位的改革方案迟迟得不到批复。对一些转制出版单位没有及时指导其加快建立和完善现代企业制度和法人治理结构，经营方式和管理模式尚未发生根本转变，没有成为真正意义上的市场主体。在打破按部门、行政区划和行政层次分配出版资源，打破市场条块分割、地方保护的状况，鼓励支持跨地区经营、跨媒体发展，提高市场在出版资源配置中的基础性作用，构建统一、开放、竞争、有序的市场体系等方面，有设想、有措施，但实践中探索和落实的步子仍然不大，推动新闻出版体制机制转变的任务仍很重。

存在上述问题的原因是多方面的。党支部从自身建设角度分析检查，主要有以下几方面：

一是理论学习能力有差距。理论武装需进一步加强。对科学发展观的科学内涵、精神实质和根本要求领会得还不够全面、深刻，对贯穿其中的马克思主义立场、观点和方法还需要结合思想作风建设深入领会。在落实高举旗帜、围绕大局、服务人民、改革创新这一党对宣传思想文化工作的总要求方面，还需要不断地提高认识和实践水平。理论联系实际的本领还不够强，从战略高度研究新闻出版业改革发展不足。对在学习与实践的相互促进、循环往复过程中加深对科学发展观的理解在思想上重视得还不够。理论素养和知识储备还不足，存在着"本领恐慌"。对面临的新形势、新的科技发展趋势和新闻出版业改革发展的新情况新问题认识上不够敏锐，工作上办法不多，推动新闻出版业科学发展的思维模式、思想观念和工作方式还有待进一步创新、改进和提高。

二是对新闻出版工作的规律性认识不足。科学发展观,就是要按照自然和社会发展的客观规律处理各种社会关系。站在中国特色社会主义事业全局的高度,认识和把握新闻出版工作规律性的自觉性和大局意识还不是很强。以科学发展观统领新闻出版工作,以新的文化发展理念推动新闻出版业改革发展实践的意识还未完全在头脑中树立。对市场经济运行规律、新闻出版业发展规律的认识和把握还不足;对新闻出版业改革发展中的一些重大问题还缺乏战略性、前瞻性的调查研究。在认识和处理新闻出版意识形态属性和产业发展属性的关系,经济效益和社会效益的关系,加快发展、推动改革、强化管理的关系,数量与质量的关系等方面,全面协调可持续的基本要求落实得不够好,推动新闻出版业发展过程中各个方面、各个环节间的相互协调和配合工作做得还不够。

三是行政能力有待提高。在新的形势下,行政部门的战略思维能力、科学决策能力、依法行政能力、政策执行能力都面临新的挑战。面对新形势、新局面不断探索、总结发展规律,以新的文化发展理念推动实践、科学决策的自觉性、主动性还不够强。在运用科学理论研究新情况新问题,深入行业、深入实际、深入群众进行调查研究方面做得还不够,难以真正了解人民群众对精神文化的愿望和需求。有些决策针对性、操作性还不够强,决策内容有时不够精准。统筹兼顾的根本方法掌握得还不够好,在联系国内国际发展大局,统筹城乡、区域、行业上下游,准确判断形势,找准关键环节,破解发展难题,形成推动新闻出版业改革发展的强大合力方面,科学、民主决策的能力还有待进一步提高。

三、深入贯彻落实科学发展观，推进
新闻出版业改革发展的思路

（一）继续深化新闻出版领域体制改革，增强新闻出版业的生机与活力

一是加快推进经营性出版单位转企改制，着力培育合格的市场主体。在2010年年底前完成中央在京经营性出版社、高校出版社以及所有地方出版集团（单位）的转企改制和股份制改造。经营性报刊按照主办单位性质的不同，分三步进行改革，力争三年建立起新体制的基本框架。二是深化公益性出版单位改革。加快推进党报、党刊等公益性事业单位改革，实现经营、编辑业务分开，理顺体制、转换机制、增强活力，提升其公共服务能力。三是建立新闻出版业准入和退出机制，盘活现有出版资源，扩大投融资渠道，建立和完善文化要素市场，推动资金、技术、人才在全国范围内有效流动。四是促成有实力的出版集团兼并一批部委出版单位，实现跨地区、跨媒体经营。五是对完成转制的出版发行企业，推动其加快产权制度改革，建立现代企业制度和法人治理结构。

实践活动开展期间，正在制定《〈关于印发文化体制改革中经营性文化事业单位转制为企业和支持文化企业发展的意见〉实施细则》，进一步细化了支持改革发展的各项政策措施。参与制定并即将出台《关于深化中央各部门（单位）在京出版社体制改革的意见》，推动中央各部门（单位）在京出版社转制、脱钩、改制、重组。

近期，正在起草《关于进一步推动新闻出版领域改革和发展的若干意见》，拟提交全国新闻出版局长会议讨论。

（二）引导、扶持、促进新闻出版产业发展

一是加强产业规划工作。作为职能部门要做好总署各部门规划制定的统筹协调工作,加强规划制定的管理,避免政出多门。加强专项规划的研究制定工作,要提高工作的前瞻性、指导性和可操作性,建立出版产业项目库,以为规划制定和争取产业项目发展资金服务。加强规划的落实督导工作,发挥规划对产业发展的引领作用。二是加强产业发展情况的监测,建立出版产业监测网络,收集与分析新闻出版产业发展的市场数据,定期发布产业发展情况报告,为领导决策和企业发展提供信息服务,形成新闻出版产业发展的促进体系。三是围绕出版产业升级转型,在促进新媒体、数字出版方面加强产业政策研究,确实发挥政策的撬动作用。推进集团化战略。提升产业集中度,通过并购、兼并、融资、上市等方式,形成规模效应,打造一批主业突出、实力雄厚、在国内外文化市场上真正发挥主导作用的跨地域、跨行业、跨媒体、跨所有制的大型传媒集团。推进科技兴业战略。制定鼓励新闻出版单位应用高新技术推动传统出版向数字出版转型的措施,推动产业升级,打造主流媒体在多元传播格局中的强势地位。培育新闻出版新业态,形成新的增长点,发展产业群、产业带、产业园区,推动新闻出版业由粗放型、数量型、扩张型增长方式向效益型、质量型、科技型增长方式的转变。培育连锁经营、电子商务等新的流通业态,打造现代区域物流中心,在全国范围内构建统一开放、竞争有序的流通体系。

四、加强党支部自身建设的主要措施

（一）坚持强化理论学习,提高理论水平

坚持用马克思主义中国化的最新理论成果武装头脑、指导实践、推动工作。深刻理解科学发展观的科学内涵、精神实质和根本要求,联系实际,把握规律,确立新的文化发展理念。深刻认识世情、国情,准确把握新闻出版工作在保障和促进经济社会科学发展中所承担的任务,树立强烈的政治意识、政权意识、责任意识,进一步增强政治敏锐性和政治鉴别力,增强以科学发展观统领新闻出版工作,解放思想,推进新闻出版业又好又快发展的责任感、使命感和紧迫感。建立和完善学习制度、民主生活会制度和学习讲坛制度,定期向全司同志推荐理论著作和业务书籍,提高理论水平。深入调查研究,理论联系实际,及时把学习研究成果转化为保障和促进新闻出版业科学发展的工作思路和政策措施,不断增强贯彻落实科学发展观的自觉性和坚定性。

(二)坚持科学实践,提高行政能力

要按照科学发展观的要求,站在经济社会发展全局的高度,围绕新闻出版工作中全局性、战略性重大问题深入思考和研究,统筹谋划新闻出版改革发展问题,深刻认识和把握新闻出版工作规律,正确认识和妥善处理影响新闻出版工作开展和新闻出版业改革发展的各种关系问题,增强工作的前瞻性和预见性。通过实践,提高战略思维能力、科学决策能力、依法行政能力和执行能力。

(三)坚持扎实工作,改进工作作风

大力弘扬胡锦涛总书记倡导的八个方面良好风气,不断加强思想作风、领导作风、学风、工作作风和领导干部生活作风建设。大力开展调查研究,深入基层、深入实际、深入新闻出版业改革发展第一线,听真话、访实情、求实效。建立健全科学决策、果断决策,统筹协调、明确责任的工作机制。切实以饱满的精神、扎实的作风推进新闻出版业改革发展各项任务的完成。

（四）坚持预防为先，加强反腐倡廉建设

严格执行党风廉政建设责任制，按照党中央的要求，坚持把反腐倡廉建设贯穿于推进新闻出版业改革发展的工作中，明确分工、落实责任，强化考核、注重实效。加强廉政教育，提高廉政自律意识，树立正确的权力观、地位观和利益观，做到为民、务实、清廉，自觉抵制腐败，保持清正廉洁。按照总署要求，健全惩治和预防腐败体系，形成拒腐防变教育长效机制、反腐倡廉制度体系、权利运行监控机制，从源头上预防腐败。

新闻报刊司深入学习实践
科学发展观活动分析检查报告

一、学习实践科学发展观形成共识

一是学习贯彻落实科学发展观,要坚定不移地进一步解放思想,深化改革,谋求发展。落实党中央对新闻出版业的总体要求,重点研究如何在新闻出版业最终形成两个格局、三大体系,即:以公有制为主体、多种经济成分共同发展的产业格局;以民族文化为主体、吸收世界先进文化的开放格局。构建面向基层、服务人民的公共文化体系,统一开放、竞争有序的市场体系,覆盖全面、传输快捷的传播体系。我司在学习实践活动中一致认识到,只有真正实现了这些目标,新闻出版业贯彻落实科学发展观才真正落到了实处。

二是科学发展的核心是以人为本。转变政府政能,创新适应科学发展的报刊管理工作方式方法,要求工作人员从加强自身建设着手,学习相关的政策方针,克服不符合科学发展的思想,创新管理理念、方式、手段,依法管理,提高服务能力,为建设服务型、阳光型、法制型、廉洁型政府而努力。

二、十六大以来报刊出版工作取得的初步成效

（一）报刊出版事业繁荣发展，品种数量日益丰富，出版能力持续增强

截至2008年年底，我国共出版报纸1942种，期刊9821种，其中中央单位报纸254种，期刊2724种。报刊出版业呈现出了以党报为主体，晚报都市报、行业专业报、生活服务类报纸等多门类报纸共同发展的报纸出版格局，形成了为科研事业服务的学术类期刊和面向广大人民群众的综合文化类、新闻类、财经类及为行业发展服务的行业专业类期刊等多品种共同繁荣的期刊出版格局。在数量增长和结构优化的同时，我国报刊出版能力持续增强。

（二）报刊业体制改革和机制创新进一步深化

新闻报刊司按照党中央作出的深化文化体制改革的重大战略决策，认真开展报刊出版单位改革调研及编制改革试点工作基本规程的相关工作，组织召开了一系列报刊业改革研讨会。积极推动报刊业改革试点单位的转企改制和深化内部机制改革工作，积极推动部分中央级行业、专业类报刊出版单位转企改制，鼓励支持党报集团深化改革，推动具有良好基础的行业、专业报刊出版单位转企改革后整合资源形成大型专业性传媒企业集团。至今，同意批准9家报社、25种期刊转企改制。

（三）法规规章不断完善，依法行政稳步推进

为贯彻依法行政、科学管理的基本要求，新闻报刊司多年来结合报刊出版业发展的实际情况不断完善法规规章，强化管理。组织力量制定《新闻记者证管理办法》和《报社记者站管理办法》，并下发

《关于进一步规范报社记者证管理的通知》、《关于保障新闻采编人员合法采访权利的通知》、《关于进一步做好新闻采访活动保障工作的通知》等,加强对记者站管理,规范新闻采访秩序,保障新闻机构和新闻采编人员依法从事采访活动。2005年9月《报纸出版管理规定》和《期刊出版管理规定》出台,2006年下发报纸期刊年度核验办法,进一步明确和规范报刊年度核验工作。2007年制定了《期刊出版形式规范》,加强对期刊"一号多版"等违规出版问题的监管,提高了报刊出版质量。2008年分别就《期刊质量管理标准》、《期刊出版单位编辑流程》、《报纸出版单位转企改制操作规程》和《报纸期刊审读暂行办法》广泛征求意见,以求完善。2008年在河北、辽宁开展报刊退出机制试点工作,尝试综合运用市场、法律、行政等手段,实现报刊的优胜劣汰。

（四）服务能力和宏观指导职能不断提高

报刊司积极努力转变管理模式和理念,加强服务和宏观调控的职能建设。近年来,多次召开报刊管理工作会议、报刊审读工作会议、时政财经类期刊通气会等,加强对报刊舆论导向监管和引导,为报刊业健康、持续、繁荣发展统一了思想,明确了方向,为党的十七大召开和奥运会的成功举办营造良好的舆论氛围和文化环境奠定了基础。报纸年检和新闻记者证的申请、审核、发放等日常管理工作实现了网络动态管理,提高了工作效率和监管力度,改进了管理方式方法。记者证全部网上核查,保证了新闻记者正常的采访活动,打击了假记者的违法犯罪活动,及时维护了基层单位和广大群众的利益。

（五）报刊业走向世界

新闻出版总署切实落实中央领导关于报刊业"走出去"的有关指示精神,加强对报刊"走出去"的规划、引导和扶持。2006年9月26日至27日,总署报刊司和外事司、国务院新闻办三局联合召开报刊"走出去"研讨会,总结和分析了当前报刊业"走出去"的意义、现状、趋势及取得的经验,探讨我国报刊业参与国际文化信息传播和国际传媒产业竞争的策略和措施,提出具有针对性和操作性的意见和建议。至 2006 年年底,我国已有 6000 余种报刊对外发行,54 家报刊被批准进行中外版权合作,出口贸易额总计 250 万美元,码洋 620 万人民币,共发行至 70 多个国家和地区。

三、报刊管理工作存在的主要问题及分析

随着我国国民经济全面发展,报刊业发展、改革与管理等各个方面都出现一些新情况、新特点和新问题,对照科学发展观要求,报刊管理工作主要有如下问题:

(一)报刊管理政策法规有待完善

在寻求发展中,报刊业出现诸多违反现行管理规定的行为,如"一号多刊"、合作办刊、擅自变更刊名、异地办刊、异地设立编辑部、虚假报道等,这些都是报刊业发展过程中面临的现实问题。《出版管理条例》、《内部资料性出版物管理办法》、《新闻记者证管理办法》和《报社记者站管理办法》等管理规定中的一些规定相对滞后,不能完全适应管理工作的需要。对一些新问题的处理缺少明确依据,形成法规上的"真空地带"。有的虽有规定,但缺乏操作性。报刊出版违规问题屡禁不止,管理的力度和权威性受到挑战。作为管理部门,亟待对现行法律法规进行梳理,及时修订现有法规规章,出台新的适应时代发展需要的政策法规,使管理工作有章可循、有法可依。

(二)宏观调控和管理机制尚待进一步加强

目前,报刊出版单位搞"一号多版"、"一号多刊"、买卖刊号等违

规问题日益突出,通过市场调节实行优胜劣汰和资源配置功能难以有效发挥,报刊退出机制未能有效实行,报刊业缺少正常的新陈代谢功能;为扩大广告收入,一些报刊搞有偿新闻,收取版面费,发布"软广告",刊载虚假违法广告,新闻出版管理部门对报刊刊载虚假违法广告的查处和管理,目前缺少行之有效的措施和机制;广大基层群众反映最大的"四假"问题,尚未有效解决;有关记者证管理的基础性制度和数据有待修订和完善。社会普遍关注的学术期刊收取版面费、核心期刊异化等问题亟待解决。

(三)行政管理部门人才尚需大力培养

随着社会经济发展,对报刊市场的监管,任务越来越繁重,管理力度不断加大。但是,目前管理体制不健全、力量不足的问题越来越突出,形成"大任务、小队伍"的局面。20世纪五六十年代受传统教育的一批老同志逐步退休,大量新人进入意识形态宣传领域,在把握政治导向、把握方针政策方面缺乏锻炼,往往会出现这样那样的问题,报刊出版管理部门人才培养和队伍建设问题日益突出。

四、理清发展思路和措施,着力解决突出问题

(一)继续解放思想,改革创新,有效管理

坚定不移地继续解放思想,要以逐步构建符合先进文化发展方向的新闻出版格局和体系为目标,围绕解决阻碍行业发展的根本性问题为重点环节,坚持不懈地解放思想、深化改革,构建符合科学发展观要求的法律法规和体制机制。以建设服务政府、责任政府、法治政府、廉洁政府为目标,转变政府职能,提高行政效率,要切实按照科学发展观的要求,从有利于报刊发展、有利于调动报刊从业人员的积极性、有利于管理工作适应发展的需要三方面出发,创新管理思路和

模式,充分发挥宏观调控和服务职能。

(二)在深化改革上下功夫

按照中央确定的路线图和时间表积极推进,将体制改革的各项任务落到实处。加强报刊业改革的研究,针对目前报刊出版单位的各种问题,提出具有指导性、操作性指导意见。通过深化改革培育市场主体和公共服务主体。明确报刊出版单位公益性事业单位和经营性产业单位的划分原则和改革目标,推动经营性报刊出版单位转企改制,建立现代企业制度。明确地方报刊管理部门在改革中的具体任务和职能,充分发挥报刊主管、主办单位和地方管理部门的作用。

(三)健全法规规章,为报刊管理提供有力依据

积极推进《报纸出版管理规定》、《期刊出版管理规定》的修订工作,研究制定相关的实施细则。对新闻采编活动在内容上细化,为基层报刊管理部门在管理实践中提供充分依据。修订《报社记者站管理办法》、《记者证管理办法》中不符合需求的规定,规范审批和注销记者站办法,研究对党报新闻网站配发记者证,修订和公布新闻性期刊领取记者证标准,建立和完善新闻记者不良记录登记制度,制定《新闻采编活动暂行规定》。制定报刊审读办法,推动和规范各地报刊审读工作,督促各新闻行政管理单位建立审读队伍,发挥审读工作的作用。实事求是地就采编问题深入调研分析,出台新闻采编方面的管理规定。

(四)加强公共服务,推进报刊业繁荣发展

加强对“三农”、民族文字、学术、科普等报刊的政策支持,并通过相关财税政策、专项资金补助政策给予重点支持。建立报刊发展基金、报刊全国性评奖机制等激励机制,调动优秀报刊积极性和创造性。建设新农村阅报栏重大项目工程,包括农家书屋阅报栏配套工

程、新农村校园阅报栏工程、新农村社区阅报栏工程。重点推动报刊业科学发展的项目如质量管理工程,其中包括重点报刊建设工程、重点报刊群建设等子项目。进一步提升公共服务水平,尽全力解决人民群众反映的问题,给予帮助,让人民满意。

(五)加强制度建设,提高服务新闻报刊业科学发展能力

第一,推出《报刊审读管理暂行办法》,建立健全报刊审读监测网络,及时掌握报刊出版动态,确保报刊正确出版导向。建立报刊审读追踪监测制度,对报刊出版和重大新闻事件电子实时监管。加强与地方新闻出版部门、中央报刊主管部门及报刊出版单位审读信息的交流与沟通,重点结合贯彻"双重大"选题送审制度,认真把好立项申请和内容审核关,完善报刊专项检查制度,确保报刊坚持正确出版导向和健康的出版秩序,努力为建设和谐文化、构建和谐社会营造良好的舆论氛围。

第二,制定《报刊违纪违规查处规程》,完善报刊监管体系,使报刊违规查处工作做到及时、有效、规范。协同市场监管局建立"期刊非法出版联合打击机制",对发现的非法期刊及时送市场监管局查处。重点解决"一号多版"情况,根据河北、天津两试点省市情况,对教辅类等期刊及已建立完善现代企业制度、实现集约化经营的出版单位确实从细分市场考虑"一号多版"的期刊,予以批准;对不具备出版能力、偏离办刊宗旨,借"一号多版"形式买卖刊号的期刊予以纠正。

第三,建立和完善报刊退出机制,综合运用市场、法律、行政等手段,实现报刊优胜劣汰。上半年针对辽宁、河北两省报刊业结构、布局现状,分类评估两省部分类别报刊,逐步完善报刊退出的评估指标、退出流程及报刊退出后人员处置办法,实现本地区报刊业优胜劣汰、优化结构的试点目标,为实现市场化退出提供科学依据。下半年在总结试点经验的基础上,在全国范围内试行报刊退出机制的工作。

第四，建立和完善报刊出版质量标准体系，规范期刊出版规范流程，建立健全报刊编辑人员从业资格，提高报刊出版质量。制定完善《期刊质量管理标准》、《报纸质量管理标准》、《期刊出版单位编辑流程》，通过建立完善报刊质量评估体系，对报刊质量进行科学量化评估；完善期刊出版编辑流程及学术期刊编辑岗位要求，建立学术期刊诚信体系，重点解决学术期刊出版质量较低问题，保证出版质量。

第五，构建学术期刊出版平台，提高期刊数字化水平，切实解决学术期刊收取版面费、核心期刊异化等问题。贯彻落实中央领导有关批示意见，结合今年的专项调研，尽快制定工作方案，与有关部门协商、配合，采取综合治理的办法，规范学术期刊收取版面费等问题。此外，通过申请国家学术期刊发展基金，扶持具备条件、集约化发展的出版单位，构建学术期刊出版平台，推动报刊产业数字化发展进程，谋求根本解决之道。

第六，加强对新闻从业人员的管理，完善对新闻记者证、记者站的管理。组织开展对高级新闻工作者的培训管理；完善对新闻系列职称评定的管理；规范和完善对违规人员的处理办法，建立违规新闻采编人员警示制度和违纪违法新闻记者黑名单制度。

第七，加强行政管理人员的职业培训。通过职业培训，确保各省新闻出版局报刊处主要负责同志建立依法行政意识，熟悉政务信息公开、行政处罚法规等规定，规范行政执法工作。

(六)加强党组织自身建设，增强党员先进性

新闻报刊司将学习与实际工作相结合，对照科学发展观的要求查摆问题，边学边改。具体从如下方面进行党组织建设：

一是坚持报刊司学习制度，建立学习型支部。把学习作为一项长期任务贯穿工作始终，将科学发展观的简报、学习资料等汇集成册，定期组织全体同志深入学习讨论科学发展观，不断对照检查，结合个人的思想作风、学风、工作作风、生活作风及时查找问题，进一步

提高大局意识、责任意识和服务意识。就工作中存在的难点进行讨论，探讨解决问题的方法，提出切实可行的措施，提高行政服务水平。定期组织同志学习法律法规和相关业务知识，深刻理解报刊出版、新闻记者、新闻记者证等规定，熟悉相关的工作规程，不断地提高工作能力。

二是在解放思想中凝聚力量。以改革创新引领报刊出版工作，提高认识，统一思想，振奋全司同志精神，一心一意谋发展，聚精会神抓工作。坚决落实好中央交办和总署的重点工作，以解决制约发展和社会反映强烈的问题为突破重点，如买卖刊号、有偿新闻以及期刊收取版面费等。不断提高行政服务水平和能力。

三是以制度约束人，提高报刊司党组织的政治和工作素养。结合我司实际工作，制定了《新闻报刊司会议制度》、《新闻报刊司考勤制度》、《新闻报刊司保密守则》和《新闻出版总署新闻报刊司涉密机使用办法》，修订《报刊司党支部廉政建设"八不准"规定》，用制度规范和科学化司内同志的工作规程，提高司内同志组织纪律、政治修养和工作素质，巩固学习实践科学发展观的成果。在全司形成严谨踏实、坚持原则、廉洁自律、勤政为民、和谐共进的良好风气。

四是着力转变工作作风，进一步提升公共服务水平，提高工作效率，按新闻报刊司确定的新职能定岗定责，注重核查工作实绩。积极主动分析总结遇到的问题，创新方式方法，以求真务实的态度处理日常工作。

出版管理司深入学习实践
科学发展观活动分析检查报告

一、出版管理司学习实践科学发展观基本情况

根据《新闻出版总署（国家版权局）深入学习实践科学发展观活动实施方案》的要求，前一阶段出版管理司深入学习实践科学发展观具体情况如下：

（一）抓好学习尤其是集中学习，掌握基本理论，做到联系实际思考问题

通过学习，全司党员干部收获很大：一是进一步明确了科学发展观的基本内涵和精神实质，更加深刻地体会到，科学发展观是一个完整的理论体系，是相互依存、不可分割和辩证统一的整体。二是更加深入了解了科学发展观产生和发展的历史过程，认识到科学发展观是同马克思列宁主义、毛泽东思想、邓小平理论和"三个代表"重要思想既一脉相承又与时俱进的科学理论。三是进一步认识到科学发展观提出的历史背景及其在当代的重大意义。四是深入思考了新闻出版行业践行科学发展观方面存在的问题。

在学习阶段，出版管理司非常重视集中学习，在业务繁忙的情况下，仍然坚持安排时间进行集中学习，确保学习不打折扣，巩固学习效果。

（二）深入基层，做好调研，在调研中解放思想，开拓发展的思路

调研活动在不同形式、层面上有序展开，主要有：（1）承担总署"十行百家"调研子课题。会同财务司就"加快培育大型骨干出版企业，推动出版业做强做大"的课题进行专项调研。课题组调研完成后，及时精心撰写子课题调研报告和3个分报告，调研取得了很好的成果。（2）全民阅读活动专项调研活动。为深化全民阅读主题，拓展全民阅读活动渠道，营造全民阅读氛围，在全民阅读中学习实践科学发展观，11月18日，出版管理司在北京召开"推进全民阅读，促进科学发展"征求意见调研会，广泛征求各界的意见和建议。来自出版管理部门、出版单位、科研机构、新闻媒体的专家、学者20多人出席会议。（3）开展问卷调查和网上调查活动。通过对100多家单位问卷调查，联系出版业实际查找我们在改革和发展中存在的突出问题，进而研究新形势下优化出版管理体制、切实推动出版领域的体制改革和出版产业发展等方面的新思路和有效方法，使科学发展观真正体现在工作实践上、贯穿在具体业务中。在网上调查中，社会群众积极响应，建言献策，对改进出版管理工作提出了诸多中肯的建议与意见。（4）根据出版管理司党支部制定的调研计划，各业务处室分别选择1至2家相关出版单位进行了实地调研和座谈，进一步了解出版单位在发展中的需求和目前存在的问题，并征求对促进行业发展的意见和建议等。通过调研工作，使大家了解到当前影响产业发展的突出问题。

（三）坚持做到两个"两不误"、"两促进"

开展深入学习实践科学发展观活动以来，出版管理司坚持要求大家做到两个"两不误，两促进"。一是要做到个人学习与组织好本单位的活动两不误、两促进。二是坚持做到学习工作两不误、两促

进,做到边学边改。进入年底,正是我们多项重大工作推进之时,我们在开展好学习实践科学发展观的同时,总署今年的几项重大改革发展工作有了突破性进展,如:改革书号管理工作,实施网上书号实名申领,服务行业、服务基层;加快推进高校出版社改革,已有82.5%进入转企改制行列;做好经营性出版单位评估工作;做好公共文化服务,推进全民阅读活动;等等。

二、贯彻落实科学发展观取得的成效及基本经验

(一)坚持正确导向,营造出良好的社会舆论环境

十六大以来,出版管理司始终坚持社会主义先进文化的前进方向,以科学发展观为统领,六年来组织出版了一大批学习贯彻"三个代表"重要思想、深入宣传科学发展观以及十六大以来党中央提出的一系列重大战略思想和建设社会主义和谐文化的重点图书、音像制品和电子出版物,扩大了主流文化的影响,有力地弘扬了主旋律,为建立社会主义核心价值体系作出了积极的贡献。

(二)出版体制改革不断深化,促进了出版业的科学发展

十六大以来,文化体制改革的步伐明显加快。2003 年,文化体制改革试点正式启动,在所确定的 35 个文化体制改革试点单位中,出版单位所占数量多,改革任务繁重,出版管理司在总署党组领导下,从体制创新入手,全面完成了改革试点任务。近年来,又在着力推动出版集团公司上市融资和中央部委出版社、高校出版社的转企改制工作,不断解放出版生产力,大大增强了出版产业科学发展实力。

（三）文化创新力度不断加大，为人民群众提供了又好又多的精神食粮

十六大以来，出版管理司高度重视出版业的文化创新，紧紧围绕文化创新这个主题，组织有关出版单位加大原创内容开发、新形态产品开发，提高出版物质量，推出一大批国家级文化项目和精品工程。六年来，出版物市场发生了重要变化，出版物品种大大丰富，出版物质量不断提升，较好地满足了人民群众日益增长的文化需求。据统计，我国年出版的图书品种已由 2002 年的 170962 种增长到 2007 年的 254376 种，总册数达到 66 亿册，音像制品和电子出版物发展迅速，到 2007 年我国出版音像制品发行总金额为 31.46 亿元。

（四）积极推动公共文化服务体系建设，推动全民阅读活动有效开展

近年来，出版管理司把出版业公共文化服务体系建设作为重中之重，紧紧抓住全民阅读活动，加大力度，加快进度，努力建设好公共文化服务体系，以满足人民群众的基本文化需求。2008 年，全民阅读活动内容更丰富，有层次，有主题，成效更为显著。基本情况如下：一是春节期间，以"带一本好书回家、过文明祥和佳节"为主题，开展了主题爱心捐赠活动、有奖征文活动和百家出版单位百种图书推荐等多种活动。二是 4 月 23 日"世界读书日"前后，以"北京奥运知多少"为主题，通过开展优惠售书、奥运主题图书展示展销、读书公益短信和公益广告、"奥运图书精品展"、向流动儿童赠书等活动，普及奥运知识，增强爱国热情，展示良好风貌。三是国庆节前后，以"纪念改革开放 30 年"为主题，组织开展"我与改革开放 30 年"读书征文等系列活动，活动既增强了广大干部群众对中国共产党领导、社会主义制度、改革开放事业、全面建设小康社会目标的信念和信心，又营造了全民良好的阅读风气。

（五）转变政府职能，实施科学管理

十六大以来，出版管理司按照总署的统一部署和要求，大力推动政府职能转变，创新管理思路和手段，提高管理水平，提高服务质量，实现阳光审批、阳光管理。2008年上半年，总署印发了《经营性图书出版单位等级评估办法》和《关于对经营性图书出版单位进行首次等级评估工作的通知》，标志等级评估实施工作正式启动。这是出版管理司为建立与社会主义市场经济和我国图书出版产业现状相适应的图书出版管理体制、引导出版单位进一步完善内部运行机制、繁荣发展图书出版产业的重要举措。参加评估的出版单位共计500家。此外，出版管理司今年实施科学管理的又一举措就是全面推进书号网上实名申领工作，对书号实行分级管理、实名申领。这是出版业的另一件大事，这项工作对于提高政府的行政管理信息化水平和建立高效的服务、管理优势有极大的推动作用。

以上一些成效和经验，反映了出版工作的内在规律，对于做好当前和今后一个时期的出版工作具有长远的指导意义，需要在实践中加以丰富和发展。

三、出版管理司近年来在践行科学发展观方面存在的突出问题及原因分析

1. 思想还不够解放。主要表现有：一是对体制内国有出版单位非常重视，对民营企业、社会文化工作室在出版中的作用认识不是很全面。对如何积极发挥它们的作用，如何将其纳入体制内来管理，研究得不够。二是对如何发挥市场在资源配置中的作用认识不够，新闻出版的产业属性理解得不够透彻。

2. 发展的意识还不够强。在处理发展与管理的关系问题上，确

实存在重管理轻发展的问题,考虑管理的问题多,摸索管理的办法多,发展的意识不强,对产业政策、产业基础建设研究较少,发展的办法和措施相对较少。

3. 服务创新能力有待进一步提高。主要表现在服务意识和能力上与分类管理、分类指导的管理目标还有相当的差距,与为国家宏观决策服务、为经济建设和社会发展服务、为出版管理工作服务等总署党组提出的明确要求还有相当差距。一是在处理管理与服务的关系的问题上,或多或少存在重管理轻服务的思想,在管理工作中,为管理对象着想不够,主动服务的意识还要加强。二是习惯于传统工作模式,创新服务的措施还不多,服务意识要进一步提高。

4. 行政管理职能有待进一步转变,管理水平有待进一步提高。主要表现是:出版行政管理还比较粗放,工作效率有待提高;管理手段相对滞后,管理水平有待提高,管理模式有待改进。

5. 公共文化服务意识有待加强。对农村文化建设,在满足农民的文化需求上下的功夫还是不够,为农民提供的有用的文化产品有限。此外,我们在荐书、评书活动引导社会阅读、调动群众参与文化建设方面还要加强工作力度。

6. 宏观调控的水平有待进一步提高。出版宏观调控的手段还不够多,优化出版产业结构的力度还要加大。推进出版业增长方式转变、促进出版业做强做大的宏观政策尚不健全,出版宏观调控的能力需要进一步增强。

出版管理司认真分析了上述问题,并认为要从自身找到问题的主要根源。主要原因有如下几个方面:

一是系统学习科学发展观还要深入。通过学习实践,对科学发展观的基本内涵和总体要求有了一定理解,但认识还不够深入,理论联系实际不够紧密,发挥主观能动性不够。根源还是对科学发展观领会不到位,还需要坚持不懈地学习和领会。

二是对出版业面临的新形势研究分析不够。我们在日常工作中，往往限于传统思维定势，对出版的功能认识不足，容易把出版功能局限在意识形态和文化功能上，而对产业功能认识不足，特别是还没有自觉把出版工作放到国家整体发展战略和提高国家软实力的高度来认识和把握。

三是改革创新的意识还需加强。在工作中，我们思想观念转变不够，习惯于过去怎么干，现在还怎么干，对如何改革、怎样创新，有时思考不深，研究不细，措施跟不上，工作不到位。改革创新的动力还要加强。

四是作风还有待更加扎实。工作中，深入到干部职工和基层一线了解情况少，听取群众意见不够，对存在的难点问题帮助解决不够。在一些出版政策出台过程中，工作部署和提要求多，征求地方和部门的意见不够。这反映了我们对基层还是感情不够，设身处地不够，换位思考不够，重管理轻服务，没有把自己的工作目标与出版业的发展目标有机地结合起来，工作作风和工作方法有待进一步改进，主动为地方、部门和群众服务的意识需要进一步增强。

四、出版管理司学习实践科学发展观整改思路和措施

1. 针对学习科学发展观不够系统的问题，将继续深入学习好科学发展观，更加自觉、更加主动地用科学发展观指导我们的各项工作，提高学习的自觉性与系统性，并与出版工作实际紧密结合起来，努力构建学习科学发展观的长效机制，创建学习型单位和学习型支部，强化科学发展观学习，促进出版司干部职工在事关发展的重大问题上进一步统一思想、形成共识，切实增强在实际工作中学习实践科学发展观的自觉性和坚定性。

2. 针对转变行政管理职能中存在的问题，近期，将在已有工作基础上，加快推动网上书号实名申领工作和出版单位评估后续工作，

其中网上书号实名申领工作将在 2009 年年初在全国范围内展开。出版单位评估后续工作包括公布经营性出版单位评估结果并举办"百佳出版单位"表彰活动。此外,2009 年将启动公益性图书出版单位评估有关工作。通过加强服务,创新管理手段,实现分类指导、分类管理的目标。

3. 针对调研中业界普遍反映的多年来文化行政部门对音像制品防伪标识收费不合理的问题,在音像管理职能完整划入总署后,近期,经多方协调并报领导批准,近期将取消音像制品防伪标识,减轻基层单位负担,切实为业界办实事、好事,为企业着想,为基层着想,为整个出版产业全局着想,真正实现"党员干部受教育,科学发展上水平,人民群众得实惠"。

4. 针对民营文化工作室的问题,2009 年,将加快研究和制定涉及出版的民营机构管理办法和政策措施,在调研的基础上,积极推动出版改革,制定科学的管理规范,把民营文化工作室纳入正常的管理轨道,使之成为出版产业一支重要力量,促进其健康发展,充分发挥其在文化发展中的作用。

5. 针对目前出版业多媒体发展不足的问题,将加快多媒体互动,推动音像、电子、图书出版业的跨媒体试点工作,2009 年要有较大的突破。加强对新兴媒体的重视和引导,促进新媒体与传媒的优化组合。

6. 针对思想解放有待加强的问题,出版管理司将着力加快推动出版改革进度,按照中央的部署和要求,加大进度,加大力度,在面上推广,向纵深发展,尤其是加快推动中央在京出版社转企改制的工作。力争明年全面完成全国高校出版业的改革,力争明年在推动中央在京出版单位转企改制方面有突破性进展,要通过改革,加快出版业的发展。

7. 针对宏观调控有待加强的问题,近期将着力研究有关促进出版业发展的宏观政策,积极推动出版业做强做大。主要是推动出版业的重组、兼并、联合,上市融资,通过重点培育,一是形成一批主业突出、实力雄厚、具有较强竞争力的大型出版集团;二是形成一批书报刊、音像、电子互动,具有广泛社会影响力的多媒体传媒集团;三是形成一批跨地区经营、具有较强区域辐射力的大型发行集团;四是形成一批富有活力的"专、精、特"专业出版单位;五是形成一批拥有自主品牌、积极参与国际竞争的战略投资者。

8. 针对服务创新能力方面存在的问题,近期将进一步加大力度加强公共文化服务体系建设,研究并制定相关公共文化服务体系建设扶持政策,着力抓好民族出版、农村读物出版工作和全民阅读活动。

9. 针对了解基层群众情况少、作风建设上存在的问题,近期将专项研究如何进一步加强调查研究,把调查研究真正落到实处,通过建立一定数量的联系点,形成定期联系机制,在调查研究中,进一步转变作风,转变观念,解放思想,拓展科学发展的思路,提出科学发展的办法。

印刷发行管理司深入学习实践
科学发展观活动分析检查报告

一、对学习实践科学发展观的认识和体会

（一）深化对学习实践科学发展观的重要性和紧迫性的认识

科学发展观不仅是我国经济社会发展的重要指导方针，也是我国社会主义文化繁荣发展的重要指导方针。就我司管理所涉及的印刷、复制和发行行业来说，印刷复制业在经历高速发展之后面临着一系列突出问题亟待解决，最根本的就是发展方式粗放。在新形势下，这种以低成本、低技术含量、高消耗所支撑的发展模式已不再满足中国经济发展的需要。受全球金融危机的影响，印刷复制企业订单和利润下滑，据最新调查，光盘复制企业下滑幅度达到30%—60%，停产企业近50%，珠三角地区已有近千家印刷企业破产倒闭。在经历前几年繁荣发展的势头过后，音像制品近几年急剧下滑，发行业市场分割局面依然很严重。这一切都在说明，我们不能再靠拼资源、拼劳力提高发展速度，必须按照科学发展观的要求，更加理性、科学地发展和管理产业，必须通过深化改革来实现新的飞跃。农家书屋工程建设也存在着如何真正按"工程"建设要求科学地把建设落在"实处"的问题。

开展深入学习实践科学发展观活动，一方面是要通过学习、回顾，总结经验教训，真正从思想上破除单纯追求速度、不顾质量、效益

和资源环境代价的旧框框,破除片面追求经济增长、忽视社会建设的思想,牢固树立"好"字当先、又好又快、全面协调发展的观念;另一方面,是要通过实践,深入调查研究,广泛听取民意,从体制、机制中找出制约和影响科学发展的突出问题,认真、扎实地加以解决。只有开展深入学习实践科学发展观活动,促使我们更好地把握发展规律,创新发展理念,转变发展方式,才能破解发展中的难题,解决好前进中出现的一系列新的矛盾和问题,为实现经济社会又好又快发展提供思想上、制度上和体制机制上的保证。

(二)学习实践科学发展观要牢牢把握学习和实践相结合

首先是学习科学发展观,打牢政治基础和思想理论基础。毛主席在实践论中强调,感觉到的东西不一定能立刻理解它。只有理解了的东西,才能更深刻地感觉它。若想切身实践科学发展观,将科学发展观真正落实到工作中去,我们必须通过学习,全面理解和领会科学发展观的科学内涵、精神实质、根本要求,在逐渐深化认识的过程中,着力转变不适应、不符合科学发展观要求的思想观念,以便进一步提高贯彻落实科学发展观的自觉性和坚定性,防止来自右的特别是"左"的干扰,努力达到提高思想认识、解决突出问题、创新体制机制、促进科学发展的目标。

其次,学习实践科学发展观,要理论联系实际,要在实践上下功夫,落实中央关于"党员干部受教育,科学发展上水平,人民群众得实惠"的精神,着力解决影响和制约科学发展的突出问题以及党员干部党风党纪方面群众反映强烈的问题,着力构建有利于科学发展的体制机制,提高领导科学发展、促进社会和谐的能力,使我们的工作更加符合科学发展观的要求,把全社会求发展、求变化的积极性进一步引导到科学发展上来,把科学发展观贯彻落实到经济社会发展各个方面。

二、党的十六大以来贯彻落实科学发展观取得的初步成效

(一)高举旗帜,服务大局

围绕毛泽东、邓小平等诞辰纪念活动和长征、抗战、建军等重大节庆和抗震救灾、北京奥运会等重大事件和活动,做好有关重点出版物的印刷、复制和发行工作,同时加强监管,加大对印刷、复制和发行单位的监督检查力度,严防政治性非法出版物和盗版盗印活动,净化文化市场环境,营造和谐健康的发展环境。

(二)出版物发行单位体制改革取得突破

党的十六大以来,按照"区别对待、分类指导、循序渐进、逐步推开"的原则,我们着力从培育市场主体、完善市场体系、改善宏观管理、转变政府职能等方面推动新闻出版领域改革。全国新华书店系统除西藏外,各省级新华书店已全部完成转企改制。经过改革,出版物发行单位发生了可喜变化,投融资渠道不断扩大,以公有制为主体,各种所有制经济共同发展的产业格局初步形成。目前,除上海新华传媒、四川新华文轩和辽宁出版传媒三家国有发行企业成功上市外,江苏新华书店集团有限公司、安徽新华发行集团和重庆新华书店集团公司也加快了上市步伐,积极为上市做准备。在跨区域发展方面,2008年5月9日,由江苏新华以现金投入、海南新华以所属优质资产投入共同组建的海南凤凰新华发行有限责任公司正式挂牌成立,标志着新华书店系统打破行政区划、实行跨地区重组取得突破。与此同时,四川新华文轩上市以来,利用体制和资金优势,分别与贵州省店和新华书店总店签署合作协议,跨区域发展取得新进展。

（三）农家书屋工程建设成效显著

农家书屋工程是国家公共文化服务体系建设的重要组成部分，是繁荣农村公共文化、保障广大农民群众基本文化权益的重要措施，已被写入《国家"十一五"时期文化发展规划纲要》和《政府工作报告》，得到了中央的高度重视。为推动农家书屋的实施，新闻出版总署自2004年起就组织在部分地区开展试点建设。2007年3月，新闻出版总署、中央文明办、国家发展改革委、科技部、民政部、财政部、农业部、国家人口计生委八部委联合下发《农家书屋工程实施意见》，提出"十一五"时期要在全国建立20万家农家书屋，到2015年基本实现农家书屋覆盖全国每个行政村。此后，陆续出台了《农家书屋工程建设管理暂行办法》和《农家书屋工程专项资金管理暂行办法》。

2008年是农家书屋工程全面推进的一年，全国大多数省份已成立了农家书屋工程建设领导（协调）机构，制订了切实可行的工程实施计划，加大了建设力度，加快了工程进度。截至2008年11月底，全国已建成农家书屋30040家，其中，东部地区16585家，中部地区7435家，西部地区6020家。党的十七届三中全会以来，各地积极贯彻全会精神，加大投入力度，提出进一步加快工程实施的目标，农家书屋工程建设迎来新的高潮。预计2008年年底至2009年年初全国将新建农家书屋55000家。

（四）印刷复制业实现又好又快发展

十六大之后，在科学发展观指导下，我们认真贯彻中央关于大力发展文化产业的方针政策，加大宏观调控力度，制定了印刷复制业发展规划。进一步完善了法规，健全了印刷复制长效监管机制。印刷复制产业规模进一步扩大，产业结构和布局渐趋优化、合理，印刷复制产品质量不断提高，印刷复制企业的知识产权保护意识和守法经营意识也日益增强。在发展中已形成了"珠三角"、"长三角"和"环渤海"三个各具特色的印刷复制产业带。与此同时,中西部地区和东北老工业区在新一轮的加工贸易转移调整中,抓住机遇,形成新的印刷复制基地。据统计,印刷复制业"十一五"发展目标主要指标已基本完成。

三、对照科学发展观要求存在的问题及原因

通过前一阶段的学习调研和分析检查,从各方反映的意见和建议看,涉及印刷复制发行业改革发展和监管的方方面面,反映出当前我们的工作还存在许多问题和不足。

一是印刷复制业在发展过程中还存在产业集约化程度低、行业总体技术装备水平落后、自主创新能力不强、抗风险能力弱和守法经营、诚信建设问题。

二是发行业在改革发展方面还存在着行业领军人物新老交替、人才队伍建设任务紧迫,市场壁垒严重,零售市场需求不足,老少穷地区的发行网点建设严重不足和行业诚信建设等问题。

三是法规标准滞后。《印刷业管理条例》、《音像制品管理条例》、《出版物市场管理规定》还有很多与行业实际情况不相符的地方,如《印刷业管理条例》缺少对印刷质量和数字印刷规定条款,印刷企业准入门槛需要提高,对承接境外出版物印刷企业管理和指导的针对性不强等。《音像制品管理条例》第二十三条对光盘复制企业验证著作权授权书的要求执行较困难。《出版物市场管理规定》应上升到《出版物市场管理条例》,同时零售业准入门槛也需要提高。此外,行业标准如数字印刷有关标准、复制质量标准以及发行业的标准,有的需要填补空白,有的需要根据新情况予以完善。

四是行政管理手段落后。行业信息化建设滞后,传统纸介质印

刷委托书可操作性不强,跨省印刷双向备案的要求容易滋生地方保护,需向电子化方向发展。

分析上述问题的原因,从自身建设角度分析检查,主要有以下几方面:

1. 理论学习不够,对科学发展的认识还有待进一步提高。忙于事务性工作较多,缺乏系统的理论学习。理论学习和知识储备不足,对科学发展观的科学内涵、精神实质和根本要求领会得还不够全面、深刻。在理论联系实际,落实高举旗帜、围绕大局、服务人民、改革创新的总要求上还存在一定差距。

2. 转变职能不充分,对新情况新问题还需不断增强分析和解决问题的能力。在这次机关机构改革中,印刷发行管理司作为新建司,更加突出了公共服务和行业监管职能。面对新形势、新要求以及行业管理工作出现的新情况,疲于应付,缺乏前瞻性的调查研究,工作中还存在一些惯性的思维定式,思想观念和工作方式方法还有待进一步改进和创新。

3. 贯彻落实科学发展观的执行力有待加强。在推动农家书屋工程建设中,各个方面、各个环节间的相互协调和相互配合的良性工作机制尚未完全形成,一定程度上影响了工作效率和质量的提高。在推动印刷、复制、发行业各项政策和法律法规的贯彻落实上手段有限、方法不够,特别是在查处案件工作中,受地方保护主义影响行政执行力较弱、行政效率不高,对各地监管工作奖罚机制难以及时跟进。

四、解决存在的突出问题,推动印刷、复制、发行业科学发展的思路和措施

科学发展观的第一要义是发展,对于发展中出现的问题仍然要

靠发展来解决。当前关键是要加快转变发展方式，大力推进印刷复制发行业产业结构的战略性调整，由粗放型向集约型转变，由依靠物质资源消耗向依靠科技进步、劳动者素质提高、管理创新转变。具体说来：

1. 印刷复制业由于市场化程度较高，政府首先是要加大宏观调控力度，综合运用质检、年检等手段，形成优胜劣汰机制，淘汰一批质量低劣、环保不达标的散滥差企业，提高产业集约化程度。其次是要推进技术进步。印刷复制业是典型的技术推动型行业，技术进步不仅是促进产业发展的内生变量，而且是转变发展方式的关键。只有技术进步了，才能从根本上解决粗放发展的问题，解决污染问题，提高核心竞争力，提高抗风险能力。最后是加强服务，为印刷复制企业的发展创造良好的环境，指导企业用好用足各项产业发展的优惠政策，帮助企业渡过难关，把金融危机的影响降至最低。

2. 由于出版物发行业还没有形成成熟的市场机制，因此重点要构建有利于科学发展的体制机制，培育合格的市场竞争主体。一是综合运用行政、政策等手段，继续推进大型发行集团的构建，实现跨区域发展。我国发行集团组建的过程就是在地方政府的行政推动下实现的，这是转型期中国的特色。同样，在建设超大型的业务覆盖全国的发行集团的过程中，也离不开行政的推动。二是在出版集团和发行集团的隶属关系上遵循市场规律，以推动发展为最终落脚点。对改革成功的发行集团保留其独立集团地位。三是对县和县以下新华书店继续给予国家政策和财政扶持。四是加快人才培养，为行业领军人物的发展创造良性互动的激励机制。建立和完善发行业的职业资格制度、经理人的持证上岗制度、发行员的职业准入制度。

3. 加强行业监管。一是要完善法规。做好法规修改前期基础性调研工作，尽快出台《数字印刷管理暂行办法》和《承接境外出版物印刷管理办法》。二是要改进监管手段，推动信息化建设。印刷、复制和发行企业点多面长线广，传统管理手段已不能适应，迫切需要向电子化、网络化监管发展。传统纸介质印刷委托书由于无法适应异地印刷的时效性已制约其执行力,需要向高效、快捷的电子化转变。三是针对出版物批发市场良莠不齐的局面,加大整顿,堵住盗版出版物流通的关口。四是加强诚信体系建设,规范印刷、复制和发行企业经营行为,塑造诚信守法的市场主体。

五、加强自身建设的具体措施

(一)加强学习,增强贯彻落实科学发展观的自觉性和坚定性

以学习实践科学发展观活动为契机,系统深入学习中国特色社会主义理论体系,坚持用科学发展观武装头脑、指导实践、推动工作。按照总署学习实践科学发展观活动的统一部署,认真落实学习计划,完善学习制度,创新学习方式,注重学习效果,坚持学以致用,深入调查研究,加强理论联系实际,及时把学习研究成果转化到工作中,不断增强贯彻落实科学发展观的自觉性和坚定性。

(二)加强和改进工作作风,加大行业监管和公共服务

牢固树立全心全意为人民服务的宗旨,紧紧围绕印刷、复制、发行业改革发展的重点问题和农家书屋工程建设中的突出问题,深入群众、深入基层、深入实际开展调查研究,及时掌握行业改革发展情况。在科学发展观指导下,加强对事关工作全局的重大问题的思考和研究,把握工作规律,正确认识和处理行业监管和农家书屋工程建设各个方面、各个环节之间的关系,健全部门间协调配合机制,提高决策执行效率和质量。

(三)加强党风廉政建设,不断提高拒腐防变和抵御风险能力

认真开展批评和自我批评,切实提高民主生活会质量,及时解决

司领导班子在思想、工作、学习和作风等方面的问题。吸取已发生在机关的廉政建设方面问题的经验教训，做到防微杜渐、警钟长鸣。通过加强司内建设，有效预防腐败，力争实现党员思想政治素质有明显提高，工作作风有明显转变，业务素质有明显增强，各项工作有明显成效。

科技与数字出版司深入学习
实践科学发展观活动分析检查报告

自总署开展学习实践科学发展观活动以来,科技与数字出版司党支部遵照总署党组的统一部署,组织全司党员干部积极参加各项活动,牢牢把握各个环节,紧密结合业务工作,认真完成了每个阶段的任务。根据活动方案要求,在学习调研阶段,通过理论学习、讨论交流、深入基层,提交了当前数字出版产业发展情况的调研报告;在分析检查阶段,通过召开行业征求意见座谈会和支部专题民主生活会,全面查摆突出问题,深入分析问题存在的主要根源。现将分析检查情况报告如下:

一、在深入学习实践科学发展观活动中形成的共识

通过前两个阶段的学习实践活动,我司党员干部在思想认识上有了明显提高,对党中央在现阶段突出强调学习实践科学发展观的重要意义有了更为深刻的理解,结合我司的具体工作,形成了以下几点共识。

1. 党中央决定现阶段开展学习实践科学发展观活动是对当前我国发展状况作出准确分析后作出的重大战略决策。经过改革开放30年的艰苦努力,党中央带领全国人民在经济和社会建设等各个方面都取得了举世瞩目的巨大成就,目前正处于建设更加全面的小康

社会和构建社会主义和谐社会的关键时期,面临着许多发展中的新情况和新问题。党中央对当前的国内外形势作了精辟分析,对我国发展现状进行了实事求是的判断,据此作出在全党开展学习实践科学发展观活动这一重大战略决策,是非常英明和非常及时的,对于推动我国经济社会全面协调可持续的发展必将产生强大的推动作用。

2. 学习实践活动必须与推进业务工作紧密结合,切实做到两手抓、两不误、两促进。作为国家新闻出版行政管理门,我们承担着繁荣发展中国特色社会主义文化、传承文明、记录历史、传播科学文化知识的重要使命,责任十分重大。开展学习实践科学发展观活动,不仅要让每一位工作在新闻出版战线的党员干部从思想上提高认识,坚定信心,深刻理解其重大现实意义,更要求自觉地与推进业务工作紧密结合起来,把突出实践特色作为重要原则予以把握,即通过开展学习实践活动,找准并解决新闻出版工作中存在的突出问题,完善体制机制,促进新闻出版业又好又快发展,切实做到通过学习推动工作实践,在工作实践中巩固学习成果。

3. 要把解决了多少突出问题作为检验学习实践活动成效的重要依据。党中央对学习实践活动的总要求是:党员干部受教育,科学发展上水平,人民群众得实惠。具体到本司工作,就是要认真研究在学习调研和征求意见过程中梳理出来的问题,切实解决数字出版产业面临的发展思路不清、发展信心不足、发展方式落后、发展质量不高等突出问题,并把是否形成了解决问题的对策措施作为检验学习实践活动成效的重要标志。

二、十六大以来贯彻落实科学发展观的初步成效

1. 始终坚持发展是第一要务,推动科技和网络出版工作不断取得新进步。十六大以来,在总署党组领导下,我们始终把推动发展作

为工作的重中之重,采取了许多措施,取得了一定成效。在科技工作方面,通过推进行业和总署机关信息化以及重点工程项目建设,不断提升新闻出版业科技水平,为产业的升级和发展提供了有力的技术支撑;在网络出版方面,通过实施"中国民族网络游戏出版工程"等重大出版工程项目,带动我国民族网络游戏的发展,有效提升了我国网游原创能力,从根本上扭转了引进版游戏一统天下的局面。目前民族网络游戏已占据国内近70%的市场。

2. 始终坚持以人为本的科学发展。这是我们一切工作的出发点和落脚点。为保护未成年人身心健康,我们积极组织开发并严格监测网络游戏防沉迷系统,倡导绿色益智类游戏和健康上网;在电子书开发中,从读者健康需要出发,引导设备提供商开发低反射阅读器;在数字报的发展上,把开发绿色健康电子纸作为关键,并将其列入《科技工作贯彻落实〈新闻出版业"十一五"发展规划〉实施意见》之中。目前,我国电子纸技术的研发已取得重大突破。

3. 从技术手段上为新闻出版业的发展提供强有力保障,促使行业全面协调可持续发展。通过新闻出版科技工作者的努力,借助高新技术的强大支撑力,几年来,新闻出版业的技术能力、装备水平、科技含量显著增强,出版、印刷、发行等各环节都采用了领先技术,在内容的收集、加工、存储、挖掘、再利用等方面基本实现了信息化,科学技术对产业发展的贡献率不断得以提高。

4. 坚持统筹兼顾,整体推进全国数字出版产业发展。为发挥区域辐射作用,促进我国数字出版产业快速发展,从 2004 年开始了全国动漫产业基地的规划。目前,由总署批准设立的国家动漫产业发展基地数量已达 9 省 12 个,其中既有经济发达的北京、上海、广东等地,也有四川、安徽、河北、河南等地区。这些基地的设立,充分发挥了产业聚集和孵化器功能,极大地带动了当地数字出版产业的发展。

三、目前存在的主要问题及主客观原因

通过学习调研和召开征求意见座谈会，经过认真梳理，对照科学发展观的要求，我司主要存在以下几个方面的问题：

一是思想还不够解放。解放思想是促进产业发展的动力和源泉。通过学习，我们认识到以目前的工作水平，与党组的要求、与行业的期待都还存在很大差距。主要原因既有长期形成的思维定式，也有工作标准不高，以及缺乏开拓意识和创新精神等。

二是思路还不够清晰。从客观方面说，我司是今年机构改革后新设立的机构，运行时间不长，还需要一个逐渐积累和熟悉的过程；从主观方面来说，我们对工作的研究还不深不透，还没有摸到规律、抓住根本，对行业整体发展情况的调查研究也还不够全面。

三是工作指导比较薄弱。作为负责全行业科技和数字出版工作的专职部门，我们深感对地方工作的指导支持力度明显不够，一方面目前多数地方还没有与我司工作相对应的机构，但更重要的则在于我们自身对工作还缺乏准确把握能力，还没有制定出能够指导全行业工作的具体措施，整体工作布局和宏观发展规划基本还是空白。

四是监管工作尚不到位。对网络实施有效监管是我司的重要职责之一，虽然已经做了大量工作，也查处了不少案件，但非法违规的网络出版行为仍然未得到根本遏制。究其原因，客观上整个系统从上到下在网络出版监管工作中"缺编制"、"缺手段"、"缺人员"的状况未得到根本扭转，仅靠目前总署小型试验系统和借调人员难以承担海量监控任务；从主观上看，我们的认识还不到位，面对全国近200万家网站进行监管工作，有明显的畏难情绪；此外，查处工作需要多个部门的配合，孤掌难鸣。

四、推动数字出版科学发展的思路和措施

针对当前的实际情况,经过反复讨论,我们初步确立了推动数字出版产业科学发展的具体工作思路:第一,按照"以出版单位和新媒体企业为发展主体,以新的数字技术和市场需求为发展主导,政府部门充分发挥因势利导作用"的工作原则,精确划定工作范围,设定工作步骤和落实工作规划;二是在加大传统出版单位向数字出版转型力度的同时,鼓励民营新媒体公司积极参与数字出版活动,通过政策调整增强其事业的归属感;三是对数字出版产业采取不均衡发展策略,进行分类管理和针对性指导;四是加快拟定推动数字出版产业发展的中长期规划,研究制定相关配套政策措施;五是加强横向工作联系,争取相关政府部门对数字出版产业的发展给予更多的支持。依据上述工作思路,拟提出以下具体工作措施:

1. 适当调整数字出版企业资质审批工作思路,对开放民营资本进入数字出版领域进行试点。首先着手制定科学的审批标准,严格实施备案和准入退出制度;其次,区分不同规模和性质,实施分类管理。在目前法律法规尚不完善的情况下,先行在由总署批准的互联网和数字出版基地和产业聚集区内开展试点。

2. 加快相关法律法规制定和修订步伐。开展数字版权、数字版权保护、互联网出版、手机出版管理等方面法律法规的研究制定工作,待时机成熟时,及时提出修订《出版管理条例》的具体建议。

3. 加快制定中长期产业发展规划和相关扶持政策。要同财政部、发改委、工信部、科技部、国家标委会等相关职能部门保持密切联系,加强相关工作的沟通和联系,争取更多的财税政策和重点项目,争取更多的资金支持,将数字出版产业的发展规划纳入国家总体发展规划之中,在内容开发、传播渠道、监管手段等具体工作中争取得

到各方面更加充分的理解和有效的支持。

4. 督促各地加强专职机构建设，争取地方政府对数字出版产业发展提供更多的政策支持，积极营造全国数字出版产业又好又快发展的良好环境。

5. 加强人才培养和骨干培训工作。从 2009 年起，有计划开展数字出版业务、法律法规实务、编辑加工能力、市场开拓、数字版权开发和保护等方面的专职培训工作。

6. 实施重大科技工程项目带动战略。对于《国家数字复合出版系统工程》和《数字版权保护技术研发工程》两个项目，在总体组承担单位得到批准后，立即着手项目启动工作；对于《中华字库》和《国家知识资源数据库》项目，加快推动项目属性变更事宜，力争早日立项实施。

五、解决本司存在突出问题的主要做法

1. 把学习实践科学发展观活动长期坚持下去，不断巩固学习实践成果，加强学习和实践的针对性，进一步提高思想和认识水平，在司内营造解放思想实事求是、善于学习钻研业务、大胆探索勇于创新的良好氛围。

2. 通过更加全面深入的调查研究，尽快熟悉和掌握全国科技和数字出版工作整体情况，着手建立基础信息数据库。在深入分析制约数字出版产业发展体制性障碍基础上，按照调研报告提出的工作建议，逐条逐项加以研究，拟定具体对策措施，使各项工作得以扎实推进。

3. 利用总署召开 2009 年全国局长会议时机，敦促各地强化科技和数字出版工作专职机构建设工作。加强对已批准的各类数字出版基地的指导和管理，充分发挥基地的辐射作用，在核心技术研发、

公共平台建设、示范项目开发上给予更加有力支持。广泛听取各方面意见,适时印发《新闻出版总署关于进一步推进数字出版产业发展若干指导意见》;尽快制定数字出版中长期发展规划,把数字出版工作纳入更加主动更加科学的轨道。

4. 充分利用现有手段和资源,积极探索网络出版监管的有效方式。继续发挥总署小型试验系统的作用,加快总署"网络出版监管系统一期工程"建设步伐,推动有条件的省区市建立辖区网络出版监管系统。在已有监测站基础上,继续发展壮大监测队伍,建立通讯员联络制度,强化透明举报机制。与此同时,敦促各地方局创新管理思路,创新管理手段,创新管理模式。

5. 认真抓好网络出版监管基础信息数据库的建设,包括从事网络出版网站的域名数据库、IP 地址数据库、类别数据库、从业人员数据库等,进行动态跟踪管理,切实做到家底清楚,心中有数,管理有对象,行动有目标。同时,将内容审读、舆情研判、案件查处、行业管理、协会建设等工作进行全面规划,统筹安排。进一步强化各属地内外宣、公安、通信等部门的沟通和信息共享机制,增强各地对网络出版突发事件的发现能力、应对能力和处置能力,提高监管工作的预见性、针对性、时效性,全面提升辖区内属地管理的科学监管能力和业务水平。

六、关于党组织自身建设的具体措施

1. 加强学习,提高认识。组织全司党员干部深入学习有关中国特色社会主义理论的经典论述,尤其是把学习领会科学发展观作为长期任务,自觉地把学习实践科学发展观贯穿于本司党支部建设的各个环节之中。司领导要带头学习,带头实践,牢固树立和全面落实科学发展观,紧紧围绕全面建设小康社会的宏伟目标,不断创新发展思路,改进发展方式,用扎实的实际行动推进我司各项业务工作的开展,为新闻出版业大发展大繁荣作出更多的贡献。

2. 完善制度,严格管理。建立健全各种规章制度,逐步形成适应新形势要求的工作机制。坚持民主集中制,建立健全科学的领导体制和工作流程,充分发挥党员的积极性、主动性和创造性,做到民主与集中的高度和谐统一。认真做好对本司党员干部的教育、管理和监督工作,严格党内生活,严肃党的纪律,规范组织活动,切实增强解决自身问题的能力。

3. 创新思路,强化服务。用改革的精神研究新情况、解决新问题,不断改进工作方法、工作作风和活动方式。在实践中积极探索,找准工作着力点,引导全司党员干部适应新形势新任务的需要,在转变中适应,在发展中提高,把继承优良传统与改革创新紧密结合,不断强化全司党员干部的效率意识和服务意识,做到想业界之所想,急业界之所急,在建设阳光政府和服务型政府工作中充分发挥先锋和模范作用。

反非法和违禁出版物司 （全国"扫黄打非"办）深入学习 实践科学发展观活动分析检查报告

中央决定在全党开展深入学习实践科学发展观活动,这是贯彻落实党的十七大精神,在新的历史起点上发展中国特色社会主义的战略部署。我司(办)按照总署党组的统一安排,通过组织认真学习有关文献著作、领导讲话、聆听署长报告、专家学者讲座,参观"抗震救灾"展览,参加调研、召开民主生活会等系列学习实践活动,深受教育,对科学发展观的科学内涵、精神实质有了更加深刻的理解和把握,进一步提高了对贯彻落实科学发展观自觉性、紧迫性的认识,极大地增强了做好"扫黄打非"工作的责任感和使命感,同时也认识到在工作中贯彻落实科学发展观上存在的不足和问题。

一、学习实践活动的共识和初步成效

科学发展观是马克思主义世界观、方法论的集中体现,是中国特色社会主义理论体系的最新成果和重要组成部分,对于改革开放三十年后的中国如何发展这个问题起着重要的指导作用。学习实践并坚持科学发展观,就是坚持和发展马克思主义,就是坚持马克思主义的世界观和方法论,就是坚持辩证唯物主义的思维方式和实践道路。掌握科学发展观不但是一个理论学习的过程,更是一个实践的过程。

科学发展观贯穿在所有行业、所有领域和所有工作中,适用于各行各业,所以也是发展新闻出版业、推进"扫黄打非"工作的总方针。通过学习实践活动,重在以科学发展观武装头脑、指导实践,重在以科学发展的思维审视全局、加强和改进"扫黄打非"工作。

十六大以来,我司(办)积极学习贯彻落实科学发展观,深入开展"扫黄打非"取得重要成效。全国"扫黄打非"办始终坚持打防并举、标本兼治、综合治理的方针,开展专项行动,加强日常监管,确保了我国文化市场总体态势的健康、平稳、有序,得到中央领导肯定及人民群众、国外政府和相关媒体满意称道。特别是今年迎办奥运期间,在各地各部门的大力支持配合下,"扫黄打非"各项工作机制发挥了重要作用,还创造了一些新的做法和经验,进一步加大了"扫黄打非"工作力度,使出版物市场成为历史最好时期。几年来,在实践上不断创新工作机制,积累了一些新经验。主要有:一是查堵政治性非法出版物要把打击犯罪分子放在第一位,重在深挖彻究,打团伙、破网络;二是摸索出利用全国联合工作机制协调、查办大案的经验,明确作为新形势下案件查办、督办思路;三是建立健全地区与部门之间的协调机制,发挥"扫黄打非"整体优势;四是加大刑事打击力度,对违法犯罪分子依法严判重处、震慑犯罪;五是构建地方党委领导、工作领导小组具体负责,各职能部门恪守职责,人民群众积极参与的"扫黄打非"长效监管机制;六是全方位构建立体宣传体系,借助传媒扩大"扫黄打非"的社会影响力;七是充分发挥"扫黄打非"机构在文化执法中的部署、指导、协调、督办作用。实践中丰富和完善这些经验,对于进一步巩固和发展"扫黄打非"工作已经形成的良好局面意义重大。

二、存在的主要问题及主观原因

一是对"发展是第一要义"的认识不够到位。过去,我们的管理主要是监管手段单一。就监管谈监管,离开了发展和改革谈监管,局限性、片面性较大。实际上监管中的很多问题是因为发展不充分、改革不到位造成的。"扫黄打非"工作首先是保卫国家意识形态的安全,新形势下最大量的工作是净化文化市场、维护文化市场秩序。因此,要与时俱进开展"扫黄打非",重点部署,严厉打击。改变将"扫黄打非"工作仅集中于"打"和"扫"这个层面的认识,还要从保障繁荣发展层面上去谋划、部署"扫黄打非"。通过改革体制、机制,为文化市场繁荣发展提供良好的环境条件。

二是落实"核心是以人为本"不够彻底。"扫黄打非"将是伴随社会主义初级阶段这一长期过程的重要任务,说到底是维护最广大人民群众根本利益的公益事业,必须始终坚持以人为本。这个意识是明确的,但在"刚性"任务重的情况下,实际工作中一直存在"三多、三少"问题:集中行动多、调查研究少,应急措施多、长效机制少,对地方压担子多、解决实际困难少。贯彻落实科学发展观,坚持以人为本,就要改变历来以"不出问题、不添乱"为准则的工作理念,把满足人民群众精神文化需求、推动新闻出版事业发展作为工作的出发点和落脚点,制定为人民群众所接受和拥护并积极参与的政策措施、监管手段,只有这样才能得到广大人民群众的支持和拥护。

三是统筹兼顾抓得还不够实。全国"扫黄打非"办是个协调机构,对各地、各部门如何做到全面协调,工作难度很大。比如,全国"扫黄打非"办对内与总署各司(厅、办)、对外与各成员单位的协调联动机制抓得还不够实等。"扫黄打非"应正确处理协调好内部与新闻出版业发展改革之间的关系，正确处理协调外部与文化市场综合执法、精神文化创建、社会治安综合治理、未成年人思想道德建设、新农村建设等工作之间的关系，找准自己的位置，恪尽职守。

四是对互联网"扫黄打非"等新情况难以有效把握。网上"扫黄打非"任务繁重，目前仍是我们工作的"弱项"。"扫黄打非"的网络监管，从图书、报刊、音像电子等传统出版的管理方式沿袭而来的前置审批和许可证制度面对近乎无限的网络媒体出版者已经显得软弱无力、难以应对。抓紧提出建立全国"扫黄打非"网络监控系统，申请专项资金，早日投入运营。要以科学发展观为指导，加强与相关网监部门的协调，在发挥好现有外宣、公安、工信三大网监部门作用同时，要加强新知识、新技术的学习，并配备必要的高科技设备。

存在上述问题的原因是多方面的，有些是客观和历史原因，但根本原因还是主观努力方面。比如：学习深入不够，特别是科学发展观还没有内化为世界观和方法论；创新思维不够，工作靠经验、靠惯性多；调查研究不够，特别是对基层实际情况把握不深不细；工作抓落实上还有待进一步加强等。新形势下，"扫黄打非"工作局面、深度都在拓展，任务越来越重，学习、创新、调研也就难免存在"短视"行为，制约了"扫黄打非"工作上新台阶。

三、贯彻落实科学发展观的主要措施和重点工作

通过系统学习、调研和支部认真分析检查，我司（办）提出贯彻落实科学发展观主要措施和近期重点开展的工作。

"扫黄打非"在确保意识形态安全的同时，也必须主动适应文化产业发展的需要，做好文化市场繁荣的保障。一是"扫黄打非"制度

化建设。着重研究"扫黄打非"的体制、机制、办法,使"扫黄打非"靠制度健康深入发展。二是市场监管规范化建设。在制度保障的基础上,要将"扫黄打非"工作纳入到社会(行业)多方面工作中去,使之成为社会(行业)监管和公民的"常规动作"。三是公益事业社会化建设。"扫黄打非"工作是一项公益性很强的事业,维护的是人民群众的基本文化权益,因此要动员全社会的高度重视、积极参与"扫黄打非"。

围绕中心工作,服务大局,我司(办)近期将着力做好以下六件大事:(1)起草好中央"两办"《2009 年"扫黄打非"行动方案》。"方案"突出以科学发展观为指导,明确工作重点,狠抓责任落实,着力解决实际问题。(2)指导地方在改革中加强"扫黄打非"。围绕"扫黄打非"与文化市场行政执法的关系,落实刘云山同志重要批示精神,下发通知要求各地在文化市场行政执法改革中切实加强"扫黄打非"工作,以"扫黄打非"成绩来检验文化综合执法改革成效。(3)办好在新办公业务楼内的"扫黄打非"成就展,以此为契机,梳理、总结二十多年来"扫黄打非"成果和经验。(4)筹备好一年一度的全国"扫黄打非"工作小组成员会、全国"扫黄打非"工作电视电话会。(5)做好全国"扫黄打非"2008 年度评先、表彰工作。(6)以搬入新办公业务楼为新起点,进一步加强司(办)内部建设。从言行举止、办公室整洁到组织领导、作风建设,都要上水平,进一步树立全国"扫黄打非"办的良好形象。

版权管理司深入学习实践
科学发展观活动分析检查报告

根据中央深入学习实践科学发展观活动的总体部署和《新闻出版总署(国家版权局)开展深入学习实践科学发展观活动计划》的具体安排,版权管理司全体同志认真开展学习实践活动,通过学习、讨论、座谈会和民主生活会等各种形式,认真学习、深刻领会科学发展观的科学内涵和精神实质,在广泛听取各省级版权局、有关企事业单位、版权协会和版权行业组织意见基础上,认真分析检查了当前版权保护工作存在的突出矛盾和问题,以及版权保护工作推动科学发展的思路和措施,现将有关情况报告如下:

一、版权司学习实践科学发展观的几点共识

版权司在学习实践科学发展观活动中,经过学习调研和分析检查两个阶段的学习实践活动,全体同志一致认为:科学发展观是对党的三代中央领导集体关于发展的重要思想的继承和发展,是马克思主义中国化的最新理论结晶。科学发展观既是重大的理论问题,也是重大的实践问题,是我国全面建设小康社会、推进现代化建设和社会主义各项事业的理论指导和实践指南。开展学习实践科学发展观活动,一是要认真落实中央和总署党组的部署和要求,扎扎实实地推进;二是要将学习实践活动与实施国家知识产权战略、建设创新型国

家、提高我国版权保护工作水平结合起来。目前,版权保护工作涉及面越来越大、任务越来越重,版权工作既面临着巨大的挑战,也遇到了难得的发展机遇。版权保护工作必须放在全党全国工作大局中思考和推进,必须服务于促进国民经济又好又快发展、推进社会主义文化大发展大繁荣。版权管理司作为总署版权工作的主要职能部门,在学习实践科学发展观活动中,要加强工作体系、工作职能、工作作风、工作方法、党风廉政等方面的建设,着力打造法治型、责任型和服务型政府,在学习实践活动中取得实际成效。

二、版权保护工作自十六大以来贯彻
落实科学发展观的初步成效

党的十六大以来,党中央、国务院高度重视知识产权保护工作,把包括版权在内的知识产权保护工作作为国家的基本战略来推进。版权战线认真贯彻党中央、国务院有关知识产权保护的战略部署,我国的版权保护事业取得了显著成就,法律体系基本健全,版权保护制度不断完善;以司法为主导、行政与司法并行的版权执法体系基本确立,执法力度不断加强;版权社会服务体系的框架基本形成,版权运用的市场机制不断建立;版权国际合作与交流日益加强,我国在版权领域的国际地位不断上升;版权宣传普及成效显著,社会公众的版权意识显著提高;版权保护对提高民族创新能力,促进经济、文化和科学技术发展的作用日益突出。这些成效的取得与版权管理部门认真领会和深入贯彻落实科学发展观密不可分。

三、存在的主要问题及原因分析

尽管通过贯彻落实科学发展观，版权保护工作取得了一定的成效，但是，从总体上讲，我国的版权保护制度还不完善，文学、艺术和科学作品的自主创新能力还不强，市场主体的智力成果运用能力和竞争能力还不足，社会公众的版权保护意识还较薄弱，侵权盗版现象还比较突出，版权保护的现状还不能适应科学发展观和全面建设小康社会宏伟目标的要求，版权保护制度对经济社会发展的促进作用尚未得到充分发挥。

究其原因，在主观方面主要表现为版权行政管理部门存在着不适应我国政治、经济、文化和社会发展要求的各种问题。一是版权管理部门的大局意识不够，在很多情况下仅仅把版权保护作为业务工作来抓，没有将版权工作提高到增加民族创新能力、建设创新型国家、推进国民经济又好又快发展、促进社会主义文化大发展大繁荣的高度来推进。二是面对当前版权行政管理部门的机构和队伍建设与其承担的法定职责严重不匹配的现实，过多强调客观原因，立足现有条件发挥主观能动性不够。三是在转变政府职能，打造法治型、责任型和服务型政府过程中，思想不够解放、思路不够宽阔，行政管理能力和公共服务水平尚待加强。

四、版权管理司推动科学发展的思路

当今世界，随着知识经济时代的来临，科学技术的迅猛发展和经济全球化的不断深入，包括版权在内的知识产权作为智力创新成果日益成为国家发展的战略性资源和参与国际竞争的核心要素，成为建设创新型国家的重要支撑和掌握发展主动权的关键。加强版权保护工作对提高民族能力、建设创新型国家有着十分重要的作用。要提高我国的版权保护水平，必须坚持用科学发展观来指导版权保护工作实践。版权管理司将继续以邓小平理论、"三个代表"重要思想和科学发展观为指导，认真贯彻落实党的十七大精神，按照"提高自主创新能力，建设创新型国家"总体要求，以实施《国家知识产权战略纲要》为契机，进一步解放思想，从中国版权保护的实际出发，切实转变版权行政管理职能，整合行政资源，加大执法力度，提高版权社会服务水平，维护健康的版权市场秩序，营造良好的版权保护社会环境，为全面建设小康社会、促进国民经济又好又快发展、推进社会主义文化大发展大繁荣作出积极贡献。

五、主要措施

为贯彻版权管理部门推动版权保护工作及本部门科学发展的思路，今后一段时期内，版权管理司将主要从三个方面入手，着力解决或减少版权保护工作存在的突出问题，充分发挥版权保护制度提高民族创新能力、建设创新型国家的作用。

从完善版权工作体系建设的角度来看，首先，要继续加强版权社会监管和行政执法工作，健全版权行政执法机构，加强版权执法力量，提高执法队伍素质，完善版权监管机制和执法手段，努力营造良好的版权保护市场环境。其次，要不断完善版权公共服务体系，建立健全科学完备的作品登记体系，完善版权质押登记制度和专有使用以及转让合同备案制度，充分发挥版权相关行业组织的作用，加强版权集体管理组织建设，加快版权代理机构发展，进一步完善版权运用的市场机制。第三，要进一步加大版权宣传教育力度，提高全社会版权意识，构建职业教育、专业教育、社会教育相结合，干部教育与公众教育相结合的全民教育体系,努力营造"尊重知识、尊重劳动、尊重人才、尊重版权"的良好社会氛围,创新对外宣传方式,树立良好的国际形象。第四,要大力加强版权对外交流与合作,积极参与版权多、双边国际谈判与磋商,在各种国际版权场合反映我国声音,进一步团结广大发展中国家,切实维护国家利益。

从提高版权行政管理水平的角度来看,首先,要以科学发展观为指导,解放思想,切实转变版权行政管理职能,由管理型政府向服务型政府转变,鼓励创新,加强服务,为推进版权贸易发展创造健康有序的市场环境。其次,要从实际出发,发挥版权行政管理部门的主观能动性,不能因为组织机构和能力建设不足而无所作为和推卸工作责任,而要在现有资源条件下整合行政资源,加大执法力度,维护良好的版权保护社会环境。

从加强版权行政管理干部自身素质的角度来看,首先,在思想作风方面,要增强大局意识,把版权工作放在全党全国工作大局中思考和推进,加深对党和国家大政方针的理解,将党和国家的要求与版权工作实际联系起来。其次,在工作作风方面,要切实转变工作作风,求真务实、真抓实干、突出重点、切忌空谈,努力提高工作效率和工作质量。第三,在工作秩序方面,对外要加大宣传、加强合作,争取外部对版权保护工作的理解和支持,构建协调的外部合作关系,对内要明确职责、理顺关系,建立有序和谐、顺畅高效的内部工作秩序。第四,要继续加强党风廉政建设,加强党性修养,廉洁自律,以实际行动维护党和政府的形象。

六、加强党组织自身建设的具体措施

学习实践科学发展观的过程也是加强党支部建设的过程。版权管理司以此为契机,大力加强党的组织建设,发挥基层党组织的战斗堡垒和党员先进性作用,扎实推进版权保护工作。

(一)加强理论学习,保持政治坚定

认真学习邓小平理论、"三个代表"重要思想和科学发展观,学习党的十七大和十七届三中全会精神,以先进理论教育党员干部,加强对党员干部的理想信念和思想道德教育,坚定党员干部的政治立场,提高执行党的方针、政策的自觉性,使每一个党员干部在政治上始终与党中央保持一致,成为共同理想的坚定信仰者、科学发展观的忠实执行者。

(二)加强廉政建设,筑牢惩防体系

党风廉政建设事关政府形象,事关党的生死存亡。扎实推进惩治和预防腐败体系建设,是版权保护行政管理工作顺利进行的基本保障。版权管理司党支部充分认识到反腐败斗争的长期性、复杂性、艰巨性,以完善惩治和预防腐败体系为重点,坚定不移地推进反腐倡廉建设。一是加强反腐败和廉洁自律教育,健全反腐倡廉教育工作机制,将反腐倡廉工作融入版权工作的各个方面。二是加强制度建设,强化党内民主监督制度建设,贯彻落实好总署各项党风廉政建设制度并完善司内各项制度,以制度保障惩防体系的健全完善。三是加强各项监督机制,加强对遵守党的政治纪律情况的监督,配合总署有关部门,加强对干部选拔任命工作的监督,加强对版权司行政审批权和行政执法权行使的监督并主动接受各方监督主体的监督,拓展监督途径,从源头上预防腐败。四是加强作风建设,切实转变政府职能,提高服务意识,提高公务员职业道德水平,改善版权管理部门的社会形象。

对外交流与合作司（港澳台办公室）深入学习实践科学发展观活动分析检查报告

一、用科学发展观统领新闻出版对外交流与合作

按照科学发展观的要求，经济建设、政治建设、文化建设、社会建设构成了中国特色社会主义事业四位一体总体布局。文化建设是中国特色社会主义事业总体布局的重要组成部分，新闻出版事业是文化建设总体布局中的重要组成部分。因此，我们从事新闻出版对外交流与合作，必须以科学发展观指导工作，必须不断增强以科学发展观统领新闻出版对外交流与合作的自觉性和坚定性。

（一）提高国家文化软实力是新闻出版对外交流与合作的核心任务

当今时代，文化越来越成为综合国力竞争的重要因素。从国际上看，越来越多的国家把提高文化软实力作为重要发展战略。党的十七大报告明确提出，要"提高国家文化软实力"。在当今各国综合国力的竞争中，文化的地位和作用更加凸显、更加重要。文化软实力的主要功能之一，是利用本国文化的独特魅力，对其他国家和民族产生文化上的吸引力和亲和力，从而提升本国包括思想在内的文化内容的国际影响力和竞争力。在当今经济全球化、政治多极化、文化多

486

元化的时代,世界范围内的各种思想文化交流、交融、交锋更加频繁,西方敌对势力对我国实施西化、分化的战略图谋没有改变。李长春同志讲:"目前,我国文化在国际上的影响力和竞争力,与我国国际地位不相适应,与我国五千年文明积淀的丰厚文化资源不相适应。"这两个"不相适应"对我国文化软实力的现状作出了准确判断,也为我们今后的工作提出了明确目标。因此,提高国家文化软实力是新闻出版对外交流与合作的核心任务。

(二)推动新闻出版对外交流与合作,必须树立新的文化发展理念

当代中国同世界的关系发生了历史性变化,继续沿用旧的思维和方式开展新闻出版对外交流与合作,就不能够适应变化对我们提出的新要求,就不能够站在新的历史起点上提出新的发展思维和战略。因此,必须坚持解放思想、转变观念,牢固树立符合科学发展观要求的新的文化发展理念,以改革创新的精神推动新闻出版对外交流与合作。新的文化发展理念包括文化地位和作用、文化发展方向、文化发展目的、文化发展动力、文化发展思路、文化发展格局、文化发展战略、文化发展领导力量和依靠力量 8 个方面的内容。深刻理解和融会贯通新的文化发展理念,对于全面掌握科学发展观要求的新的文化发展观内涵、具体指导新闻出版对外交流与合作具有十分重要的现实意义和实践意义。

(三)开展新闻出版对外交流与合作,必须坚持社会主义核心价值体系

在开展新闻出版对外交流与合作工作中,要始终坚持社会主义核心价值体系,牢记社会主义核心价值体系的基本内容,即马克思主义指导思想、中国特色社会主义共同理想、以爱国主义为核心的民族精神和以改革创新为核心的时代精神、社会主义荣辱观。如此,我们

在从事新闻出版对外交流与合作过程中,才能始终保持清醒的头脑,始终保持敏锐的政治辨别力。

二、贯彻落实科学发展观,新闻出版
"走出去"战略成效显著

近年来,在中央提出"走出去"战略方针指导下,新闻出版对外交流与合作取得了卓有成效的发展。在版权引进与输出方面,经过政府和出版企业的共同努力,版权输出数量连年增长,2007 年达到2507 种,输出与引进之比由原来的1:10 缩减到1:4。在出版物进出口方面,图书出口数量一直高于图书进口数量,2007 年出版物出口量已经是 2000 年出口量的一倍,已经提前完成《新闻出版业"十一五"规划》确定的目标。在对外投资方面,已经有中青社、人民卫生出版社在国外设立或者收购外国出版机构,《中国新闻周刊》在海外发行多个语言版。在出版会展方面,形成了以北京国际图书博览会、法兰克福书展和其他 18 个书展为主的出版贸易平台,同时成功举办了莫斯科国际书展、首尔国际书展中国主宾国活动,为推动中国出版物"走出去"、扩大中外出版贸易发挥了重要的作用。但是,也应该看到,在新闻出版对外交流与合作方面,还存在着不少问题,还有许多影响和制约发展的问题存在,需要我们下大力气加以解决,推动新闻出版对外交流与合作又好又快发展。

三、把发展产业作为第一要务,推动新闻出版
对外交流与合作迈上新台阶

(一)以科学发展观为指导,按照新的文化发展观的要求,构建新闻出版对外交流与合作的总体发展格局

新闻出版对外交流与合作包括以下内容:出版物实物出口与进

口、出版物版权输出与引进、出版业吸引外资与对外投资、国际国内出版物会展、中外出版界人员交流。在上述 5 个领域里,我们都取得了相当的进展。对于今后新闻出版对外交流与合作的发展,我们应当以科学发展观为指导,按照新的文化发展观的要求,构建新闻出版对外交流与合作的总体发展格局。既要立足当前,也要着眼长远;既要全面推进,也要重点突破。当前,最重要的工作是,根据我国新闻出版业的发展,抓紧制定新闻出版"走出去"中长期规划。

(二)努力扩大进出口产业规模

根据今年 7 月公布的 2007 年全国新闻出版业基本情况数据,2007 年全国图书、报纸、期刊、音像制品、电子出版物累计出口约1092 万册(份、盒、张)、3968 万美元;累计进口约 2401 万册(份、盒、张)、25446 万美元。我国进出口有以下几个主要特征:

1. 我国出版物实物进出口规模非常小。我国书报刊、音像制品、电子出版物进出口市场总体规模是 2.94 亿美元(折合人民币 20亿元左右),数量约 3493 万件。对比约 1300 亿元的新闻出版业市场规模,进出口所占比例只有 0.015% ,进出口数量在国内整个出版物产品数量中所占比例更加微乎其微。

2. 我国出版物实物进口总量大于出口总量。尽管我国的图书、CD、DVD—V、VCD 等出版物的出口数量大于进口数量,但是报纸、期刊、电子出版物的进口量远远大于出口量。总体而言,我国书报刊、音像制品、电子出版物出口数量与进口数量之比是 1:2.1,金额之比是 1:6.41,贸易不平衡还是比较大的。

3. 我国纸本出版物实物进出口数量远远大于电子出版物。2007 年进出口书报刊是 3414 万册(份),进出口音像制品和电子出版物是 78.8 万盒(张),说明传统纸本出版物在进出口产品市场中占绝对主导地位。

根据我国国情和出版物进出口管理制度,进口出版物市场没有对外开放,也没有对内资民营企业开放,进口出版物是分类供应,相当一部分进口出版物不能进入市场。另外,受进口出版物语言和价格的制约,读者数量也很有限,且购买者多为团体购买,因此进口出版物市场的发展受到一定限制。即便是这样一种情况,目前我国的进口出版物市场规模也远大于出口市场规模。因此,要扩大我国进出口产业规模,应当着眼于出口市场,做大了出口市场,整个进出口产业规模也会得到相应的增长,同时这也符合我国当前的出版发展战略。扩大出口产业发展,应当在以下几个方面努力:

　　1. 做大做强国有进出口企业。按照我国文化发展格局的要求,要形成以公有制为主体、多种所有制共同发展的文化产业格局。发展出版物出口产业,国有进出口公司是出口市场中重要的主体,是实施"走出去"战略的主要力量,同时国有出版物进出口企业在履行进口出版物内容审查职责、把好第一道进口关方面发挥着不可替代的重要作用,因此要扶持和推动国有进出口企业做大做强。

　　现有大大小小国有进出口企业42家,但是大部分进出口业务主要集中在几家大的进出口企业,很多地方国有进出口企业几乎不从事出版物进出口业务或者进出口业务量很小。要推动进出口产业全面协调可持续发展,需要对目前国有进出口企业的数量、布局以及在体制机制方面的改革给予考虑。政府部门需要解放思想,转变观念,从进出口产业发展的总体角度考虑国有出版物进出口公司的发展。

　　2. 重视发挥民营企业在出口方面的作用。我国出版物进口业务目前没有对外资企业开放,也没有对民营企业开放,但是民营企业可以从事出版物出口业务。事实上,在电子文献、音像制品、图书、挂历、年画等产品的出口方面,民营企业已经成为一支不断发展壮大的力量。民营企业的出版物出口应该成为我国出版物出口产业中的重要组成部分。因此,引导和扶持民营企业积极发展文化产品出口,发挥民营企业在对外推广文化产品方面的积极作用,注重帮助解决民营企业在发展中遇到的困难和问题,应当成为政府部门的一项重要工作。

3. 重视发展电子数据库、网络游戏等新媒体的出口。2007 年,我国进口电子出版物金额达到 4251 万美元,其中主要是大学和科研机构使用的国外书报刊数据库。数据库已经成为我国每年进口的重要的电子文献产品。我国的电子文献产品出口也主要由几家有技术背景的公司从事,比如清华同方、北大方正等公司,它们每年的出口额达到几千万元。电子文献产品进出口构成了出版物进出口的重要组成部分,同时网络游戏出口也是我国出版业出口的新亮点。因此,在重视发展传统出版物进出口业务的同时,还应当重视大力发展新媒体的进出口业务。

(三)要进一步加强进口出版物市场管理,完善各项进口管理制度

按照科学发展观的要求,在对外开放不断扩大的新形势下,必须统筹国内国际两个大局,积极利用国际国内两个市场、两种资源,既要加大"走出去"的力度,增强中华文化的国际影响力和竞争力,同时还要吸收外来有益文化,切实维护我国文化主权和意识形态安全。这就需要我们切实加强对进口出版物市场的有效管理,完善各项进口管理制度。当前,要着力解决进口出版物市场低价格恶性竞争的问题;建立对进口电子数据库内容审查制度;改进对传统出版物进口管理的方式,实现对进口书报刊的实时备案监管;加强对境外出版机构在华设立办事机构的管理。

(四)进一步推动版权输出

这两年,在政府和出版企业的共同努力下,版权输出取得了长足的发展,引进与输出的比例不断缩小,所取得的成绩是明显的。下一

步的工作是,继续加大对"中国图书对外推广计划"的支持力度,通过这一项目的实施,推动更多的中国图书在国外翻译出版。同时,还可考虑设立新的资助项目,对重要的外向型出版项目给予支持,对出版社提供更加明确的政策导向和资金支持。

另外,还应该重点扶持多输出一些反映当代中国人民生活的文学作品和学术著作。现在我们虽然输出的图书版权数量有显著增长,但缺少在国际市场上比较畅销、比较有影响的出版物,应该在提高输出数量的同时,更加注重出版物输出到海外后所产生的影响力,希望输出的书中能够产生几本世界级的畅销书。此外,版权输出应该是全方位的,应该进一步扩大版权输出的类别范围,学术类、文学类、少儿类、科技类等各个类别的图书比较全面综合地输出去更好。需要注意的问题是,出版社应该实实在在地做版权输出,没有合适的书不要硬性追求输出,要珍惜自己的版权资源,争取每输出一本书,都能够在经济效益和社会效益两个方面取得实效。版权输出也要与国际营销结合起来,尤其对那些有可能成功的作品,做不做营销,结果肯定不一样。

(五)通过政策支持,鼓励出版企业走出国门

这两年,一些出版企业在海外设立了分支机构,比如版图公司、国图公司分别在北美地区和欧洲设立了中文书店。中青社、外文局在英国和美国分别设立了出版分社。《中国新闻周刊》的日文版和英文版分别在日本和美国发行并已经产生了一定的影响等等。这些都是中国出版业在海外商业存在的初步成果。这些海外机构设立时间都不很长,力量还是比较弱的,需要政府部门给予更多政策上的支持。从实施"走出去"战略角度看,这是一支非常重要的力量。

这一点可以对比外国出版公司在华的情况来看。现在外国出版公司在北京、上海、广州等中国的主要城市已经设立了几十个代表处(办事处),他们雇佣中国雇员在中国推销其图书版权或实物出口

等,相比之下,我们的出版社在国外设立办事处的非常少,这样向海外推销起自己的版权来就颇有些力不从心,只能借助一些国际书展或出国访问时来促成,没有形成一种常态化的海外版权推广。我们也很有必要借助于这样一些设在海外的中国文化机构和文化中心,来推广我们的图书。现在,我们在海外还没有设立专门的图书推广机构。在海外建立前沿基地,把版贸工作从后方推到市场前方是非常重要的。

(六)努力打造出版贸易平台,推动出版物"走出去"

按照中央领导同志的要求,要着力打造一批具有国际竞争力的外向型文化企业,打造具有重要影响力的国际文化交易平台,打造具有核心竞争力的知名文化品牌。要以企业为主体、以市场化运作为主要方式推动文化产品"走出去",努力扩大我国文化产品在国际市场的份额,逐步改变文化贸易逆差的局面。这几年,为了推动出版物实物出口、版权输出,总署在出版会展方面下了很大的功夫,投入了大量的资金用于国际出版物贸易平台的建设。比如,北京国际图书博览会、法兰克福国际图书博览会等等,还举办主宾国等大型对外出版交流活动,为出版企业开展对外交流、参与国际市场竞争提供了相当大的政策和资金支持,并且取得明显的实效。今后在国际出版会展方面要进一步提高质量,办好2009年法兰克福书展主宾国活动以及2010年希腊国际书展、2011年墨西哥书展主宾国活动,通过这些活动进一步提升中国出版业的国际影响力,提升国家文化软实力。

人事司深入学习实践
科学发展观活动分析检查报告

　　根据《新闻出版总署深入学习实践科学发展观活动实施方案》的安排,按总署学习实践科学发展观活动领导小组的工作部署,人事司自10月中旬以来,开展了学习实践科学发展观活动。在前两个阶段中,人事司坚持以学习为先导,在集中学习《毛泽东邓小平江泽民论科学发展观》和《科学发展观重要论述摘编》的基础上,深刻理解科学发展观的科学内涵,并注意突出实践特色,开展调查研究,召开民主生活会,围绕人事教育工作如何更好地服务科学发展听取各方意见,并查找存在的问题。一方面对总署人事教育工作进行全面自查,另一方面实行开门问计,向机关、直属单位和全行业广泛征求意见,共设计4种调查问卷40多个问题,发出各种问卷、考卷近千份,实地走访基层单位16家,召开各类座谈会、征求意见会十几次,先后与100多人进行了座谈,收到大量反馈意见。经过多次讨论和梳理,大家共找出当前人事教育工作中存在的4个方面12个问题,并进一步分析研究,提出了改进工作的思路和措施。

一、主要做法和特点

　　(一)开展自查工作,认真查摆问题与不足
　　在开展学习实践科学发展观活动中,人事司结合干部选拔任用监督检查工作对机关干部工作和8个直属单位的干部任用情况进行了自查和检查,并按中组部的干部选拔任用监督检查指标体系逐项对照,通过查阅干部档案和历史资料,找出以往工作中不符合规定的做法和不规范的操作。

(二)发放问卷、考卷,了解民意、鼓励监督

为真实了解广大干部群众对总署干部工作的满意程度,印制发放了总署干部选拔任用评议表百余份。为征询基层单位对总署人才培养工作的意见和建议,通过传统信件和电子邮件等方式向各有关出版发行单位发放问卷500份。为鼓励干部群众积极参与干部选拔任用监督工作,我们向机关全体同志和直属单位领导班子成员、人事干部每人发放一册《干部选拔任用工作文件选编》,为大家积极参与并认真监督干部选拔任用工作、学习掌握有关精神提供了方便。为促进大家学习,我们还印制了《干部选拔任用工作条例》考试卷200多份,对机关全体公务员和直属单位领导干部进行了摸底考试。

(三)组织调研和座谈,面对面征求意见与建议

一方面随总署十行百家调研活动行政版权专题调研组赴四川、江苏进行了实地调研,召开了省级新闻出版管理部门负责人座谈会,并实地走访了业内4家基层单位,先后与60余人进行座谈。另一方面结合干部选拔任用监督检查工作和开展讲党性、重品行、做表率活动,还深入8家直属单位调研,并与8家单位的中层以上干部进行座谈,听取直属单位对总署干部人事工作的意见与建议。共召开座谈会8次,参加人数近百人,面对面听取了大家对本单位工作和总署干部人事、教育培训工作的意见与建议。

(四)突出实践特色,在活动中推进工作

坚持边学习、边研究,以科学发展观指导工作实践。在活动中,

人事司按科学发展观要求,积极落实国务院关于总署的"三定"规定,按照理顺职能、强化责任、合理配置机构和编制、科学确定职责分工的原则,制定并经党组批准,印发了各部门的"三定"规定,将国务院核定的总署12项职能最终细化分解为192项落实到各部门,又与各部门反复研究,将192项职能进一步细化分解成454项落实到各部门的处室,为推进新闻出版业的科学发展提供了有效的组织保障。

二、几点认识和体会

通过集中学习和研讨,大家切实从思想上受到教育和启发,进一步加深了对科学发展观的认识和理解,增强了贯彻落实科学发展观的自觉性和坚定性,并形成以下几点共识和体会:

(一)科学发展观是马克思主义中国化的最新理论成果

科学发展观是马克思主义关于发展的世界观和方法论的集中体现,是同马列主义、毛泽东思想、邓小平理论和"三个代表"重要思想既一脉相承又与时俱进的科学理论,是马克思主义关于社会主义发展的最新理论成果。学习实践科学发展观是基于我国国情和经济社会发展实际的必然选择,是提高党的执政能力、保持党的先进性的迫切需要,对于推动科学发展和社会和谐、实现全面建设小康社会宏伟目标具有重大而深远的意义。

(二)为新闻出版业科学发展提供服务和保障是人事教育工作的根本任务

新闻出版业实现科学发展,要依靠好的体制机制做保障,要依靠一支能打硬仗、敢打硬仗的干部队伍做支撑。为新闻出版业科学发展提供有效的服务和保障是人事教育工作的根本任务,要集中精力把科学发展观的要求体现在人事教育工作的方方面面,把全部力量投入到为科学发展提供有效行政体制机制保障上来,投入到为科学发展选干部、配班子、建队伍、聚人才上来,把干部队伍建设成为贯彻落实科学发展观的骨干力量,把人才队伍建设成为推动科学发展的重要支撑。

(三)解放思想改革创新是做好新时期人事教育工作的基础和动力

当前,新闻出版业改革发展面临着更加复杂的国际国内形势,新时期人事教育工作的任务也更加艰巨。在这种情况下,如何做好人事教育工作,为新闻出版业排除干扰、实现科学发展提供更有力的行政保障和人才支撑,成为我们必须认真思考的命题。在学习和调研中,我们深切体会到,解放思想、改革创新是人事教育工作坚持科学发展观的无穷动力。

三、当前工作存在的主要矛盾和问题

(一)选人用人方面

一是干部成长的激励机制没有形成。表现为一部分机关干部感到机关缺乏活力,长期工作在一个岗位或一个部门,成长空间狭小,成长动力不足。同时又表现为一部分人又不习惯、不愿意参加轮岗交流,特别是在选派援疆、援藏干部和扶贫挂职干部时,报名者寥寥无几,机关内部从业务部门向综合部门交流干部也很困难。在这种情况下,如何进一步调动干部积极性,增强机关工作活力,避免将职务晋升作为激励干部成长的唯一动力,还有待于出实招。

二是知人善任的能力和水平不能适应新形势的要求。目前,从事干部工作的一些同志对干部工作的政策、理论、实践学习研究不够,还没有形成系统的科学的实用的工作思路,满足于当操盘手,没有更多地从事业发展层面上考虑如何识别干部、使用干部,知识、眼界和思路跟不上新形势新任务的要求。对干部的整体状况、结构类型、岗位匹配、能力品行等重要情况不能做到胸有成竹,对干部成长规律和了解识别干部的规律没有完全掌握,导致在工作中长期存在重选拔任用、轻日常管理的倾向,干部工作的应有职能还没充分发挥。

三是干部工作的体制机制不够完善。干部选拔任用制度改革尚未到位,竞争性的机制没有真正形成,正确的用人导向作用没有完全发挥,"干与不干一个样"仍有市场,科学的干部考核评价体系和方法仍是一个有待于破解的难题,培养干部成长的导向机制和相应措施还不完善,干部的日常监管机制和教育培训机制有待健全。这些直接影响到机关干部的作风建设和行政能力建设。

四是选人用人方面还有广大干部群众不满意、不了解的地方。在对总署机关和直属单位干部的调查问卷中,认为组织人事干部的政策水平应亟待提高的占 8.1%,不了解的票数占 13.8%。还有 41% 的调查对象认为选人用人的开放透明度不够是提高总署干部人事工作水平的主要制约因素。在领导班子群众满意度上,一些单位还不高,个别单位中层干部对领导班子工作和选人用人方面的不满意率都超过了 26%。

(二)干部管理方面

一是干部管理工作基础薄弱。干部管理制度还不完善,还没有形成完善的科学的干部管理制度体系。一些制度已经过时,难以有效应用于干部管理工作实践;一些制度还没有及时建立起来,好的做法没能以法规形式给予明确,不利于干部成长和事业发展的做法也无法用制度来约束。干部档案文件管理还不到位。档案内容不全,有缺项漏项情况;信息化程度不高,查找极不方便;档案保管环境不好,没有符合要求的档案室;干部工作相关文件资料的保管还存在分类不科学、管理分散和积累不够的问题,不仅不便工作,还存在遗失隐患。好的工作模式还没能形成,重复性劳动多,疲于应付的情况多,导致干部管理工作效率和质量不高。

二是干部培训力度还不够大。目前的干部培训工作虽然在不断加大力度,但还与行业发展的客观需求有一定的差距,很多干部长期没接受过培训,一些干部的主动接受培训的意识还不强,特别是业务骨干离岗培训较为困难,中央关于先培训后任用、先培训后上岗的要求还没有完全落实,干部培训学习的保障措施不够得力。

(三)人才培养方面

一是缺乏一个指导人才队伍建设的总体规划。在实际工作中往往是就人才抓人才,一年一个新思路,一年一种新人才,选拔一批,培训一次,长远考虑不足。

二是对各类人才的成长规律和选拔方式缺乏系统研究,特别是对产业发展和科技进步产生和需要的新型人才缺乏前瞻性的判断。比如,对出版企业家的培养和研究、对新媒体管理人才和交易人才的培养与研究工作滞后,措施没有跟上。

三是对人才工作统筹不够。存在着重高层次人才轻一般人才、重专业人才轻技能人才、重体制内人才轻体制外人才、重国内人才轻境外人才、重传统人才轻新兴人才、重选拔评审轻培养使用、重增量人才轻存量人才等问题。

四是教育培训工作与新闻出版大发展大繁荣的新要求不适应。培训内容、培训方法针对性实效性不强,激发干部内生学习动力不够。在培训管理上,存在着就教育培训抓教育培训的思维定式,习惯于年年计划办班,对中央关于大规模培训干部的总体部署研究不够,缺乏大教育、大培训的理念和科学有效的管理制度,覆盖全行业的干部教育培训体系尚未形成。

（四）作风建设方面

在作风建设方面与党组的要求还不相适应，思想观念和工作水平距离总署党组的要求还有欠缺。一是干部人事工作陷入具体事务较多，深入实际调查研究不够，服务基层、破解难题的能力不高。二是工作上重点突出整体推进的能力不够强，轻重缓急把握不准，抓重点工作、抓工作落实的力度不够大。

四、产生问题的原因分析

我们认为产生这些问题的原因主要来自以下几个方面：

一是开拓创新的意识和能力还不够强。在工作中，一些同志顾虑还比较多，经常受一些条条框框和陈旧观念的束缚，工作中谨慎有余，创新不足。不敢以创新精神对待干部人事工作中出现的新情况新问题，如何再创新、怎样创新成为我们工作的"软肋"。

二是推进改革的力度不够大。斌杰同志多次讲，哪里有改革，哪里就有新面貌，人事教育工作的新面貌，机关队伍建设的新面貌，是大新还是小新，完全取决于我们推进和深化改革的力度。在近几年的干部选拔任用和人事制度改革中，我们的力度还不够，还没有触动到根本体制和机制。我们的改革还只限于机关内部，规范的竞争上岗也只搞了一两次，历史的积淀仍是改革措施不能逾越的鸿沟，干部任用上的普惠成分仍很重。在坚持以人为本、保持工作稳定的前提下，通过深化改革，扩大选人用人领域和视野，解决"干与不干一个样"、"能进不能出"的问题，形成精干高效和充满活力的机关干部队伍，是我们必须努力完成的一项艰巨任务。

三是理论学习和业务学习不够。由于经常陷于具体工作，缠在事务堆里，对理论学习和业务学习有所放松，自觉学习的时间没有保证,有时学习了,也只是满足于理解意思,并未从理论上去深刻理解,至于如何用理论指导工作思考不多,这实际上对推动工作带来了不利影响。

四是工作的系统性不够。我们普遍习惯于就工作抓工作,就事情论事情,很少就工作的整体性、关键环节和重要问题进行研究,对工作的长远谋划和前瞻思考不够,不善于从规律上认识和把握工作。我们要在科学发展观的指导下,学会统筹兼顾,科学规划人事教育培训工作和人才工作,真正提高统揽全局,统筹各方的能力,提高实际工作水平。

五、改进工作的思路和措施

一是继续深入学习实践科学发展观。不断提高对科学发展观的认识,深刻领会其思想内涵和理论定位,自觉地用科学发展观武装头脑,将科学发展观作为指导工作实践的指针和有力武器,做到真学、真信、真用,坚定理想信念,做科学发展观的自觉维护者和坚定实践者。

二是继续解放思想,转变观念。坚决丢弃不符合科学发展观的旧思想、旧观念,坚决破除阻碍科学发展观落实的体制机制和习惯作风,清理和废止过时的规章制度,改革和摆脱陈旧的工作方式和套路,增强开拓创新的能力,更新工作思路,创新工作方法,提高服务水平,为新闻出版业实现科学发展提供有力保障。

三是牢固树立发展是第一要务的理念。坚持为发展服务,把我们的本职工作放在推进新闻出版业科学发展的大局中去谋划、去设计,为科学发展选干部、配班子、聚人才,加强机关司(厅办)和直属单位领导班子建设。

四是坚持以人为本。为机关干部和各类人才发挥作用施展才能和抱负积极搭建舞台，创造环境，使每个人都有用武之地。充分发挥考核、评价和选拔任用的"指挥棒"作用，树立注重品行、崇尚实干、鼓励创新、群众公认的用人导向，真正做到不让老实人吃亏，不让投机钻营者得利。

五是继续推进干部人事制度改革。积极推进干部选拔任用工作的"科学化、民主化、制度化"，坚持"民主、公开、竞争、择优"的方针，提高选人用人公信度。

六是统筹规划行业各类人才的培养，抓紧完善各类人才的选拔机制，加大紧缺人才的培养力度，调动各类人才的积极性。深入开展领军人才工程和高技能人才工程，加强领军人才和高技能人才的遴选与培养。进一步完善干部调训制度，加大新闻出版单位领导干部持证上岗制度实施力度，调整充实干部培训内容，创新培训方式，提高干部培训的针对性和实效性。建立健全新闻出版专业技术人员职业资格考试和登记注册制度，提高新闻出版专业技术队伍的整体素质，建立新闻出版专业技术人员信息库，加强职业资格管理。

七是要继续深入开展讲党性、重品行、做表率活动，加强人事司的自身建设。

离退休干部工作办公室深入学习实践科学发展观活动分析检查报告

　　总署离退休干部工作办公室开展深入学习实践科学发展观活动以来，按照总署机关党委的部署，把这次学习实践活动作为一次重大政治任务和推动总署离退休干部工作发展的重要契机，紧紧围绕增强贯彻落实科学发展观的自觉性和坚定性，紧密联系总署离退休干部工作的实际，以"解放思想，深化改革，推进离退休干部工作健康发展"为主线，以适应发展要求、围绕两个服务为载体，以"谋稳、谋新、谋发展"为思路，扎实推进学习实践活动的开展。

一、深入学习实践科学发展观的几点共识

　　通过深入开展学习实践科学发展观活动，在全体党员干部中进一步统一了思想，形成了共识。

　　（一）科学发展观是马克思主义中国化的最新理论成果和科学的世界观、方法论

　　科学发展观是同马克思列宁主义、毛泽东思想、邓小平理论和"三个代表"重要思想既一脉相承又与时俱进的科学理论，是运用辩证唯物主义和历史唯物主义基本原理，站在历史和时代的高度，从新世纪、新阶段党和国家事业发展全局出发提出的重大战略思想和指

导方针,它集中揭示了社会主义现代化建设和发展的普遍规律,反映了全面建设小康社会的实践要求。科学发展观是以胡锦涛为总书记的党中央对我国改革开放和社会主义现代化建设经验的科学总结,是对人类进步文明成果和世界各国发展进程经验教训的充分吸纳,是对我国社会主义发展规律理论的创新发展,是科学的世界观,也是实践的方法论,是发展中国特色社会主义必须坚持和贯彻的重大战略思想,是推动总署离退休干部工作又好又快发展的根本原则和指导方针。

(二)科学发展观是党坚持全心全意为人民服务根本宗旨的集中表现和具体体现

科学发展观的核心是"以人为本",就是一切从人民群众的根本利益出发。体现在离退休干部工作中,就是以广大离退休干部的实际需要为中心,尊重、理解、关心、服务于他们,必须以他们的需求为一切工作的前提和出发点,想他们之所想,急他们之所急,帮他们之所需,寻求个人与家庭、与单位、与社会的和谐发展。用科学发展观的思想统领把握离退休干部工作,认真分析当前离退休干部工作中存在的各种问题,必须科学把握来自于各方面对离退休干部工作的新要求,增强工作的预见性、前瞻性、系统性。全心全意为老干部服务,必须摈弃不合时宜的观念、制度、做法和模式,保持离退休干部工作的改革张力、服务力度,推动离退休干部工作不断向前发展。

(三)实践活动是开展深入学习实践科学发展观活动的基本目标和最终目的

深入开展学习实践科学发展观活动的基本目标和最终目的,是推动实践活动的不断深入。离退休干部工作既担负着总署党组的重托,又承载着广大离退休干部的期望。学习实践科学发展观,必须结合总署离退休干部的实际,以解放思想为先导,以改革创新为动力,进一步提高认识，坚定离退休干部工作发展观念，丰富离退休干部工作发展思路，充分认清科学发展观对构建和谐社会、和谐机关，实现新闻出版大发展大繁荣及离退休干部工作的重要意义。坚持科学发展观必须从总体上考虑离退休干部工作发展，以"让总署党组放心，让离退休干部满意"为目标，以"谋稳、谋新、谋发展"为思路，统筹规划，精心安排，狠抓落实，确保总署离退休干部工作落到实处。

二、贯彻落实科学发展观的初步成效

（一）离退休干部工作思路明确

在总署党组的正确领导下，围绕科学发展，认真筹划安排工作，抓工作的思路明确，确保了离退休干部工作健康顺利发展。

（二）离退休干部工作方法得当

在对离退休干部进行服务管理的过程中，注重方式、方法的改进，有力地促进了离退休干部工作的发展。

（三）离退休干部工作发展良好

按照科学发展要求，不断提高服务管理水平和质量，积极进行了服务管理问题的研究探索，离退休干部工作发展势头良好。

三、存在的问题及原因分析

当前，离退休干部工作办公室在落实科学发展观方面存在以下五个方面的问题：

一是对照先进理论的时代要求，存在着实用主义较重、不适应理论创新的问题。表现是：往往以工作忙为借口，不能主动静下心来学习，上级要求学什么就学什么，工作需要什么就学什么，主动学、自觉学的意识还需要进一步增强。

二是对照科学发展观的客观要求，存在着思想观念滞后、不适应科学发展的问题。表现是：思想上不解放，固守原有观念和思维模式，创新意识不够强。开创性工作动力不足、投入不够，探索创新的意识还需要进一步增强。

三是对照新闻出版业的发展要求，存在着战略思维缺乏、不适应行业改革的问题。表现是：满足于应付一般事务，对行业改革关注不够、参与不强。立足本职、胸怀大局、放眼行业，为新闻出版服务的意识还需要进一步增强。

四是对照离退休干部的现实要求，存在着工作方法单一、不适应实际需求的问题。表现是：对离退休干部动态情况掌握不清、思想脉搏把握不准。面对离退休干部个性化需求，管理的方法手段还需要进一步增强。

五是对照本职工作的具体要求，存在着敬业精神不足、不适应岗位职责的问题。表现是：对新形势下离退休干部工作分析研究不够，有时有应付和敷衍的现象，对离退休干部工作的根本态度和感情投入还需要进一步增强。

分析出现上述问题的原因，从客观上讲，与离退休干部工作的性质、环境和条件是紧密联系的；从主观上来看，既与个人的世界观、人生观、价值观是相联系的，也与对离退休干部工作的认识和态度相关。

四、推动科学发展的思路和措施

围绕文化大发展大繁荣，新闻出版改革发展，总署离退休干部工作的总体思路是"谋稳、谋新、谋发展"。

所谓"谋稳"，就是要保持离退休干部工作的政策稳定、离退休干部的待遇稳定和离退休干部的思想稳定。同时，通过调研我们感到，随着我国老龄化社会的不断发展，尤其是总署离退休干部数量的不断增多、离休干部普遍进入"双高期"和离退休干部个性化需求的不断增大，离退休干部工作谋新、谋发展已是大势所趋。"谋新"，就是"思想观念上解放、工作思路上拓展、方法手段上创新"。"谋发展"，是指工作在现有基础上跨一个新台阶。

具体措施有：

一是进一步解放思想，破除固有观念，不断适应科学发展观实践要求的需要。用科学发展观的理论统领思想，用"以人为本"的理念指导离退休干部工作，必须以党的路线方针政策为基础，在方方面面为离退休干部考虑，以他们的需求为工作创新的动力和源泉，按照斌杰署长和立英组长对离退休干部工作的要求，不断增强政治意识、责任意识、大局意识和奉献意识，确保离退休干部工作健康、有序开展；用战略的眼光观察问题，正确处理做好当前工作与探索发展问题、普遍性问题与个性化问题、局部发展与全局发展问题三个关系，在稳定的基础上求创新，在创新的基础上谋发展，不断推动总署离退休干部工作取得新进展、新突破；用科学的思路谋划工作，解放固有思想，打破传统思维，树立创新意识，在做好当前工作的基础上，适应社会发展变革的需要，研究促进离退休干部工作新举措，不断推动离退休干部工作取得新发展、新成果。

二是进一步强化管理，加强思想建设，不断适应新闻出版业深化改革的需要。加强和改进思想政治工作，紧紧围绕总署离退休干部的特点和规律，突出抓好思想政治建设，通过以丰富、具体的组织活动为载体，不断增强离退休干部思想政治工作的感染力和吸引力；加强和改进党的组织建设，创新离退休干部党的组织建设新模式，借鉴调研的经验成果，把组织活动时间更多地还给支部，发挥离退休干部党员管理离退休干部的优势，不断增强党的凝聚力和战斗力；加强和改进政治生活制度，发挥离退休干部的政治优势，提高他们参与党的政治生活的水平和质量，不断增强他们为党的勤政、廉政建设做贡献的荣誉感和责任感；加强和改进参加行业改革发展的方式，推进离退休干部参与行业改革发展的深度和广度，永葆他们的"主人翁"意识，不断增强他们为新闻出版改革发展服务的光荣感和使命感。

三是进一步拓宽思路，创新工作方法，不断适应离退休干部工作发展的需要。在坚持做好日常服务管理工作基础上，拓宽工作思路，积极进行离退休干部个性化需求的研究，瞄准制约个性化服务的关键环节，探索解决问题的方法手段，走多渠道服务离退休干部的路子，逐步形成依赖家庭、依靠社会、依托单位的服务模式；在坚持对处于"双高期"、"空巢"家庭和生活困难的离退休干部全面了解的基础上，继续开展走访探望和重点人联系制度，广泛了解离退休干部本人、家庭及所在社区的情况，动态把握离退休干部各方面的变化，始终掌握做好工作的主动权；在坚持"积极引导、量力而行"的基础上，组织引导离退休干部积极为构建社会主义和谐社会发挥余热，为新闻出版业改革发展出谋划策，力争使总署离退休干部队伍成为"老有所养、老有所医、老有所教、老有所学、老有所乐、老有所为"的楷模。

五、解决突出问题的主要措施

针对存在的突出问题，从三个方面着手解决：

第一，广泛开展学习型党支部创建活动，提高离退休干部工作者的理论水平和行业知识。继续开展学习型党支部创建活动，培养提高党员干部综合素质，胜任各种工作岗位，适应各种环境的需要。

第二，广泛开展讲党性、重品行、做表率活动，提高离退休干部工作者的敬业精神和奉献意识。通过开展活动,培养党员干部"干一行、爱一行、精一行、通一行",履职尽责圆满完成好各项工作任务。

第三,广泛开展个性化服务调研工作,提高离退休干部服务管理的科学性和针对性。加强新形势下离退休干部个性化服务需求的研究,探索个性化服务的渠道,提高对离退休干部服务的水平和质量。

加强党组织自身建设的具体措施主要有:

深入贯彻落实科学发展观,推动离退休干部科学发展,确保工作思路和工作措施的落实,必须进一步加强党的建设。要以科学发展观为统领,按照"政治坚定,开拓创新,团结协调,求真务实,廉政勤政"的总体要求和争创先进党支部的具体要求,讲党性、重品行、做表率,提高党员干部的政治鉴别能力、战略思维能力、工作推动能力、持续创新能力、自我提升能力,把离退办建设成为坚定贯彻党的路线方针政策的实践者,实现"让总署党组放心,让离退休干部满意"的目标。

1. 加强政治建设。坚持以马克思列宁主义、毛泽东思想、邓小平理论和"三个代表"重要思想为指导,认真落实科学发展观,提高离退休干部党组织的凝聚力、战斗力,增强党组织的活力,推动离退休干部工作全面发展。

2. 加强作风建设。树立一切为离退休干部服务的思想,始终保持与离退休干部的血肉联系,精心筹划工作,认真实施服务管理,确保各项工作扎实落实,有力促进新闻出版工作的全面发展。

3. 加强组织建设。进一步加强组织建设,培养综合素质好、业务能力强、奉献意识浓、思想观念新的干部队伍,为新闻出版改革发展出谋划策,为离退休干部工作上台阶、上质量提供有力保障。

4. 加强廉政建设。自觉贯彻执行"八个坚持、八个反对",遵守廉洁自律的各项规定,努力做到勤政廉政。注重理论修养,淡泊名利,筑牢拒腐防变的心理防线;常怀律己之心,严格要求自己,诚恳听取批评,主动接受监督。

驻总署纪检组监察局深入学习实践
科学发展观活动分析检查报告

一、统一思想凝聚力量,在深入学习实践科学
发展观活动中推动纪检监察工作

通过开展学习实践科学发展观活动,组局领导班子进一步统一了思想,提高了认识,在用科学发展观指导纪检监察工作方面有了更加明确的认识。

一是科学发展观是做好纪检监察工作的根本指导思想。科学发展观是发展中国特色社会主义必须坚持和贯彻的重大战略思想,也是深入开展党风廉政建设和反腐败斗争必须坚持和贯彻的重大战略思想。要按照科学发展观的要求,着眼发展这个党执政兴国的第一要务,切实贯彻以人为本的理念,坚持按照全面协调可持续的要求和统筹兼顾的方法,以改革创新的精神,全面推进纪检监察工作的深入开展。

二是充分认识学习实践科学发展观活动的重大意义。当前阶段,在全党开展深入学习实践科学发展观活动,是认真贯彻落实党的十七大精神、在新的历史起点上发展中国特色社会主义的重大战略部署,是用中国特色社会主义理论体系武装全党的重大举措,意义十分重大。

三是要坚决贯彻中央精神,确保学习实践活动的正确方向。学

习实践科学发展观活动,必须坚决按照中央的要求来抓,在指导思想上,要高举中国特色社会主义伟大旗帜,围绕党员干部受教育、科学发展上水平、人民群众得实惠的总要求,以各级领导班子和党员领导干部为重点;在目标要求上,要努力提高思想认识、解决突出问题、创新体制机制、促进科学发展;在主要原则上,要坚持解放思想、突出实践特色、贯彻群众路线、正面教育为主;在解决重点问题上,要根据本部门本单位实际情况,确定哪些问题是重点,量力而行、尽力而为,什么问题突出就着力解决什么问题。

二、在科学发展观的指引下,新闻出版系统 反腐倡廉建设成效显著

改革开放以来,尤其是近三年来,新闻出版系统认真贯彻科学发展观,大力推进反腐倡廉建设,为实现新闻出版工作和新闻出版行业科学发展、有效发展、健康发展提供了有力保障。

(一)反腐倡廉教育工作逐步深入,拒腐防变的思想道德防线更加牢固

2005 年以来,全系统各级党组织和纪检监察部门坚持把加强教育作为构建惩防体系建设的基础性工程,结合新闻出版行业特点,利用扎实有效的形式和措施,积极探索反腐倡廉教育长效机制。一是坚持专题教育与日常教育相结合,促进了反腐倡廉教育经常化、制度化。同时,坚持以树立正确的权力观为重点,组织开展一系列主题教育活动,把反腐倡廉教育不断引向深入。二是坚持典型教育与自我教育相结合,增强了教育的说服力、感染力。三是坚持把廉政文化建设与理论创新相结合,努力营造知荣辱、扬正气、促和谐的氛围。组织开展了"加强新闻出版系统廉政文化建设,构建社会主义和谐社

会,推动新闻出版事业健康发展"理论研讨活动,通过廉政文化征文活动、廉政建设研讨活动、廉政公益宣传活动,充分发挥新闻出版优势,积极稳妥地推进新闻出版系统廉政文化建设。

（二）反腐倡廉制度建设逐步完善,适应新闻出版改革发展和行业特点的反腐倡廉制度体系更加健全

2005 年以来,总署机关和直属单位建立各项监督制度 69 项,各省（区、市）新闻出版局制定监督制度 316 项,新闻出版系统反腐倡廉建设的制度化水平有了明显提高。一是围绕出版体制改革,建立和完善了保证改革发展的监督制度。全系统各级党组织从新闻出版改革发展和行业实际出发,突出重大决策、重要干部任免、重要项目安排和大额度资金使用的关键部位和环节,制定了一系列监督制度,反腐倡廉制度建设有了长足的发展。二是围绕行政审批制度改革,建立和完善规范行政审批的监督制度。先后三次清理压缩行政审批项目,从 105 项行政审批项目压缩到 36 项,改革行政许可方式,推行政务公开,实施"窗口式"服务。三是围绕全面推进依法行政,建立和完善规范权力运行的监督制度。根据《关于新闻出版总署推行行政执法责任制实施方案》,逐步建立了行政执法责任书制度、行政执法公开制度、行政执法会商制度、行政执法监察制度、行政执法过错追究制度。总署各部门全面建立了司务会制度。四是围绕完善党风廉政建设责任制,建立和完善了制度执行监督制度。从加强领导班子的责任制出发,制定完善了一批加强党风廉政责任制的规章制度。完善了党组签订《党风廉政建设责任书》制度,把责任制考核与领导干部年终行政考核工作结合起来进行。

（三）权力制约和监督逐步成为反腐倡廉工作的关键环节,保证权力正确行使的监督制约机制更加完善

一是切实加强政治纪律监督,保证新闻出版正确的政治方向。

建立巡视制度,开展对党风廉政建设、落实科学发展观、推进新闻出版体制改革等重大决策部署执行情况的检查巡视。二是切实加强对领导机关、领导班子和领导干部的监督。先后制定了多项制度规范,加强民主集中制建设,不断完善党内监督措施,健全集体领导与个人分工负责相结合的制度,充分发挥领导班子整体合力。三是切实加强对重大决策、重要干部任免、重要项目安排和大额度资金使用等关键环节和重点部位的监督。建立了干部人事工作联席会议制度和财务工作联席会议制度,加强对干部任免调配、预算编报执行、大额投资、资产采购、资产处置、工程招标等工作的监督。

三、对照科学发展观的标准,认真剖析纪检监察工作中存在的问题及原因

(一)在新闻出版系统体制改革不断深入的过程中,系统内部出现了一些容易滋生腐败的环境

实践证明,在国有企事业单位转型阶段,存在将国有资产低价入股,转移国有资产中饱私囊,非法侵吞、私分国有资产等现象,造成国有资产流失。国有企事业单位是新闻出版行业的重要组成部分,目前正处在文化体制转型的前沿,因此,正确认识和分析转型期新闻出版行业容易滋生腐败的特点和规律,有针对性地做好防范工作,是确保新闻出版体制改革顺利进行的重要工作。

(二)民营出版发行行业还很不规范,治理商业贿赂工作面临新的难点

随着出版投融资体制改革的深入,民营企业发展迅速,出版经济组织不断增多,利益主体、利益关系更加复杂,诱发和滋生腐败的可能性也更大。一方面,民营出版发行单位规模小、比较分散,体制上

不受主管主办单位制约,运作机制不正规,监管比较困难;另一方面,政府在一定程度上对出版工作室、个体和民营发行单位监管不到位。上述因素,导致民营出版发行市场存在商业贿赂的隐患,从而成为出版发行领域商业贿赂治理的薄弱环节。

(三)新闻出版发行行业潜在的信用缺失,成为影响行业健康发展的制约因素

行业诚信体系尚不健全,恶性竞争、虚假宣传、有偿新闻、敲诈勒索、出版物质量低劣、高定价低折扣等失信行为普遍存在,从根本上与社会主义市场经济规律相悖,造成了出版、印刷、发行各方及作者、读者之间的信用缺失,严重影响了行业的健康有序发展。

(四)网络技术的发展给行业监管带来严峻挑战

随着新兴传播方式和出版技术的发展,网络出版、手机出版、DM直投刊物、按需出版等新兴的出版形式蓬勃发展,这是行业监管新领域,没有定规可循,监管起来有很大难度,从而给不法分子以可乘之机,使这一领域成为今后行业监管的新重点,也对反腐倡廉提出了新的更高要求。

(五)违法违纪案件不断呈现出新的特点,给查办案件工作带来新的难题

近些年,随着新闻出版业迅猛发展,基础建设规模扩大,对外投资活动加剧,违纪违法案件"三高"(高职务、高智能、高案值)趋势开始在新闻出版行业出现。由于行业急速扩张,从业人员队伍良莠不齐,再加上媒体转换经营机制,不少单位编审权下放,从而出现了极少数人利用媒体工作的特殊权力,充当某些错误思潮的代言人,严重违反政治纪律。由于我国新闻出版行业实行市场准入体制,刊号、版号、书号以及出版物印刷、发行及其他经营权便为稀缺资源,"寻租"

一直是新闻出版行业腐败现象的"热点"问题,突出表现为内外勾结、钱权交易。随着改革的深入和基层社(店)经营权下放,基层社(店)法人权力过分集中,监督约束机制缺乏,基层社(店)法人和关键岗位人员出现高发案率。

(六)纪检监察部门任务重、力量弱,纪检监察工作环境亟待改善

个别领导同志对加强党的建设和党风廉政建设还不够重视,纪检监察工作体制机制没有完全理顺,有些纪检监察干部适应不了变化了的形势,思想僵化怕越位,工作保守不到位,纪检监察工作职能没有得到很好发挥。

四、深入学习实践科学发展观,进一步推进新闻出版系统反腐倡廉建设

(一)必须科学地认识把握纪检监察工作规律

深入贯彻落实科学发展观是全党的重大政治任务,也是纪检监察机关的重大政治责任。纪检监察机关作为保证党的政策方针实现的重要部门,要通过开展学习实践活动,更好地履行肩负的职责,不断探索和拓宽促进科学发展的有效途径,努力为贯彻落实科学发展观提供坚强的政治保证和纪律保证。要从科学分析形势上认识纪检监察工作规律及新特点,增强紧迫感,适应新形势,以求真务实的精神贯彻落实科学发展观,提高纪检监察工作新水平;要从科学探求与其他工作联系上揭示纪检监察工作规律新内涵,科学地认识纪检监察工作规律、党风政风行风建设规律、党员干部成长与蜕变规律、反腐倡廉发展规律、共产党执政规律、经济发展规律等,并不断揭示这些规律在树立和落实科学发展观、构建和谐社会等方面的新内涵,做

到把握规律,遵循规律,按规律想问题、办事情,增强工作的前瞻性、主动性、科学性和有效性,把纪检监察工作和反腐败斗争不断推向深入;要从科学推进工作开展上把握纪检监察工作规律新要求,在指导思想上,从过去反腐倡廉工作重在惩治转变到惩防并举注重预防上来。

（二）必须坚持科学的纪检监察工作观念

坚持科学的纪检监察工作观念,关系纪检监察事业发展方向,关系反腐倡廉工作成效,是纪检监察机关落实科学发展观面临的一个重大现实课题。树立科学的纪检监察工作全局观,是落实科学发展观的前提。必须坚持战略理念、人本理念、系统理念、统筹理念、创新理念和开放理念,把纪检监察和反腐倡廉工作放在经济社会发展全局中来把握,使纪检监察各项措施与社会主义市场经济规律相适应,将防治腐败寓于改革开放和经济建设重要政策和措施之中。树立执政为民的群众观,树立科学的政绩观,是落实科学发展观的关键。牢固树立严厉惩治腐败是政绩、有效预防腐败也是政绩,依纪依法惩处违纪违法者是政绩、澄清问题支持改革干事者也是政绩,纠正损害群众利益的不正之风是政绩、依纪依法保障党员干部公民的合法权益也是政绩的观念,始终坚持把"人民拥护不拥护、高兴不高兴、满意不满意"作为衡量纪检监察政绩的最终标准,使我们的政绩经得起历史检验,被人民群众普遍认可。

（三）必须建立科学的纪检监察工作运行机制

实现科学发展,必须坚持与时俱进,改革创新,建立健全与之相配套的纪检监察工作运行机制。一是创新纪检监察工作领导机制。把科学发展观的要求体现和落实到新闻出版行业党风廉政建设和反腐败工作的各个方面,积极探索党风廉政建设责任制落实的有效途径,按照统一决策、统一部署、统一组织的思路,规范党组统一领导的内容和党政齐抓共管的内容,强化目标责任管理,使新闻出版行业各个部门真正担负起抓好职责范围内党风廉政建设的责任。二是充分发挥纪检监察机关在反腐倡廉工作中的组织协调作用,当好各级党组织的参谋和助手,组局要在总署党组的统一领导下,加强对反腐倡廉工作的监督、检查和指导,协助党组抓好反腐倡廉各项工作的落实,针对反腐败斗争遇到的新情况、新问题,会同或组织有关部门研究制定相应的政策、规定和纪律要求,约束规范行为。三是要实现纪检监察工作的"三个转变":在指导思想上,从过去反腐倡廉工作重在惩治转变到惩防并举注重预防上来;在思维方法上,从过去侧重查办案件转变到更加注重围绕服务发展上来;在工作思路上,从过去限于党建领域、被动服务转变到以发展为中心,主动跟进,全程监督上来。

(四)必须牢固树立围绕中心、服务大局的意识

反腐倡廉建设必须坚持围绕中心、服务大局,紧紧围绕发展这个党执政兴国的第一要务来进行,与完善社会主义市场经济体制相适应、与推进新闻出版改革的进程相适应、与加强党的执政能力建设和先进性建设相适应,立足当前,着眼长远,整体谋划和部署,贯穿于新闻出版改革发展的全过程。新闻出版系统各级党的组织和纪检监察部门在反腐倡廉建设上必须有更加清醒的认识,认真研究新的历史条件下反腐倡廉建设围绕中心、服务大局的有效途径和方法,使反腐倡廉工作更加有利于解决导致腐败滋生的深层次问题,更加有利于巩固党的执政地位,更加有利于促进改革发展稳定,更加有利于维护人民群众的根本利益,更加有利于保护干部改革创业的积极性。

(五)必须以惩防体系建设为重点,整体推进反腐倡廉建设

以贯彻落实科学发展观为统领,切实推进惩防体系建设,在教育、制度、监督、纠风、改革与办案这六个方面加大工作力度,寻求突

破。要以科学的方法谋划工作目标,处理好"当前"与"长远"的关系;要以科学的内涵丰富体系内容,处理好"部分"与"整体"的关系;要以科学的思维创新惩防手段,处理好"惩治"与"预防"的关系;要以科学的机制推进构建工作,处理好"抓协调"与"抓具体"的关系。

(六)必须进一步增强纪检监察工作的责任感和使命感

纪检监察机关是党内监督和行政监督的专门机关,加强对科学发展观的学习,不仅对于加强自身建设、做好纪检监察工作、推进反腐倡廉建设具有重要意义,而且对于促进新闻出版行业大繁荣大发展具有重要促进作用。广大纪检监察干部要以事业为重,着眼党和国家工作大局,立足纪检监察工作实际,充分认识开展深入学习实践科学发展观活动的重大现实意义和紧迫性,切实增强从事纪检监察事业的光荣感、使命感和责任感。

中国出版科学研究所深入学习实践
科学发展观活动分析检查报告

按照新闻出版总署开展深入学习实践科学发展观活动的整体安排,中国出版科学研究所在学习实践活动中坚持突出实践特色、专业特色、业务特色,以科研立所、人才立所作为深入学习实践活动的载体,在努力为新闻出版全行业科学发展提供高质量科研成果的同时,着力转变不适应不符合科学发展观的思想观念,认真查找影响和制约研究所自身科学发展的突出问题和党员干部党性、党风、党纪方面群众反映比较强烈的问题,做到边学边改,使所内各项工作、决策适应形势发展,符合实践需要。

一、中国出版科学研究所学习实践
科学发展观的五点共识

1. 就改革与发展的关系而言,改革是手段,发展是目的。

2. 就稳定与发展的关系而言,稳定压倒一切,也是针对发展而言的,没有稳定,就谈不上发展。

3. 就发展与经济发展的关系而言,经济建设是中心工作,经济发展是基石,是永恒的着力点。

4. 就经济发展与其他方面发展而言,一方面没有经济发展就谈不上其他方面发展;另一方面唯经济指标是从,唯 GDP 是从,也会产生问题,并且已经产生了诸多问题,这成为提出科学发展观的背景。

5. 科学发展观是党中央作为世界观和方法论提出的,是当前和今后相当时期内解决中国社会和我们工作中诸多矛盾的钥匙,其基础是马克思主义基本原理,是辩证唯物主义和历史唯物主义。

二、自党的十六大以来研究所贯彻落实科学发展观的初步成效

(一)研究所始终坚持"两个服务"方针不动摇

即为总署党组决策、为行业发展服务,强调以课题立所、以成果立身的发展思路,把发展回归到以科研为中心的轨道上来,对国家而言,发展是第一要义,对研究所而言,服务于发展的科研是第一要义。

(二)科研工作实现了"三个转变"

即科研课题任务由当初的"吃不饱"到"吃不了";再由"吃得饱"到"吃得好";再由"吃得偏"到"吃得全"。

(三)科研方向整体实现了"四个转型"

即由纯学理性、资料性研究向学理性、资料性与实证性、实用性相结合方面转型;由单纯人文科学向人文科学与经济科学相结合方面转型;由社会科学向社会科学与科学技术相结合方面转型;加强对人文科学的重视,夯实出版文化研究的底蕴,向更加重视文化理性修养方面转型。

（四）取得了一些经验和方法

一是把科学发展观中的发展是第一要义转化为研究所的科研是第一要义，是研究所的安身立命所在。二是把以人为本转化为三个方面：首先以人才为本，注重发展、吸纳、培养和使用人才。其次人才要以文化理性为本，强调德才兼备。再次因需求才，因才施用，把使用人才与爱护人才、关心人才结合起来。三是构建全面持续可协调的工作链条和氛围，首先要构建三个环境：上层环境、外部环境和内部环境。其次科研部门设置骨干岗位 AB 角，直属单位设置管理岗位 ABC 角，坚持每周的中层干部周前工作例会制度。四是尽最大努力统筹兼顾，首先应用科学研究与基础科学研究要统筹兼顾，其次科研工作与科研出版工作要统筹兼顾，再次科研管理要与科研及科研出版工作统筹兼顾，还有稿子与票子要统筹兼顾，再有领导利益与群众利益要统筹兼顾，最后就是老职工与新进聘用员工福利待遇要统筹兼顾。

三、研究所对照科学发展观要求存在的主要问题

主要为四方面问题：

（一）科研工作为总署党组决策服务、为行业发展服务方面还存在一定缺陷

主要表现为：科研的深度不够，缺乏前瞻性，在某些研究领域存在空白，科研成果利用不足，产学研结合不足等问题。比如关于印刷行业的规划与对策研究、新闻出版人才问题的研究方面还存在着明显的空白。对于行业目前迫切需要解决的重大问题，比如产业问题、集团问题、技术问题、民营问题等跟踪不够，研究成果分量不够等，这

都需要进一步提升科研质量,搞好科研服务。

(二)科研队伍建设不够健全

主要表现为:科研管理岗位的 AB 角配备不到位,科研队伍建设尚未形成良性机制,缺乏领军人才,科研经营、管理人才严重匮缺。具体表现为:在现有科研任务的情况下对骨干的需求增长与供给严重不足,科研人才与科研成果转化人才不匹配,编辑人才基本到位与经营人才严重不足,业务人才与管理人才不相适应,缺乏与国家研究所身份相适的高层次专家、学者等。

(三)科研管理方面存在的问题

主要表现为:首先目前研究所承担的科研课题涉及面宽、任务量重,但坚持有所为有所不为的原则不到位,造成科研人员疲于应付。其次科研部门业务骨干岗位的 AB 角、直属单位领导班子的 ABC 角配备进展缓慢,已成为研究所发展的瓶颈。再次改革还不到位,"雷声大,雨点小",应该相对剥离的单位部门尚未剥离,改革的"路线图"不清晰,"时间表"一拖再拖。

(四)党的建设、廉政建设方面存在一定问题

主要表现为:首先,研究所领导班子存在着一定程度的"小富即安",满足现状的思想倾向,解放思想不够。其次,对于科研经费的使用、经营活动方面的监控没有完全到位,存在一定风险和漏洞,还存在发生问题的空间和土壤。再次,领导班子自身建设不够,班子建设滞后事业发展,比如研究所领导班子完善,博物馆班子健全方面存在不足。最后领导班子的统筹、谋划能力有待进一步提高。

四、推动研究所科学发展的思路和措施

主要有四方面措施：

（一）进一步加大科研力度，增强科研实力

针对研究所"两个服务"不足的问题，研究所要进入到行业发展的"主战场"，进行深度思考，对于重大的课题要能够承担并成功承担，能够打硬仗、打大仗，逐步彰显国家队的水平。所谓打硬仗，就是集中优势兵力，攻克国家项目或影响行业整体发展的重大项目和一些应急性、高要求的科研任务。所谓打大仗，其标志之一是承担的课题经费额度，从几万元到几十万元、上百万元、上千万元以至上亿元的水平。比如研究所近期要加强对产业问题中期评估的研究，对集团的研究，对民营书业问题的研究，已经建立了有关研究基地，还要加强对农家书屋可持续发展的追踪研究，以及关于电子商务与实体书店的市场环境问题等这些涉及政府管理和事关行业发展的重大问题的深入研究。

（二）加强科研人才队伍建设的措施

主要有：一是 2009 年完成 60%—70% 的科研部门业务骨干岗位 AB 角的配备。二是吸纳经营型人才，通过网上招聘和所内推荐的方式平衡人才配置；调整相关人员岗位，提高经营效益；研究相关政策，从职级、福利待遇上给予倾斜，形成一个不少，两个最好的格局。三是培养吸纳高层次出版科研人才和领军人才，满足目前出版产业经济和出版技术工程对高级人才的需求。四是完善并落实中长期人才规划，坚持继续向国外派遣访问学者，继续鼓励所里同志攻读相关专业的硕士、博士学位。已建立了与上海理工大学合办的硕士

培养点,接收了8位研究生的代培工作,与武汉大学合作建立了博士后流动站科研基地,实现了教育资源与行业科研资源的整合。五是形成良性的用人机制,严格目标责任制和考评制度,始终不渝地坚持教育和人性灌输的原则,弘扬文化理念旗帜,塑造较高的文化品位,以人为本,用其所长,促其成长,最大限度地关爱职工。

(三)加大科研管理、改革力度

其具体措施有:一是试行科研课题的准入制,所有课题均需经过研究所学术委员会会议通过才能立项,完善项目对外承包制度,建立一支内外结合的科研队伍。二是明年上半年完成80%的直属单位管理岗位ABC角的配备,年终完成100%。三是加大改革力度,完成改革任务,按照先出版社后杂志社的顺序完成转企改制工作,由专人负责,立"军令状"。对相对剥离后的经营部门,要采取有效措施,做到既能够充分行使对该部门的重要人事任免权和重大事项决策权,加强对经济运作的监控,又能够有利于促进其创新发展。

(四)进一步加强党的建设,继续抓好党风廉政建设

具体措施有:一是完善研究所班子配备,这需要总署党组的支持。二是领导班子的能力和水平都需要进一步提升,要继续认真抓好党委中心组、党支部和处以上领导干部政治理论学习,坚持业务工作与党员干部职工的教育培训工作的"两手抓",确保科研、出版等各项工作顺利开展,确保研究所改革、稳定和发展。三是继续抓好德才关系教育,加强思想、作风、制度建设,培养德才双馨的干部及骨干。四是强化廉政观念,完善廉政措施,必须要居安思危,严加防范,警钟长鸣。深入开展廉政文化建设,领导班子及党员领导干部注意严于律己,尽可能成为廉政的楷模。领导班子要对整个研究所的廉政建设做到心中有数,特别是对骨干格外爱护,爱护有两种方式:一方面对一些在这方面做得特别出色的部分同志进行表彰;另一方面

对一些不良的倾向性苗头决不放松,既要坚持原则又不激化矛盾。

总之,深入开展学习实践科学发展观活动是全党一项重大和紧迫的政治任务,对我国经济社会发展具有重大而深远的意义。研究所有决心在这次深入学习实践科学发展观的活动中,根据研究所自身工作实际,按照总署学习实践科学发展观活动实施方案的要求,不浪费时光,不走过场,真抓实干,扎扎实实地解决几个或十几个实际问题,切实达到骨干受教育、事业有发展、群众得实惠的目的。

人民出版社深入学习实践
科学发展观活动分析检查报告

按照中央的统一部署和新闻出版总署的总体安排,2008 年 10 月以来,人民出版社开展了深入学习实践科学发展观活动。社党委按照"坚持解放思想、突出实践特色、贯彻群众路线、正面教育为主"的原则,组织全体党员干部认真学习了党的十七大报告和胡锦涛总书记在全党开展深入学习实践科学发展观活动动员大会暨省部级主要领导干部专题研讨班开班式上重要讲话等重要文件,学习了《毛泽东邓小平江泽民论科学发展》、《科学发展观重要论述摘编》、《深入学习实践科学发展观活动领导干部学习文件选编》、《科学发展观读本》以及中央领导同志关于开展深入学习实践科学发展观活动的讲话。在学习中,我们紧密结合出版社建设发展的实际,在社内外深入开展调查研究工作,并与民族出版社、中国盲文出版社联合召开了公益性出版研讨会;召开领导班子专题民主生活会、中层领导干部研讨会、普通党员组织生活会、民主人士座谈会等,广泛征求职工意见,深入分析查找了贯彻落实科学发展观方面存在的突出问题,深刻剖析了原因,研究提出了解决办法。整个活动既完成了统一规定的内容,又体现了本单位的特色。先后组织集体学习讨论 10 次,撰写心得体会和建言献策文章近 100 篇,开展"学习实践科学发展观答题竞赛活动",除因公出国、借调同志之外所有党员全部都参加答题,收到答卷 120 份;外出参观调查了 10 个单位,征求到 8 个方面 60 条意见建议;坚持边学边改边提高,为群众解决实际问题 10 多个。通过学习实践活动,使党员干部受到了一次深刻的马列主义教育和党性锻炼,进一步解放了思想,更新了观念,理清了发展思路,明确了努力方向,增强了推动人民出版社建设发展跨上新台阶的信心。

一、党的十六大以来贯彻落实科学发展观取得的成效和几点认识

党的十六大以来,社党委坚持以科学发展观统领各项工作,牢牢把握围绕大局、服务人民、深化改革、加快发展这条建社兴业的主线,积极应对出版业在社会主义市场经济条件下面临的种种挑战,一心一意谋发展,各项工作协调推进,成绩喜人,主要经济指标连年持续增长,为人民出版社下一步的改革发展奠定了坚实基础。

1. 积极主动服务党和国家大局,在强化公益出版中做出新的成绩。

2. 认真做好图书期刊出版工作,在奋力开拓中实现跨越式发展。

3. 稳步推进经营管理改革,在提高经营效益中开创新的局面。

4. 埋头苦干抓经济实力的提高,在连年稳步增长中夯实发展基础。

5. 坚持生产生活两手抓,在建设民心工程中实现职工生活进一步改善。

6. 加强人才队伍建设,在改善调整结构和培训中实现职工素质不断提升。

7. 重视团队文化和软实力建设,在群众性精神文明创建中结出成果。

8. 扎实抓好党组织建设,在发挥先进性作用中取得比较明显成效。

回顾党的十六大以来我社贯彻落实科学发展观取得的成绩,我们进一步深化了对谋划未来发展的认识。主要有以下五点:

1. 谋划推进出版社发展,必须始终坚持以科学发展观为统领。

2. 谋划推进出版社发展,必须紧紧围绕又好又快发展这条主线。

3. 谋划推进出版社发展,必须牢固树立以人为本的理念。

4. 谋划推进出版社发展,必须贯彻全面协调可持续的基本要求。

5. 谋划推进出版社发展,必须始终坚持统筹兼顾的根本方法。

二、贯彻落实科学发展观存在的突出问题及原因分析

(一)解放思想、改革创新有待继续深化

由于我们对科学发展观的精神实质、科学内涵、根本要求理解把握还不够深入,在工作中有时往往受到既有经验的束缚,以改革创新的精神分析新情况、研究新问题、开创新局面还不够。如在事企分开的改革问题上,对公益出版与市场经营的辩证关系认识不够全面,致使改革方案虽然形成较早,研究制定的过程较多,经几次修改,至今还尚未得到批准,改革还尚未正式启动。

(二)公益性、政治性出版事业有待做强

与我国经济社会发展的新要求不够适应,与中央和上级对我们的新期待还有差距。表现为公益性出版能力有待进一步提高,公益性出版结构有待进一步完善,公益性出版体制机制有待进一步健全,公益性产品的数量和质量还不能很好满足广大人民群众的需求。

（三）基础设施建设和工作生活条件有待改善

还不能适应人民出版社发展的要求，与广大职工的期望还有差距，尤其是办公条件简陋、设备陈旧的问题较为突出。近年来，我们这一届班子为此做了不懈努力，取得了较大进展，但有时工作也有不到位的情况，加上遇到一些客观原因，购买新办公楼还未得到批准。同时，在职职工的住房补贴还没有发放，职工的文体生活比较单调，反映出我们关心职工生活还存在不足。

（四）作风纪律和管理秩序建设有待加强

形势任务的发展变化，对广大干部职工的素质能力、对出版管理工作的规范化和效率提出了很多新要求，而我们在理论学习、管理工作上抓得还不够系统扎实，导致在规范执行和作风纪律建设上存在一些问题。同时我们的一些管理制度有的有些过时，有的没有根据新情况及时制定。如在行政管理上，有时存在着管理较为粗放的问题，导致有的部门出现一些人浮于事、纪律比较松散、服务意识不强、办事效率不高等问题；在财务资产管理上，存在着个别科目账目不清的现象。

三、深入贯彻落实科学发展观的主要思路与具体措施

当前和今后一个时期总的工作思路是：以中国特色社会主义理论体系为根本指针，坚持把学习实践科学发展观经常化，继续解放思想，实事求是，与时俱进，求真务实，认真贯彻"高举旗帜、围绕大局，服务人民，改革创新"的总要求，进一步强化"八种意识"，着力抓好"六个战略重点"，练好"五项内功"，不断推进我社实现又好又快的发展，力争主要工作指标每年都有新的进步，三到五年内使人民出版

社的建设发展再跨上一个新的台阶,实现综合实力位居国内出版社前列。

在统一思想认识、树立良好精神状态的基础上,我们将着力抓好以下六个战略重点,加快推进人民出版社的建设发展:

(一)着力做强公益,服务大局

大力提高公共出版产品的服务能力,是贯彻落实科学发展观对人民出版社的内在要求。作为党和国家公益性出版单位,必须把公益性出版作为中心任务和义不容辞的责任。我们一定要深刻领会和把握中央和总署党组的指示精神,把公益出版作为一项重大工程来研究和落实。要充分认识新形势下公益出版的内涵,明确公益出版的任务,探索公益出版的途径。我们将以马克思主义经典著作、党和国家重要文件文献、研究类和宣传普及型出版物、代表国家水平的优秀社科著作等为重点,集中精力为广大读者提供质量一流、价格低廉的优秀公益产品,从而不断完善公益性出版结构、提升公益性出版总量,使我社真正成为国家标志性公益出版机构。

2009 年,我们要着重抓好学习实践科学发展观系列图书、党的中央全会和全国人大政协"两会"文件、党和国家重要文件文献和相关图书的出版,继续做好马克思主义理论研究和建设工程重点项目和马克思主义中国化研究图书的出版,不断为党和国家工作大局提供强有力的出版服务。

(二)着力打造精品,弘扬品牌

精品就是形象,品牌就是生命。人民出版社曾经出版过一系列脍炙人口、影响广泛的精品佳作,在广大读者当中享有很高的声誉。我们要决不辜负老一辈革命家和中央领导同志的厚望,把继承品牌、弘扬品牌、创造品牌作为一项重大工程,进行深入研讨、系统规划、分步落实。要在联系建立高层次的作者队伍上出精品,在优化图书选题上出精品,在精心策划、编校、印刷上出精品,在依靠市场引导上出精品。密切关注和积极争取国家重点课题的出版任务,加大在哲学社会科学、高校精品教材方面的开发、投入力度。总结发扬多年来在文化艺术类、历史类、翻译著作类、综合经管类等图书方面面已形成的优势,进一步弘扬特色,做出品牌。此外,还要通过创新组织模式和经营模式,继续推动社属期刊的发展,将其打造成国内一流、国际知名的标志性期刊品牌。力争通过艰苦努力,使我社在激烈的市场竞争中始终保持具有国家水平的哲学社会科学类精品出版基地的地位。

2009 年,我们将精心策划出版一批庆祝新中国成立 60 周年的高水平图书,目前上报的重点选题有《中华人民共和国史》、《中华人民共和国大事记(1949—2009)》、《复兴之路》、《新中国美术 60 年》、《社会主义通史》等 50 余种;策划出版纪念五四运动 90 周年和纪念西藏民主改革 50 周年以及弘扬、培育民族精神的图书;继续做好以"人民文库"为代表的精品学术图书的出版;按计划出版已申报"十一五"规划项目的高校教材和"社会主义新农村建设系列"等图书。在社属期刊方面,《新华文摘》启动增设海外版、新华文摘学术网和新华文摘学术评价中心的工作;《新华月报》已经进入解放军内部思政网络,并在部分基层部队进行了推广;《人物》杂志也已全面推向市场。

(三)着力营销创新,开拓市场

面对激烈的市场竞争,奋力开拓市场是实现人民出版社事业发展壮大的关键环节。我们将在近年来图书发行体制一系列改革的基础上,进一步采取有力措施,加强"人民书店"和"人民出版社联盟"的建设。要通过构建电子商务平台,实现图书发行"数字化、连锁化、国际化、资本化"的发展战略,把人民书店真正打造成为全国人民版图书总发行新型市场主体,扎扎实实推动人民出版社联盟的实体化运作。同时,加大版权贸易的力度,实施"走出去"战略,使人民出版社市场竞争力再上一个新的台阶。

2009年,我们要以深入学习实践科学发展观活动为动力,紧紧围绕"保增长"这一党和国家的工作大局,采取积极措施应对金融危机给出版业带来的影响,重点抓好规范化、精细化管理和渠道建设,实现与6—10家主要书店的社店数据对接,与非主流渠道全部签订购销协议书,加大农家书屋和高校思想政治教材招投标工作力度等,推动营销工作再上一个新的台阶,力保出版规模和效益双增长。

(四)着力深化改革,提高效率

深化文化体制改革,是解放和发展文化生产力的根本途径。要在未来几年实现我社的跨越式发展,必须通过改革构筑高效科学的体制机制。我们一定要坚决贯彻中央关于深化文化体制改革的精神和总署领导的一系列指示要求,按照坚持导向、服务大局、锐意创新、事企分开、保障有力、社会效益最大化六项原则,围绕把人民出版社建成党和国家首要出版阵地、国家标志性公益出版机构、一流哲学社会科学著作出版基地、国内有竞争力和国际有影响力的现代化出版强社四个方面的战略目标,坚定不移地推进人民出版社的改革。目前,我们要周密论证制定改革方案,积极主动做好各项准备工作,从上到下搞好思想发动。一旦方案得到批准,我们将立即实施事企分离的改革,即对现有资源、业务和机构进行整合,对主要承担公益性出版任务及相关业务的部门按事业单位体制运行和管理;将与公益性出版无关的部分经营性资产、业务和机构剥离出去,按现代企业制度独立运营和管理。在此基础上,大力推进公益事业主体和经营性市场主体体制机制的创新。

2009年,我们将完成岗位设置工作,全面实施聘用制和合同管理,积极推进事业单位收入分配制度和社会保障制度改革,按公益性改革要求重新核定人员、编制和机构,配合上级组织纪检部门做好干部任用的监督检查工作。

（五）着力科技创新，抢占先机

面对日新月异的科技发展新形势，人民出版社要在激烈的出版业竞争中取得优势，就必须抢占科技创新的制高点，以信息化和数字化建设赢得发展先机。为此，我们一定要把科技创新工作进一步作为系统工程来抓，加速建立一支技术人员、编辑出版人员和管理人员相结合的科研工作队伍；制定一个立足自主开发与引进先进技术相结合的系统全面、几年一贯、分步实施的规划方案；形成一个争取国家财政支持与自身投入有机结合的经费保障机制；大力培养提高全体员工的科技素质，力争在三到五年内实现编辑、出版、发行等全流程的数字化，实现传统出版方式到数字化出版方式的全面转型。

2009 年，我们将继续扎实推进中国共产党思想理论资源数据库与传播工程的建设，结合纪念国庆 60 周年，进一步建成新中国成立以来出版的党和国家重要文献数据库，进行多种形式的数字开发和网上传播。同时进一步完成社内 ERP 管理系统改造升级工作，着力解决社内各个环节工作互联互通等问题，使信息化建设跨上一个大的台阶。

（六）着力创好基业，建功长远

基业是远航的码头。保护好、建设好、发展好建社近 90 年来创造的无形资产和有形资产，进一步改善硬件设施，是实现人民出版社长远发展的必要条件，也是我们这一代人民社人的重大责任。我们要一手抓为党和国家服务；一手抓基业建设。2009 年，我们将抽调专门力量，积极主动做好协调工作，争取新办公楼的早日立项。并在此基础上推进后续的装修工程进度，确保建设质量，力争早日实现搬迁。同时，努力改善职工的工作条件和社里的公共设施。结合办公楼的搬迁和事企分离的改造，对各类资产进行登记和妥善管理，防止国有资产流失。特别是对建社以来的珍贵历史文献、图书资料和其他出版文物进行搜集、整理、保存与评估,切实做好开发利用工作。

总之,通过开展深入学习实践科学发展观活动,人民出版社领导班子和全体员工更加有信心推进人民出版社实现又好又快发展。我们一定要牢记党和人民的重托,团结一致,艰苦创业,开拓进取,为人民群众提供更多的精神食粮,为中国特色社会主义事业作出应有的贡献。

新闻出版报社深入学习实践
科学发展观活动分析检查报告

自 2008 年 10 月份开展学习实践科学发展观活动以来,新闻出版报社党委把学习实践活动作为一项重大政治任务和推动报社科学发展的重要契机,严格按照新闻出版总署党组的统一部署,认真贯彻落实活动实施方案的各项要求,精心组织、周密安排,紧密联系工作实际,通过深入学习理论,召开集中交流会、深入调研等多种活动形式,广泛征求意见和建议,认真查找制约报社科学发展的突出问题,深入分析问题的主客观原因,进一步理清发展思路,明确发展目标,提出改进措施。现将报社领导班子学习实践科学发展观分析检查情况报告如下:

一、深入学习实践科学发展观形成的主要共识

自开展学习实践活动以来,报社坚持以科学发展观的理论学习为基础,以"提高思想认识、查找突出问题、促进工作开展"为目标,着力从以下几个方面下大功夫:一是着力抓好理论学习,在深刻领会科学发展观的丰富内涵和精神实质上下功夫;二是着力联系思想实际,在转变党员干部思想观念上下功夫;三是着力找准工作中存在的突出问题,在选准突破口、解决问题上下功夫;四是着力抓好班子队伍建设,在提高领导科学发展的能力上下功夫。通过前一阶段的学

习和调研,报社领导班子和全体党员对科学发展观的认识上普遍有了新的深化提高,在思想观念上有了新的转变,对如何以科学发展观指导报社工作形成了一些新的共识:

第一,践行科学发展观,必须更加注重深刻理解和正确把握科学发展观的基本内涵,进一步强化实践科学发展观的自觉性和坚定性。科学发展观,第一要义是发展,核心是以人为本,基本要求是全面协调可持续,根本方法是统筹兼顾。贯彻落实科学发展观,必须全面地而不是片面地、系统地而不是孤立地、整体地而不是割裂地理解科学发展观的内涵,切实增强贯彻落实科学发展观的自觉性和坚定性。

第二,践行科学发展观,必须注重解放思想,进一步增强发展意识、大局意识、责任意识。以科学发展观指导报社工作的开展,必须坚持解放思想,紧密结合报社工作的实际,认真分析报社发展中的新情况、新问题,明确"靠什么发展"和"发展为了谁"的思想认识;坚持统筹兼顾,进一步强化统筹谋划的大局意识,增强员工的发展意识、责任意识。

第三,践行科学发展观,必须加强调查研究,认真查找不适应、不符合科学发展观的思想观念、工作作风和突出问题。要找准党员队伍、特别是党员领导干部在思想认识、工作作风等方面,不适应、不符合科学发展要求的突出问题;带着问题深入调查研究,并深刻分析问题产生的主客观原因,进一步找出解决办法。

第四,践行科学发展观,必须更加注重加强和改进党的建设,进一步强化领导科学发展的能力和水平。要着力提高党员领导干部运用科学发展观解决实际问题的能力,提高党的执政能力、保持和发展党的先进性,建立健全反腐倡廉的长效机制,为科学发展提供坚强的政治和组织保障。

二、报社近年来贯彻落实科学发展观的初步成效

近年来,报社以邓小平理论和"三个代表"重要思想为指导,坚持用科学发展观统领工作全局,为报社深化内部改革、实现可持续发展提供了强有力的支撑。

自2006年7月总署党组调整新闻出版报社领导班子后,新领导班子团结带领报社干部职工,积极落实总署的各项部署,解放思想,统一认识,大胆改革,真抓实干,报社的各项改革已经取得了阶段性成果,报纸版面发生了明显变化,经营工作正在从困难和挑战中提升,党的建设和队伍建设取得了阶段性成果,党员、干部、职工的精神面貌发生了明显的转变。为尽快解决近年报社存在的各种问题,使报社迅速走出困境,步入快速发展轨道,新领导班子带领全社职工,全面推进了采编、经营、管理体制以及报纸版面的改革。

——采编体制改革上,实行所有采编部室中层干部竞聘上岗;采编人员则实行双向选择、竞争上岗。

——经营体制改革上,将原来的广告公司及社会活动部重组,组建了5个经营事业部;对报社下属单位进行整顿,并将下属单位的财务、公章等收到报社集中统一管理,从根子上堵住了再度出现因决策错误而造成重大损失的漏洞。

——管理体制改革上,对报社办公室、人事处等部门的岗位实行竞争上岗,行政部门各工作岗位实行双向选择。同时,相继建立起了采编、经营、管理各个环节的配套的规章制度,并狠抓制度的执行,提高了内部管理的科学性和规范性。

——报纸版面改革上,转变办报思路和理念,将报道好总署党组中心工作与报道好业内改革发展实践相统一,把坚持正确舆论导向与讲求新闻规律相结合,报纸版面出现了可喜变化,信息量大幅度增

加,时效性大幅度提高,特别是战役性报道有新的突破,在社会上产生了广泛的影响。报社围绕总署党组的工作重点,针对业内改革发展实际,聚焦热点、焦点、难点,坚持正确的舆论导向,突出策划,突出新闻性、贴近性,不仅忠实地贯彻了总署党组的工作意图,圆满地完成了总署交给的各项报道任务,也得到了业内的一致赞许。总署多位领导对本报的一些报道做出批示表扬,中宣部阅评组对本报的相关报道给予了肯定,中央电视台"媒体广场"、中央人民广播电台"早报早读"等栏目及国内其他媒体、新闻网站,经常转播、转载、引用本报的相关报道,报纸的影响力得到了较大的提升。

目前,报社的改革虽然仍在不断深化和完善,但整个报社从职工思想到报社风气、队伍精神面貌、报纸版面、经营管理工作等已经明显转变,报社的改革为进一步贯彻落实科学发展观积累了经验。

三、当前影响报社科学发展的突出问题和原因分析

报社新领导班子组建两年多以来,带领报社员工在采编、经营、管理体制上进行了一系列改革和新的探索,报社整体面貌发生了较大变化,报纸在行业内外的影响力不断提升,经营开辟新领域,人事制度改革推出新举措,报社两年来的发展方向基本正确,主流是好的,但也存在一些问题,对照科学发展观的要求,现初步梳理出在以下几个方面影响和制约报社科学发展的突出问题。

(一)报纸定位问题

在报纸定位上,由机关报转向行业报不够彻底,机关报色彩浓厚,不能满足行业需求,在传递总署声音时方式简单化、公文化,没有按新闻规律予以充分解读,影响了报纸的可读性和指导性,在为行业服务上,来自行业一线的鲜活报道不够,在满足行业需求上还要做很

538

大改进。

(二)经营体制改革问题

在经营体制改革上,现有经营理念、赢利模式、管理架构远不能支撑报社长远发展,在赢利模式上延续传统的机关报模式,以出版行业产品广告为主的经营模式面临危机,不能满足报社需要。在这方面要弄清两个问题:一是办一张什么报纸;二是靠什么挣钱,靠什么发展,以此来了解行业需求,在经营模式、管理理念上迈出更大步伐。

(三)建设科学的管理制度问题

在建设科学的管理制度上做得不够,报社虽建立了初步的考评机制,但管理体制较粗放,准确评价不到位,没有充分调动采编人员积极性,没有体现出质量导向,要使报纸质量有大幅度提高,采编体制改革要加快。

(四)队伍培训问题

队伍建设、业务培训上严重欠账,计划性不强,不够系统化,新的采编人员来后,入社教育、职业道德教育、采编知识培训存在很大欠缺,在一定程度上制约了报纸总体质量的提高。

(五)加强领导班子建设问题

在领导班子建设上,思想沟通、交流不够,班子思想凝聚力不强,导致报社整个队伍凝聚力不强,很大程度上影响了员工积极性的发挥。党委中心组学习存在不足,在倾听群众呼声,及时捕捉改革中群众存在的思想问题和实际问题方面,要反思改进。在统一思想、精诚团结、加强学习、科学管理上有待进一步加强,这是报社进一步发展的重要前提。

（六）以人为本问题

在以人为本上，影响报社发展的最根本问题在于人的主体作用还没有得到充分发挥，在凝聚人心，充分发挥员工的积极性、创造性上有欠缺，对员工发展及利益分配方面重视关怀不够，缺少制度上的保障，报社的管理体制还是以工作为轴心，而不是以人为重心，在很多制度安排上对人的关怀不够，无论是从分配机制、工作考评政策、正常的组织活动，人和人之间非工作的交往上欠缺很多。在管理机制、制定政策上没做到充分以人为本。如何使员工更加心情舒畅，为报社的改革发展贡献力量，是今后摆在报社班子面前的重要任务。

深刻剖析存在的问题和不足，我们感到，更多的是报社领导班子在主观上还存在许多与科学发展观要求和报社发展需要不相适应的思想和观念，归纳起来主要有以下五点：

一是目光不远，对把报纸办成什么样子，五年、十年以后报社是什么样子，领导班子站得不够高，看得不够远；二是思路不清，报社的发展目标是什么，怎样实现目标，报社经营路数是什么，领导班子的思路不够清晰；三是创新不力，特别是在经营模式上，很多方面延续了过去的做法，基本赢利模式没有大的变革，创新力度不大；四是信心不足，对报社的发展究竟能走多远，做多大多强，领导班子底气不足，信心不够；五是激情不够，现在班子的激情比上任之初有所减弱，在一定程度上影响了推动工作的自觉性、坚定性和创造性。

四、近期解决突出问题的思路和措施

按照学习实践活动的要求，报社近期解决突出问题的具体工作思路和措施如下：

一是要加强学习和调研，透彻理解中央领导同志的讲话精神，廓清和其他行业报的差异及本报的核心竞争力,深入基层调研,把握行业需求,把报社的发展放入行业的发展中去思考。如何使报纸定位准确、经营模式创新、管理更趋合理,是目前摆在班子面前的三个突出问题。二是班子要同心同德,齐心协力,班子成员要思远心近,相互激励。三是要依靠群众,以人为本,改革的成果要与群众共享,使报社每个人的积极性得到充分发挥。四是班子要增强主动性,激发创造性,统一认识,解放思想,创新思路。

2009 年在办报思路上要准确把握报纸定位,使中国新闻出版报成为新闻出版总署党组的耳目喉舌和特殊工具;成为各级新闻出版行政管理部门的得力助手和行业平台;成为新闻出版行业内外交流与沟通的桥梁纽带;成为新闻出版产业创新与发展的展示窗口。在经营上要实现四个转变:一是由被动宣传向主动策划转变;二是由单纯宣传向为行业综合服务转变;三是由单一报纸向媒体服务商转变,利用和传媒的良好关系,为行业做全面宣传和服务;四是由为业内服务转向为社会服务,扩大报社的社会影响和经营范围,转变经营模式,使报社走向更为宽广的发展之路。

中国版权保护中心深入学习实践
科学发展观活动分析检查报告

自开展深入学习实践科学发展观活动以来，中国版权保护中心按照总署的统一部署，以柳斌杰署长"3·14"讲话为指导，以"构建服务体系，推进改革创新"为实践载体，认真组织学习，深入调查研究，广泛征求意见，并在此基础上召开了领导班子专题民主生活会，紧密联系思想、工作实际，认真对照检查和剖析了领导班子在贯彻落实科学发展观方面存在的突出问题和主客观原因，进一步明确了科学发展的思路和相应的改进措施。按照新机党字〔2008〕48号通知的要求，现将有关情况报告如下：

一、贯彻落实科学发展观的初步成效

（一）进一步从不适应科学发展观要求的思想状态中解放出来

在总署党组的正确决策和支持下，我中心抓住北京市大力推进首都文化创意产业发展的有利时机，与北京市东城区人民政府签订《建设国际版权交易中心战略合作协议》，克服困难，今年春天顺利完成了办公场所迁址，办公面积由 1485 平米扩大到近 3700 平米，并保证了各项业务工作的稳定性、连续性。办公条件和工作环境的改善，以及通过中心的版权服务专业优势与区政府的综合资源优势合作互补，共同打造柳斌杰署长提出的版权贸易常态化平台，极大地提升了中心的社会形象，拓展了中心发展的空间。这些变化更大的收获是激发了干部职工的思想解放，大家从中心实现迁址办公这件大事中受到了深刻教育和启发，打开了工作思路，开始寻求新的发展出路。目前中心队伍稳定，人心思干，大家都在想着怎么把自己的工作做好，精神面貌、工作劲头发生了深刻的变化。

（二）梳理出中心基础性、长远性工作中面临的五大矛盾和问题

在这次学习实践活动中，我们力求领会和把握总署党组对中心工作的战略部署和基本要求，进一步解放思想，把影响和制约中心科学发展的突出问题找出来，围绕解决问题，更加自觉地谋划和推进改革创新。

这五个问题，一是中国版权保护中心以版权登记业务为核心的版权公共服务机构的定位在著作权法律框架和公共政策层面一直缺失或不确定。二是需要以公共服务机构的新定位调整中心的职责、职能、编制的三定问题，同时要进行体制改革，理顺中国版权保护中心、中华版权代理中心、中华版权代理总公司的关系，实行事企分开，积极推进中华版权代理总公司转制为企业和股份制改造。目前公司剥离转企方案正在审批中。三是需要以公共服务机构的新定位调整单位的财政预算收费政策。四是中心的硬件和软件建设滞后，远不能满足版权服务的需求。五是面临数字化、网络化技术迅猛发展的严峻挑战，中心在数字网络环境下提供版权服务存在缺资金、缺技术、缺人才的严重困难，面临被边缘化的危险。

（三）更加注重开拓创新，创新版权保护方式，拓展版权服务领域，创新业务模式和服务方法，不断提高中心面向全社会面向国际的版权服务能力

日前《著作权登记管理信息系统》建设项目已开始试运行，版权

登记工作水平显著提升。国际版权交易中心装修工程项目和招商进展顺利,可以保证作为版权贸易常态化平台开业。首届中国著作权人年度人物评选活动已经展开,参评踊跃。《版权作品价值评估体系》课题研究取得阶段性成果,受到业界专家学者的好评。版权经理人、出版经纪人赴法兰克福国际培训项目也取得圆满成功。工作服务能力提升很快,奥运版权保护快速反应办公室的后勤服务任务高效完成,国家版权局反盗版举报中心的协调执行工作、国家版权局网站的内容保障服务工作都有出色表现。

二、存在的主要问题

(一)体制机制性问题尚未有效解决,不能适应现代版权保护工作的要求

通过学习实践科学发展观,中心领导班子进一步加深了对制约中心科学发展的五大矛盾和问题的认识,在这些关键问题上,中心虽然通过下大气力,基本理清了思路,抓住了关键,提出了解决措施,但由于政策层面和自身经验的限制,很多问题还没有得到有效解决。中心在著作权法律框架和公共政策层面版权公共服务机构定位的关键问题还没有得到解决,仍然存在根基不稳、方向不明的问题;办公软硬件滞后问题虽然通过合作迁址办公暂时缓解,但全面提供公共服务的空间条件还没有彻底解决;对数字、网络技术及其版权保护模式不熟悉,数字版权登记平台还没有建立起来,通过公司改制引进战略资金、引进新资源的进展还不够快。这些体制机制性问题没有得到有效解决,很大程度上限制了中心适应现代版权保护工作要求,提供高质量版权服务的能力。

（二）管理基础薄弱，管理水平不高，执行力还有待增强

总署党组以及柳斌杰署长的"3·14"讲话，已经明确了中心的定位、指明了战略方向，做出了工作部署，下一步就是我们如何解决好落实和执行的问题，这也是学习实践科学发展观活动能不能取得实效的关键。中心去年以来在加强管理、提高执行力方面着力进行了大量基础性的制度化、规范化工作，但当前中心管理工作中部分环节仍一定程度存在着不懂管理、不会管理、不抓管理、不善管理、不敢管理的问题，管理基础比较薄弱，业务整合程度较低，综合管理水平不高，管理手段和方式不能完全适应新形势的要求，没有完全建立起适应中心改革发展的机制性规章制度体系，影响和制约了既定战略任务及时有效的执行。

（三）思想认识和作风建设还存在与科学发展观不适应的问题

与抓业务工作相比，中心在作风建设方面还存在一些不适应科学发展观的情况。同时在思想认识上亦存在解放思想、与时俱进不够的问题，中心领导班子的思想解放程度距离科学发展观的要求和总署党组的要求还有差距，中层干部的思想认识与中心领导班子还存在一定差距，少数党员干部缺乏干事创业的热情，工作作风不够扎实，工作积极性、创造性、主观能动性没有完全发挥出来，做工作的标准还不够高，在对待工作的问题上批判意识还不够强，思想认识还没有迅速转变到科学发展观的要求上来。

三、产生问题的主要原因

（一）科学发展的责任感、紧迫感和危机感不够强

在版权产业发展的新时期新形势下，版权保护和服务的领域和

方式都发生了深刻的变化,中心面临的形势十分严峻,必须牢牢抓住发展机遇,加快改革创新的步伐,否则不但难以适应版权事业和产业发展的需要,还可能有被边缘化的危险。在中心改革进程中,有些党员干部推动中心科学发展的责任感、危机感和紧迫感不强,中心虽然采取了多项措施进行教育培训、加强作风建设,但没有形成全面科学的人员考核评价和奖励体系。因干部流动性不强等原因,也影响了工作的活力,影响了主动承担责任、主动思考问题、主动创新工作的激情。

(二)推动中心科学发展的能力有待提高

目前中心正值改革发展的关键时期,工作头绪多、任务重,部分同志忙于日常工作较多,理论和业务学习不够深入,对版权工作相关知识学得较多,对管理工作新理念、新知识的系统学习较少,对上级的新政策、新理论和新要求学习较多,对工作实践和产业发展中影响中心工作的新情况、新问题关注不够、研究不深。站在战略和全局高度对重大问题进行理性思考,着眼长远、用发展眼光认识和研究问题不够自觉,战略理解能力和执行能力还有待进一步提高;视野不够开阔,谋划和指导工作时创新意识不强,遇事有时还存在凭老经验办事,求稳怕乱,求稳怕险的思想;缺乏新知识、新本领,不能总是及时根据形势的变化提出有针对性的新举措,有效解决新问题、应对新情况的本领仍需增强。创新意识、大局意识、团队意识仍需增强,推动中心科学发展的能力还有待进一步提高。

(三)贯彻落实科学发展观的自觉性不够高

中心深知科学发展观理论学习的重要性,采取了一系列措施强化理论学习的力度,对科学发展观的认识和理解不断深化,但在学习领会科学发展观的科学内涵和精神实质方面,还不够深刻、全面,贯彻落实科学发展观的自觉性还不够高,没能很好地运用理论来武装头脑、指导实践、推动工作,形成战略思维和世界眼光,真正做到跳出中心谋发展,跳出版权做版权,以发展的眼光看待中心各项工作,解决各种问题。随着版权保护对促进经济社会发展的重要作用日益显现,社会对版权保护和服务的需求也日趋多样化,过去很长一段时间,中心一直着力于解决中心工作中存在的具体问题,对于根本性、体制机制性的问题缺乏重视,没有从根本上改变工作体制机制的角度上去思考如何提高服务水平,如何挖掘自身潜力,如何进行科学管理,如何在新环境中改进工作方式方法。

(四)思想还不够解放,创新意识和能力还不够强

在总署党组的强有力支持下,中心坚持用改革创新的思路思考和解决问题,取得了一定成效,但解放思想的"总开关"还没有完全打开,改革创新标准还不够高,工作思路还不够开阔、办法措施还不够多,各项工作的系统性、前瞻性和创造性有待进一步提高;各项改革工作推动落实力度还不够大,进展还不够快,在将科学发展观落实到具体的工作中时,有时还会受到传统观念和体制机制的限制,找不到好的方法和措施;敢闯敢试、敢为人先的勇气还不够大,突破固有思维、突破固有模式,挑战新事物的信心和决心还不够强;思想观念不能完全适应科学发展观的要求和形势发展的需要,有时还存在惯性思维,创新意识和能力还不够强,不能完全适应形势发展的需要。

四、下一步改进的思路和措施

(一)用科学发展观指导中心改革实践,大力创新体制机制

要以科学发展观为指导,解放思想,锐意改革,勇于实践,更加深入地研究和探索解决问题的措施、途径和方法,用改革创新的思路解决体制机制问题。大力推进体制改革,理顺中国版权保护中心、中华

版权代理中心、中华版权代理总公司的关系,加快中华版权代理总公司改制的步伐,实现事企分开,积极推进中华版权代理总公司转制为企业和股份制改造;尽快引入战略投资,引进数字、网络环境下版权服务新模式、新资源、新技术,研发重大项目,开拓服务领域;进一步优化事业部制运营机制,实行经营责任制和预算管理,实现市场化运作,转变经营理念,改变经营方式,拓展业务范围,积极实施大客户计划,开拓新业务;以改制后的中华版权代理总公司为运营主体及各项业务为依托,深化与北京市东城区人民政府的战略合作,整合资源,继续做好国际版权交易中心装修工程项目和招商工作,确保作为版权贸易常态化平台开业。

进一步深化与日本相关方面的全面合作,建设版权产业交流合作新渠道;努力将中国著作权人年度人物评选活动打造成宣传中心和登记工作的制度化平台;在总署的支持下,通过研制中国自主的数字内容作品版权登记技术标准,积极筹划建设数字内容作品版权登记平台,力争在新兴媒体版权保护领域取得主导地位;在《版权作品价值评估体系》课题研究取得阶段性成果的基础上,设立专门机构,进一步加强为著作权质押贷款等投融资以及为打造完整版权相关产业链服务的研究和实践。

(二)用科学发展观指导服务体系建设,全面提高版权服务能力

要以科学发展观为指导,进一步理清工作思路,树立正确的版权服务理念,着力构建版权公共服务和版权社会服务体系,提供优质的版权公共服务、社会服务、工作服务和市场服务,为提高民族自主创新能力,建设创新型国家服务,为国家版权工作大局服务,为广大著作权人和版权产业服务。

继续着力推进版权登记工作的规范化、标准化和信息化,不断强化服务意识,更新服务理念,创新服务方式,目前"著作权登记管理

信息系统"已进入试运行阶段,下一步要尽快正式启用,同时建立与信息化登记工作平台相适应的工作机制和工作方法,通过建立版权登记受理大厅,实行"一站式"窗口服务,实施以客户服务为导向的著作权登记业务流程、业务规范和岗位规范,全面提高著作权登记工作效率与质量。

进一步做好版权鉴定工作,研究建立版权纠纷自愿调解机构与工作机制,坚持中立、公平、合法、便利的原则,为当事人提供程序化、规范化服务;发挥总公司的业务优势开展各类作品的版权登记代理业务,引导规范登记代理活动,促进建立健全适应版权相关产业需要的版权登记代理体系;加强与全国性产业协会和地方版权相关产业集聚区的合作,建立行业性或区域性的版权服务平台。

(三)着力推进科学合理的管理体系建设,提升管理水平

针对管理基础薄弱、管理水平不高的问题,经过深入的思考,组织干部职工进行"科学管理与版权服务"大交流大讨论,我们认为,首先要进一步理清管理思路,以树立正确的版权服务理念、树立科学的管理理念,加强管理体系建设为任务,从关键问题下重手,进一步解放思想,更新观念,力求将中心的四大服务业务体系都建立在规范化、科学化管理的基础之上,从而全面提升中心的服务能力和管理水平。为构建科学的管理体系,形成服务体系与管理体系相互促进的良性循环,中心目前以建立全面绩效管理、全面质量管理、全面预算管理的科学管理体系为主要目标和手段,从加强绩效考核、启动 ISO 9000 管理体系标准认证工作、加强财务管理三个方面入手,着力加强和改进中心的管理工作。

把制定和实行绩效考核制度作为近期工作的重点,从员工最关心的、事关每个人切身利益的绩效管理抓起,着力解决长期存在的缺乏有效激励,吃"大锅饭"的问题。目前,绩效考核办法草案已经过三轮不同层面的征求意见,同时针对事业单位进行绩效考核面临的

比如观念上不接受，体制上不协调，没有配套政策等突出问题，组织员工进行解放思想、科学管理的专题大讨论，解决员工思想观念上的问题，得到了大多数干部职工的支持。

通过质量管理体系标准认证调研，进一步深化对管理问题的认识，促进著作权登记规范化、标准化、信息化建设。全面预算管理对中心来讲是一个全新的课题，通过深入的学习探讨，我们认为这种财务制度对单位了解家底，有效激励和分配资源，把握机遇，推动中心改革创新、科学发展具有十分重要的意义。目前，中心正在积极研究完善现有的财务制度，使之符合全面预算管理制度的要求，以适应中心的未来发展需求。

（四）深入学习实践科学发展观，切实加强领导班子建设

学习实践活动能否取得实效，关键在中心领导班子的战略理解能力和执行力。领导班子既有正确决策的责任，更有执行的责任，带领整个管理团队，带领全体员工，真正找准问题，真正解决问题。要进一步深入学习实践科学发展观，从理论武装、实践指导、推动工作上下功夫，加强自身的理论修养，提高认识问题、分析问题的能力，进一步解放思想，打开工作思路，探索发展新出路；对一些重大问题，注重集体研究，人人动脑思考工作，共同学习提高；要认真落实党风廉政建设责任制和惩防体系建设，建立健全教育、制度、监督并重的惩治和预防腐败体系；将学习实践活动与领导班子科学发展能力的提高，与工作作风和党风廉政建设结合起来，进一步增强领导班子的创造力、凝聚力、执行力，努力把中心领导班子建设成为善于领导科学发展的坚强领导集体。

（五）进一步加强作风建设，增强忧患意识、责任意识和奉献精神

把转变作风和转变观念有机结合起来，作风转变和推进中心和

各部门实际工作有机结合起来,作风转变和提高管理团队特别是领导班子的素质与能力有机结合起来,作风转变与中心的改革发展和队伍建设有机结合起来。结合中国版权保护中心成立 10 周年,中华版权代理总公司成立 20 周年纪念活动,对干部职工进行艰苦创业、职业精神、爱岗敬业教育,经过不断的教育、讨论、交流,尤其是通过学习实践科学发展观活动,使中心干部职工认识到只有以为权利人服务为宗旨,为权利人提供高效、公正、规范的服务,才能提高权利人登记的热情和积极性,才能稳定中心发展的根基,增强中心员工的服务意识、忧患意识、责任意识和奉献精神。

信息中心深入学习实践
科学发展观活动分析检查报告

　　落实总署党组关于深入开展学习实践科学发展观活动的一系列部署,是当前新闻出版战线重要的政治任务。根据中央和总署党组的统一要求,2008年10月份以来,信息中心全体党员领导干部积极投身到深入学习实践科学发展观的活动中,组织领导科学严密,理论学习深入扎实,调研活动务求实效。经过学习调研和分析检查两个阶段的学习实践,全体党员干部贯彻落实科学发展观的自觉性明显增强,群众对党员干部的满意度显著提高,学习实践活动的成效正逐步显现。

　　本报告从开展学习实践活动的基本做法、贯彻落实科学发展观取得的初步成效、与科学发展观不相适应的突出问题与不足、产生问题的主要原因、今后推进信息中心科学发展的主要思路、加强中心领导班子自身建设的措施等方面做了分析检查。

一、深入一线调研,反复交流探讨,信息中心
学习实践科学发展观取得明显成效

　　信息中心全体党员领导干部高度重视贯彻落实科学发展观的学习实践活动。成立了以艾立民主任为组长,郭毅青书记、王福珍副主任为副组长的活动领导小组,建立了活动督查指导、协调联络、信息

552

报送制度。在学习调研和分析检查阶段努力做到了"四个坚持"：即坚持把学习讨论贯穿始终，围绕信息中心发展，通过多种方式开展交流和讨论；坚持把调研贯穿始终，中心领导亲自带队深入基层，走下去发现问题、分析原因、探讨对策；坚持把发扬民主贯穿始终，中心多次召开各个层次的专题民主生活会，认真听取意见；坚持把整改落实贯穿始终，一边发现问题，一边解决问题，特别是对涉及群众利益的问题，及时发现，及时解决。

中心领导班子严格按照总署党组的要求，先后召开全体党员大会、中层干部讨论交流会、党员和职工代表大会，以及各部门、各支部的征求意见会，专题讨论制约和影响中心发展的体制机制性问题，并设立意见箱，鼓励大家为单位的发展多提意见，提好意见，同时大范围发放调查问卷，以提升信息中心服务行业的水平为目标，征求行业意见。

为巩固学习调研成果，深入分析检查，中心专门召开全体中层干部参加的深入学习实践科学发展观活动交流会，汇报调研成果，交流学习体会，展开"解放思想、转变观念，促进中心科学发展"的主题大讨论。通过交流讨论，大家加深了对科学发展观这样一个既有理论性又突出实践性的重大命题的认识。与会同志畅所欲言，集思广益，结合工作实际，分析查找信息中心制约发展的薄弱环节，提出了很多很好的建议，并在发展目标、途径和手段上达成了共识。

特别值得一提的是，在学习实践活动的动员部署阶段，中心领导班子研究决定，在行业范围内开展一系列大调研活动，将主要业务部门负责人分成三个小组，分别由三位中心领导亲自带队，奔赴行业内各典型地区和单位分专题展开深入调研，确保学习实践科学发展观活动突出实践特色，解决实际问题。事实证明，调研活动取得了预期的效果，发现了新闻出版行业信息化建设存在的诸多深层次问题，为中心科学地制订未来发展规划提供了依据。

信息中心这几年的实践已经有力地说明，只有把发展作为第一要务,才能在前进的道路上有所作为;只要自觉践行科学发展观,就一定能够在发展的过程中奠定自己应有的地位。新的历史时期,信息中心领导班子以理论学习为基础,以行业调研为依据,以分析检查为手段,根据新闻出版业面临的新形势、新任务和信息中心发展面临的新机遇、新挑战,对事关中心科学发展的一系列重大问题进行了认真研究和讨论,形成了三点共识:一是坚持发展是第一要务,进一步增强全体党员干部推进科学发展的紧迫感和责任感;二是坚持内涵式发展,切实把中心发展的重点放到提高行业信息化服务水平与能力上;三是坚持以人为本,把人民群众得实惠的发展要求作为根本任务和目标。

二、贯彻以人为本,积极查找问题,正视信息中心在推进科学发展方面的问题与不足

本届领导班子上任以来,在总署党组的正确领导下,自觉实践科学发展观,使信息中心的发展局面发生了深刻变化,改革和各项业务建设取得了许多阶段性成果。在"打基础,建平台,树形象,创品牌"的思想指导下,把总署的工作部署、战略目标以及行业发展的实际需求作为中心的发展目标,积极调整业务结构,加强职能建设,以提高信息化服务能力和手段为目标,确定了"一标、二库、三工程"的发展战略;在数据服务、版本资源开发利用方面,逐步形成自己的服务优势和品牌优势;在干部聘任、内部分配、福利保障、奖惩管理等方面,探索创新有利于事业发展的管理模式。

同时我们也清醒地看到,在信息中心各项事业呈现出欣欣向荣发展局面的形势下,影响和制约中心进一步发展繁荣的体制机制性障碍仍然存在,束缚中心实践科学发展的观念和思想性问题依然顽固,通过查找信息中心工作中不适应不符合科学发展观的突出问题,

我们发现,要按照科学发展观的要求在未来的几年内进一步实现信息中心的跨越式发展,任重道远。

第一,信息化主体业务基础不够牢固,直接影响和制约服务行业的水平能力的发挥。与行业内其他单位相比,信息中心的核心竞争力来自两大数据库:一是图书在版编目(CIP)数据库;二是中国出版物样本数据库。两个数据库构成了中心主体业务的基础,数据质量和维护水平直接影响中心服务行业的能力。尽管近几年来数据总量不断增大,数据质量不断提高,但是调研发现,图书在版编目工作应该着眼于作为生产书目的源头,提供高质量规范化的数据,服务于新闻出版发行行业和图书馆的书目信息工作;出版物样本资源应该加紧数字化,作为公共文化资源为新闻出版发行业服务。市场和行业的要求非常明确,就是要进一步夯实业务基础,提高数据质量,加快系统整合,促进流程再造,真正使信息中心成为行业信息化数据和产品的总汇。

第二,服务行业的手段和途径不够完善,与新闻出版业改革发展的要求相比还有差距。以版本图书馆为例,在新闻出版行业中处于独特的位置,在展示历史、弘扬民族文化方面产生了良好的社会影响,但是与行业需求相比,其功能作用还没有得到充分的发挥。形势的发展要求我们以更加开拓的思维和眼光,重新审视中国版本图书馆的功能,突出其重要位置,着眼于建设国家出版博物馆,充分发挥其在构建新闻出版公共服务体系中的重要作用,让这个丰厚的资源宝库为全社会所共享。

第三,解决群众切实利益的能力有待提高,和谐单位建设的力度需要进一步加强。近年来,领导班子坚持正确的政治方向,不断加强自身建设,党政工团形成合力,积极开展思想政治工作和精神文明建设活动,切实解决涉及群众切身利益的各类问题。同时我们也看到,构建和谐单位没有止境。征求意见阶段,员工提出了不少涉及办公环境、利益分配、职称评定、劳动保护等各方面的问题,无不关乎员工切身利益,无不说明我们的工作还有很多欠缺,倡导以人为本的科学发展观,必须下大气力切实解决员工利益问题。

第四,推进科学管理的方法和水平亟待提升,事业单位体制机制创新任务艰巨。与科学发展观的要求相比,信息中心在体制机制方面也存在一定的差距,既有内部的,又有外部的。一是行业信息化管理欠缺整合,对行业的信息化管理与服务政出多门;二是政策上缺乏来自政府的统一规划,从业务流程到项目管理,均存在不同程度的制约;三是事业单位旧有体制有待改革,急需建立干部能上能下,职工能进能出的现代管理制度。干部队伍的知识结构、学科结构、年龄和学历及职称结构等都存在着不合理和不适应的情况,不能体现能级对应的原则,造成一定程度上的人力资源分配和使用上不合理的现象。

三、分析客观形势,挖掘主观原因,全面查找制约 信息中心科学发展的根源所在

对于在学习调研中显现出来的各类制约信息中心科学发展的问题,领导班子集思广益,反复研究,深入探讨,努力分析信息中心工作中存在问题的原因。经过集体讨论认为,存在问题的原因具体表现在主客观两个方面。

首先是主观方面。一是对科学发展观的学习还不够深入;二是解放思想、推进创新的意识还不够强;三是贯彻改革意图的决心还不够坚决;四是关心群众、服务群众的意识还不够彻底;五是完善制度、推进体制机制创新的主动性不够强。这就要求我们必须在解放思想、转变观念上下功夫;在坚持理论武装,把握科学发展观基本内涵上下功夫;在研究形势政策,提高改革意识上下功夫。

调研发现,在信息化建设方面,我们仍然有很多环节需要全盘规

划,有很多标准需要贯彻推行,有很多项目需要大力推进;在版本图书馆定位和建设方面,还有很多功能作用没有充分地发掘;在统计工作方面,还有诸多新的领域需要关注。随着新闻出版行业和图书情报业的发展,我们的基础数据在满足社会的需求方面还有一定差距。尤其是随着整个新闻出版行业的发展变化,我们要尽快提出新闻出版信息化建设的科学发展整体思路。完成这个任务,从根本上需要我们进一步焕发改革创新的实践精神。

首先是要带动全体党员干部,进而带领职工群众,努力营造热爱学习和探讨的人文环境,鼓励大家跟随新形势,研究新政策,补充新知识,提出新见解,应用新思路;二是带头解放思想,带头改革创新,要致力于建立富有朝气、活力,与科学发展和中心地位相适应的价值观念和单位文化;三是努力改变体制机制造成的消极氛围,在现有政策环境下,积极采取新举措,引进新观念,培养新人才,化被动为主动,变不利为有利,既要用准政策,更要用活政策,让整个单位从事业单位体制机制的束缚中解放出来。

其次是客观方面的原因。一是原有的人才结构客观上制约了单位的发展;二是上述所提到的体制性问题束缚了单位的发展;三是行业行政主管部门职能转变的步伐影响着单位的发展。今天的信息中心是从过去的老事业单位发展而来的,中间历经合并调整,职工来源复杂,素质参差不齐。随着信息化、网络化技术的迅猛发展,创新型人才缺乏的问题早已十分突出,急需转变选人用人观念,建立科学合理的激励机制。另外,信息中心作为总署直属事业单位,每一步改革和创新都有赖于上级主管部门的支持,总署对事业单位支持的力度与决心,直接影响下属单位的发展。对于类似信息中心这样的单位,其公共服务功能的加强与政府职能转变密切相关,政府职能转变得越彻底,信息中心公共服务的空间与范围就越广阔。

四、明确发展思路,加强班子建设,以科学
发展观带动信息中心跨越式发展

要通过学习实践活动很好地解决以上突出问题,尤其是解决思想观念、体制保障问题。

首先,必须下决心排除影响科学发展的障碍,拿出一些措施和行动来,为科学发展提供强有力的政策和制度保证。通过学习实践活动,信息中心领导班子进一步明确了信息中心的发展战略和思路:按照科学发展观的要求,首先要在发展战略上以提高公共服务能力,改善公共服务手段为目标。按照总署的要求,直属单位要把学习实践活动的目标调整到为我国新闻出版业改革发展服务,调整到承担政府职能转变所交给的新任务上来,不能脱离了为政府工作服务这个大局。从机构设置、领导配备、功能完善上都要考虑如何为新闻出版业大发展大繁荣服务。

其次,要在发展方式上以想方设法满足人民群众文化需求为最终指向。作为事业单位,我们既要围绕政府工作大局开展服务,也要直接参与到满足人民群众的文化需求活动中。我们已经完成和正在做着的各项信息化工程项目,大多具有这样的功能。

最后,要在发展成果上以实现和维护好人民群众的根本利益为目标。让广大群众享受科学发展的成果,共享科学发展的实惠。近几年来,随着信息中心事业的发展,职工的收入年平均增长30%,大家从发展的实践中得到了实惠,更加盼望单位有更大的发展,更加坚定了发展的决心与信心,也更加珍惜一心一意谋发展、聚精会神搞建设的良好局面。与群众的要求相比,我们的发展速度还要更快,发展的途径还可以更多。只有这样,才能够最大限度地体现以人为本的核心理念。

针对在学习实践活动中群众提出的意见和建议,信息中心领导班子将认真研究解决,集中力量解决一些群众最希望办、当前能够办好的实际问题;对于在一定时间内,通过努力能够解决的问题,将明确整改步骤,责任到人,注重实效;对于一些限于条件,短时间内难以解决的问题,也会加强研究,尽快提出解决问题的思路。

　　按照科学发展观的要求,进一步加强和改进组织建设。一是加强理论学习,完善中心组学习制度,学习要注重实效,要注重研究和解决实际业务问题;二是重视支部建设,创新理论学习方法,拓展支部活动内容,将支部活动与研究新政策,补充新知识结合起来,与促进和谐、化解矛盾、关注民生、关注发展结合起来;三是创新组织建设措施,建立长效机制,确保党的先进性。在支部建设方面,落实支部书记为第一责任人,加强培训,强化责任意识。建立激励机制,定期表彰优秀党员。加强对党的监督,定期组织职工代表座谈,以多种形式对党员和党组织进行评议。

　　要按照"解放思想、围绕大局、服务人民、改革创新"的总要求,加强班子建设。注重理论学习,不断提高思想觉悟和理论修养;坚持民主集中制,进一步提高决策水平;加强能力建设,不断提高科学管理的水平和执行能力;加强作风建设,务实高效,落实党风廉政建设责任制。领导班子要对自身建设常抓不懈,以积极的工作状态,饱满的工作热情,带领全体党员干部群众,继续解放思想,继续改革创新,推动信息中心各项事业又好又快发展,为新闻出版业的大发展大繁荣做出突出的贡献。

教育培训中心深入学习实践
科学发展观活动分析检查报告

按照总署党组的部署,总署教育培训中心认真贯彻落实总署党组的各项要求,把这次学习实践活动作为推动行业教育培训工作科学发展的难得机遇,精心组织、周密安排,扎实开展学习实践科学发展观活动。在学习实践活动中,中心领导班子成员带头学习,带头调研,广泛听取意见建议,主动查找思想认识、工作能力、工作作风建设方面存在的不符合、不适应科学发展观要求的突出问题,深入剖析原因,提出解决问题的思路和具体措施。

一、贯彻落实科学发展观方面取得的
成绩和存在的突出问题

党的十六大以来,中心党支部坚持以邓小平理论和"三个代表"重要思想为指导,深入贯彻落实科学发展观,提出了"以发展为第一要务鼓舞人心,以关心职工生活温暖人心,以领导干部廉洁自律让群众放心"的口号,带领大家围绕中心、服务大局,结合行业发展的实际,扎实做好人才的教育培训工作,据不完全统计,几年来共培训各类人员5万余人,取得了显著成效。一是紧紧围绕总署的中心工作和新闻出版业的发展需求开展培训。多年来我们始终抓住行业领军人才的培训不放松,对全国各省(区、市)新闻出版局、各类新闻出版集团、各新闻出版单位的领导实施了岗位调训制度,先后培训了近1万人,进一步增强了他们的政治意识、大局意识、责任意识、市场意识、经营意识,加深了对行业改革、管理、繁荣与发展全局的整体把握。同时,我们还积极贯彻"走出去"的培养战略,先后与美国、英国、德国、法国、澳大利亚等国家的高等院校、新闻出版机构建立了合作关系,每年都组织国际交流与合作培训活动,几年间共组织4千余人参加了国际合作培训,通过培训使他们开阔了视野,了解了国内外最新的出版理念、经营管理知识、国际化运作规则。二是能够紧紧围绕提高培训质量、完善教学体系和加强师资队伍建设开展工作。始终坚持既严格管理又热情服务的培训理念,不断优化教学结构和教学课程,规范培训管理。建立了一支层次高、业务强、讲课效果好的兼职师资队伍,选聘了一批业内外权威的、有影响力的兼职教授。三是紧紧围绕培训中心的发展目标,努力加强自身建设,拥有一支艰苦奋斗、吃苦耐劳、团结协作、非常能战斗的干部职工队伍。

但是,应该清醒地看到,培训中心的工作距离科学发展观的要求、总署党组的期望、特别是行业大发展大繁荣的需要还有很大差距,还存在许多问题和不足。与科学发展观要求不相符合、不相适应的突出问题主要有以下几个方面:

(一)思想不够解放、改革创新意识不强

随着新闻出版改革发展进入一个崭新的阶段,对人才素质要求越来越高,从事教育培训工作的理念、方式、方法、渠道等必须有一个全新的改变。而在中心领导班子当中,一些同志的思想观念仍然停留在计划经济时代,还没有摆脱一些条条框框和陈旧观念的束缚,习惯于"等、靠、要",尤其在近两年内,发展目标不明确,没有新的业务拓展,满足于按规定办、按习惯办、按上级交给的任务办。只看到眼前的几个培训项目,仅盯着每年培训几千人,缺乏行业大发展对高素质人才需求的紧迫感,缺乏传统的培训方式要逐步被新的培训方式所取代的危机感,缺乏对政府指令性以外培训市场的竞争意识。

(二)体制机制改革创新不够

培训中心是个自负盈亏的事业单位,由于没有推行全员聘用制,分配上基本是平均主义和大锅饭,干好干坏一个样,干多干少一个样,绩效工资未充分与工作业绩挂钩,没有做到按岗位定任务,按贡献定报酬,从而导致发展动力不足,员工缺乏活力,积极性发挥不出来。

(三)能力和素质不强,缺乏用战略眼光和与时俱进的业务知识去谋划、组织培训工作

表现为只谋一隅,不思全局,只会按部就班,不看事物发展,不能将培训工作放到行业的改革与发展层面上考虑,工作中缺乏创新和亮点。特别是在新媒体、新技术、新业态日益发展的大变革时期,中心领导和组织培训的管理人员对这些新的知识都缺乏一定的了解,所以在组织策划这些新内容的培训时,就感到力不从心,也就很难满足出版单位的需求和培训学员需求。

(四)指导和协调行业教育培训工作的政策措施跟不上形势发展的需要,导致培训保障不力,培训市场缺乏规范

"三定方案"规定总署教育培训中心不仅要直接承担行业各类人员教育培训工作,还承担着指导和协调各省局各部委培训机构组织的行业教育培训工作的职能。这些年来,培训中心几乎没有履行组织协调的职能,建议总署机关出面进行组织协调的力度也不够,从而造成有关指导行业教育培训工作的政策规定不配套、不统一,明显落后于行业发展的需要。如岗位调训,在新媒体不断涌现和各类出版报业期刊等集团相继诞生运营的新形势下,参加培训的单位和对象以及培训的分工,仍然遵照1995年四部委文件的规定,其中的许

多单位有的已经不存在,有的已经变成了集团,而2000家各类报社、100多家各类集团以及网络、电子、动漫等新媒体出版单位却没有列入规定的范围,文件的功效明显滞后。培训市场缺乏规范,导致岗位培训发的证书一样,培训的时间不统一,有的2周,有的5天,有的7天,带来了混乱。同样是岗位培训,四部委文件规定由总署培训中心所承担的培训任务,可当地省局、各类协会学会都来"插手办班",出现了"抢生源乱办班"的现象。其他一些业务培训也存在这种现象。

二、存在问题的原因分析

从中心领导班子自身分析检查原因,主要有以下几个方面:

(一)满足现状,没有摆脱畏首畏尾的思想束缚

认为现在每年有几百万的项目拨款,生存问题解决了,只要把总署规定的一些培训任务完成了就可以了,这样比较稳妥,担心去搞什么改革创新,会冒风险,会给单位给自己带来麻烦。信奉多一事不如少一事,明哲保身、但求无过,"等、靠、要、推"等思想。对没有政策规定的,以前没有做过的,上面没有具体要求的,不敢突破,不去创新,害怕没有根据,造成不良影响,不利于稳定。导致单位体制机制滞后,工作目标责任不明确,激励机制不健全,主动竞争意识不强,人员素质不高,积极性没有完全发挥出来。

(二)学风不够扎实,能力不强

对于如何把教育培训工作放到服务新闻出版改革与发展的高度去考虑和谋划,如何围绕总署的中心工作,有效服务大局的层面去开拓和创新,这方面的主动性、紧迫感不够强。对新的信息、新的知识、新的要求、新的机遇、新的政策学习把握不够,研究不深,对制约和影

响行业教育培训工作长远发展的新情况、新问题关注不够,使得已经拥有的资源能发挥更大的作用而没能得到发挥。

（三）工作作风偏软,不够过硬

从总署教育培训中心的工作职能及所从事的工作来看,地位非常重要,可以说培训中心是总署机关的窗口:一方面,通过培训班这个平台,总署相关领导经常要和行业各类出版单位领导、骨干人员面对面地打交道,直接传达总署党组、领导和机关对行业实施改革、管理、发展的新的政策、新的措施、新的信息。同样,通过这个平台总署领导机关可以直接了解行业发展等真实情况,培训中心的工作协调能力如何,能否达到多方满意,至关重要。另一方面,培训人才关乎行业发展的根本。在行业形势发展飞速变化的情况下,培训能否跟上总署领导的思路,能否很快适应市场需求,让培训学员学有所获,这就要求培训管理人员要做大量的学习研究和深入细致的沟通工作。鉴于此,总署领导非常重视培训中心的各项建设和发展,包括队伍建设、基础设施建设,想方设法从人力、物力、财力等多方面给予大力支持。但是,我们的工作力度还不大,距离总署领导的期望还有很大差距,总认为工作协调难度大,一些重要的工作特别是基础设施建设工作是总署考虑的事,有时怕给领导出难题,有建议也不敢提或不愿意提,有畏难情绪,根源还是工作保守,不思进取,导致信心不足,一些工作进展不大。

三、为服务行业科学发展进一步做好
教育培训工作的思路和措施

（一）明确发展思路,确定发展战略

解决存在的突出问题,就要以科学发展观为统领,从培训中心是个文化事业单位的定位出发,坚持"以高层次领军人才的岗位、资格培训为主,各类专业技术人员专业职业培训共同发展"的战略。发展思路是"以服务为先,以质量开路;解放思想,创新机制;整合资源,做大培训;实现五个创新,推动七项建设"。

(二)改革体制机制,激发内部活力

从现在开始,要深化体制机制改革,全面推行全员聘用制,创新内部机制。要根据今年总署新三定方案职能调整的情况,重新对培训中心的"三定方案"进行充实、完善和调整。在此基础上,邀请中介公司帮助开展岗位设置工作,实现以岗定人,以岗定责,争取在2010年3月底前培训中心干部职工都要定岗上岗,并与培训中心签订聘用协议或劳动合同。同时,根据岗位职责,邀请中介代理公司帮助建立和完善培训中心内部的量化考核机制、激励机制、竞争机制。通过三项制度的改革,推行绩效工资制,将员工收入与岗位职责、贡献大小、单位效益紧密挂钩,并正确处理积累和分配的关系,关心职工生活,增加员工收入,搞好员工福利,充分调动广大员工的积极性,切实解决员工平均主义、大锅饭问题。

(三)树立大培训理念,重点做好新媒体培训

所谓"大培训"理念。就是根据行业发展中对各类人才的素质需求,作为总署唯一的直属培训机构都能了解、掌握,并能抓住重点尽快地按需求组织培训。而不是只盯着几个项目或几类人员的培训。只有这样,才能使培训工作真正适应行业不断发展的需要,才能积聚和扩展用之不尽的培训资源,做强做大培训产业。基于这样的认识,结合培训中心的实际情况,目前要做好这样几方面的工作:

一是建立行业各类人员素质需求信息库。通过培训班反馈、网络征询、问卷调查等方式,定时定期了解人员需求情况,并及时加以整理分析,为研究策划培训提供依据。

二是针对行业集团化的日益增多态势，要改变过去主要采取"请上来"集中培训的做法，要多做"走下去"培训。根据一些集团、大的出版单位不同层次人员的需求，做精做细培训方案，组织上门培训服务。这项工作可以以"会员合作制"的方式进行，培训中心可以由一个部门专司这个工作，除了成本外，只向合作单位收取工作人员的部分工资劳务费用。这样既强化了培训的针对性，扩大了培训总量，又减少了被培训单位的人才培训成本，提高了人才素质。

三是针对新技术的快速发展，催生的网络电子出版、动漫出版、数字出版、手机出版等新兴媒体无限扩张的新的态势，给人才培训工作带来了很大挑战和机遇。在今后的时间里，培训中心必须转变观念，要把主要精力和工作的重点放在新媒体培训上来。全体人员要掀起一个学习、了解、掌握新技术、新知识的热潮，要加强对行业内外掌握和实践新媒体技术知识的知名专家学者以及新媒体企业的老板进行进一步的沟通和联系，充实我们的师资队伍。在此基础上，结合修订新三定方案，增设一个新媒体培训部门，专门从事新媒体人才的培训工作。并将有关岗位、技术人员的培训纳入总署的岗位、资格准入培训中来，以此强化培训的约束力，加大培训力度。

（四）加强班子自身建设，带领创建和谐团队

单位的兴衰成败，关键在领导班子。因此，一定要以中心领导班子建设为核心，巩固和发展前一阶段深入学习实践科学发展观活动成果，以建设"学习型、开拓型、务实型、和谐型、廉洁型"领导班子为目标，加强自身建设。一要以思想建设为根本，强化理论学习，构建学习型班子。要把思想建设放在首位，进一步抓好班子的理论学习，努力增强贯彻落实科学发展观的坚定性和自觉性。要进一步修订学习计划，完善学习制度，坚持学习制度，加强思想交流，促进形成科学发展的共识；要坚持到各类培训班上听取有关领导和专家作的专题讲座，增强学习的主动性、针对性、超前性和系统性；要坚持以学明

智,以学求进,以学促干,以学促发展,努力把学习的体会和成果转化为谋划工作的思路、推进工作的措施,转化为引领培训中心又好又快发展的实际本领。二要以能力建设为重点,提升管理水平,建设开拓型班子。按照加强党的执政能力和科学发展观的要求,重点提高领导班子的战略决策能力、经营管理能力、市场竞争能力、改革创新能力。学会用制度管事管人,提高管理效率。三要以作风建设为基础,塑造良好形象,建设务实型班子。牢记"两个务必"和"八个坚持、八个反对",树立科学的发展观和正确的政绩观。要保持良好精神状态,珍惜组织给予的工作岗位和创业机会,把工作当事业,把尽职当本分,恪尽职守,兢兢业业。要坚持求真务实,力戒形式主义、反对表面文章和弄虚作假,克服不求有功、但求无过的思想,察实情、讲实话、办实事、求实效。要讲究工作方法,提高工作效率,从琐事杂事中解放出来,把主要精力放在抓大事、谋发展上。要把职工群众的利益放在第一位,时刻把职工群众的冷暖放在心头,想职工群众之所想,急职工群众之所急,解职工群众之所忧,实实在在为职工群众办好事实事。四要以制度建设为保证,促进民主管理,建设和谐型班子。要建立健全各项规章制度,促进民主管理和科学管理,确保班子的团结与和谐。要树立中心"一盘棋"的思想,讲大局、讲团结、讲合作,也要注意分工不分家,统筹兼顾,加强协作配合,切实做到相互支持、相互配合、相互补台,和谐共事,共同营造团结和谐、干事创业的浓厚氛围。五要以党风建设为抓手,健全防腐败体系,建设廉洁型班子。要严格自律,以身作则,率先垂范,规范自己的行为,不以权谋私,不假公济私,不违法乱纪。同时,要进一步规范公务活动和职务消费,自觉接受监督,落实职工群众的知情权、参与权、监督权,加强对权力运行的制约和监督。

总之,要以加强领导班子的自身建设,带动和培育培训中心团结和谐的氛围,提高广大员工的总体素质,确保人际关系的和谐,增强中心的凝聚力。

条码中心深入学习实践
科学发展观活动分析检查报告

　　总署条码中心党支部在深入学习实践科学发展观活动中,通过思想动员、学习培训、深入调研、开展讨论、专题民主生活会等学习实践活动,对科学发展观有了进一步的深刻认识。科学发展观是新闻出版业繁荣发展的指导方针,是条码中心领导班子成员必须坚持的世界观和方法论。我们不仅要在真学真懂上下功夫,而且要在真信真用上求突破。

　　党的十六大以来特别是十六届三中全会提出深入学习贯彻落实科学发展观以来,条码中心党支部在学习、宣传、贯彻、落实科学发展观上做了大量工作。总体上看,思想认识明确,贯彻积极努力,落实不断深入,取得了一定成效,积累了一定经验,为进一步用科学发展观武装思想、推动工作、指导实践创造了条件。但是,通过这次进一步深入学习科学发展观,我们有了更为深刻的认识,认识到在坚持用科学发展观的理论管理条码中心工作、指导条码中心发展上还存在着不小差距。与科学发展观的要求相比,我们还存在着不少亟待解决的问题。

一、制约条码中心科学发展的主要问题

　　条码中心领导班子以科学发展观为指导,从提高认识、总结经验

教训、查找问题、分析原因入手,认真从观念、思路、思想作风、组织领导能力等方面进行了分析检查。班子成员一致认为,影响和制约条码中心科学发展的主要问题有以下六个方面:

一是,在中心今后发展的方向上,我们做了大量的研究,并初步进行了一些实践。但是,我们的研究和实践在争取总署领导和有关司室的理解和支持方面还显得不够。有些地方向总署领导汇报不够,有些地方与总署有关司室沟通不到位。

二是,在中心的发展模式方面,我们过多地依赖总署转移职能。发挥我们的主观能动性不够,发挥事业单位自主工作性不够,创新也不够。

三是,在条码工作方面,多年来,重制作、重发放,轻技术应用管理和监督检查。特别是对一号多用、一码多用的情况调查和向总署提供管理意见不够。

四是,对各地条码中心和质检站的业务工作指导不够。特别是对各地出现的收费滞交、返还款使用及发票难开等问题研究解决不够。

五是,随着形势的发展和工作情况的变化,一些规章制度包括一些法规在内,已经过时,甚至到了不利于发展的地步,但我们没有及时向总署汇报。

六是,在中心内部制度管理和机制建设方面,适应形势变化,完善相关制度,建立新的事业单位管理机制显得不够到位。

二、加快条码中心科学发展的思路

影响和制约条码中心科学发展的问题形成原因既有客观的、也有主观的。从主观上来讲主要是我们的思想还不够解放、观念还不够更新、思路还不够清晰。"观念决定思路,思路决定出路"。在科学发展观的指导下,我们提出了"一个中心"、"一个核心"、"两条主线"的发展思路。具体来讲就是要以两个服务为中心,即服务于全国新闻出版业的改革、发展,服务于总署的宏观管理和公共服务;要以提供专业技术保障为核心,努力提高我们的专业技术能力和水平;要以书号实名申领技术信息服务和出版产品质量监督检测为两条工作主线,创新工作思维,创新工作模式。

三、解决条码中心突出问题的主要措施

破解条码中心突出问题的主要措施也有六条:

第一,咬住发展思路不放松,一步一步走下去,使思路变成出路,变成康庄大道。我们要调动广大职工的积极性,要使中心上至领导班子各位成员,下至各个职工,人人明确本中心新的发展思路、新的工作内容和工作方式,主动投身于中心的改革发展之中。

第二,要积极主动地争取总署领导和有关方面对我中心的改革发展思路的理解和支持。采取各种方式进行沟通,尽可能获得更多的支持和帮助。

第三,要积极促进书号、条码、CIP 的业务整合,充分利用书号实名申领全面推行的契机,建立以出版物元数据库为主要内容的信息平台,确立新的工作模式,形成新的工作业态,建立新的工作程序和工作机制。

第四,要积极向总署领导和有关方面汇报,争取尽快落实国务院对总署"三定"方案中关于出版产品质量监督检测移转事业单位的规定,尽快建立和健全新闻出版总署出版产品质量监督检测中心机构,进一步明确其工作范围和工作职责,使其能很快履行相应职责。

第五,对一些已过时的规章制度尤其是一些法规性制度拿出修订意见,向总署报告请求修订。目前,当务之急是尽快拿出《出版物

条码管理办法》(新出技[2002]404号)修订稿。紧接着要拿出《出版产品质量监督检测管理办法》以取代1992年11月20日发布的《书刊印刷产品质量监督管理暂行办法》。只有这样才能保证我们的两条工作主线得到贯彻落实。

第六,要按照中央有关事业单位改革的要求,积极推行我中心的机构改革,建立和完善事业单位管理机制,加强中心专业技术人才培养,提高全体员工思想和业务素质,加强中心领导班子的思想建设,增强领导中心全面工作和专业技术工作的能力和水平。

四、加强党支部的自身建设,提高领导 改革发展的能力

在深入学习实践科学发展观活动中加强党支部的自身建设,提高党支部的战斗堡垒作用,提高领导条码中心改革发展的能力。只有建设一个强有力的党支部,才能保障条码中心以"一个中心"、"一个核心"、"两条主线"为内容的发展思路得到贯彻,才能保证各项措施得到落实。加强党支部自身建设,当前要做好以下三方面工作。

第一,在工作职能、发展思路转变过程中,做好我们自身的转变。多年来,条码中心作为总署直属单位在原来的体制机制下和工作职能范围内已形成了一套固定的工作模式和思维方式。思路和职能转变后,我们以前熟悉、习惯的已变得不管用了。例如,我中心做了10多年的条码软片和进行了多年的署优印刷产品评比,现在分别要以网上书号实名申领和出版产品质量监督检测替换。要适应形势的变化,首先要改变我们原来的思维方式和工作方式,紧接着要学习新的专业技术,创建新的工作模式。这种情况下,党支部要带领全体党员做好带头作用。转变,就必须学习,必须解放思想,必须打破已有的条条框框。

第二,在工作职能转变中,加强机制转换。机制的建立是各项工作顺利进行的重要保障。在总署行政职能转变过程中,一部分职能移交给我们承担。这就要求我们既要通过专业技术努力来完成技术工作,又要通过机构设置、人员调配、利益分配、制度建设等手段来建立新的工作机制。党支部要加强决策能力建设。

　　第三,在工作职能转变中,进一步提高专业技能和人员素质。"政治路线确定之后干部就是决定的因素"。各项工作都是靠人来完成的,特别是我们所承担的专业技术工作,人的素质和专业技术能力决定着工作质量的高低,甚至工作的成败。党管干部,党管人才。党支部一定要加强人才培养,吸收优秀专业技术人才入党,重用有管理能力和专业特长的干部。

服务中心深入学习实践
科学发展观活动分析检查报告

自 2008 年 9 月以来，机关服务中心按照总署党组和新闻出版总署学习实践科学发展观活动领导小组的部署，在总署学习实践活动指导检查组的指导下，全面完成了各个阶段的学习实践活动，从加强学习培训入手，开展解放思想大讨论，认真分析检查影响和制约机关后勤科学发展和党性党风党纪方面存在的突出问题，边学边改，边查边改，初步实现了"统一思想、加深认识、转变观念，振奋精神，提高素质、创新机制、解决问题"的目标，学习实践活动初见成效。

一、进一步增强了贯彻落实科学发展观的
自觉性和坚定性

学习实践科学发展观活动使中心全体党员干部普遍受到了一次比较系统的科学发展观教育，广大党员干部增强了用科学发展观武装头脑、指导实践的自觉性和坚定性，各级领导班子解放思想，转变观念，把科学发展观的要求转化为谋划发展的正确思路，转化为促进发展的政策措施，转化为领导科学发展的实际能力，在管理、保障和服务的各个方面下细功夫、苦功夫，从而推动总署后勤事业逐步走向良性发展的轨道。各部门在制定年度工作计划和整改落实措施时，把科学发展观的精神实质与业务工作有机结合起来，实事求是，保民

生、促发展,提高了统筹兼顾、领导发展的能力。

二、进一步提高了对"两个方面突出问题" 影响科学发展的清醒认识

通过查摆影响和制约总署机关后勤科学发展和党性党风党纪方面存在的突出问题,大家普遍感到,这些问题不解决,机关服务中心就很难科学发展、协调发展和健康发展。当前迫切需要解决的问题,归结起来,主要体现在四个方面:一是要重点解决各级领导干部中存在的凝聚力不够、战斗力不强、作风不扎实的问题;二是要重点解决干部职工存在的积极性不高的问题;三是要重点解决人才队伍建设不适应总署机关后勤发展新形势、新任务要求的问题;四是要重点解决管理不够科学、保障不够有力、服务质量不高、成本居高不下的问题。要从统一思想、提高认识入手,通过深入整改,真正使队伍心齐气顺,才能营造出团结干事的良好氛围,才能不断提高各级领导干部的凝聚力、战斗力,才能最大限度地调动广大干部职工的工作积极性和创造性,建设一支思想好、作风正、业务精、肯吃苦、甘奉献的后勤队伍,才能促进机关后勤事业科学发展、健康发展。

三、进一步增强了干部职工的宗旨意识、 责任意识和服务意识

以邓小平理论和"三个代表"重要思想为指导,继续深化后勤体制改革,加快运行机制创新,坚持服务大局、服务机关、服务群众的"三服务"宗旨、贯彻"三贴近"原则,不断提高科学管理能力、技术保障能力、后勤服务能力,改善职工生活水平,促进机关后勤事业又好

又快发展,为新闻出版事业大发展大繁荣创造良好的后勤保障环境,已经成为机关服务中心广大干部职工的共识。这一共识凝聚了中心广大干部职工的智慧,成为总署机关后勤科学发展的风向标,也将变成机关服务中心广大干部职工的实际行动。

四、进一步转变工作作风,更加以人为本,关注民生

在开展学习实践活动中,中心党委和各级领导干部进一步转变工作作风,坚持边学边改、边查边改,积极解决总署机关和职工群众最关心、最紧迫、最现实的问题。人事、财务部门从实际出发,认真组织整改,对涉及广大干部职工切身利益的工作制度作了修订工作,搬迁新办公大楼后,按照有关规定精神,调整了临时工作人员补贴标准,调整了部分职工交通费,提出了聘用人员工资分配指导性意见,有的已经得到落实。一时未解决的也在抓紧调研和征求意见中,不久也将陆续出台。物业处在办公大楼的管理方面加强了巡视检查,发现问题及时排除解决问题,确保总署机关政务工作的有效运转。经营处立足实际,在对经营项目进行梳理的基础上,提出了2009年及今后一段时间经营工作的重点。事务处在改进食堂饭菜质量等方面做出了不懈的努力,采取“走出去,请进来”等办法,积极吸纳意见和建议,不断增加花色品种,改进了饭菜质量。进一步加强了机关大院机动车辆管理,规范了停车秩序,畅通了消防通道。医务室开展“双向转诊业务”,为总署干部职工看病求医提供了方便,受到了干部职工的好评。

五、进一步加强党的建设,筑牢防腐拒变思想防线

针对分析检查阶段查摆出来的党员领导干部在党性党风党纪方

面存在的突出问题,中心党委就进一步加强各级党组织建设,加强各级领导班子建设和加强党员干部修养进行了认真的分析检查,制订了切实可行的整改措施。强调要始终坚持民主集中制、"三会一课"等各项制度,通过实行内部巡视、诫勉谈话、任前考察、离任审计等形式,加强党性修养,在党员干部中构筑起拒腐防变防线。在全体党员特别是党员领导干部中开展"讲党性、重品行、作表率"活动,从转变工作作风入手,真诚倾听群众呼声,真实反映群众愿望,积极为群众办好事、做实事、解难事。坚持"三重一大"等制度,加大了对工程项目招投标和政府采购领域的监督。开展了经济合同专项检查和内部招待费、会议费专项清理工作,在中心营造清正廉洁的好环境。认真落实党风廉政建设责任制,细化和分解了责任分工。

六、学习实践活动存在的不足

从总体上看,学习实践科学发展观活动取得了一定成效,干部职工的思想观念、认识水平、服务理念、工作作风和精神风貌发生了明显变化;深化后勤体制改革,加快运行机制创新,建立部署后勤管理、保障、服务新体系,推动事业产业走向良性发展的思路更加明晰;一些关系民生的重大紧迫问题得到及时整改和解决;着眼于改革发展的长期性、艰巨性,在加强制度建设、建立长效机制上积极进行探索。学习实践活动的成效较好地体现在各项工作中,体现在推动发展上。

回头看,由于学习实践活动开展时间比较短,深化认识、转变观念、促进科学发展需要一个过程,学习实践活动也存在一些不足。主要表现在:一是党员干部的思想认识离科学发展观的要求还有距离,将科学发展观转化为促进机关后勤发展的自觉行动还有差距;二是活动整体推进不够平衡,有的业务部门阶段性任务重,时间要求紧,工作压力大,理论学习和调查研究不够深入;三是分析检查突出问题,有时客观因素强调得多,主观原因分析不够透彻;四是工作作风的转变亟待加强,主要表现在个别领导干部不想抓落实、不愿抓落实、不敢抓落实上。很多事情久拖不办、久议不决,心思没有放在工作上;五是个别同志不能很好把握和处理各种利益关系,强调以人为本、关注民生,就不顾主客观条件,把个人利益、局部利益扩大化,忽视了"量力而行、尽力而为"的整改基本要求。

七、巩固和扩大学习实践活动成果的主要措施

为把学习实践活动不断引向深入,真正使科学发展观成为推动中心各项工作的自觉行动,中心党委提出巩固和扩大学习实践活动成果要在"五个坚持不懈"上下功夫。

(一)坚持不懈地加强理论学习,不断增强贯彻落实科学发展观的自觉性和坚定性

学习实践科学发展观是一项长期的战略任务,要在这次学习实践活动的基础上,进一步加深对科学发展观科学内涵、精神实质和根本要求的理解,深刻领会贯穿其中的马克思主义立场、观点、方法,用科学发展观武装头脑、指导实践。要深入学习中央三代领导人特别是胡锦涛同志关于科学发展观的重要论述,要坚持中心组学习制度,坚持开展"三个一"活动。理论学习坚持做到"五个结合",即学习与实践相结合、学习与思考相结合、学习与研究相结合、学习与总结经验相结合、学习与改造世界观相结合。通过学习,进一步增强贯彻落实科学发展观、用科学发展观推动总署机关后勤事业大发展大繁荣的自觉性和坚定性。

（二）坚持不懈地抓好整改措施的落实，在不断解决问题中提升后勤管理保障服务能力

针对这次学习实践活动中分析检查出的两个方面存在的突出问题，中心党委制定了整改措施。这些整改措施中有的要求在 2 月底前完成，有的要求在 2009 年年底前完成，有的则需要今后很长一段时间逐步整改和完善。学习实践活动是否取得实效的重要标志，就是这些突出问题是否得到解决，整改措施是否真正落实到位，这是众望所归，这是最硬的道理。我们领导班子、各级领导干部思想认识深不深、工作作风实不实、执政能力强不强、工作本事大不大最终要体现在工作落实上。

中心党委已经向广大干部职工做出承诺，要认真整改两个方面的突出问题。承诺就是信心，承诺需要勇气，承诺要斩钉截铁、掷地有声。能不能实现承诺、兑现承诺，关键是看我们的党员干部的思想是否统一、步调是否一致、作风是否务实、干劲是否高涨，关键看我们是不是真心实意办好事、真抓实干办实事、诚心诚意解难事。

学习实践活动结束后，中心各部门下属单位认真按照《整改落实方案》中明确的整改项目、整改措施、整改责任和整改时限，一项一项抓整改，一件一件抓落实。中心党委和中心领导以身作则，深入实际、深入基层、深入群众，切实负起抓落实、抓整改第一责任人的责任来。各部门领导干部以求真务实的作风，抓好整改和落实。把整改落实情况纳入 2009 年干部考核重要内容，接受职工群众监督。

（三）坚持不懈地推进制度建设，为依法管理、民主管理、科学管理提供有力保障

重视和加强制度建设，靠制度管权、管人、管事，按规矩办事，是推动总署后勤科学发展、协调发展、健康发展的长期任务。制度是一道墙，一道不可逾越的墙；制度是一条路，一条有规则的路；制度是一

条线,一条约束的底线。任何时候、任何情况下、任何人都不能越过这道墙、偏离这条路、突破这道线。制度建设事关事业成败,事关群众利益,事关公平与公正。我们之所以在"两个方面"存在突出问题,说穿了就是没有按照科学发展观的要求办事,没有按规矩办事,离开了科学发展的轨道。

要按照《整改落实方案》要求,加快各项工作制度"立、改、废"工作。在制订、修订和完善各项工作制度过程中,充分发扬民主、广泛征求群众意见,使各项制度真正符合机关服务中心的工作实际,真正符合广大干部职工的合法权益,真正符合科学发展观的总体要求。

(四)坚持不懈地加强作风建设,以学习实践活动为契机,推动机关后勤建设

以学习实践科学发展观活动为契机,坚持"三服务"宗旨,贯彻"三贴近"原则,转变工作作风,在"三高一低"(提高管理水平、提高服务质量、提高服务水平和降低运行成本)上狠下功夫,促进机关服务中心各项工作全面、协调、可持续发展。

第一,在科学管理、民主管理、民主监督上下功夫,不断提高管理水平。按照科学发展观的要求,加强党委领导班子建设。坚持民主集中制的原则,建立健全科学的管理机制、科学的决策机制,建立健全民主管理和民主监督机制,在广大干部职工中牢固树立主人翁意识,坚持大家事情大家办,大家事情大家管。充分发挥纪检、监察、审计、工会和群众组织的民主监督作用。

第二,在文明服务、热情服务、周到服务、亲情服务上下功夫,不断提高服务质量。善于掌握服务对象需求,变被动服务为主动服务,及时发现和掌握服务大局、服务机关和服务群众中遇到的新问题以及职工群众关心关注的热点问题,深入基层一线调查研究,了解实情,总结经验,破解难题。在全中心大力提倡文明服务、热情服务、周

到服务和亲情服务,从细微处入手,把服务工作真正做到职工群众的心坎上。

第三,在员工培训、提高素质、增强服务本领上下功夫,不断提高服务水平。在学习实践活动中,大家普遍达成了一个共识,就是加强人才队伍建设,不断提高后勤职工队伍的整体素质,这是做好后勤工作的组织保证。加强员工培训,建立健全员工继续教育、业务考核、持证上岗等制度,采取多种形式,有针对性地开展业务学习、岗位练兵和技能竞赛,不断提高管理、保障和服务水平。

第四,建立健全经济指标责任制,对内开展成本核算,对外开展经营创收,努力降低运行成本。制定《机关服务中心经济指标责任制管理办法(试行)》征求意见稿下发到各部门下属单位征求意见,拟在工作会上进行深入研讨,力争在近期内开始定稿。

(五)坚持不懈地加强党的建设,全面落实党风廉政建设责任制

在中心全体共产党员特别是党员领导干部中大力开展"讲党性、重品行、作表率"活动。从转变领导干部工作作风入手,坚持党的群众路线,真诚倾听群众呼声,真实反映群众意愿,真情关心群众疾苦,多为群众办好事、做实事、解难事,做到权为民所用、情为民所系、利为民所谋。以求真务实的作风推进各项工作,多干打基础、利长远的事。加强调查研究,改进学风和文风,精简会议和文件,反对形式主义、官僚主义,反对弄虚作假、政绩工程。倡导勤俭节约,反对奢侈浪费,发扬艰苦奋斗的作风。要坚持"三重一大"党委决策制度,继续加大对重点项目、重点岗位、重点人员的监督力度,不断完善预防腐败工作体系。进一步健全和完善工程建设、工程招标、政府采购等领域的党风廉政建设制度,落实党风廉政建设责任制。坚持实行内部巡视、诫勉谈话、党内质询、任前考察和离任审计等制度,从思想上、制度上筑牢反腐倡廉的坚固防线。

学习实践科学发展观是党的十七大确定的一项长期的战略任务,以这次学习实践活动为契机,坚持以科学发展观统领后勤各项工作,为推动新闻出版业大发展大繁荣做出新的贡献。

第五部分　中央媒体对新闻出版总署深入学习实践科学发展观活动的部分报道

深入开展学习实践科学发展观活动
新闻出版总署推进新闻出版业
繁荣健康发展[*]

本报北京 10 月 17 日电（记者张贺）新闻出版总署在开展深入学习实践科学发展观活动中，紧密联系行业实际，坚持突出实践特色，以"解放思想，深化改革，推进新闻出版业繁荣健康发展"为主线，以推动新闻出版业增长方式、体制机制、政府职能三大转变，构建符合科学发展观要求的新闻出版公共服务体系为实践载体，以重大出版工程、农家书屋工程、少数民族出版工程、全民阅读工程、文化环境保护工程为支撑，紧紧围绕转变不适应不符合科学发展观要求的思想观念，解决影响和制约新闻出版业科学发展以及党员干部党性党风党纪方面群众反映强烈的突出问题，努力创新有利于科学发展的体制机制，大力推进新闻出版业又好又快发展。

新闻出版总署党组多次召开会议，派人深入新闻出版单位和署直系统摸底调查，认真梳理影响和制约新闻出版业科学发展的突出问题，专题研究和部署学习实践活动，并将通过在新闻出版行业十个领域、百余家新闻出版单位中开展"十行百家"专题调研，在全社会搭建"关注民意、倾听民声"互动平台，开展"解放思想，深化改革，促进新闻出版业科学发展"专题大讨论等活动，不断将学习实践科学

---

　* 本文载《人民日报》。

发展观活动引向深入。

新闻出版总署党组书记、署长柳斌杰说,改革开放30年来,我国新闻出版业在改革中健康发展。但新闻出版工作与党的十七大的要求相比,与人民群众对精神文化产品的热切愿望相对照,仍然存在一定差距。新闻出版系统将以学习实践活动为契机,自觉地以科学发展观的要求分析和查找突出问题,解放思想,更新观念,与时俱进,改革创新,积极推进政府职能、体制机制和发展方式三大转变,努力构建新闻出版公共服务体系,切实保障人民基本文化权益。

柳斌杰强调,新闻出版系统要通过深入学习实践科学发展观活动,加快重大出版工程建设步伐:一是实施农家书屋工程。力争在2015年使农家书屋覆盖全国所有行政村,从根本上解决农民看书难、借书难、看报难的问题。二是实施重大出版工程。探索公益性出版事业发展的有效途径,加大公益性新闻出版产品的生产和供给。三是实施少数民族出版工程。四是实施全民阅读工程。努力营造全社会崇尚读书的浓厚氛围。五是实施文化环境保护工程。谋划从体制机制建设上统筹协调、加大"扫黄打非"、版权管理和文化市场综合执法的力度,优化文化市场环境。

构建公共服务体系　实施惠民出版工程[*]

——新闻出版总署大力推进行业科学发展

　　本报北京 10 月 18 日电(记者吴娜)随着学习实践科学发展观活动的深入开展,新闻出版总署紧密联系行业实际,坚持突出实践特色,以"解放思想、深化改革,推进新闻出版业繁荣健康发展"为主线,把推动新闻出版业增长方式、体制机制、政府职能三大转变,构建符合科学发展观要求的新闻出版公共服务体系为实践载体,以重大出版工程、农家书屋工程、少数民族出版工程、全民阅读工程、文化环境保护工程为支撑,紧紧围绕转变不适应不符合科学发展观要求的思想观念,解决影响和制约新闻出版业科学发展以及党员干部党性党风党纪方面群众反映强烈的突出问题,创新有利于科学发展的体制机制三个着力点,大力推进新闻出版业又好又快发展,为人民群众提供更多更好的精神文化食粮。

　　新闻出版总署党组书记、署长柳斌杰说,改革开放 30 年来,特别是党的十六大以来,新闻出版工作在创新中稳步向前,新闻出版业整体进入了以人为本、科学发展新阶段。在充分认识新闻出版工作巨大成就的同时,也必须清醒看到,我们的工作与党的十七大的要求相比,与人民群众对精神文化产品的热切愿望相对照,仍然存在着一定的差距。新闻出版系统将以学习实践活动为契机,积极推进政府职

---

　　[*] 本文载《光明日报》。

能、体制机制和发展方式三大转变,努力构建新闻出版公共服务体系,切实保障人民基本文化权益,实现新闻出版业的科学发展。具体工作体现在以下几个方面:

——实施农家书屋工程。针对新闻出版公共服务水平较低、覆盖面窄的问题,新闻出版总署将延伸工作重心,进一步推动农家书屋建设工程深入开展,力争在2015年使农家书屋覆盖全国所有行政村,从根本上解决农民看书难、借书难、看报难的问题。

——实施重大出版工程。针对公益性产品供需矛盾突出,公益性文化产品的有效供给不足的问题,新闻出版总署将尽力抓好以国家出版基金为重点的重大出版工程,探索公益性出版事业发展的有效途径,加大公益性新闻出版产品的生产和供给。

——实施少数民族出版工程。针对少数民族文字出版发展不适应民族地区需要的问题,新闻出版总署将进一步推动少数民族文字出版单位出版体制改革,落实财政优惠政策,设立少数民族文字出版专项资金,研究制定少数民族文字出版发展规划,扩大少数民族文字出版规模,提高民族文字出版生产能力。

——实施全民阅读工程。针对我国正在致力于建设学习型社会,全民科学文化素质亟待提高,全民阅读风气需要进一步培育和形成的现实问题,新闻出版总署将总结各地开展读书节、读书周、读书月的经验,创新阅读活动的组织方式和运行模式,探索阅读活动的长效机制,大力推广"全民阅读"工程,努力营造全社会崇尚读书的浓厚氛围。

——实施文化环境保护工程。针对出版物市场空间不断扩展、监管力量薄弱、版权保护水平亟待提高等问题,新闻出版总署将大力实施文化环境保护工程,谋划从体制机制建设上统筹协调,加大"扫黄打非"、版权管理和文化市场综合执法的力度,优化文化市场环境。

经营性新闻出版单位明年底全部转制[*]

　　新华社北京 2 月 12 日电(记者白瀛)记者日前从国家新闻出版总署获悉,到 2010 年底将全面完成经营性新闻出版单位转制任务,对转制到位的出版单位,总署在出版范围、书号、版号等方面不予限制。

　　新闻出版体制改革路线图和时间表是,2009 年年底前,全面完成地方和高校图书、音像制品和电子出版物出版单位的改制任务,2010 年年底前全面完成中央各部门(单位)出版单位的转制任务;三年内完成经营性报刊出版单位转制任务;在三到五年内,培育出六七家资产超过百亿、销售超过百亿的国内一流、国际知名的大型出版传媒企业;三到五年内在全国形成六七家区域性出版物发行集团公司;解放和发展新兴出版生产力,引导和规范非公有出版工作室的经营行为。

　　新闻出版总署相关负责人称,总署将通过政策、制度、投入、监督等措施,保障新闻出版体制改革的健康顺利进行。从政策上,对大型骨干出版传媒企业,在出版资源配置上予以倾斜;对转制到位的出版单位,在出版范围、书号、版号等方面不予限制;支持大型出版传媒企业异地建立有出版权的分支机构。从投入上,充分利用国家支持的重点出版工程建设、设立专项出版基金等契机,采取招投标、政府采

---

　　[*] 本文系新华社通稿。

购、定向资助等手段,支持公益性出版单位出版优质公共文化产品。建立监督机制,对重点部位和关键环节,建立健全新闻出版资产经营管理制度和监督制约机制,防止改革过程中国有资产的流失。从组织上,成立新闻出版体制改革领导机构和工作机构,负责指导、协调、实施新闻出版体制改革工作,确保改革的各项任务、措施和政策落到实处。

积极推进新闻出版体制改革
明年底完成经营性新闻出版单位转制[*]

本报北京 2 月 12 日电（记者张贺）新闻出版总署把进一步深化新闻出版体制改革、推进新闻出版业大发展大繁荣作为学习实践科学发展观活动的重点，努力实现党员干部受教育、科学发展上水平、人民群众得实惠的目标。

新闻出版总署集中开展了"十行百家"专题调研活动，查找影响和制约新闻出版业科学发展的突出问题。对此，新闻出版总署在深入调研和广泛听取意见的基础上，提出在推进新闻出版体制改革上狠下功夫，到 2010 年底，全面完成经营性新闻出版单位转制任务，建立现代企业制度；推动跨地区、跨行业、跨媒体、跨所有制的战略重组，开拓融资渠道，培育一批大型骨干出版传媒企业；通过增加投入、转换机制、增强活力、改善服务，建立以政府为主导、以公益性单位为主体的新闻出版公共服务体系；加快新闻出版传播渠道建设，形成统一开放、竞争有序、健康繁荣的现代出版物市场体系。

新闻出版体制改革路线图和时间表是：2009 年底前，将全面完成地方和高校图书、音像制品和电子出版物出版单位的改制任务，2010 年底前将全面完成中央各部门（单位）出版单位的转制任务；三年内完成经营性报刊出版单位转制任务；在三到五年内，培育出六七

　＊　本文载《人民日报》。

家资产超过百亿、销售超过百亿的国内一流、国际知名的大型出版传媒企业；三到五年内在全国形成六七家区域性出版物发行集团公司。

　　为保障新闻出版体制改革顺利进行，新闻出版总署将采取一系列措施。对大型骨干出版传媒企业，在出版资源配置上予以倾斜；对转制到位的出版单位，在出版范围、书号、版号等方面不予限制；支持大型出版传媒企业异地建立有出版权的分支机构；采取招投标、政府采购、定向资助等手段，支持公益性出版单位出版优质公共文化产品；建立监督机制，防止改革过程中国有资产的流失；成立新闻出版体制改革领导机构和工作机构，确保改革落到实处。

新闻出版总署积极推进
新闻出版体制改革[*]

●2010 年底,全面完成经营性新闻出版单位转制任务

●推动跨地区、跨行业、跨媒体、跨所有制的战略重组

●形成统一开放竞争有序的现代出版物市场体系

本报讯(记者吴娜)新闻出版总署把进一步深化新闻出版体制改革、推进新闻出版业大发展大繁荣作为学习实践活动的重点,努力实现党员干部受教育、科学发展上水平、人民群众得实惠的目标。

在学习实践活动中,新闻出版总署集中开展了"十行百家"专题调研活动,深入了解人民群众反映最强烈的突出问题,查找影响和制约新闻出版业科学发展的突出问题。针对梳理出的新情况、新问题,新闻出版总署在深入调研和广泛听取意见的基础上,提出在推进新闻出版体制改革上狠下工夫,到 2010 年底,全面完成经营性新闻出版单位转制任务,建立现代企业制度,初步形成有效率、有活力、有竞争力的微观运行机制;推动跨地区、跨行业、跨媒体、跨所有制的战略重组,开拓融资渠道,培育一批大型骨干出版传媒企业,打造新型市场主体和战略投资者;通过增加投入、转换机制、增强活力、改善服务,建立以政府为主导、以公益性单位为主体的新闻出版公共服务体系,使人民群众基本文化权益得到更好保障;加快新闻出版传播渠道

---

* 本文载《光明日报》2009 年 2 月 13 日。

建设,推进连锁经营、物流配送、电子商务,规范出版产品物流基地建设,形成统一开放、竞争有序、健康繁荣的现代出版物市场体系;实现政府职能的根本改变,形成调控有力、监管到位、依法行政、服务人民的宏观管理体制。

为进一步推进新闻出版体制改革的保障措施,新闻出版总署将通过政策、制度、投入、监督等措施,保障新闻出版体制改革的健康顺利进行。

后　记

　　《深入学习实践科学发展观　推动新闻出版业大发展大繁荣》一书是对新闻出版总署(国家版权局)学习实践科学发展观活动的一个完整、真实的记录。此书为全国新闻出版系统进一步加强学习科学发展观、认真实践科学发展观活动提供了一份比较翔实的资料，也将更加激励新闻出版战线的从业人员以"三个代表"重要思想和科学发展观统领新闻出版工作，推动新闻出版业更大的繁荣发展。

　　该书的出版得到了新闻出版总署领导的高度重视，柳斌杰署长亲自撰写了序言并担任本书主编，总署相关领导和机关党委对该书的出版提出了大量宝贵的意见。

　　限于本书的篇幅与体例的要求，我们对各部分内容做了一些技术性改动。

　　在本书的编辑、出版过程中，总署办公厅、机关党委及《中国版权》杂志社的同志们做了不少具体工作，在此，一并表示感谢！

新闻出版总署(国家版权局)学习实践科学发展观

活动工作领导小组办公室

2009 年 3 月 27 日